“十四五”职业教育国家规划教材

电子商务物流管理

（第 5 版）

陈修齐　主　编
代海涛　苏丽琴　副主编

電子工業出版社
Publishing House of Electronics Industry
北京 • BEIJING

内 容 简 介

本书全面贯彻党的二十大报告中提出的“育人的根本在于立德。全面贯彻党的教育方针，落实立德树人根本任务，培养德智体美劳全面发展的社会主义建设者和接班人”精神，以习近平新时代中国特色社会主义思想、“职教20条”为指导思想，以新时代电子商务物流活动过程及其管理为主线，按照“模块、任务、综合训练”的逻辑进行编写。全书共有9个模块，主要内容包括新时代电子商务物流概述、智能物流信息技术、智慧与绿色供应链管理、电子商务物流新业态、电子商务物流新模式、精益物流管理、智能仓储管理、智能运输与配送管理、电子商务物流服务创新。

本书是新商科“课岗赛证”职教类教材，采用“校企合作，双元开发”的方式，选用新冠肺炎疫情背景下的代表性企业案例，应用性强；在各模块中均设有“学习目标”、“素养元素”和“导入案例”，在任务中插入“相关链接”和“小贴士”，在各模块最后设置“综合训练”。同时，为了实现书网互动，各模块均配有与其内容相关的素养视频（扫描二维码即可观看），便于教学及自学参考。

本书主要作为高职高专院校电子商务、物流、供应链管理等财经类专业的教学用书，也可作为中职院校、应用型本科院校相关专业的师生及电子商务和物流管理工作人员的参考用书。

图书在版编目（CIP）数据

电子商务物流管理 / 陈修齐主编. —5版. —北京：电子工业出版社，2023.5（2026. 1重印）

ISBN 978-7-121-45087-7

Ⅰ. ①电… Ⅱ. ①陈… Ⅲ. ①电子商务－物流管理－高等学校－教材 Ⅳ. ①F713.365.1

中国国家版本馆CIP数据核字（2023）第030138号

责任编辑：贾瑞敏
印　　刷：三河市兴达印务有限公司
装　　订：三河市兴达印务有限公司
出版发行：电子工业出版社
　　　　　北京市海淀区万寿路173信箱　　　　邮编：100036
开　　本：787×1 092　　1/16　　印张：16.25　　字数：448千字
版　　次：2006年1月第1版
　　　　　2023年5月第5版
印　　次：2026年1月第7次印刷
定　　价：52.00元

凡所购买电子工业出版社图书有缺损问题，请向购买书店调换。若书店售缺，请与本社发行部联系，联系及邮购电话：（010）88254888，88258888。

质量投诉请发邮件至zlts@phei.com.cn，盗版侵权举报请发邮件至dbqq@phei.com.cn。

本书咨询联系方式：（010）88254019，jrm@phei.com.cn。

前言

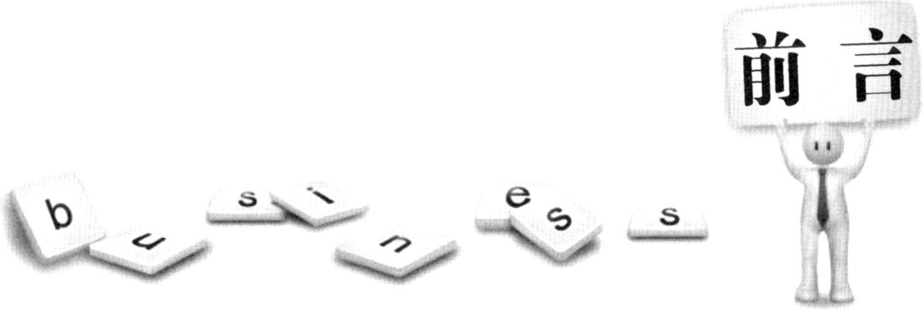

为实现推进党的二十大精神进教材、进课堂、进头脑，本书根据2021年全国职教会议精神，以习近平新时代中国特色社会主义思想为指导进行编写，内容涵盖新时代电子商务物流管理研究和应用的主要领域，同时研究并吸纳了在全球百年不遇大变局背景下，电子商务环境下物流管理领域的前沿理论、热点问题、焦点问题及最新案例。本书依据“职教20条”及高职高专院校“三教”改革要求，采用“校企合作，双元开发”的方式进行修订，以立德树人为宗旨，以就业为导向，以提高学生的实践能力、创新能力和创业能力为目标，在保持《电子商务物流管理（第4版）》的特色及优点的基础上，对全书的体例、目录、内容和其他材料进行了全面修订、精简，修订比例为60%左右。与《电子商务物流管理（第4版）》相比，本书主要有如下特点。

（1）时代性：以习近平新时代中国特色社会主义思想为指导，注重学生工匠精神和精益求精习惯的训练，着力培养符合新时代高质量发展要求的物流领域高素质技能型人才。

（2）创新性：采用“校企合作，双元开发”方式，充分体现全球新冠肺炎疫情防控背景下电子商务物流领域的新知识、新技术、新工艺、新方法。

（3）融合性：基于高职高专院校“三教”改革要求，通过融“岗”“赛”“证”三要素于“课”，将电子商务三创大赛、物流服务师职业技能等级认定的相关要求融入教材。

本书各模块的修订稿分别由下列人员提供：闽江学院的陈修齐教授提供模块一、模块四至模块八的修订稿；吉林农业科技学院的代海涛副教授提供模块二的修订稿；金陵科技学院的苏丽琴教授提供模块三的修订稿；福州理工学院的吴延洁讲师提供模块九的修订稿。全书由陈修齐总纂定稿。编者在修订本书的过程中得到了福建省长汀金龙稀土有限公司、福建纵腾网络有限公司、盛辉物流集团有限公司、福建奔驰汽车有限公司、福建新坦洋集团股份有限公司等企业的全力支持。同时，本书参考并引用了国内外相关专家、学者在电子商务物流管理领域内的最新理论研究成果，编者在此向这些专家、学者表示衷心的感谢。

由于编者的水平有限及时间仓促等原因，书中难免仍存在疏漏和需改进之处，恳请广大读者批评指正。

编者
2022年8月

目录

模块一

新时代电子商务物流概述

学习目标

知识目标

- 电子商务与现代物流管理的基本概念；
- 跨境电子商务物流的概念；
- 电子商务物流管理；
- 新时代电子商务物流的发展趋势。

能力目标

能力目标	
专业能力	● 能够应用相关理论知识分析新时代电子商务物流对电子商务发展的影响程度。
方法能力	● 具有基本的现代物流与电子商务之间关系的现实感知； ● 具有一定的分析现代物流对电子商务发展影响的逻辑思路。
社会能力	● 拥有良好的职业道德与职业感知； ● 具备一定的沟通能力和较强的团队合作精神； ● 关注行业发展，善于思考行业热点现象或问题。

素养元素

视频映射点

视频映射点	
视频标题	● 菜鸟物流：贯彻“善于在危机中育先机、于变局中开新局”的精神
背景	● 党的十九届五中全会提出的“善于在危机中育先机、于变局中开新局”的精神； ● 大数据智能物流、绿色环保物流。
映射	● 1000 辆物流无人车“小蛮驴”进入校园和社区； ● 菜鸟物流被重新定义为全球化物流产业互联网公司。

导入案例

菜鸟新定义：全球化物流产业互联网公司

2021 年 6 月 10 日，以“数智物流 · 新发展 · 新机遇”为主题的 2021 全球智慧物流峰会在杭州隆重召开。在会上，阿里巴巴集团董事会主席兼首席执行官张勇表示，全球化的进程必然面临着整个数字化的物流基础设施走向全球、整个制造能力和供应链能力走向全球的新形式，而包裹的全球化，最终也一定会走向数字化供应链的全球化。对于菜鸟到底是一家什么样的公司，菜鸟的首席执行官万霖在会上给出了定义：全球化物流产业互联网公司。菜鸟既有互联网公司的技术创新本色，又有扎实的物流运营。紧接着，万霖就行业面临的变化、菜鸟不断发展壮大的立足点及未来的发展等进行了详细分享。

万霖表示，物流的重大战略机遇期已经到来，在新的发展阶段方面，菜鸟需要满足实体经济降本增效的要求、满足人民美好生活的需要；在新的发展理念方面，菜鸟则需要立足于创新驱动，开放共享、绿色协调；在新发展格局方面，菜鸟需要通过双循环联通全球市场。

在此重大战略机遇期，菜鸟将把核心资源全部投入物流新赛道的开拓中，专注于增量创新。例如，通过科技驱动，物流数字化、智能化将大大加速；通过服务于制造业，消费者供应链将加快升级到产业供应链；通过走向全球化，中国物流企业会越来越多地参与全球物流搭建。与此同时，菜鸟通过在消费者服务、供应链服务、全球服务等维度不断创新，来满足多样化业态催生出的复杂、个性需求。

万霖强调，菜鸟能够在2013年成立至今8年的时间内取得如今的成绩，离不开四大坚持：坚持数智创新；坚持开拓增量；坚持普惠服务；坚持开放共赢。万霖还进一步落脚在业务层面进行了说明。

例如，在社区服务方面，菜鸟的“免费保管，按需上门”将向全国推行。以菜鸟为中心，将加快形成集购物、回收、洗衣等便民服务于一身的15分钟生活圈。

在全球物流方面，菜鸟为外贸商家提供性价比更高的出海方案。在2021年，菜鸟的“5美元10日达”服务可以覆盖20个国家，“2美元20日达”服务可以覆盖50个国家，未来更多包裹可以用一杯咖啡的钱被送往全球。

在智慧供应链方面，菜鸟支持品牌、工厂等多样化生态，服务实体经济。例如，向产业链上游延伸服务，深入产业带和制造业；通过数智化供应链，为快消等行业提供深度解决方案；通过城市立体配送，探索更多服务场景等。

在全球地网方面，五大产品首次曝光，包括国内仓配物流园、中转分拨园区、产业园区、海外eHub枢纽和海外本地仓，并向社会全面开放。

在会上，阿里巴巴首席技术官兼菜鸟首席技术官程立宣布，未来一年，菜鸟投入的1000辆物流无人车“小蛮驴”将进入校园和社区。“这是迄今为止国内最大规模的物流无人车投入实景运营。”浙江大学、上海交通大学、南开大学等高校的代表到场，为物流无人车“小蛮驴”颁发了“录取通知书”，新一批全国20多所高校也陆续为物流无人车“小蛮驴”发出了入校邀请。

据介绍，物流无人车“小蛮驴”是菜鸟与阿里巴巴达摩院联手布局多年，通过智能仿真、嵌入式系统等自动驾驶技术和末端基础设施的创新，为末端配送提供的效率高、体验优、成本合理的自动配送整体解决方案。目前，物流无人车“小蛮驴”已经成功在15所高校运营，服务了30万名师生，单辆物流无人车“小蛮驴”每天最多可以配送500个包裹。在2020年“双11”期间，浙江大学的22辆物流无人车“小蛮驴”往返于校内27栋宿舍楼，配送了5万个包裹，为师生节省1.7万小时的取件时间。

一直以来，菜鸟持续联合整个生态合作伙伴打造绿色物流。以电子面单为例，一张小小的电子面单，一年可减少几十万吨的碳排放量。2020年，菜鸟更是在绿色使命上做了大量探索。例如，菜鸟在末端站点新增约2万个绿色回收箱。在2020年“双11”期间，菜鸟还发动生态力量，联合500多个品牌，开展用原箱或0塑料无胶带的环保箱发货的行动。除电子面单外，菜鸟地网屋顶光伏电站每年还可减少碳排放量11万吨。

此外，为了助力碳达峰、碳中和，菜鸟在会上还展示了全链路的绿色方案。通过环保包装、循环再利用、技术创新，和商家一起从生产源头、物流配送到回收打造完整的绿色供应链。

——资料来源：搜狐网，2021-06-10

案例分析

在 2019 全球智慧物流峰会上，张勇曾首次提出，未来物流一定会从数字化向数智化演变。目前，数智物流已经在业内形成共识。在此次大会上，张勇首先分析了行业的新发展与新变化，特别是在新冠肺炎疫情之下，人们的生活、生产方式均发生了巨大的变化，越来越多的消费方式走向数字化，消费端的变化也进一步推动了产业的数字化发展。在过去的十几年，中国的快递行业之所以能够快速发展，是因为整个生态的同频共振。一方面，C2C（Consumer to Consumer，消费者对消费者）和 B2C（Business to Consumer，企业对消费者）正全面走向 M2C（Manufacturers to Consumer，生产厂家对消费者），最终会走向 C2M，被快速设计和生产出来的商品，得以更快地到达消费者手中。另一方面，随着“移动互联网让很多人变成网民，新冠肺炎疫情让很多线下商店变成网店”，整个商业设施的末端也越来越融合、越来越数字化。

党的二十大报告指出：“大自然是人类赖以生存发展的基本条件。尊重自然、顺应自然、保护自然，是全面建设社会主义现代化国家的内在要求。必须牢固树立和践行绿水青山就是金山银山的理念，站在人与自然和谐共生的高度谋划发展。”绿色化、数字化、智能化能力正被广泛应用到物流产业的各个环节。所有的物流设备、物联网等技术的规模化应用，其最终价值都在于能否让物流效率更高的同时服务更好、成本更低。不同于西方高度集成化、中心化的方式，中国物流业多年的大发展，背后依靠的正是产业协同、生态协同、网络协同，以及从中心城市到农村的社会化大协同。自新冠肺炎疫情爆发以来，随着中国供应链“风景独好”，中国的进出口额均大幅增加，全球化正在呈现出新的面貌。中国供应链能力、数字商业能力全球化是趋势。这些正是菜鸟被定义为全球化物流产业互联网公司的原因。

问题思考

什么是新时代物流？新时代物流与传统物流有什么区别？什么是物流管理？在电子商务环境下，新时代物流管理有何特征，其发展趋势如何？菜鸟为什么被定义为全球化物流产业互联网公司？

任务一　新时代物流概述

一、物流的概念

1．物流概念的产生与发展

1965 年，美国决策论学派的创始人西蒙指出，对于正在迅速发展的领域，应该重点介绍它的概念和发展历史。物流学术界对物流概念的产生和发展主要有以下几种观点。

物流（Physical Distribution，PD）一词最早出现于美国。1915 年，阿奇·萧在《市场流通中的若干问题》一书中明确地将企业的流通活动分为创造需求的活动和物流活动，并指出“创造需求与实物供给的各种活动之间的关系……说明（这些活动之间）存在平衡性和相互依赖性两个原则”，“物流（The Physical Distribution of Goods）是与创造需求不同的一个问题……流通活动中的重大失误都是因为创造需求与物流之间缺乏协调造成的”。文中提到的“平衡性”“相互依赖性”“协调”等正是物流相关理论与实践的基础。此时的物流指的是销售过程中的物流。

在第二次世界大战中，美国军事部门运用自行研发的后勤管理（Logistics Management）方法对军需物资的采购、运输、仓储、分发进行统筹安排和全面管理，取得了显著效果。在第二次世界大战后，后勤管理被引入经济部门，应用于流通领域和生产经营管理全过程中所有与物品获取、运送、储存、分配有关的活动。此时的后勤管理包含生产过程和流通过程中的物流，是一个范围更广泛的物流概念。如今，大多数欧美国家把物流称作 Logistics，它包含生产领域的原材料采购、生产过程中的物料搬运与厂内物流和流通过程中的物流或销售物流。

1956 年，日本生产效率本部（现为社会经济生产效率本部）派流通技术专业考察团访问美国，该考察团回国后在《流通技术》杂志上发表的报告书中首次提到了“Physical Distribution”的概念。当时是直接使用英文原词，并且在以后的相当长一段时间内，“Physical Distribution”都没有被译成合适的日语，只是用缩写 PD 表示。直到 1965 年前后，它才被正式翻译成“物的流通”。日本著名学者、被称为物流之父的平原直最早提出用“物流”这一更为简洁的表达方式代替“物的流通”，随后“物流”一词迅速地被广泛使用。

我国是在 20 世纪 80 年代才开始接触物流这个概念的，它是作为一个经济学的概念通过日本引入我国的。企业对物流的需求并不是与生俱来的，只有当企业足够壮大、业务日趋复杂时，才会对物流提出要求。可以说，物流问题的出现是企业经营管理“成长中的烦恼”。物流既是当代运输服务新理念的产物，又是一个科学化和系统化的业务领域。从概念范畴上讲，物流包含配送，物流业则是专门从事物流活动的行业。从企业销售成本和商品价格组成的角度考察，物流业潜藏着巨大的商机。

2. 物流的定义

尽管物流的概念已被广泛使用，但是，人们对于物流的理解会因所处的立场不同而有所差异。本书以我国国家标准 GB/T 18354—2021《物流术语》为依据，所谓物流（Logistics），是指根据实际需要，将运输、储存、装卸、搬运、包装、流通加工、配送、信息处理等基本功能实施有机结合，使物品从供应地向接收地进行实体流动的过程。

二、物流的分类

物流活动复杂多样，按照不同的分类标准，我们可将物流分成不同的类型（见图 1-1）。

1. 按照物流活动的地域范围分类

按照物流活动的地域范围分类，我们可以将物流活动分为国际物流、国内物流和城市物流。

（1）国际物流。国际物流是伴随国际间投资、贸易活动和其他国际交流所发生的物流活动。由于第二次世界大战后国际投资和贸易壁垒减少，国际分工日益深化，国际贸易规模迅速扩大，经济全球化和区域经济一体化速度加快，因此国际物流成为现代物流系统中发展最快、规模最大的一个物流领域，互联网这一新型无国界信息媒介的扩展和电子商务的推广应用，将进一步推动国际物流（包括跨境电子商务物流）效率的提高、规模的扩大。

（2）国内物流。相对于国际物流而言，国内物流是发生在一个国家范围内的物流活动。由于国家主权的权威性和独立性，政府在一国领土内拥有不容置疑的政治、经济控制力，国内物流活动处于同一法律、规章、制度之下，加上受相同文化及社会因素的影响，各地的经济发展水平比较相近，企业处于基本相同的科技水平和装备水平之中，因此各国物流往往有其自身的特点。研究各个国家的物流，找出其差异、连接点和共同因素，这是研究国际物流的重要基础。物流行业有一般性的运行规律，有自己的共性，但不同国家的物流有其特殊性。例如，日本是一个海岛国家，在其物流体系中，海运占有非常突出的地位。

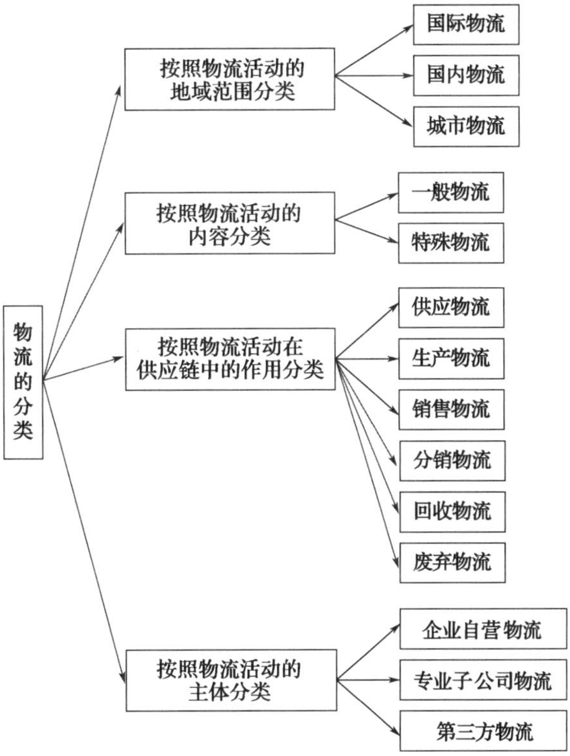

图 1-1　物流的分类

（3）城市物流。城市物流是以一个城市为地理区域进行的物流活动。城市作为经济中心、信息中心、交通枢纽，往往会与其周边地区形成中等或小型规模的经济地域，成为参与国内、国际分工的中坚经济基础。城市经济区域的运作和发展有赖于物流系统的高效运行。

城市物流面临的问题很多。例如，城市发展规划中的物流体系，不仅要直接规划物流设施及物流项目（如公路、桥梁、车站、机场、货场、仓库等），以减少交通拥挤、交通事故和环境污染，还要以物流为约束条件，规划整个市区布局，如工厂区、生活住宅区、商业区和文化娱乐区等。整个城市的经济活动、生活活动都是以物流为依托的，所以城市物流还要面临城市生产、生活所需物资如何流入，如何以更有效的形式供应给工厂、学校、商店和家庭，城市大规模的生产和生活消费所形成的废物又如何组织物流回收处理等问题。城市物流系统已成为世界各大城市规划和建设要研究的一项重点内容。

2. 按照物流活动的内容分类

按照物流活动的内容分类，我们可以将物流活动分为一般物流和特殊物流。

（1）一般物流。一般物流是指具有普遍适用性的物流活动。由于物流活动是全社会各行各业和居民生活都离不开的活动，因此物流系统的建立、物流活动的开展必须具有较高的普遍适用性。建立社会物流系统的基础和出发点应立足于此。如果物流系统有很大的局限性、很低的普遍适用性，物流活动对国民经济和社会的作用就大大减小了。一般物流要着眼于物流的一般规律，建立普遍适用的物流标准化系统，研究物流的共同功能要素、物流系统与其他系统的轻松衔接、物流信息系统及管理体制的统一性等。

（2）特殊物流。特殊物流是指在专门领域、特殊行业发生的物流活动。特殊物流在遵循一般物流规律的基础上，还有自身的特殊制约因素、特殊应用领域、特殊管理方式、特殊劳动对象、特殊装备特点等。特殊物流活动的产生是社会分工深化、物流活动专业化和精细化的产物，特殊物流的研究对推动现代物流的发展有积极的作用。特殊物流可被进一步划分：按劳动对象的特殊性，特殊物流可被划分为石油及成品油物流、煤炭物流、化肥物流、危险品物流等；按服务方式，特殊物流可被划分为“门到门”的一贯物流、配送等；按装备及技术，特殊物流可被划分为集装箱物流、托盘物流等；按特殊的物流领域，特殊物流可被划分为军事物流、废弃物物流等。

3．按照物流活动在供应链中的作用分类

供应链是指在生产及流通过程中，为将商品提供给最终消费者而创造价值，连接上游与下游而形成的组织网络。为了提高效率、降低成本，供应链中的物流活动应按照专业化原则进行组织，即在整个供应链上，可以有不同类型的物流。

（1）供应物流。供应物流是指为生产企业、流通企业或消费者购入原材料、零部件或商品的物流过程，也就是将商品从其生产者、持有者运至其使用者手中所发生的物流。企业的供应物流不仅要实现保证供应的目标，还要在低成本、少消耗、高可靠性的限定条件下组织供应物流活动。现代物流学就是基于非短缺商品市场这样一个宏观环境来研究物流活动的。在这种市场环境下，供应数量的保证是容易做到的，而企业竞争的关键则在于如何降低这一物流过程的成本。为此，企业的供应物流就必须解决有效的供应网络、供应方式和零库存等问题，为生产企业提供原材料、零部件或其他物品，使物品在提供者与需求者之间实现流动。

（2）生产物流。生产物流是指从企业的原材料购进入库起，到企业商品库的商品发送为止这一全过程的物流活动。生产物流是制造企业所特有的，它与生产流程同步。人们在研究生产活动时，往往注重一个一个的生产加工过程，而忽视了要将每个生产加工过程串联在一起，以及和每个生产加工过程同时出现的物流活动。实际上，在一个生产周期中，物流活动所用的时间往往多于实际加工的时间。因此，生产物流合理化对工厂的生产秩序和生产成本有很大的影响。目前，制造型企业的物流系统有两种：一种是为制造活动提供支持的物流，它的功能要求与供应物流相同；另一种是为制造商的商品分销提供支持的物流。国内外的应用实例都表明，制造商自己直接建立分销网络的情况越来越普遍，其市场覆盖面广、分销能力强、市场信息的搜集与传递及时，因此制造商要求在区域市场上，生产物流运输和配送产品的能力要很强，同时需求预测及订单处理功能要完善。

（3）销售物流。销售物流是指企业为保证自身的经营利益，伴随销售活动将产品所有权转给消费者的物流活动。在现代社会中，市场是一个完全的买方市场，因此销售物流活动带有极强的服务性，以便能满足买方的要求，最终实现销售。在这种市场前提下，销售往往以将商品送达消费者手中并经过售后服务才算终止，因此销售物流的空间范围很大。企业销售物流的特

点就是通过包装、送货和配送等一系列物流实现销售，这就需要研究送货方式、包装水平及运输路线，并采取诸如少批量、多批次、定时、定量配送等物流方式达到目的，因而其研究领域是很宽的。

（4）分销物流。分销物流是指专业批发业务的物流活动，具有大进大出和快进快出的特点，它强调的是批量采购、大量储存及大量运输的能力，大型分销商需要大型的仓储和运输设施。另外，提供分销物流的企业属于中间商，需要与上游和下游进行频繁的信息交换，需要具有良好的信息接口和高效的信息网络。

（5）回收物流。回收物流是指不合格物品的返修、退货，以及周转使用的包装容器从需求方返回供应方所形成的物品实体流动。企业在生产、供应，以及销售活动中总会产生各种边角余料和废料，它们需要被回收并加以利用。例如，旧报纸、书籍通过回收、分类可以被制成纸浆；金属废弃物具有良好的再生性，可以被回收并重新熔炼成有用的原材料。而且，在一个企业中，若回收物品处理不当，不仅会占用很大的空间，还会影响整个生产环境，甚至影响产品质量。

（6）废弃物流。废弃物流是指对企业排放的无用物进行运输、装卸和处理的物流活动。生产和流通系统中所产生的无用的废弃物，如开采矿山时产生的土石，炼钢生产中的钢渣、工业废水，以及其他一些无机垃圾等，如果不妥善处理，那么不仅没有再利用价值，还会污染环境和妨碍生产。在对这类物品进行处理的过程中将产生废弃物流。废弃物流一般没有经济效益，但具有不可忽视的社会效益。

4．按照物流活动的主体分类

按照物流活动的主体分类，我们可以将物流活动分为企业自营物流、专业子公司物流和第三方物流。这 3 种物流形态目前在市场上共同存在，它们的成长、变化过程反映了现代物流社会化发展的变化趋势。

（1）企业自营物流。在计划经济体制下，大多数企业都采用“以产定销”的运作模式，因此其物流运作的规模、批量、时间都是在计划指导下进行的，企业自备车队、仓库、场地和人员，自给自足的自营物流的方式成为传统企业物流的主体。随着计划经济向市场经济的转轨，市场调节能力不断增强，“以销定产”成为企业新的运作模式。小批量、多品种、高速度和准时供货等市场需求对新型物流提出了更高的要求。由于明显地感到灵活多变的物流运送需求和居高不下的物流成本所带来的竞争压力，因此为了从物流成本和速度需求的双重枷锁下解放出来，许多企业开始寻求更好的解决途径。

（2）专业子公司物流。专业子公司物流一般是指从企业传统物流运作功能中剥离出来的独立运作的专业化实体，它与母公司之间的关系是服务与被服务的关系。它以专业化的工具、人员、管理流程和服务手段为母公司提供专业化的物流服务。与传统的企业自营物流相比，专业化的子公司更加注重对物流过程一体化的管理和物流资源的合理化配置，能使物流效率最大化，并能有效地控制总成本，以使其达到最低水平。一些规模较大的专业化的子公司还可利用自身的专业化优势为同行业的其他企业提供第三方物流服务。

（3）第三方物流。第三方物流是指企业为了更好地提高物流运作效率和降低物流成本，而将物流业务外包给第三方物流企业的做法。这是跨国企业管理物流的通行做法。按照供应链理论，将非核心业务外包给在该领域具有专长或核心竞争力的专业企业来完成，这样所形成的供应链具有最大的竞争力。第三方物流企业应站在货主的立场，以货主的物流合理化为目标设计物流系统。第三方物流企业同货主的关系应是密切、长期的合作关系。第三方物流企业提供的物流服务，有助于促进货主的物流效率提高和物流合理化。在我国发展现代物流的过程中，第三方物流存在较大的市场潜在需求。

三、物流的作用与功能

1．物流的作用

（1）保证生产的顺利进行。在市场经济中，商品生产者只有通过流通把商品售出，才能补偿成本、获得利润、维持简单再生产或进行扩大再生产，而物流是交换顺利完成的必备条件。生产商一方面要出售自己的商品，通过流通实现商品的价值补偿和增值；另一方面要从市场获取自己所需的生产工具、零部件和原材料，这种生产消费需求也必须通过物流活动来满足。没有物流，现代生产就无法进行，物流的规模和技术水平在一定程度上制约着生产的发展。

（2）满足消费者的生活消费要求。消费者的生活消费用品，绝大多数都要通过物流渠道从市场获得。要满足消费者不断提高的消费品需求，商品生产企业就必须生产出质量更好、数量更充足、品种更丰富的商品。同时，物流企业必须提供充足、高效的储运服务，才能把满足消费者需求的商品及时、快捷、准确无误地运送到消费者手中。要将生产品转变为消费者的实际消费品，就必须通过物流环节来实现，因此物流的能力和技术装备决定了消费者可选择的商品品种范围，物流的质量决定了消费者购买商品的方便性、安全性和满意程度，物流的效率也在一定程度上影响了消费者采购商品的资金成本与时间成本。总之，物流业的发展水平直接影响市场所能提供的消费品的数量、品种、档次及价格，从而影响消费者消费的层次、质量及丰富程度。

（3）调节产需，平衡供求。国民经济运行是一个动态的过程，资源、技术及消费需求的变化会不断造成经济运行中的不平衡，从而要求阶段性的供求调整。生产和消费本身的特点造成的季节性与常年性的矛盾也需要物流活动来解决，而物流的储存功能使其可以进行数量调控，从而发挥经济运行的调节器作用。

（4）促进竞争。企业只有通过努力使自己的生产成本低于社会平均成本，才能通过商品流通获取更多的利润，反之将会被市场淘汰。商品生产企业在商品的质量、品种、价格和销售服务等方面的竞争都要通过流通环节进行，而物流业的发展会促进商品流通规模扩大，促使统一市场形成，进而统一市场检验尺度，展开公平竞争，这将促进社会整体生产效率的不断提高，同时促进资源向优势企业集中。

（5）价值提高。物流劳动包括直接改变商品的时间及空间形态的运输劳动和储存劳动，以及部分加工劳动。运输劳动通过改变商品的地理位置增加商品的空间效用，解决生产与消费在空间距离上的矛盾；储存劳动则通过保存和延续商品的使用价值增加商品的时间效用，解决生产与消费在时间上的矛盾。商品的空间与时间这两方面效用的增加，既是商品使用价值的提高，又凝结了物流劳动所实现的价值提高，物流劳动在创造时空效用的同时，还保证了商品交换地域上的广度和时间上的效率。同时，物流领域的加工劳动，如对商品进行的分拣、分批、修理、再包装等，也提高了商品的价值，为商品提供了增值服务。

2．物流的功能

按照物流在物流系统中的地位划分，通常可将物流的功能分为主体功能和辅助功能，如图 1-2 所示。

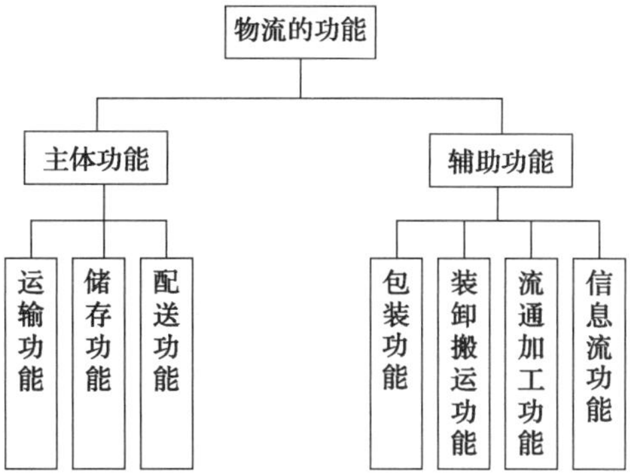

图 1-2　物流的功能

（1）主体功能。如果将物流这个系统比作一座桥梁，那么构成其筋与梁的就是运输、储存与配送 3 个功能。

（2）辅助功能。就整个物流体系而言，除了以上 3 个主体功能，还存在包装、装卸搬运、流通加工、信息流 4 个辅助功能。这些辅助功能同样存在于物流活动中。

相关链接

厦门港：中国首个传统集装箱码头全流程智能化改造项目试投产

1. 中国首个传统集装箱码头全流程智能化改造项目试投产

2022 年 1 月 21 日，在厦门港海润集装箱码头现场，桥吊自动运行，将一个 40 尺集装箱从巨轮上缓缓吊起，平缓越过船舷，稳稳落在蓝色的自动驾驶集卡（IGV）上。随后，集装箱被运往堆场，停在一台经智能化改造的轮胎式龙门吊下面；龙门吊自动抓取，精准、平稳地将 IGV 上的集装箱放到指定的场箱位上。

厦门港务控股集团党委副书记、总经理蔡立群说，该集团坚持港口数字化转型升级，依靠绿色智慧推动港口产业率先实现现代化，在智慧绿色港口建设道路上先行先试，大胆探索港口设备自动化与集装箱智慧物流平台的融合对接，努力实现全物流链的智能化。

2020 年 7 月，厦门港务控股集团以海润集装箱码头为试点，率先启动中国内地首个传统集装箱码头全港区、全作业链的智能化改造创新工程。

为加快打造智慧绿色港口、促进港口转型升级，厦门港务控股集团的专业团队经过 500 多个日夜，奋力攻坚，应用当前行业最先进的 IGV 进行平面运输，自主研发码头“超强大脑”智能生产管理系统（i-TOS），开发并建设了全国首个物理隔离工业控制级 5G 专网，融合运用物联网、北斗导航、AI（人工智能）等前沿科技，最终将作业指令发布、集装箱装卸、平面运输、堆场作业等多环节用“智能化”统领、串联，并与国内领先的集装箱智慧物流平台对接，将码头操作管理智能延伸至集装箱全物流链。

“这无疑是一次革命”，一位业内人士指出，目前国内大多数传统码头的作业模式已不能适应物流行业的新发展趋势，智能化改造迫在眉睫，“该项目投资小、见效快、可复制、可推广，堪称传统集装箱码头改造升级的‘行业样本’”。

传统集装箱码头全智能化改造的高难度是业内共识，但其因具有更高的经济性和社会效益，而成为各路专家不断探索和突破的“神秘地带”。

难度最高的当属传统轮胎式龙门吊的智能化改造。项目专业团队夜以继日，攻克防摇、大车自动行走、高精度定位等十几个行业性难题，经过改造的龙门吊自动堆叠箱的精度、效率都不逊于人工操作水平，实现了行业突破。在改造后，一名司机可同时远程操控 6 台智能化龙门吊。目前，轮胎式龙门吊是全球传统集装箱码头普遍使用的大型装卸设备，在国内港口更是占大多数。

“我们成功完成所有轮胎式龙门吊的智能化改造，已然超出业界预期，技术价值很高，可广泛推广应用，带动全行业变革。”项目专业团队有关负责人说。

拥有自主知识产权的智能操作系统 i-TOS 也是一大创新突破，成为能够自主学习、善于思考、智能决策的“超强大脑”。目前，i-TOS 已完成与 IGV 水平运输管理系统的对接并对其派发指令，可以实现将 IGV 高效融合到码头的生产作业过程。而在覆盖全码头、实现全场景应用的工业控制级 5G 专网的支持下，IGV 除了可以实时接收并精准执行操作系统指令，还可以根据周边环境自动做出微调、避让等动作，从而可以安全地在码头堆场之中穿行。

2. 厦门港的发展历程

宋朝时期，厦门港作为泉州大港的外围辅助港，岛上设五通、东渡两处官渡。元朝时期，厦门设立“嘉禾千户所”，厦门港的军港地位初步建立。明朝时期，厦门港和漳州月港成了海上走私贸易的主要口岸，海上交通初具规模，已有 10 条通洋航线。明隆庆五年至万历八年，由厦门港和月港开往菲律宾的中国商船每年有 30～40 艘，每年进出口货物的价值为 150 万金元左右。清顺治七年至十八年，厦门港是郑成功海路“五商”（以仁、义、礼、智、信五字为 5 家商行之代号）通中国台湾地区、日本、吕宋及南洋各地的中心。

1935 年，由荷兰治港公司承建的太古码头全部竣工，码头设有 2 艘趸船，各长 64 米、宽 9 米；引桥 2 座，各长 21 米、宽 4.8 米，可同时停靠 2 艘 3000 吨级的货轮。新建的太古码头岸线长 1865 米，前沿水深为 7 米，建有 2 层仓库 1 座，共 7464 平方米，可供件杂货装卸。1947 年，厦门港口航运贸易开始复苏。

在 1949 年后的近 20 年的时间里，进出厦门港的船舶都在夜间靠近大陆绕道航行；加上管理体制不断变更，以航代港的管理局面使港口的生产和建设发展缓慢。自 1978 年以来，随着改革开放政策的深入和厦门经济特区建设的迅速发展，厦门港的航线不断扩大，客货运量大幅度增长。

2017 年，厦门港被中华人民共和国交通运输部（以下简称交通运输部）设立为中国（福建）自由贸易试验区厦门片区国际船舶登记船籍港，成为中国自由贸易试验区 8 个国际船舶登记船籍港之一，也是中国国内首批获得批准的国际船舶登记船籍港。2018 年，厦门港完成货物吞吐量 2.17 亿吨，其中完成集装箱吞吐量 1070.23 万个标准箱，集装箱吞吐量排名居 2018 年中国第 7 位、世界第 14 位；完成旅客吞吐量 862.40 万人次。2021 年，厦门港集装箱吞吐量达到 1204.57 万个标准箱，再创历史新高。

3. 厦门港迎来了新的历史机遇

厦门港大力发展现代港口物流，延伸和完善港口、保税和口岸服务功能，挖掘内陆海铁联运市场；大力推动国际中转和内支线中转等成长性业务的拓展，构建以厦门港为中心的东南港口内支线运输网络。同时，厦门港加快信息化、智能化发展步伐，陆续研究和开发多项服务创新举措，提高了货物通关效率，降低了客户物流成本。目前，厦门港是全球第 14 大集装箱港，其航线通达全球 50 个国家和地区的 141 座港口，不仅是中国东南沿海的核心航运枢纽，还是福建省对外开放的窗口。厦门港从区域支线小港跻身全球第 14 大强港，是改革开放 40 多年来中国海运取得巨大发展的见证。

作为21世纪海上丝绸之路的节点港口，厦门港迎来了新的历史机遇。未来，厦门港将推动智慧物流平台建设，成为东南亚与美洲及东北亚等地的中转中心、与东南亚国家交流合作的海上交通枢纽，其国际枢纽港地位将进一步得到提升。依托"一带一路"倡议和自贸试验区建设，厦门港将发挥国际航运中心、国际综合交通枢纽、国际集装箱干线港、世界航运节点等诸多优势，强化辐射力和集聚力，打造行业"金字品牌"，继续保持其高质量发展的势头。

——资料来源：中国新闻网，2022-01-21

小贴士

现代物流科学主要包括以下学说。

1. "黑大陆"学说

著名的管理学家彼得•德鲁克曾经讲过"流通是经济领域里的黑暗大陆"，德鲁克泛指的是流通，"黑大陆"现在主要针对物流而言。

2. "物流冰山"学说

"物流冰山"学说是由日本早稻田大学的西泽修教授提出的。他在研究物流成本时发现，现行的财务会计制度和会计核算方法都不可能让人们掌握物流费用的实际情况，因而人们对物流费用的了解有大片空白，他把这种情况比作"物流冰山"。

3. "第三利润源"学说

"第三利润源"学说出自日本。物流领域的潜力被人们重视，物流被称为"第三利润源"。

另外，还有"效益背反"学说、成本中心说、利润中心说、服务中心说和战略学说等。

任务二　新时代电子商务物流管理

一、电子商务物流管理的相关概念

1．电子商务物流

根据我国商务行业标准SB/T 11132—2015《电子商务物流服务规范》，所谓电子商务物流（Electronic Commerce Logistics），是指为电子商务提供运输、存储、装卸、搬运、包装、流通加工、配送、代收货款、信息处理、退换货等服务的活动。电子商务物流是在电子商务的条件下，依靠计算机技术、互联网技术、电子商务技术及信息技术等所进行的物流活动。电子商务作为一种新的数字化商品交易方式，代表未来的贸易、消费和服务走向。因此，要完善整体生态环境，就需要打破原有行业的传统格局，发展和建设以商品代理与配送为主要特征，物流、商流、信息流有机结合的社会化物流配送体系。

实际上，电子商务物流的概念是伴随电子商务技术和社会需求的发展而出现的。电子商务所独具的电子化、信息化、自动化等特点，以及高速、廉价、灵活等诸多优势，使得电子商务物流在其运作特点和需求方面也有别于一般物流。

2. 物流管理

根据《物流术语》，所谓物流管理（Logistics Management），是指为达到既定的目标，从物流全过程出发，对相关物流活动进行的计划、组织、协调与控制。

3. 电子商务物流管理

在互联网环境下，电子商务物流管理以用户需求为导向，以供应链为平台，运用管理的基本原理和科学方法，对物流活动进行计划、组织、协调、控制和监督，使各项物流活动实现最佳的协调与整合，以便降低物流成本、提高物流效率和经济效益。

小贴士

电子商务物流系统管理目标

电子商务物流管理的合理化目标（7R）

7R 包括：①合适的时间（Right Time）；②合适的地点（Right Place）；③合适的条件（Right Condition）；④合适的成本（Right Cost）；⑤合适的客户（Right Customer）；⑥合适的商品或服务（Right Product or Service）；⑦合适的数量（Right Quantity）。

二、新时代电子商务物流管理的基本原则

为了更好地促进新时代物流管理目标的实现，新时代电子商务物流管理应遵循以下基本原则。

1. 服务性原则

物流业属于服务业，必须以用户为中心。随着商品经济的纵深发展，用户更重视高效率、低消耗的物流活动。所以，电子商务环境下的物流活动在承担中长距离大量运输任务的同时，还要注意满足用户批量少、次数多、距离短、时间准的要求，甚至要为用户"量身定做"物流方案。例如，日本丰田公司有个先进的管理经验，即零库存，就是使所运送的原材料和配件正好能够满足生产所需，商品完工即被运给下一道工序或用户，因此不需要库存，使储备资金占用达到最低。这种情况必须有一个精准的物流机构提供支持，这往往不是企业自备物流机构能做到的。在经济发达地区，这些活动一般都由专业物流企业承担，它们的服务与用户的需要配合得分毫不差，可谓完美的服务。

2. 通用性原则

专业物流企业为用户提供个性化服务必然发生高昂的费用，但是如果能采用共同储运的组合方式，提高储运设备的利用率，就能降低成本。为了能够适用于共同储运的组合方式，对于物流用品，如集装箱、托盘等，应注重它的可交换性、通用性。在这个原则下物流标准化的要求被提出。例如，业界规定了物流设施与设备的尺寸基准（又称物流模数），如最小的集装单元尺寸为 600 毫米×400 毫米，这是国际基本认定的基础模数尺寸，其他规格的尺寸都与该尺寸成倍数关系。现代物流业必然发展为全球性作业，那么上述通用性将向全球的通用性发展，而且不仅是设施与设备的通用，还包括商务单证、手续规则的通用和相互认可等，这些都是现代物

流业发展面临的亟待研究和解决的问题。

3. 合理化原则

专业物流企业要降低物流成本，就要考虑按最优化模式设计它的作业，实行合理的运输、存储、配送、流通加工等。追求最优模式还要注意解决“二律背反”的问题，即事物存在相互矛盾的两个方面，如果想要实现其中一个方面的目的，就可能使另一方面受到损害。例如，减少库存，可以降低存储成本，但是会增加采购次数，使采购费用增加；简化包装可以降低包装成本，但是包装强度降低、破损率升高，会使维修或赔偿费用增加，甚至损害企业的声誉。解决这类问题的方法如下：首先，要周密地考察、衡量各方面的利害关系、影响程度；其次，可采用实验或者更精确的数理推算方法，确定矛盾的双方各自应该具有的水平，得到折中的处理方法，使综合效益最大化，如利用经济订购批量法进行计算和对比。

三、新时代电子商务物流管理的特点

新时代电子商务物流管理主要具有以下特点。

1. 综合性

从物流管理覆盖的领域看，新时代电子商务物流管理涉及商务、物流、信息和技术等领域的管理；从管理的范围看，新时代电子商务物流管理不仅涉及物流企业，还包括物流供应链上的各个环节；从管理的方式和方法看，新时代电子商务物流管理兼容传统的管理方法和通过网络进行的过程管理及虚拟管理。

2. 新颖性

新时代电子商务物流管理体现了新经济的特点，它以物流信息为其管理的出发点和立足点。电子商务活动本身就是信息高度发达的产物，对信息活动的管理是一项全新的内容，也是对传统物流管理的挑战和更新。

3. 智能性

新时代电子商务物流的实物位移自动化、半自动化程度高，物流供应链过程处于被实时监控之中，而物流系统中的传统管理内容，如人事、财务、计划和物流控制等全部都是智能化的。因此，新时代电子商务物流管理的重点是这些自动化、智能化的设计创造过程，一个智能化的电子商务物流管理系统可以模拟现实，可以发出指令、实施决策，可以根据物流过程的特点采用对应管理手段，真正实现新时代电子商务物流管理的柔性化和智能化。

四、新时代电子商务物流管理的内容

1. 对物流活动诸多环节的管理

（1）运输管理。运输管理的主要内容包括运输方式及服务方式的选择、运输路线的选择、车辆调度与组织等。

（2）存储管理。存储管理的主要内容包括原材料、半成品和成品的存储策略、存储统计、库存控制、保管和养护等。

（3）装卸搬运管理。装卸搬运管理的主要内容包括装卸搬运系统的设计、设备规划与配置、作业组织等。

（4）包装管理。包装管理的主要内容包括包装容器和包装材料的选择与设计，包装技术和方法的改进，包装系列化、标准化、自动化等。

（5）流通加工管理。流通加工管理的主要内容包括加工场所的选定、加工机械的配置、加工技术与方法的研究和改进、加工作业流程的制定与优化。

（6）配送管理。配送管理的主要内容包括配送中心选址及优化布局、配送机械的合理配置与调度、配送作业流程的制定与优化。

（7）物流信息管理。物流信息管理主要是指对反映物流活动内容、物流管理要求、物流作用、物流特点的信息所进行的搜集、加工、处理、存储和传输等过程。目前，信息管理在物流管理中的作用越来越重要。

（8）客户服务管理。客户服务管理主要是指对与物流活动相关服务的组织和监督，如调查和分析客户对物流活动的反馈，并以此决定客户所需要的服务水平、服务项目等。

2．对物流系统诸多要素的管理

（1）人的管理。人是现代物流系统和物流活动中最活跃的因素，对人的管理包括物流从业人员的选拔和录用、物流人才的培训与提高、物流管理教育和物流人才培养计划与措施的制定等。

（2）物的管理。物指的是现代物流活动的客体，即物质资料实体。物的管理贯穿物流活动的始终，它涉及物流活动的诸多要素，即物的运输、存储、包装、流通加工等。

（3）财的管理。财的管理主要指现代物流管理中有关降低物流成本、提高经济效益等方面的内容，它是物流管理的出发点，也是物流管理的归宿。其主要内容有物流成本的计算与控制、物流经济效益指标体系的建立、资金的筹措与运用、提高经济效益的方法等。

（4）设备管理。设备管理主要包括各种物流设备的选择与优化配置，各种设备的合理使用、更新改造、研制、开发与引进等。

（5）方法管理。方法管理主要包括各种现代物流技术的研究、推广和普及，物流科学研究工作的组织与开展，新技术的推广和普及，现代管理方法的应用等。

（6）信息管理。信息是现代物流系统的神经中枢，只有做到有效地处理并及时传输物流信息，才能对系统内部的人、财、物、设备和方法等要素进行有效的管理。

3．对物流活动中具体职能的管理

新时代电子商务物流管理活动从职能上看，主要包括物流计划管理、物流质量管理、物流技术管理、物流经济管理。

相关链接

大连集发南岸国际物流——危险货物物流全程数字化监管

大连集发南岸国际物流有限公司是辽宁港口集团的全资子公司，其场地定位为大连口岸危险货物进出口的后方堆场，担负整个地区的危险货物、集装箱物流职能。

1．项目背景

危险货物是易燃、易爆或具有强烈腐蚀性的化学物品，其生产、使用和存储的过程均涉及安全问题。在实现口岸危险货物物流职能，为客户提供高效、便捷的服务同时，大连集发南岸国际物流有限公司必须保证危险货物的仓储、运输、监管过程绝对安全。危险货物场站的核心生产要素是危险货物，一切生产活动和安全管理活动都要考虑货物的特性。与普通货物不同，在危险货物的操作和管理过程中，大连集发南岸国际物流有限公司必须根据具体的货物特性，采取不同的安全管理措施，实施不同的运输、管理和操作工艺。将专业的危险货物核心数据和技术文档（包括理化特性、性状、操作须知、包装、运输、仓储、作业工艺、主要危险性、应急处置办法和历史作业数据），作为整个管理体系的数据基础。借助信息化手段，借助物联网硬件，在生产、安全管理、客户服务方面，建立信息化管控体系，在保证安全的大前提下，打造以客户和货物为核心的全链条服务平台。

2. 在途管理

按照口岸的要求，危险货物集装箱在码头和危险货物场站运输过程中，必须被全程监管。大连集发南岸国际物流有限公司通过利用全球定位技术、车载摄像头、图像感知技术，实现危险货物车辆实时跟踪和在途监管，同时向海关、海事、港口局等监管部门提供实时的车辆位置、货物状态数据。

（1）码头–场站车辆监管。通过利用场站系统和码头操作系统接口，建立危险货物集装箱车辆在途监管系统，连接码头和场站危险货物集装箱数据，打通船边、堆场、大门业务数据，借助互联网技术，实时记录车辆装载危险货物集装箱进出码头和堆场的在途时刻、时长；实时调取卡口、车辆数据，进行相关时间比对，若超出阈值，则自动报警，以便进一步跟踪处理。

（2）全程车辆跟踪。利用全球定位技术和车联网技术，对区域中的每辆运输车进行编码管理，安装 GPS（全球定位系统）模块、车联网模块，实时获得车辆的位置、行驶状态数据。在车辆外部、驾驶室内安装摄像头，对车辆进行全方位视频跟踪。利用智能图像识别技术对驾驶员进行监控，智能识别困倦、吸烟等违章动作，通过车内系统直接进行提醒。若提醒无效，则通过移动网络通知安全管理员，直接对司机进行呼叫。通过以上手段，实现对危险货物车辆的主动驾驶行为管控、运输过程管控、车辆技术状况监控等功能。将车辆物联网设备上的相关数据接入场站管理平台，场站管理平台采用大数据管理的手段，以自动化与人工管理结合的方式进行全方位监控，一方面释放运输企业对车辆管理的压力，降低人工、管理成本；另一方面，通过对运行数据的全面掌握和系统分析，指导企业管理和流程优化。

（3）危险货物场站卡口管理。在危险货物集装箱车辆进入场站卡口时，需要对车辆和集装箱进行首次检查。检查的项目包括车辆状况、危险品标识、防火帽/静电链等安全设施，以及司机/押运员的资质。集装箱的箱况、货物标识、封志状况也要同时进行检查。在传统智能大门实现的基础上，针对危险品场站业务特点，在入门时进行相关的安全检查，启用工作人员手持无线终端，把所有检查工作集中到无线终端进行，上传相关的检查结果和数据，与系统进行比对校验并存档。同时，将无线终端与云端数据库联网，可实现对司机/押运员的资质检核。

3. 堆场监管

（1）危险货物堆场管理。建立以危险货物为核心的生产操作系统，全面涵盖所有业务点，实时跟踪操作数据，实现“所有业务数据化，所有数据业务化”，任何一种业务都有数据来支撑，任何时候都可以从系统中获取所需的信息。连接业务委托模块与计划模块、智能大门模块、场地无线操作模块，形成安全管理和业务操作系统闭环。通过建立危险货物存储系统，结合场区内的无线终端操作，实现场地仓库及堆存区货物图形化显示，达到快速查询数据的目的。在图形界面，可以实时获得场内集装箱的箱号、货物名称、位置、货物类别、箱来源、应急联络人及电话等信息。

（2）系统级危险货物分类堆存。根据危险货物管控要求，针对不同的危险货物，在堆存时必须考虑相互的依存关系，遵循分类堆存原则。将该原则编制为智能算法，由信息系统统一进行管控，指导和控制计划、操作环节。分类显示可通过集装箱层数进行实时显示，也可通过危险货物类别进行实时显示。客户可根据自己的需求调整所需显示的类别，同时自定义所需显示的颜色标识。信息系统全面接入海关、检验检疫、海事、港口局、码头、船公司的数据接口，所有进出口操作在系统级别均以电子监管指令进行校验。危险品操作数据和场站实时操作数据通过系统接口与政府监管部门进行实时共享，信息系统对所有历史数据进行分类归档，通过智能算法进行分析，根据不同需要自动生成业务报表。

（3）危险货物安全管理。MSDS（Material Safety Data Sheet，化学品安全技术说明书，亦可译为化学品安全说明书或化学品安全数据说明书）是化学品生产商和进口商用来阐明化学品的理化特性（如 pH、闪点、易燃度、反应活性等），以及对使用者的健康可能产生的危害（如致癌、致畸等）的一份文件。无论是国内贸易还是国际贸易，卖方都必须提供产品说明性的法律文件。由于各个国家，甚至美国各个州的化学品管理及贸易的法律文件不同，有的每个月都有变动，因此如果提供的 MSDS 不正确或者信息不完全，就可能面临法律责任追究。MSDS 是危险货物管理、维护、运输、应急过程中的重要科学文件依据，在整个危险货物操作过程中具有重要的指导意义。

4. 客户物流跟踪服务

（1）出口货物三级评估。根据安全管理规定，出口危险货物必须向监管部门、海关、海事部门进行申报，报告货物的品名、危险品类别、生产商、代理商资质，以及 MSDS 清单。

依托互联网技术和移动计算技术，实行客户网上三级评估制度。系统以货物评估为线索，由客户发起，各职能部门顺次参与。将客户和场站各部门审核人员从繁重的审核工作中解放出来，整个流程清晰、简洁，系统内置了客户资质、危险货物数据库，审核结果准确，并且有章可循、有据可查。

（2）网上支付、移动平台服务。开通网上计费服务、微信信息服务，为客户提供全程的货物跟踪服务。

——资料来源：中国物流与采购网，2021-03-16

任务三　新时代电子商务物流的发展

一、我国电子商务物流的发展现状

1. 市场规模持续增长

自“十三五”以来，我国的电子商务不断发展壮大。国家统计局的数据显示，2016—2020 年，全国电子商务交易额从 26.10 万亿元增长到 37.21 万亿元，年均增长率为 8.5%。2021 年，全国网上零售额达 13.1 万亿元，同比增长 14.1%，增速比 2020 年快 3.2%。其中，实物商品网上零售额达 10.8 万亿元，首次突破 10 万亿元，同比增长 12.0%，占社会消费品零售总额的比例为 24.5%，对社会消费品零售总额增长的贡献率为 23.6%。

电子商务物流是服务于电子商务的各类物流活动。近年来，我国电子商务与快递物流之间的协同发展不断加深。随着电子商务规模效益的不断提高，电子商务物流也迎来高速增长期。快递是电子商务物流的重要表现形式。中华人民共和国国家邮政局（以下简称国家邮政局）的统计数据显示，自“十三五”以来，我国快递业务总量和收入不断增加，屡创新高。2020 年，快递服务企业业务量完成 833.6 亿件（见图 1-3），同比增长 31.2%。其中，同城快递业务小幅增长，全年同城快递业务量完成 121.7 亿件，同比增长 10.2%；异地快递业务快速增长，全年异地快递业务量完成 693.6 亿件，同比增长 35.9%；国际/港澳台快递业务持续增长，全年国际/港澳台快递业务量完成 18.4 亿件，同比增长 27.7%。

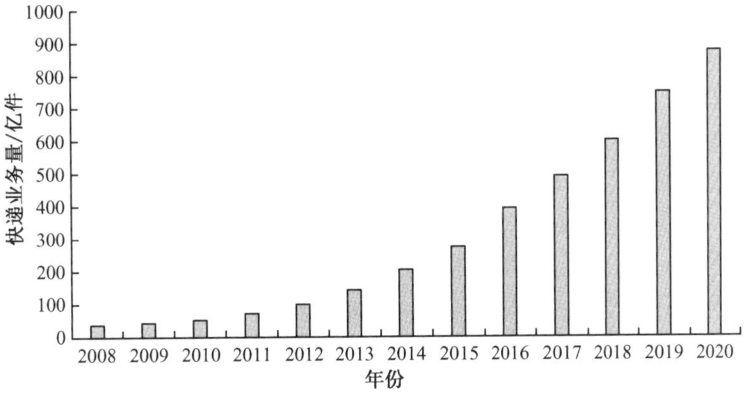

图 1-3 2008—2020 年我国快递业务量

2. 增长速度稳中趋缓

自“十三五”以来，随着我国电子商务和网上零售额同比增长速度持续走低，电子商务物流的业务量和业务收入增速有所回落。2010—2013 年，我国快递业务量和业务收入保持高速增长。自“十三五”以来，我国快递业务量和业务收入的增长速度明显回落，快递业务量的增长速度由 2016 年的 51.4%降至 2020 年的 31.2%，快递业务收入的增长速度由 2016 年的 53.5%降至 2020 年的 17.3%（见图 1-4）。

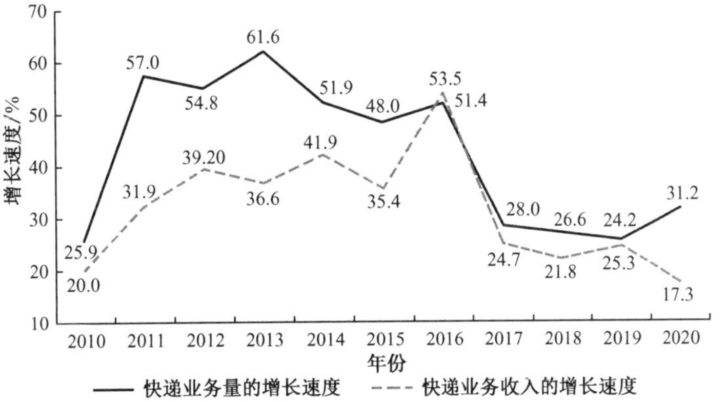

图 1-4 2010—2020 年我国快递业务量和快递业务收入的增长速度

中国物流与采购联合会和京东联合发布的中国电商物流运行指数显示，中国电商物流运行指数由 2020 年 2 月的最低点 96.6 增至 2021 年 3 月的 110.4。

3．政策体系不断完善

党中央、国务院高度重视电子商务物流。2021 年中央一号文件提出，加快完善县乡村三级农村物流体系，改造提升农村寄递物流基础设施，深入推进电子商务进农村和农产品出村进城，推动城乡生产与消费有效对接。促进农村居民耐用消费品更新换代。加快实施农产品仓储保鲜冷链物流设施建设工程，推进田头小型仓储保鲜冷链设施、产地低温直销配送中心、国家骨干冷链物流基地建设。

政府各部门深入推进电子商务物流的发展。在农村电子商务物流建设方面，交通运输部推进“交通物流+电子商务”项目建设，鼓励电子商务物流企业加快装备升级改造。中华人民共和国国家发展和改革委员会（以下简称国家发展改革委）支持建立完善的适应农产品网络销售的物流、仓储等支撑保障体系。中华人民共和国商务部（以下简称商务部）、中华人民共和国财政部（以下简称财政部）等部门开展电子商务进农村综合示范，支持示范县发展农村电子商务及物流体系建设，截至 2020 年年底，共在 1338 个县开展电子商务进农村综合示范，实现国家级贫困县全覆盖。在跨境电子商务物流建设方面，国家邮政局、商务部、中华人民共和国海关总署（以下简称海关总署）等部门支持企业设置海外仓，鼓励企业提供全程跟踪查询、退换货、丢损赔偿、拓展营销、融资、仓储等增值服务，支持跨境电子商务综合试验区所在地城市建设国际邮件互换局和快件监管中心。在电子商务物流数据共享方面，国家邮政局、商务部、海关总署等部门推动建立电子商务物流企业与政府间的数据交换机制，实现对电子商务物流环节数据的实时掌握。在总结电子商务物流协同发展经验方面，商务部、国家邮政局围绕完善基础设施建设、优化配送通行管理、提升末端服务能力、提高协同运行效率、推动绿色发展等方面，总结了 12 项工作任务的典型经验做法。

4．创新动能加速释放

现代信息通信技术加速赋能电子商务物流企业，驱动电子商务物流向智慧化物流迈进。信息化管理系统、智能客服、无人车、无人机、无人仓等迅速普及，自动化分拣、扫描、称重设备的占比稳步提高，物流需求预警、物流动态预测、供应链智能分仓、车辆路径智能规划等将成为行业热点。2020 年，日日顺物流启用大件物流首个智能无人仓，京东物流落成亚洲首个全流程智能柔性生产物流园——北斗新仓，菜鸟上线能打通商品存储到直接发货的全流程第三代无人仓。菜鸟供应链发布涵盖数智大脑系统、数智仓储运配服务、数智全案解决方案、商流联动产品等全链路、全场景的物流供应链服务产品体系。顺丰的“小优”、阿里巴巴的物流无人车“小蛮驴”等都是智能配送机器人的代表，能节省配送时间和人力成本、提高配送效率。

5．市场集中度进一步提升

近年来，我国电子商务物流市场集中度持续保持在高位。国家邮政局的数据显示，2020 年，我国快递服务品牌集中度指数为 82.2。电子商务物流市场的主流企业仍然是京东、菜鸟、顺丰、“四通一达”等大型企业。京东注重自有物流方面的建设，并且以送达速度快、服务品质好赢得了用户的好评。阿里巴巴加强物流体系的建设和投资，依靠菜鸟，并通过投资百世、申通、圆通、中通、韵达等快递企业，来完成物流领域的布局。2015 年，阿里巴巴联合云锋基金投资圆通；2018 年，阿里巴巴以 13.8 亿美元投资中通；2019 年 3 月，阿里巴巴投资 46.6 亿元，成为申通第一大股东，拥有 45.59%的股份；2020 年 4 月，阿里巴巴入股韵达，持有 2%的股份。

通过菜鸟的整合，阿里巴巴完成对整个物流网络的调度，进一步缩小与顺丰、京东在配送速度上的差异。

6. 电子商务物流低碳转型加快

电子商务物流是贯彻节能环保理念、助力我国实现碳达峰、碳中和的重点领域。国家邮政局持续探索与推进快递包装绿色化，开展电子商务物流企业绿色采购试点和可循环中转袋（箱）全面替代一次性塑料编织袋试点。截至 2020 年年底，我国的电子运单使用率达 98%，电子商务快件不再二次包装率达 52%，循环中转袋使用率达 75%，设置符合标准的包装废弃物回收装置的邮政快递网点已达 3 万个。中国邮政、顺丰、申通、中通、菜鸟、京东等企业开展绿色包装行动，通过推广使用可降解塑料袋、无胶带纸箱、可循环中转袋等方式节能减排。国家发展改革委、中华人民共和国生态环境部（以下简称生态环境部）印发《"十四五"塑料污染治理行动方案》，明确到 2025 年，电子商务快件基本实现不再二次包装，可循环快递包装应用规模达到 1000 万个。

二、跨境电子商务物流概况

1. 跨境电子商务物流的概念

跨境电子商务物流是指分属不同关境的交易主体通过电子商务平台达成交易，进行支付结算，并通过跨境物流送达商品、完成交易的一种国际商业活动。

2. 跨境电子商务物流的模式

（1）邮政小包。据不完全统计，中国跨境电子商务出口业务 70%的包裹通过邮政系统投递，其中，中国邮政占 50%左右的份额，新加坡邮政等也是中国跨境电子商务卖家常用的物流方式。

优势：邮政网络基本覆盖全球，比其他任何物流渠道都要广；而且，由于邮政机构一般为国有企业，有国家税收补贴，因此价格非常低。

劣势：一般以私人包裹方式出境，不便于海关统计，也无法享受正常的出口退税；同时，速度较慢，丢包率高。

（2）国际快递。国际快递主要是指 UPS、FedEx、DHL、TNT 这四大巨头。其中，UPS 和 FedEx 的总部位于美国，DHL 的总部位于德国，TNT 的总部位于荷兰。国际快递对信息的提供、搜集与管理有很高的要求，以全球自建网络及国际化信息系统为支撑。

优势：速度快、服务好、丢包率低，尤其是发往欧美发达国家非常方便。例如，使用 UPS 从中国寄包裹到美国，最快可在 48 小时内到达，TNT 发送包裹到欧洲国家，一般 3 个工作日可到达。

劣势：价格高，且价格资费变化较大。一般跨境电子商务卖家只有在客户强烈要求时效性的情况下才会使用国际快递，且会向客户收取运费。

（3）跨境专线物流。跨境专线物流一般先通过航空包舱方式将货物运输到国外，再通过合作企业进行目的国国内的派送，是比较受欢迎的一种物流方式。

目前，业内使用最普遍的物流专线包括美国专线、欧洲专线、澳洲专线、俄罗斯专线等，也有不少物流企业推出了中东专线、南美专线。EMS 的"国际 E 邮宝"、中环运的"俄邮宝"和"澳邮宝"、俄速通的中俄专线都属于跨境专线物流推出的特定产品。

优势：集中大批量货物发往目的地，通过规模效应降低成本，因此其价格比商业快递低，速度快于邮政小包，丢包率也比较低。

劣势：相对邮政小包来说，运费成本还是高了不少，而且在国内的揽收范围相对有限，覆盖地区有待扩大。

（4）海外仓。所谓海外仓，是指由网络外贸交易平台、物流企业独立或共同为卖家在销售目标地提供的货物存储、分拣、包装、派送的一站式控制与管理服务。卖家将货物存储到当地仓库，当客户有需求时，第一时间做出快速响应，及时进行货物的分拣、包装及递送。整个流程包括头程运输、仓储管理和本地配送 3 个部分。

目前，由于优势众多，海外仓成为业内较为推崇的物流方式。例如，2017 年，eBay 将海外仓作为宣传和推广的重点，联合万邑通推出 Winit 美国仓、英国仓、德国仓。出口易、递四方等物流企业也大力建设海外仓储系统，不断上线新产品。

优势：用传统外贸方式走货到仓，可以降低物流成本；相当于销售发生在本土，可提供灵活可靠的退换货方案，提高了海外客户的购买信心；发货周期缩短，发货速度加快，可降低跨境物流缺陷交易率。此外，海外仓还可以帮助卖家拓展销售品类，突破“大而重”的发展瓶颈。

劣势：不是任何产品都适合使用海外仓的，库存周转快的热销单品适合使用海外仓，其他产品使用海外仓容易造成压货；同时，海外仓对卖家在供应链管理、库存管控、动销管理等方面提出了更高的要求。

（5）国内快递的跨国业务。随着跨境电子商务火热程度的上升，国内快递也开始加快国际业务的布局。例如，EMS、顺丰均在跨境物流方面下了功夫。

由于依托着邮政渠道，EMS 的国际业务相对成熟，可以直达全球 60 多个国家。顺丰也已开通了到美国、澳大利亚、韩国、日本、新加坡、马来西亚、泰国、越南等国家的快递服务，并启动了中国往俄罗斯的跨境 B2C 服务。

优势：速度较快，费用低于四大国际快递巨头，EMS 在中国境内的出关能力强。

劣势：由于并非专注于跨境业务，相对缺乏经验，对市场的把控能力有待提高，覆盖的海外市场也比较有限。

相关链接

“十三五”期间我国跨境电子商务物流发展状况

“十三五”期间，我国跨境电子商务等外贸新业态、新模式快速发展，在新冠肺炎疫情的冲击下，为稳外贸发挥了巨大作用。据海关统计，2020 年，我国跨境电子商务进出口额达 1.69 万亿元，增长了 31.1%，跨境电子商务成为促进我国经济转型升级的重要推动力之一。近年来，我国出台一系列政策引导跨境电子商务健康发展，规范跨境电子商务进出口行为，推动通关便利化。2012 年 8 月，政府首次批准郑州、杭州、重庆、上海、宁波 5 个跨境电子商务试点城市。2015 年 3 月 7 日，我国设立首个中国（杭州）跨境电子商务综合试验区。2020 年 6 月，我国批准北京、天津等 10 个城市纳入跨境电子商务企业对企业出口监管试点范围。2021 年 7 月，我国在全国海关复制推广跨境电子商务企业对企业出口监管试点。随着跨境电子商务的高速发展，邮政小包、商业快递、国际专线、海外仓、中欧班列等跨境电子商务物流持续激增。国家邮政局的统计数据显示，2011—2019 年，国际及地区电子商务物流量从 1.1 亿件增至 14.4 亿件，增长速度明显高于国内快递业务。跨境电子商务物流企业通过海外仓物流资产投入、海外落地配团队的收购和搭建、海外物流服务延伸等方式，逐步完善全球供应链及物流基础网络。“一单到底”已成为跨境电子商务物流的主流模式，受到跨境买卖双方的欢迎。

——资料来源：中国商业发展报告（2021—2022）

三、新时代电子商务物流的发展趋势

在新时代，我国电子商务物流面临的经济社会环境发生重大变化——从降本增效到提质增效、从粗放发展到高质量发展、从求数量增长到发展绿色物流，说明电子商务发展对物流服务质量的要求越来越高、对物流时效的要求越来越高、对物流资源共享利用的要求越来越高。“懒人经济”现象的出现导致对城乡物流配送“最后一公里”的需求越来越多。

在新时代电子商务物流发展背景下，我国电子商务物流的发展趋势主要体现在智慧化、共享化、绿色化、标准化、全球化及农村化等方面。

1．智慧化

（1）智慧物流信息传输系统向互联网+物联网方向发展。在电子商务物流配送领域，电子商务与快递物流最早应用物联网技术进行快递包裹的追踪与追溯，进而延伸到整个系统物流透明化管理，实现了全链路信息互通。在传统电子商务配送领域，线上与线下的信息连接从车货匹配的信息互通开始，逐步向与仓储系统、门店系统、品牌商互联互通的深度连接方向发展。围绕 to B、to C 的消费场景，物流作为线上交易的履约渠道，B2B 配送与 B2C、C2C 配送的配合与协同逐渐增强，共同推动对消费者订单的快速响应。

（2）智慧物流思维系统向程控化方向发展。目前，电子商务物流与快递企业的数字化发展最快，通过直接对接电子商务平台大数据，大力推进物流配送的标准化电子面单，实现一单到底，实现了物流配送全链路数字化，并积累了庞大的智慧物流数据资源，具备了智慧城市配送的发展条件。在传统的面向门店的电子商务配送领域，先进的商贸流通企业与物流企业也基本实现了数字化发展；在传统的城市配送的第三方物流领域，近年来涌现出很多创新性企业和创新模式，如满帮集团的车货匹配、云鸟配送的智慧共配、唯捷城配的天穹系统等，也在推动智慧城市配送的创新发展。

（3）智慧物流执行系统向无人化和柔性自动化方向发展。电子商务物流系统的自动化发展最快，先进的物流配送中心已经初步实现柔性自动化与无人化；先进的大型连锁零售企业的大型物流中心也实现了自动化；传统的物流配送企业目前发展不快，大部分处于机械化发展阶段，很多物流作业还处于原始人工搬运阶段，发展很不平衡。其实，物流机械化与自动化技术早已出现，起初主要应用在先进的制造业物流领域。近几年，电子商务配送领域的物流自动化发展与电子商务的发展有密切的联系。目前，物流自动化技术已经与传统的物流自动化不同，现在的电子商务与物流领域的物流自动化技术装备可以联网、互联互通。

2．共享化

（1）智慧物流推动共享物流发展。电子商务配送中的共享物流主要指跨行业、跨企业、跨竞争对手和跨区域的全面物流资源共享，从而提高物流系统效率、降低物流成本、推动物流系统变革的物流模式。可以用于共享的物流资源主要有物流信息资源、物流技术与设备资源、仓储设施资源、终端配送资源、物流人力资源等。智慧物流让物流资源的信息更加透明，让闲置的物流资源可以共享，从而推动众多共享物流模式创新。例如，城乡物流共同配送是共享物流配送资源的创新模式，共享云仓是城市配送企业共享仓储设施的创新模式，智能快递柜是共享城市末端配送设施的创新模式，物流众包是共享物流人力资源的创新模式，托盘与周转箱循环共用是上下游配送企业共享物流单元化载具的创新模式等。

（2）智慧物流推动物流先行。近年来，几乎所有电子商务物流系统都在做前置仓，其原理就是借助于大数据分析和预测，建立数字路由、数字分仓，提前把货物前置到离客户最近的仓库中，从而实现物流配送的快速响应，以便大幅提升物流效率。前置仓带来的变化非常多，它要求有准确的销售预测，需要利用厂家库存、供应商库存、经销商库存、商家库存等来实现利用数据分仓和分布式联动控制。库存分布式管理控制对大数据的预测与分析的要求非常高，其优化与运筹计算也非常复杂。

（3）智慧物流推动即时物流变革。即时物流是最传统的点对点物流服务，为什么在城乡物流配送中即时物流发展得这么快呢？主要原因是随着智慧物流技术的发展，实现了即时物流系统的智慧调度，可以让即时物流调度系统面对数量庞大的订单、众多的骑手、复杂的路径、即时配送的精准要求，实时做出智慧响应——定位最近的骑手、优化最优路径、计算最准确的配送时间，从而满足客户的即时配送需求。此外，即时物流可以从门店末端向上游连接，优化门店流通服务的供应链；与新零售对接，把新零售物流配送服务延伸到消费者末端；在门店之间建立连接，实现门店与门店之间的货物调拨，推动物流供应链体系变革。

3．绿色化

（1）物流仓储设施绿色化认证。中国仓储与配送协会一直在推动绿色物流落地实施，在城乡配送仓储设施绿色化发展方面，中国仓储与配送协会通过制定绿色仓库标准，推动绿色仓库的认证，以标准化为抓手来推动绿色仓储设施解决方案的落地实施。2017 年 5 月 1 日，我国商务行业标准 SB/T 11164—2016《绿色仓库要求与评价》正式实施。在企业的积极支持下，已经有京东、苏宁、宇培、中外运、宇臻仓储、万纬仓储、万东仓储等先进企业的数十座库区通过了绿色仓库的评估与认证，获得了中国绿色仓库的星级认证证书。据了解，这些库区共同的特点是选址合理，规划科学，设计适度超前，土地利用率高，节能、节水、节材方面的措施明显，能够有效地节约资源、降低能源消耗、减少污染排放、提高物流效率。

（2）物流绿色技术装备应用。在电子商务物流配送领域，最主要的绿色物流装备是新能源车辆。近年来，在商务部、交通运输部等部门的指导下，很多城市出台了优先新能源车辆进城等措施，以便促进城乡配送领域新能源车辆的快速发展。在其他绿色物流技术装备应用方面，中国仓储与配送协会积极推动商务部、中华人民共和国工业和信息化部（以下简称工业和信息化部）等几个部委发布的《绿色采购指南》与《中国绿色物流技术装备的推荐目录》对接，已经出台了两批《中国绿色物流技术装备的推荐目录》。中国仓储与配送协会通过对接《中国绿色物流技术装备的推荐目录》，推动企业积极采购与应用绿色化的物流技术装备，让物流技术装备的绿色化落地。

（3）物流包装绿色化发展。我国的电子商务快递包裹量非常大，2021 年，我国的快递业务量达 1083 亿件，同比增长 29.9%。推进绿色包装已经刻不容缓，引起全社会的关注。目前，推动绿色包装的基本原则已经形成社会共识：首先，实施减量包装，减下来就没有消费，不产生包装垃圾，是最绿色的；其次，对不能够做到减量包装的部分，优先推进包装物循环使用，众多城市配送企业都在积极探索循环使用包装物的措施，如京东、苏宁、菜鸟等企业，但是，目前可循环使用的包装物的数量很少，全社会包装物回收体系还没有形成，包装物回收成本高、回收不便利，循环使用包装物难以全面推广；最后，不能循环使用的包装物，希望能够循环利用，即让包装废弃物实现回收再利用。在包装物循环利用方面，我国走在了世界前列，在城市中拥有庞大的垃圾回收大军，各类纸箱等废弃物通过广泛存在的垃圾收集归类，实现了回收再利用。

4. 标准化

（1）“物”的标准化。托盘标准化已经深入人心，商务部联合 9 部委发布了《关于推广标准托盘发展单元化物流的意见》，国家相关部门出台的各类物流政策文件也都提出了托盘标准与单元化物流发展的相关要求。在国家政策的推动下，广大物流企业已经认识到了托盘标准化的重要性，开始自发地推动托盘标准化。推动托盘标准化的巨大进展给托盘租赁企业带来了巨大的发展机遇，招商路凯用于租赁的标准托盘总量已经超过 1000 万片，各地区中小托盘租赁公司也纷纷创立，开展立足于本地市场的标准托盘租赁服务。

此外，标准化的物流周转箱（筐）等单元化载具在市场中也获得了大发展，各地生鲜蔬果批发零售企业通过租赁物流周转筐既大幅提升了物流效率，又降低了生鲜蔬果的损耗；很多制造企业利用循环共用的标准化周转箱，既提升了物流与供应链效率，又降低了物流成本。

（2）“流”的标准化。带托运输已经得到很多企业的认可，标准托盘循环共用带动了按托订货、按托交货、货物交接免验货，促进了物流流程的顺畅互通与无缝衔接。将物流单元作为追溯单元，也带动了物流信息的互联互通、推动了智慧物流的发展。

（3）“链”的标准化。“链”的标准化是供应链体系建设的核心内容，近年来商务部通过供应链体系建设试点示范，大力推进物流编码的统一与规范。通过采用 GS1 编码标准，给物流标准单元赋码，相当于给物流单元设置了一个统一规则的身份证，从而统一了物流各环节的物品编码，解决了过去物品编码不统一的“万码奔腾”问题。在统一编码的基础上，以标准的物流单元为基础，让物流单元成为物流信息单元、计量单元、订货单元、作业单元，从而实现了供应链上下游的“四流合一”与高效协同。

5. 全球化及农村化

（1）全球化。全球化的物流定位及物流模式，使物流企业面临着许多新的竞争问题。例如，“一带一路”跨境电子商务物流将蓬勃发展，跨境电子商务等新业态、新模式为共建“一带一路”国家的经济发展提供了新动力。全球化智库发布的《B2C 跨境电商平台“出海”研究报告》显示，2010 年至今，在跨境电子商务平台成交总额进入前 10 的国家中，共建“一带一路”国家的占比为 38%。基于阿里巴巴跨境电子商务大数据编制的共建“一带一路”国家跨境电子商务连接指数显示，东欧、西亚、东盟国家与中国跨境电子商务的连接最紧密。未来，作为跨境电子商务物流经验最丰富的国家，我国将在共建“一带一路”国家建设海外仓、物流专线等，完善当地的电子商务物流基础设施；另外，我国还将向共建“一带一路”国家输出跨境电子商务物流技术和标准，提高通关便利化水平。此外，还有一个信息共享问题，很多企业有不少企业内部的秘密，物流企业很难与之打交道。因此，如何建立信息处理系统，以及时获得必要的信息，对物流企业来说是个难题。同时，在将来的物流系统中，能否做到尽快将货物送到客户手里，是提供优质服务的关键之一。

（2）农村化。在全球化的同时，电子商务物流的农村化、城市本地化也在快速演进，伴随这样一个过程，快递物流行业从骨干路线的覆盖，进一步走向支线、“毛细血管”的覆盖。物流快递毛细体系的建立是新时代农村电子商务物流领域的亮点之一。以顺丰、菜鸟、京东等为代表的新时代电子商务物流快递企业，正在将其毛细体系铺设到农村，让农村居民得到与城镇居民一样的普惠的商业服务。

综合训练

基础训练

一、名词解释

1. 电子商务物流
2. 电子商务物流管理
3. 跨境电子商务物流
4. 回收物流
5. 绿色物流

二、填空题

1. 物流一词最早出现于______国，由_______提出。

2. 在《物流术语》中，物流被定义为根据实际需要，将运输、储存、________、________、________、________、________、信息处理等基本功能实施有机结合，使物品从供应地向接收地进行实体流动的过程。

3. 按照物流活动的地域范围，可将物流分为________、________和________。

4. 按照物流活动的内容，可将物流分为________和________。

5. 按照物流活动的主体，可将物流分为________、________和________。

6. 新时代电子商务物流的发展趋势有_______、_______、_______、_______和________。

三、不定项选择题

1. 我国是在（　　）才开始接触物流这个概念的。

A. 20 世纪 70 年代　　B. 20 世纪 60 年代
C. 20 世纪 80 年代　　D. 20 世纪 90 年代

2. 物流是作为一个经济学的概念，通过（　　）引入我国的。

A. 日本　　B. 美国　　C. 德国　　D. 法国

3. 物流的主体功能主要包括（　　）。

A. 运输　　B. 储存　　C. 包装　　D. 配送

4. 新时代电子商务物流管理活动从职能上看，主要包括（　　）。

A. 物流计划管理　　B. 物流质量管理
C. 物流技术管理　　D. 物流经济管理

5. 电子商务物流管理的主要特点有（　　）。

A. 综合性　　B. 新颖性　　C. 智能性　　D. 以上都不是

6. 新时代电子商务物流的发展趋势有（　　）。

A. 全球化　　B. 多功能化　　C. 信息化　　D. 标准化

四、简答题

1. 物流的作用与功能是什么？
2. 简述新时代电子商务物流管理的内容及其特点。
3. 简述物流的功能与作用。
4. 简述新时代跨境电子商务物流模式。
5. 分析我国新时代电子商务物流的发展趋势。
6. 结合自己的网购经历，谈谈你对 B2C 物流配送服务的感受。

技能训练

案例分析：阿帕数字 NTOCC 网络货运平台——打造数字物流发展引擎

阿帕数字技术有限公司（以下简称阿帕数字）作为供应链解决方案一站式服务商，是华为公司的战略合作伙伴。阿帕数字建有 1 个省级智慧物流研发中心、5 个市级研发平台，拥有来自美国、印度的国际化团队，目前已申请 1 项国际专利、7 项国家发明专利。阿帕数字联合华为公司共同打造的“华为&阿帕智慧物流云”覆盖了采购、运输、仓储、终端四大领域，包含 32 款 SaaS（Software as a Service，软件即服务）产品和 16 款解决方案。其中，智能装车、路径优化、智能分拣等模块已达到国际领先水平，目前已服务 10 000 余家会员企业。

近年来，阿帕数字先后获得国家骨干物流信息平台、国家中小企业公共服务示范平台、商务部智慧物流示范企业等国家级荣誉 30 余项，获得山东省重点服务业企业、山东省优质品牌、山东省“一企一技术”研发中心、山东省中小企业“专精特新”企业等省市级荣誉百余项，进一步推动了物流行业标准化、智能化、数字化的建设。

1. 行业发展背景

国内物流行业规模庞大，社会物流交易总额逐步增长，2019 年社会物流交易总额突破 300 万亿元，全国共有物流相关法人单位 40 万家左右，从业人员超过 5000 万人，货运卡车超过 3000 万辆。与庞大的发展规模相比，行业整体运行成本与国外发达国家相比仍处于高位。行业整体表现出为“小、散、乱”的特点，物流中小企业受限于盈利能力、经营成本、专业人才等因素，难以规模化地推广新技术、新模式，行业整体数字化、智能化水平较低。

以道路货运产业为例，多数物流中小企业仍采用落后的经营方式，信息沟通效率低、车货匹配难、交易过程监管难、不同物流环节衔接难、货物追溯难等问题困扰着企业经营者，并进一步增加了物流成本。在新冠肺炎疫情爆发后，物流业的发展问题更加突出，行业亟待提高数字化、智能化、协同化水平，不仅需要提高日常状态下的物流效率，还要提高在重大事件发生时的应急能力。

2. 网络货运经营企业的发展“痛点”

2020 年 1 月，随着网络货运经营许可的全面放开，国内网络货运行业进入一个全新的发展阶段，越来越多的物流企业、平台企业及制造企业开始布局网络货运。网络货运是新形势下推动物流降本增效、促进国民经济发展的重要手段，但由于网络货运是一种全新的物流业态，多数具有从事网络货运经营意愿的企业在互联网信息平台搭建、业务及税务合规、数据安全与信用体系建设等方面仍存在困难，这阻碍了行业的健康、快速发展。

（1）互联网信息平台搭建。从事网络货运经营的企业必须拥有互联网信息平台，根据《网络平台道路货物运输经营管理暂行办法》《网络平台道路货物运输经营服务指南》等办法、规范，互联网信息必须具备信息发布、线上交易、全程监控、金融支付、咨询投诉、在线评价、查询统计、数据调取等功能。据统计，具有网络货运经营意向的企业多为物流企业或货运代理企业，在互联网信息平台搭建方面存在困难。此外，市场上存在大量功能不完善、操作不简便、性能不可靠的互联网信息平台，网络货运经营企业无法获得合规、实用的互联网信息。因此，如何确保真正具有货物运输经验、货运代理经验的物流企业和货运代理企业能够搭建或获得实用、先进、合规的互联网信息平台，是当前网络货运开展的一大“痛点”。

（2）业务及税务合规。网络货运的前身为无车承运人，在网络货运放开申请前，交通运输部及各省市已开展了几年无车承运人试点，通过总结 220 余家试点企业的经营经验和业务模式制定了与网络货运相关的经营管理办法和财税政策等。但我国物流相关法人单位有 40 万家左右，多数企业对网络货运、无车承运人的认识处于空白状态，对业务如何经营、财税如何缴纳等不了解，无法真正开展网络货运业务，更无法确保网络货运业务合法、合规，进而无法真正做到企业的数字化转型升级。

（3）数据安全与信用体系建设。网络货运平台依托互联网整合货源和车源。为确保业务的真实性和责任可追溯，通过网络货运平台开展业务的托运人和承运人必须进行实名认证，并上传真实的身份、资质证明信息。同时，随着业务展开，网络货运平台会产生海量的运单、资金流水等业务数据，如何保证网络货运平台的信息安全、保障用户隐私信息及交易信息安全是影响网络货运经营的重要问题。此外，托运人和承运人通过网络货运平台进行线上交易，如何在发生货差、货损等事件时，及时、准确地完成相关信息、责任追溯，建立诚信、公平的信用体系，同样影响网络货运的可持续发展。

3. 从平台和政策着手，突破网络货运的发展瓶颈

阿帕数字作为供应链解决方案一站式服务商，自 2016 年交通运输部开展无车承运人试点，至 2020 年交通运输部放开网络货运申请，紧跟国家政策步伐，持续研发符合政策要求和企业运营实际需求的网络货运平台。目前，其网络货运平台已完成数十个版本的迭代升级，形成完善、先进的 NTOCC 网络货运平台解决方案。

NTOCC 网络货运平台解决方案包含 1 个 ROMA NTOCC 业务中台，以及整车运输、仓配一体、零担快运、多式联运 4 套系统，融入了金融云、服务云、营销云、管理云、电商云、数据云 6 个模块，打造数字化供应链管理平台。

（1）架构灵活，降低企业平台搭建成本。NTOCC 网络货运平台的业务中台提供开放式接口、ROMA 平台对接，能够独立、灵活部署，支持多硬件设备、多系统平台、多业务场景打通，具有云部署、本地部署、混合部署等多种部署方式，可降低企业的使用成本、解决网络货运经营企业平台搭建的难题。

（2）覆盖面广，满足不同类型企业的需求。整车运输、仓配一体、零担快运、多式联运 4 套系统面向不同行业、不同类型的企业提供个性化解决方案，适用于多种应用场景，可满足不同企业信息化经营发展的需求，还可促进全链条的时效提升、成本降低。

（3）功能完善，全方位服务及监控。平台云套件包含金融云、服务云、营销云、管理云、电商云、数据云 6 个模块，具有云仓质押、运费赊呗、线上采购、财务管理、库存管理、云端 ETC、物流朋友圈、营销推广、数据分析、决策支撑、合同在线管理、承运商管理、物流设施管理、客户管理等几十项功能，覆盖物流全业务场景，可为企业提供全方位的服务。

NTOCC 网络货运平台以网络货运为核心，其平台功能和服务流程严格按照网络货运的相关政策、法规开发，涵盖物流企业开展物流业务涉及的运输、仓储、配送、终端等供应链环节，可帮助企业将供应链经营管理转移到互联网线上进行。NTOCC 网络货运平台通过数字化、智能化平台、系统的应用，以云服务底层赋能，对物流企业的传统经营方式进行信息化改造，从而提高企业的经营效率和竞争力。

——资料来源：中国物流与采购网，2021-03-01

问题与思考

1. 你认为阿帕数字是如何打造数字物流发展引擎的？
2. NTOCC 网络货运平台解决方案的功能有哪些？
3. 本案例给你怎样的启示？

相关链接

关于物流服务师职业技能等级认证的相关规定

1. 申报条件

基本文化要求：高中毕业（或同等学力）。具体申报条件如下。

（1）具备以下条件之一者，可申报 3 级/高级工。

① 在取得相关职业 4 级/中级工职业技能证书（职业资格证书）后，累计从事本职业或相关职业工作 5 年（含）以上。

② 取得本职业或相关职业高级技工学校、技师学院毕业证书（含尚未取得毕业证书的在校应届毕业生）；或具有大学专科以上学历，取得本专业或相关专业的毕业证书（含尚未取得毕业证书的在校应届毕业生）。

（2）具备以下条件之一者，可申报 2 级/技师。

① 在取得本职业或相关职业 3 级/高级工职业技能证书（职业资格证书）后，累计从事本职业或相关职业工作 4 年（含）以上。

② 具有大学专科以上学历，在取得本职业或相关职业 3 级/高级工职业技能证书（职业资格证书）后，累计从事本职业或相关职业工作 3 年（含）以上。

（3）具备以下条件者，可申报 1 级/高级技师。

在取得本职业或相关职业 2 级/技师职业资格证书（技能等级证书）后，累计从事本职业或相关职业工作 4 年（含）以上。

2. 考核方案

2021 年福建省物流服务师职业技能统一认定考核方案如表 1-1 所示。

表 1-1　2021 年福建省物流服务师职业技能统一认定考核方案

职业	等级	鉴定内容	题型	题量	答题方式	分值	比例/%
物流服务师	3-1 级	理论知识	选择题、判断题	100	上机作答	100	100
		专业能力	任务操作			100	100
	2 级	综合评审	案例分析题			100	100
	1 级	综合评审	论文撰写			100	100

——资料来源：福建省人才开发中心关于做好 2021 年福建省知识技能型职业技能等级统一认定工作的通知

模块二

智能物流信息技术

学习目标

知识目标	● 物流条码、物联网、EDI、GPS、GIS、RFID 的概念； ● 智能物流信息技术的发展概况； ● 主要的智能物流信息技术的类型； ● 智能物流信息技术对现代物流业发展的意义与作用。

能力目标	专业能力	● 能够结合实际情况分析智能物流信息技术对现代物流发展的影响程度。
	方法能力	● 具有基本的智能物流信息技术实际应用的现实感知； ● 具有一定的分析智能物流信息技术对现代物流发展影响的逻辑思路。
	社会能力	● 拥有良好的职业道德和较强的团队合作精神； ● 具备一定的智能物流信息技术分析与应用能力； ● 关注智能物流信息前沿技术的发展态势。

素养元素

视频映射点	视频标题	● 京东物流机器人助力新冠肺炎疫情防控
	背景	● 习近平在北京出席 2022 年世界经济论坛视频会议并发表题为《坚定信心 勇毅前行 共创后疫情时代美好世界》的演讲； ● 全球百年不遇大变局，人类命运共同体。
	映射	● 京东物流调配机器人支援武汉； ● 物流领域越来越成熟的无人驾驶技术。

导入案例

京东物流调配机器人支援武汉

2020 年年初在武汉，京东物流已基本完成机器人配送的地图采集和机器人测试工作，正在从各地抽调配送机器人驰援武汉，以更好地实现当地机器人配送常态化。除武汉外，在贵阳、呼和浩特等地的京东物流智能配送站也在正常运营，配送机器人正在不断将抗击疫情所需的物资与用户订单产品安全、可靠地送达。在河北、陕西、江苏等农村地区，京东物流无人机也已开展无人机配送的准备工作，计划为已经封闭的地区提供物流服务。

除了缓解末端配送压力，随着抗击疫情形势不断升级，网购订单数量持续增加，返工、返厂等日期一再延后，整个物流供应链的周转能力也遭受考验。其中，配备大量分拣 AGV 机器人、高度自动化的智能仓库发挥了重要作用。在各方抗疫物资被持续不断地运抵武汉的同时，位于武汉新洲区的京东亚洲一号也发挥了巨大的作用，这里存储了粮油、牛奶、饮用水等大量的生活物资，可以供武汉市民的日常生活使用，还配备了天狼仓、地狼仓、分拣 AGV 机器人，通过团队作战，可实现 24 小时不停歇地处理订单。

京东物流在长三角、京津冀等八大经济圈均有亚洲一号大型智能物流中心覆盖，在全国有 70 多座不同层级的智能仓，日订单处理量在近期迅速攀升。除此之外，对更多普通民众而言，满足日常生活所需的超市是其最常接触的场所，扫码进店、无须结账、拿了就走……在北京、在上海、在重庆，分布于全国各地的京东物流无人超市和智能售卖柜成为消费者此刻理想的购物场所。无人员值守、无接触式购物，京东物流的智能零售科技正在将疫病传播的概率降至最低，为消费者提供了更为安全的购物方式。

其实从 2016 年开始，京东便开始着手无人配送车的研发工作并率先发布了国内首个物流无人车。2016 年 9 月，京东无人配送车 1.0 版横空出世，并在当年 11.11 期间成功进行了包裹配送测试。之后，京东又相继完成了京东无人配送车 2.0 版本、3.0 版本及 3.5 版本的研发工作。2017 年 8 月 2 日，京东物流昆山无人分拣中心正式亮相，这是目前全球首个正式落成并运营成功的全程无人分拣中心，标志着京东物流配送中的分拣环节进入全场无人化、智能化阶段。在 2019 年年底，京东无人配送车 4.0 版也已正式面世。

美好的生活总有无限的期待，物流领域越来越成熟的无人驾驶技术会为生活带来哪些改变呢？人们充满了想象。

——资料来源：新浪科技网，2020-09-18

案例分析

正是因为有了这个神奇的机器人作为加速器，京东物流通过 3 年多、20 多个城市、18 万千米运营里程积累的宝贵数据才能获得数十倍的放大效果，京东无人配送车 4.0 版才能具有独自应对各种复杂环境挑战的能力，并只身前往武汉完成支持抗疫配送的重任。在新冠肺炎疫情期间，京东物流依托 L4 级别自动驾驶技术和北斗卫星定位系统，在十余天内就将京东无人配送车投用在武汉街头。通过远程部署使京东无人配送车的整个配送过程实现全自动化，无接触式配送成为新冠肺炎疫情期间的一大安全保障。在参与抗疫的 107 天时间里，京东无人配送车“大白”就像一名真正的快递员，时刻坚守岗位，往返行驶总里程超过 6800 千米，运送包裹约 1.3 万件。当“大白”完成这一历史使命回到北京后，就被国家博物馆永久收藏了。“大白”为武汉的医护人员运送货物的画面，让大家都在感慨科技带来的巨大变化，并憧憬着未来更加便捷、美好的生活。

党的二十大报告指出：“江山就是人民，人民就是江山。中国共产党领导人民打江山、守江山，守的是人民的心。治国有常，利民为本。为民造福是立党为公、执政为民的本质要求。必须坚持在发展中保障和改善民生，鼓励共同奋斗创造美好生活，不断实现人民对美好生活的向往。”

问题思考

什么是物流信息技术？智能物流信息技术有哪些主要类型及特征？在电子商务环境下，智能物流信息技术怎样应用，其发展趋势如何？

任务一 智能物流信息系统

一、物流信息在电子商务物流中的地位

电子商务物流的首要目的是向客户提供让客户满意的服务；次要目的是使物流总成本最低，即要消除物流活动各个环节的浪费，通过顺畅、高效的物流系统使物流总成本最低。

仔细研究上述两个目的，我们不难发现，有时这两个目的是相互矛盾的。如果想为客户提供让客户最满意的服务，就可能会增加物流总成本；而如果想要降低物流总成本，就可能会带来服务水平的下降。因此，我们需要在这两个目的之间进行权衡，找到一个最佳平衡点，力求整体效益的最大化。而物流信息的合理利用能够帮助我们实现这个目的。先通过物流信息快速、准确的传递和共享，再通过高效的物流信息系统的控制，就能够达到既提高运营效率、又降低物流总成本的目的，从而在服务和成本之间找到最佳的平衡点。因此，物流信息在电子商务物流中具有举足轻重的地位，它关系到电子商务物流的整个过程。

二、电子商务物流信息的特征

电子商务物流信息除了具有准确性、完整性、实用性、共享性、增值性等信息的一般特征，还具有其特殊性，主要表现在以下 3 个方面。

1．量大、分布广

信息的产生、加工和应用在时间、地点上不一致，在方式上也不相同。这就需要有性能较高的信息处理机构与强大的信息搜集、传输和存储能力。

2．时效性强

绝大多数物流信息的动态性强，信息的价值衰减速度快。这对信息管理的及时性要求就比较高。信息在一定的时间内才具有价值，即信息具有寿命，当信息的寿命结束时，就意味着信息失去了价值。

3．种类多

不仅本系统内部各个环节有不同种类的信息，由于物流系统与其他系统（如生产系统、销售系统、消费系统等）密切相关，因此我们还必须搜集这些相关系统的信息，这就增加了物流信息分类、研究、筛选的难度。

三、物流信息的作用

物流信息在物流活动中起着神经系统的作用，具有计划、协调、控制功能，“牵一发而动全身”。物流信息的作用主要是通过以下几个方面来实现的。

1．支持市场交易活动

市场交易活动主要包括记录订单和接货内容、安排存储任务、选择作业程序、制定价格和

查询相关内容等。物流信息的交易作用就是记录物流活动的基本内容，其主要特征是程序化、规范化和交互式，强调整个信息系统的效率性和集成性。

2. 支持业务控制

物流服务的水平和资源利用的管理，需要有信息的反馈并做相关的控制，需要通过建立完善的考核指标体系来对作业计划和绩效进行评价和鉴别。这里强调了信息作为控制工作和加强控制力度的工具的作用。

3. 支持工作协调

在物流运作中，物流系统各环节、各子系统加强信息的集成与流通，有利于提高工作的质量与效率、降低劳动强度。

4. 支持决策和战略功能

物流信息管理有利于协调基层人员和管理人员进行活动的评估和成本-收益分析，从而更好地进行决策。

从物流信息的作用可以看出对物流进行有效管理的重要性。物流信息管理就是对物流信息进行搜集、整理、存储、传播和利用的过程，也就是使物流信息从分散到集中，从无序到有序，从产生、传播到利用的过程，同时对物流信息活动涉及的各种要素，包括人员、技术、工具等进行管理，实现资源的合理配置。

物流信息的有效管理强调信息的准确性、有效性、及时性、集成性、共享性，所以在物流信息的搜集、整理中要避免物流信息的缺损、失真和失效，要强化物流信息的组织和控制，建立有效的管理机制；同时，要加强交流，信息只有经过传递和交流才会产生价值，所以要建立信息交流和共享机制，以利于形成信息积累和优势转化。

相关链接

2021 年我国电商物流需求保持较快增长

2022 年 1 月 7 日，中国物流与采购联合会发布了 2021 年 12 月的中国电商物流运行指数，数据为 108.8 点，比上月回落 0.7 点。2021 年全年电商物流指数平均值为 110.3 点，比 2020 年提高 2.4 点。

中国物流与采购联合会的相关负责人表示，从 9 个分项指数看，物流时效指数、履约率指数、满意率指数有所上升，总业务量指数、农村业务量指数、库存周转指数、人员指数、成本指数和实载率指数有所回落。

电商物流总需求继续回落。2021 年 12 月，总业务量指数为 124.7 点，相比上月回落 1.2 点。分地区来看，仅中部地区环比上月有所上升，且高于全国平均水平。东部、西部、东北部地区分别回落 0.3、3.2 和 0.2 点。

农村电商物流需求环比回落。2021 年 12 月，电商物流农村业务量指数为 123.9 点，比上月回落 2.9 点。分地区来看，各地区均有所回落，西部、东部地区分别回落 4.2 和 2.1 点，中部地区高于全国平均水平。

该负责人表示，2021 年全年电商物流需求保持较快增长，总业务量指数和农村业务量指数的平均值分别为 126.6 和 125.9 点，分别比 2020 年提高 3.4 和 7.6 点。

该负责人表示，2021 年 12 月，电商物流运行指数回落 0.7 点，环比上月降幅收窄 1.3 点，物流服务能力有所回升，物流时效指数、履约率指数和满意率指数分别回升 0.4、1.2 和 1.1 点。电商物流总需求的增长稳中趋缓，总业务量指数降幅收窄 0.2 点。

该负责人表示，西部地区受疫情影响，总业务量指数和农村业务量指数分别回落 3.2 和 4.2 点。受需求端制约，人员指数、实载率指数和成本指数分别回落 1.6、3.2 和 0.5 点。“后期来看，随着春节假期临近，电商物流需求有望止跌回升，但物流企业用工环境趋紧，后续电商物流市场的不确定性将一进步增加。”

——资料来源：人民网，2022-01-08

四、智能物流信息的种类

在处理智能物流信息和建立信息系统时，对智能物流信息进行分类是一项基础工作。按不同的分类标准进行分类，我们可将智能物流信息分成不同的种类。

1. 按信息产生和作用的领域分类

按信息产生和作用的领域分类，我们可将智能物流信息分成物流活动所产生的信息和因提供物流活动而由其他信息源产生的信息。一般而言，在物流信息工作中，前一类信息是物流信息的主要信息源，其不仅可以指导下一个物流循环，还可以作为经济领域的信息被提供给社会；后一类信息则是信息搜集的对象，是在其他经济领域、工业领域产生的，对物流活动有作用的信息，主要用于指导物流。

2. 按信息的作用分类

按信息的作用分类，我们可将智能物流信息可分成以下几类。

（1）计划信息。计划信息是指尚未实现的但已被当成目标确认的一类信息，如物流量计划、仓库进出量计划、车皮计划、与物流活动有关的国民经济计划、工农业产品产量计划等。许多具体工作的预计、计划安排等，如协议、合同、投资等信息，只要尚未进入具体业务操作，都可被归入计划信息之中。计划信息的特点是带有相对稳定性，信息更新速度较慢。

计划信息对物流活动有非常重要的战略意义，其原因在于，掌握了计划信息，便可对物流活动本身进行战略思考，如在掌握计划信息的前提下规划自己的战略及长远的发展。因此，计划信息往往是制定战略决策或大的业务决策不可缺少的依据。

（2）控制及作业信息。控制及作业信息是指在物流活动过程中发生的信息。它有很强的动态性，是掌握物流状况不可少的信息，如库存种类、库存量、在运量、运输工具的状况、物价、运费、投资在建情况、港口船舶到发情况等。这类信息的特点是动态性非常强，更新速度很快，信息的时效性很强。

在物流活动过程中产生的信息，都是上一阶段过程结果的信息，但并不是此项物流活动最终结束后的信息，这种信息主要用于控制和调整正在发生的物流活动和指导下一次即将发生的物流活动，以实现对过程的控制和对业务活动的微调。

（3）统计信息。统计信息是指在物流活动结束后，对整个物流活动的一种终结性、归纳性的信息。统计信息是一种恒定不变的信息，有很强的资料性。虽然新的统计结果不断出现，使其总体来看具有动态性，但是已产生的统计信息都是一个历史的结论，是恒定不变的。上一年度、月度发生的物流量，物流种类，运输方式，运输工具的使用量，仓储量，装卸量，以及与物流有关的工农业产品产量、内外贸数量等都属于统计信息。

统计信息有很高的战略价值，它用于正确掌握过去的物流活动及规律，以指导物流发展战略的制定。统计信息也是国民经济中非常重要的一类信息。

（4）支持信息。支持信息是指能对物流计划、业务、操作产生影响或与之有关的文化、科技、产品、法律、教育、民俗等方面的信息，如物流技术的革新、物流人才需求等。支持信息不仅对物流战略发展具有价值，还对控制、操作起到指导和启发的作用，是从整体上提高物流水平的一类信息。

3．按信息的加工程度分类

物流空间广阔、时间跨度大，这就决定了信息发生源多、信息量大。因此，信息量过大导致人们难以区分有用信息和无用信息、难以有效利用信息，这种所谓的“信息爆炸”情况严重影响信息系统的有效性。为此，我们需要对信息进行加工。按信息的加工程度分类，我们可将智能物流信息分成以下两类。

（1）原始信息。原始信息是指未加工的信息，既是信息工作的基础，又是最有权威性的凭证性的信息。我们可从原始信息中找到真正的依据。原始信息是加工信息可靠性的保证。

（2）加工信息。加工信息是指对原始信息进行各种方式和各个层次的处理后的信息。加工信息是对原始信息的提炼、简化和综合。对原始信息进行提炼、简化和综合可以大大缩小信息存量，并将信息整理成有使用价值的数据和资料。加工信息需要各种加工手段，如分类、汇总、精选、制档、制表、制音像资料、制文献资料、制数据库、制成各种具有指导性的可用资料。

4．按活动领域分类

按活动领域分类，我们可将智能物流信息分成运输信息、仓储信息、装卸信息等，甚至更细化地分成集装箱信息、托盘交换信息、库存量信息、汽车运输信息等。

按活动领域对智能物流信息进行分类是物流管理具体化必不可少的。除此之外，我们还可以从时间、使用频率、精确程度、流向、用途等方面对智能物流信息进行分类。

五、智能物流信息的搜集与传递

智能物流系统的不同阶段和不同层次都是通过信息流紧密联系在一起的，数据的搜集、存储、传送必须依靠各种智能物流信息技术，将数据集中管理并转化为智能物流信息支持系统能接收的形式。

1．数据的搜集与录入

利用EDI（Electronic Data Interchange，电子数据交换）技术、条码技术及数据库技术进行物流数据的搜集与利用。特别是在使用电子商务的情况下，无论是针对销售数据、管理数据，还是针对客户方面的数据，都是以数据库的形式进行组织与管理的。这些数据的特点是数据量大、数据形式多样、要求的存取速度快，因此需要先进的数据库技术来支持。

2．信息的存储

数据在进入系统后，经过加工整理，成为支持物流系统运行的物流信息。这些信息需要暂时存储或永久保留，以备使用。

3. 信息的传递

物流信息来自物流系统内外的不同渠道，经录入、加工整理后，又被不同的物流职能使用，因而信息传递成为物流信息支持系统的基本功能之一。

企业应在企业资源计划的基础上，充分利用互联网络技术，有效进行信息的交流与传递，实现供需管理、客户关系管理、商业智能、电子商务、办公业务自动化等技术集成的企业管理信息系统。

4. 信息的处理

信息的处理既可以是简单的查询、排序，又可以是复杂的模型求解和预测分析。其基本目的是将数据加工处理成物流信息。信息处理能力是衡量智能物流信息支持系统的一个重要指标。

信息的处理包括数据预处理、数据挖掘及知识评估等方面。

（1）数据预处理。数据预处理是指对前一阶段产生的数据进行再加工，检查数据的完整性与一致性，对其中的无效数据进行处理，对丢失的数据进行填补。

（2）数据挖掘。数据挖掘是指运用选定的知识发现算法，从数据中提取出客户所需要的知识，这些知识可以用一种特定的方式表示或用一些常用的方式表示。

（3）知识评估。知识评估是指将发现的知识以客户能了解的方式呈现，根据需要对知识发现过程中的某些处理阶段进行优化，直到满足要求。

5. 信息的输出

为了便于人们的理解，智能物流信息支持系统输出的信息形式应力求易读易懂、直观醒目。智能物流信息支持系统应为各级物流管理人员提供各种有用的物流信息。

任务二　EDI 技术

一、EDI 的发展背景

当代世界，科学技术突飞猛进，社会经济日新月异。特别是 20 世纪 80 年代以来，在新技术革命浪潮的猛烈冲击下，人类社会的一切领域都在飞速地改变着。当然，在这种大环境下，国际贸易也空前活跃，市场竞争愈演愈烈。

在国际贸易中，由于买卖双方地处不同的国家或地区，因此在大多数情况下，不是简单地、直接地、面对面地进行买卖，而是必须由银行进行担保，以各种纸面单证为凭证，方能达到商品与货币交换的目的。这时，纸面单证就代表了商品所有权的转移，因此从某种意义上讲，“纸面单证就是外汇”。

全球贸易额的上升带来了各种贸易单证、文件数量的激增。虽然计算机及其他办公自动化设备的出现可以在一定范围内降低人工处理纸面单证的劳动强度，但由于各种型号的计算机不能完全兼容，实际上又增加了对纸张的需求。美国森林与纸业协会曾经做过统计，得出了用纸量超速增长的规律：年国民生产总值每增加 10 亿美元，用纸量就会增加 8 万吨。此外，在各类商业贸易单证中有相当大的一部分数据是重复出现的，需要反复输入。有人对此做过统计，一台计算机平均 70%的输入来自另一台计算机的输出，且重复输入也使出错率增大，据美国一家大型分销中心统计，5%的单证中存在着错误。同时，重复输入浪费人力、浪费时间、降低了工作效率。因此，纸面贸易文件成了阻碍贸易发展的一个比较突出的因素。

另外，市场竞争也出现了新的特征。价格因素在竞争中所占的比例逐渐减小，而服务性因素所占的比例逐渐增大。销售商为了降低风险，要求小批量、多品种、供货快，以适应瞬息万变的市场行情。而在整个贸易链中，绝大多数企业既是生产商又是销售商，因此提高商业文件的传递速度和处理速度成了所有贸易链中的成员的共同需求。同样，现代计算机的大量普及和应用，以及功能的不断提高，已使计算机应用从单机应用走向系统应用；同时，通信条件和技术的完善、网络的普及又为 EDI 的应用提供了坚实的基础。

正是在这样的背景下，以计算机应用、通信网络和数据标准化为基础的 EDI 应运而生。EDI 一出现便显示出了强大的生命力，迅速地在世界各主要工业发达国家和地区得到广泛的应用。正如 TradeLink 公司的宣传资料所指出的那样："当 EDI 于 20 世纪 60 年代末期在美国首次被采用时，只属于当时经商的途径之一；时至今日，美国和欧洲大部分国家，以及越来越多的亚太地区国家，均已认定 EDI 是经商的唯一途径。"

由于 EDI 具有高速、精确、远程和巨量的技术性能，因此 EDI 的兴起标志着一场全新的、全球性的商业革命的开始。国外专家深刻地指出："能否开发和推动 EDI 计划，将决定对外贸易的兴衰和存亡。如果跟随世界贸易潮流，积极推行 EDI，就会成为巨龙而腾飞，否则就会成为恐龙而绝种。"

二、EDI 的概念及作用

1. EDI 的概念

国际标准化组织（International Organization for Standardization，ISO）将 EDI 定义为："将贸易（商业）或行政事务处理按照一个共（公）认的标准变成结构化的事务处理或信息数据格式，从计算机到计算机的电子传输。"

国际电报电话咨询委员会将 EDI 定义为："从计算机到计算机之间的结构化的事务数据互换。"

联合国 EDIFACT 培训指南认为："EDI 指的是在最少的人工干预下，在贸易伙伴的计算机应用系统之间的标准格式数据的交换。"

国际数据交换协会的 EDI 手册对 EDI 的解释是："EDI 是使用认可的标准化的和结构化的计算机处理的数据，在一个计算机和另一个计算机之间进行的电子传输。"

本书认为，EDI 是参加商业运作的双方或多方按照协议，对具有一定结构的标准商业信息，通过数据通信网络，在参与方的计算机之间进行传输和自动处理。

2. EDI 的作用

（1）减少了纸张的消费。联合国的一项调查结果显示，进行一次进出口贸易，双方约需交换近 200 份文件和表格，其纸张、行文、打印及差错可能引起的总开销等约为货物价格的 7%。据统计，美国通用汽车公司在采用 EDI 后，每生产一辆汽车可节约成本 250 美元，按每年生产 500 万辆汽车计算，可以产生 12.5 亿美元的经济效益。

（2）减少了许多重复劳动，提高了工作效率。如果没有 EDI，即使是高度计算机化的企业，也需要经常将外来的资料重新输入自己的计算机中。调查表明，从一台计算机输出的资料中有多达 70 %的数据需要被输入其他计算机中，既费时又容易出错。

（3）EDI 使贸易双方能够以更迅速、有效的方式进行贸易，大大简化了订货或存货的过程，使贸易双方能及时且充分地利用各自的人力和物力资源。美国 DEC 公司在应用了 EDI 后，使存货期由 5 天缩短为 3 天，使每笔订单费用从 125 美元降到 32 美元。新加坡在采用 EDI 贸易网络之后，使贸易的海关手续时间从原来的 3～4 天缩短到 10～15 分钟。

（4）EDI 可以改善贸易双方的关系。生产商可以准确地估计日后商品的需求量，货运代理商可以简化大量的出口文书工作，商户可以提高存货的效率，从而大大提高自身的竞争力。

三、EDI 的组成

EDI 由 3 个部分组成，分别为计算机应用系统、通信网络和 EDI 数据。其中，计算机应用系统是实现 EDI 的前提条件；通信网络是实现 EDI 的基础；EDI 数据是实现 EDI 的关键。这 3 个部分相互衔接、相互依存，构成 EDI 的基础构架。

1．计算机应用系统

要实现 EDI，就需要有相应的 EDI 软件系统和硬件系统。

（1）EDI 的软件系统。EDI 系统的示意图如图 2-1 所示。

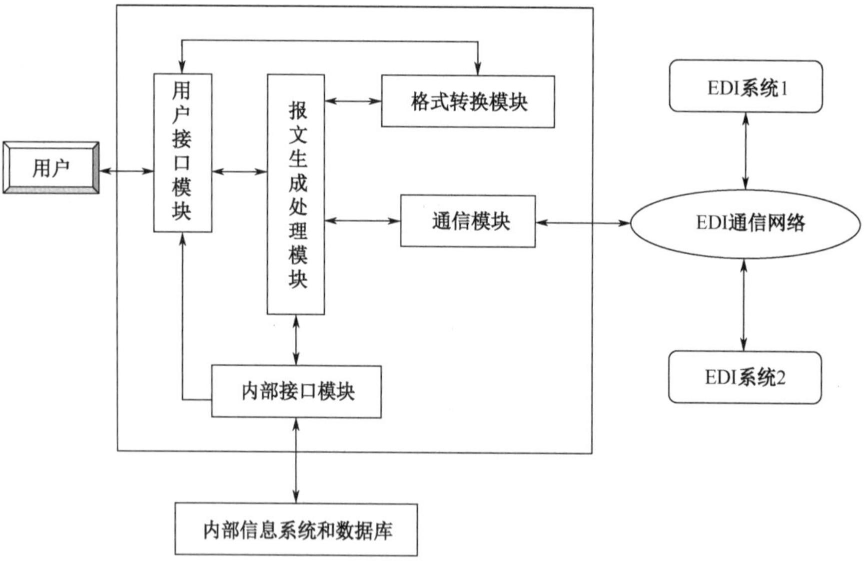

图 2-1　EDI 系统的示意图

为实现 EDI 系统的功能，必须设计和开发相应的 EDI 软件。EDI 软件的作用是将组织内部的非结构化格式的信息翻译成结构化的 EDI 格式的信息，并传送 EDI 报文。这是针对信息发送方而言的。对信息接收方来说，则需要把所接收到的标准 EDI 报文翻译成在该部门内部使用的非结构化格式的信息。根据这样的要求，EDI 软件应由转换软件、翻译软件和通信软件组成。

（2）EDI 的硬件系统。EDI 所需的硬件设备有计算机、调制解调器及电话线。由于使用 EDI 进行电子数据交换需通过通信网络，目前采用电话网络进行通信是很普遍的方法，因此调制解调器是必备硬件设备。此外，如果对传输时效及资料传输量有较高的要求，那么可以考虑租用专线。

2．通信网络

Internet 模式的 EDI 是指利用先进的国际互联网、服务器等电子系统和电子商业软件运作的全部商业活动，包括利用电子邮件提供的通信手段在网上进行的交易。Internet 模式的 EDI 大大方便了那些中小型企业——既不用购买和维护 EDI 软件，又不用进行 EDI 单证和应用程序接口（Application Programming Interface，API）开发，只需利用浏览软件即可应用，而有关表格制作和单证翻译等工作由 EDI 中心或商业伙伴完成。

3．EDI 数据

这里所说的 EDI 数据，是指它的数据标准。EDI 是以格式化的，可用计算机自动处理的方式来进行企业间的文件交换的。在用人工处理订单的情况下，工作人员可以从各种不同形式的订单中得出所需的信息，如货物的名称、规格、数量、价格及交货日期等。这些信息既可以采用手工书写的方式，又可以采用打字的方式；既可以先说明需要的规格、型号，再说明价格，又可以先说明价格，再说明需要的规格、型号。订单处理人员在看到这些格式各异的订单时，能看懂它所传达的信息，但计算机没有这种本领。要使计算机“看懂”订单，订单上的有关信息就不应是自然文字形式，而应是数码形式，并且这些数码应该按照事先规定的格式和顺序排列。事实上，商务上的任何数据和文件的内容，都要按照一定的格式和顺序排列，才能被计算机识别和处理。

EDI 报文必须按照国际标准进行格式化。目前，最广泛应用的 EDI 国际标准是 UN/EDIFACT 标准。

四、EDI 标准

1．EDI 标准的基本内容

EDI 标准体系的基本框架如图 2-2 所示。EDI 标准体系包括 EDI 专用标准和 EDI 相关标准两大部分。它又分为 7 个子体系，分别是 EDI 基础标准、EDI 管理标准、EDI 报文标准、EDI 通信标准、EDI 代码标准、EDI 单证标准和 EDI 其他标准。

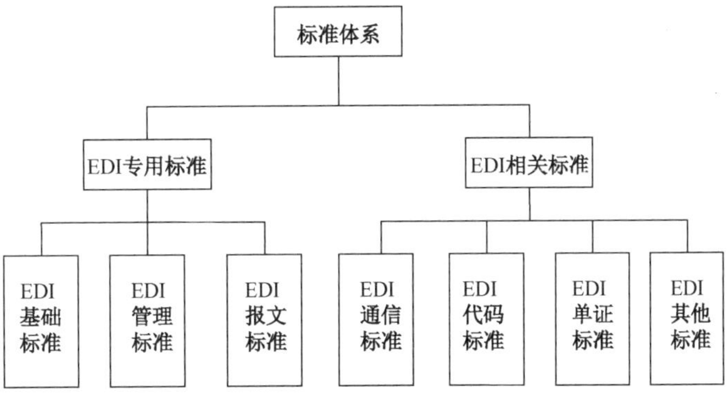

图 2-2　EDI 标准体系的基本框架

2．EDI 标准的三要素

（1）数据元。数据元分为基本数据元和复合数据元。基本数据元是基本信息单元，用于表示其中有特定含义的信息，相当于自然语言中的字。复合数据元是由一组基本数据元组成的，相当于自然语言中的词。

（2）数据段。数据段是标准报文中的一个信息行，由与逻辑相关的数据元素构成。这些数据元素在数据段中有相应的固定形式、定义和顺序。数据段的基本内容如下。

数据段标识符：由 3 个英文字母组成，用于说明是什么数据段。

数据元素：基本数据元素或复合数据元素。

数据元素分割符及成分元素分割符：“＋”或“：”。

数据段终止符：单引号“’”。

图 2-3 为一个典型的数据段。

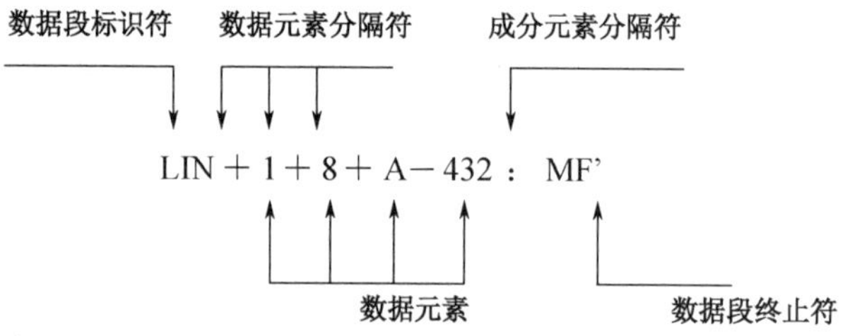

图 2-3　一个典型的数据段

（3）标准报文。一份报文包括 3 个部分：首部、详情部分和摘要部分。报文以 UNH 数据开始，以 UNT 数据段结束。一份企业格式的商业单据必须被转换成一份 EDI 标准报文才能用于进行信息交换。其转换步骤如下：将企业格式的商业单据转换成平面文件，将平面文件翻译成 EDI 标准报文。

五、EDI 的工作流程

EDI 的工作流程如图 2-4 所示。

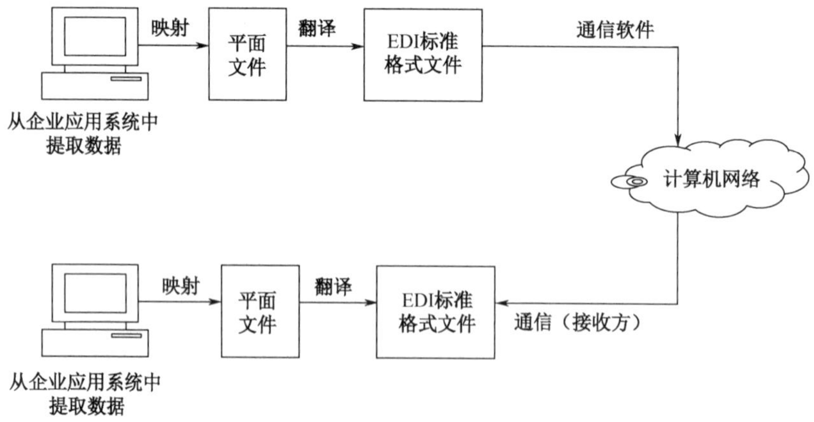

图 2-4　EDI 的工作流程

1. 映射——生成平面文件

平面文件是通过应用系统将用户的应用文件（如单证、票据）或数据库中的数据，映射成的一种标准的中间文件。平面文件是用户通过应用系统直接编辑、修改和操作的单证和票据文件，可直接阅读、显示和打印输出。

2．翻译——EDI 标准格式文件

翻译的功能是将平面文件通过翻译软件生成 EDI 标准格式文件。EDI 标准格式文件就是所谓的 EDI 电子单证，或称电子票据。它是用户进行贸易和业务往来的依据。EDI 标准格式文件是一种只有计算机才能阅读的 ASCII 码文件。它是按照 EDI 数据交换标准（EDI 标准）的要求，将单证文件（平面文件）中的目录项，加上特定的分割符、控制符和其他信息，生成的一种包括控制符、代码和单证信息在内的 ASCII 码文件。

3．通信

通信由计算机通信软件完成。用户通过通信网络，接入 EDI 信箱系统，将 EDI 电子单证投递到对方的信箱中。EDI 信箱系统则自动完成投递和转接，并按照 X.400（或 X.435）通信协议的要求，为 EDI 电子单证加上信封、信头、信尾、投送地址、安全要求及其他辅助信息。

4．EDI 文件的接收和处理

接收和处理过程是发送过程的逆过程。首先，用户需要通过通信网络接入 EDI 信箱系统，打开自己的信箱，将来函接收到自己的计算机中；然后经格式校验、翻译、映射，将来函还原成应用文件；最后对应用文件进行编辑、处理和回复。

在实际操作过程中，EDI 系统为用户提供的 EDI 应用软件包具有应用系统、映射、翻译、格式校验和通信连接等全部功能。其处理过程可被看作一个“黑匣子”，用户完全不必关心里面的具体过程。

六、EDI 在现代物流中的应用

EDI 最初是由美国企业应用在企业间订货业务活动中的电子数据交换系统。其后，EDI 的应用范围从订货业务向其他业务扩展，如 POS（Point of Sale，销售终端）销售信息传送业务、库存管理业务、发货送货信息和支付信息的传送业务等。近年来，EDI 在现代物流中广泛应用，被称为物流 EDI。

所谓物流 EDI，是指货主、承运业主及其他相关的单位之间，通过 EDI 系统进行物流数据交换，并以此为基础实施物流作业活动的方法。

物流 EDI 模型的一般流程如下。

1．发送货物业主制订货物运送计划

发送货物业主在接到订货信息后制订货物运送计划，并把运送货物的清单及运送时间安排等信息通过 EDI 发送给物流运输业主和收货业主，以便物流运输业主预先制订车辆调配计划、收物业主预先制订货物接收计划。

2．发送货物业主下达发货指令

发送货物业主依据客户订货的要求和货物运送计划下达发货指令、分拣配货、打印物流条码的货物标签（Shipping Carton Marking，SCM）并贴在货物包装箱上，同时把运送货物的品种、数量、包装等信息通过 EDI 发送给物流运输业主和收货业主，以据此请示下达车辆调配指令。

3. 物流运输业主确认并运送货物

物流运输业主在向发送货物业主取运货物时，利用车载扫描仪读取货物标签上的物流条码，并与先前收到的货物运输数据进行核对，确认运送货物。物流运输业主在物流中心对货物进行整理、集装，制作送货清单并通过 EDI 向收货业主发送发货信息。物流运输业主在运送货物的同时进行货物跟踪管理，并在货物被交给收货业主之后，通过 EDI 向发送货物业主发送完成运送业务的信息和运费请示信息。

4. 收货业主验收货物

收货业主在货物到达时，利用扫描仪读取货物标签上的物流条码，并与先前收到的货物运输数据进行核对，开出收货发票，将货物入库；同时，通过 EDI 向物流运输业主和发送货物业主发送收货确认信息。

物流 EDI 的优点在于供应链组成各方可基于标准化的信息格式和处理方法，通过 EDI 共同分享信息、提高流通效率、降低物流成本。例如，对零售商来说，应用物流 EDI 可以大大降低进货作业的出错率，节省进货商品检验的成本，能迅速核对订货与到货的数据，易于发现差错。

相关链接

EDI 技术助力京东物流绿色低碳的一体化供应链生态建设

2021 年 10 月 18 日，京东物流的首席执行官余睿在接受采访时提到，京东物流将继续投入 10 亿元用于加码绿色低碳的一体化供应链生态建设，在未来 5 年内实现自身碳效率提升 35%。在余睿看来，在新一轮科技革命和产业变革下，消费端、渠道端和生产端的多重市场变化驱动一体化供应链物流服务需求在快速增长。

据悉，近年来，京东物流开始在其供应链中引入 EDI 技术，通过 EDI 解决方案传输供应链中交互的业务数据，助力绿色低碳的一体化供应链生态建设。数据显示，2020 年，京东物流与来自快消、服饰、家电、家居、汽车等多个行业的客户建立合作，企业客户甚至超过 19 万个。其中一体化供应链客户达到 5.27 万个，相比 2018 年增长 62%。2020 年，京东物流总收入达到 734 亿元，来自一体化供应链客户的收入占总收入的比例已经达到 75.8%。

尽管国内物流市场规模庞大，但与欧美发达国家相比，仍然面临着成本高、效率低、体系化程度不高及供应链服务不足等问题。近年来，国内零售市场的线上份额不断提升，实体商品大力开展线上零售模式，传统线下行业开始向线上转型。市场向线上的转型打开了供应链物流企业的缺口，这对物流企业而言，既是机遇，又是挑战。数据量激增致使物流企业需要尽快提高其供应链管理水平。EDI 的引入将帮助京东物流等物流企业优化供应链，从而实现线上线下供应链无缝对接的需求。

在数字化方面，EDI 系统不仅可以集成京东的 ERP（Enterprise Resource Planning，企业资源计划）系统，还可以集成专有仓库管理系统（Warehouse Management System，WMS）及专有运输管理系统（Transportation Management System，TMS）等企业管理系统，更加全面、系统地优化京东物流供应链。专业的 EDI 解决方案将帮助京东物流供应链在保持库存水平最低及人力成本最优和提高库存处理效率之间取得平衡，从而让供应商和客户获得更优的体验。

——资料来源：中国新闻网，2021-10-18

任务三 自动识别技术

自动识别技术是在 20 世纪 70 年代发展起来的。自动识别技术就是应用一定的识别装置，自动地获取被识别物品的相关信息并且不使用键盘即可将数据实时输入计算机系统，来完成相关后续处理的一种技术。自动识别技术包括条码识别技术、射频识别技术、生物识别技术、光字符识别技术、视觉识别技术、语音识别技术、图像识别技术等。

一、条码与商品条码

1. 条码的概念

条码（又称条形码）是由宽度不同、反射率不同的条和空，按照一定的编码规则（码制）编制而成，以表达一组数字或字母符号信息的图形标识符。条码可以记录很多信息，如商品的生产国、制造厂家、名称、生产日期、分类号、邮件起止地点、类别等。

常见的条码是由反射率相差很大的黑条（简称条）和白条（简称空）组成的，如图 2-5 所示。其中，黑色的条对光的反射率低，白色的空对光的反射率高，正是由于不同颜色对光的反射率不同，再加上条与空的宽度不同，才使得扫描光线产生不同的反射接收效果，这些不同的反射接收效果在光电转换设备上被转换成不同的电脉冲，形成可以传输的电子信息。由于光的运动速度极快，因此扫描光线可以准确无误地对运动中的条码予以识别。

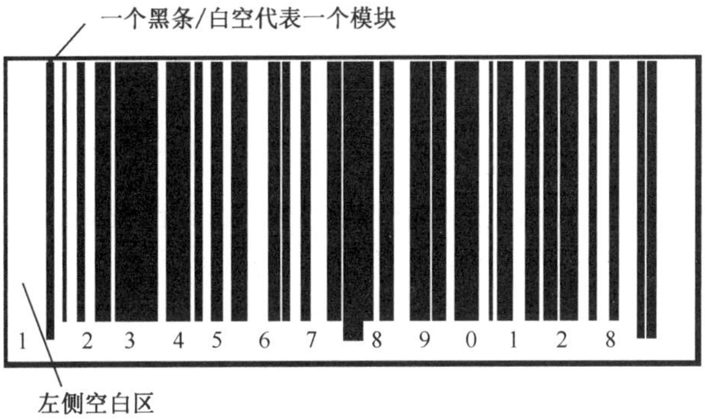

图 2-5 条码示例

条码的特点是简单、易于制作，信息采集速度快，设备结构简单、成本低。条码是实现 POS 系统、EDI、电子商务、供应链管理的技术基础。

2. 条码设备

条码设备包括条码标签、条码识读器和计算机。

（1）条码标签。条码标签绝大多数是纸基材，一般由信息系统控制打印生成，或直接印刷在物品包装上，具有经济、抗电磁干扰能力强等特点，在许多环境恶劣的制造业企业内部物流中有广泛的应用。有些企业甚至利用条码技术实现了商品从原材料到成品的全过程跟踪。目前，条码打印机行业应用较多的是不干胶标签。不干胶标签由离型纸、面纸及作为二者黏合的黏胶剂 3 个部分组成。离型纸俗称“纸底”，表面呈油性。离型纸对黏胶剂具有隔离作用，所以用其作为面纸的附着体，可以保证能够很容易将面纸从离型纸上剥离下来。

（2）条码识读设备。条码识读设备是用来读取条码信息的设备。它使用一个光学装置将条码的条、空信息转换成电子信息，并用专用译码器将其翻译成相应的数据信息。条码识读设备一般不需要驱动程序，接上后可直接使用，如同键盘一样。

按原理划分，我们可将条码识读设备分为光笔、CCD 扫描器和激光扫描器 3 类。按形式划分，我们可将条码识读设备分为手持式扫描器和固定式扫描器两种，手持式扫描器包括 CCD 扫描器、激光枪、光笔、数据采集终端；固定式扫描器包括 CCD 扫描器和激光平台。

① 光笔（见图 2-6）。光笔必须与被扫描阅读的条码接触，才能达到读取数据的目的。光笔的优点是成本低、耗电少、耐用，适合数据采集，可读较长的条码符号；其缺点是对条码有一定的破坏性。随着条码应用的推广，光笔已逐渐被 CCD 扫描器取代。

② CCD 扫描器（见图 2-7）。采用 CCD 和发光二极管光源的识读设备称为 CCD 扫描器。它将发光二极管所发出的光照射到被读的条码上，通过光的反射，达到读取数据的目的。CCD 扫描器操作方便，易于使用，只要在有效景深范围内，光源照射到条码符号即可自动完成扫描，对于表面不平的物品、软质的物品均能方便地进行识读，无任何运动部件，因此性能可靠且使用寿命长。与其他条码识读设备相比，CCD 扫描器具有耗电少、体积小、价格低等优点，但其阅读条码符号的长度受扫描器的元件限制，扫描景深长度不如激光扫描器。

图 2-6　光笔

图 2-7　CCD 扫描器

③ 激光扫描器（见图 2-8）。激光扫描器因其独有的大景深区域、高扫描速度、宽扫描范围等突出优点得到了广泛的使用。激光扫描器的扫描方式有单线扫描、光栅扫描和全角度扫描 3 种。手持式激光扫描器的扫描方式是单线扫描，其景深较大，扫描识读率和精度较高，扫描宽度不受设备开口宽度限制；立式激光扫描器的扫描方式是全角度扫描，能够高速扫描和识读从任意方向通过的条码符号，被广泛使用在自动化程度高、物流量大的领域。

（a）手持式激光扫描器　　（b）立式激光扫描器

图 2-8　激光扫描器

3. 条码的编码方式

条码的编码方式主要有两种，即一维条码和二维条码。

（1）一维条码。一维条码的种类超过 225 种，目前使用频率最高的几种码制是 UPC 码、EAN 码、39 码、Code 93 码、库德巴码、128 码和交插 25 码。

① UPC 码。UPC 码主要被美国和加拿大采用。1973 年，美国率先在国内的商业系统中应用 UPC 码，之后加拿大也在商业系统中采用 UPC 码。UPC 码是一种长度固定的连续型数字式码制，其字符集为数字 0～9。它采用 4 种元素宽度，每个条或空是 1、2、3 或 4 倍单位元素宽度。UPC 码有两种类型，即 UPC-A 码和 UPC-E 码，分别如图 2-9 和图 2-10 所示。

图 2-9　UPC-A 码

图 2-10　UPC-E 码

② EAN 码。EAN 码是国际物品编码协会制定的一种商品用条码，通用于全世界。1977 年，欧洲经济共同体按照 UPC 码的标准制定了欧洲物品编码 EAN 码，与 UPC 码兼容，而且二者具有相同的符号体系。EAN 码的字符编号结构与 UPC 码相同，也是长度固定的、连续型的数字式码制，其字符集是数字 0～9。它采用 4 种元素宽度，每个条或空是 1、2、3 或 4 倍单位元素宽度。EAN 码有两种类型，即 EAN-13 码和 EAN-8 码，分别如图 2-11 和图 2-12 所示。我国的通用商品条码与其等效，我们日常购买的商品包装上所印的条码一般是 EAN 码。

图 2-11　EAN-13 码

图 2-12　EAN-8 码

③ 39 码（见图 2-13）。39 码是第一个字母数字式码制，1974 年由 Intermec 公司推出，是长度可变的离散型自校验字母数字式条码。其字符集为数字 0～9、26 个大写字母，以及“+”“－”“*”“/”“%”“$”“.”等特殊符号，再加上空白字元“ ”，共计 44 组编码，其中“*”仅作为起始符和终止符。39 码具有编码规则简单、误码率低、能表示的字符个数多等特点，主要用于工业、图书及票证的自动化管理，目前使用极为广泛。我国也制定了相应的国家标准（GB/T 12908—2002《信息技术 自动识别和数据采集技术条码符号规范 三九条码》）。39 码仅有两种单元宽度——宽单元和窄单元。宽单元的宽度为窄单元的 1～3 倍，一般多选用 2 倍、2.5 倍或 3 倍。39 码的每个条码字符都由 9 个单元组成，其中有 3 个宽单元，其余是窄单元，因此被称为 39 码。

图 2-13　39 码

④ Code 93 码（见图 2-14）。Code 93 码与 39 码具有相同的字符集，但它的密度要比 39 码大，所以在面积不足的情况下，可以用 Code 93 码代替 39 码。

BJ100080

图 2-14　Code 93 码

⑤ 库德巴码（见图 2-15）。库德巴码出现于 1972 年，是一种长度可变的连续型自校验数字式条码。其字符集为数字 0～9 和 6 个特殊字符（“-”“：”“/”“。”“+”“￥”），共 16 个字符。库德巴码常用于仓库、血库和航空快递包裹中。

a000800a

图 2-15　库德巴码

⑥ 128 码（见图 2-16）。128 码出现于 1981 年，是一种长度可变、连续型字母数字条码。与其他一维条码相比，128 码是较为复杂的条码，而其所能支持的字元也比其他一维条码多，又有不同的编码方式可供交互运用，因此其应用弹性较大。128 码的内容大致分为起始码、资料码、终止码、检查码 4 个部分，其中检查码是可有可无的。

Aux(124)-TR

图 2-16　128 码

⑦ 交插 25 码（见图 2-17）。交插 25 码是一种条和空都表示信息的条码。交插 25 码有两种单元宽度，每个条码字符都由 5 个单元组成，其中 2 个宽单元、3 个窄单元。在一个交插 25 码中，组成条码的字符个数为偶数，当字符个数是奇数时，应在左侧补 0，使其变为偶数。条码字符从左到右，奇数位字符用条表示，偶数位字符用空表示。交插 25 码的字符集包括数字 0～9。

1234567890

图 2-17　交插 25 码

（2）二维条码。一维条码只是在一个方向（一般是水平方向）上表达信息，而在垂直方向上则不表达任何信息，其一定的高度通常是为了便于阅读器的对准。一维条码的应用可以提高信息录入的速度、降低差错率。但是一维条码也存在一些不足之处：①数据容量较小（仅 30 个字符左右）；②只能包含字母和数字；③条码尺寸相对较大（空间利用率较低）；④条码损坏后便不能被阅读。

二维条码正是为了解决一维条码无法解决的问题而诞生的。所谓二维条码，就是在水平和垂直方向的二维空间存储信息的条码。与一维条码一样，二维条码也有许多不同的编码方式，或称码制。就编码原理而言，二维条码通常可被分为以下 3 种类型。

① 线性堆叠式二维条码。线性堆叠式二维条码是在一维条码编码原理的基础上，将多个一维条码在纵向堆叠而产生的。典型的线性堆叠式二维条码有 PDF417、Code 49、Code 16K 等。

② 矩阵式二维条码。在一个矩形空间中，由黑、白像素在矩阵中的不同分布而形成的二维条码即矩阵式二维条码。典型的矩阵式二维条码有 Aztec、Data Matrix、Maxi Code、QR Code 等。

③ 邮政编码。通过将不同长度的条进行编码而形成的二维条码即邮政编码，主要用于邮件编码，如 Postnet、BPO 4-State。

在上述众多的二维条码中，常用的有 Data Matrix、Maxi Code、Aztec、QR Code、Vericode、PDF417、Ultracode、Code 49、Code16K 等。其中，Data Matrix 主要用于电子行业小零件的标识，如 Intel 的奔腾处理器的背面就印制了这种条码；Maxi Code 是由美国联合包裹服务公司研制的，用于包裹的分拣和跟踪；Aztec 是由美国韦林公司推出的，最多可容纳 3832 个数字、3067 个字母/字符或 1914 字节的数据。

4．商品条码

很多商品，如食品、饮料、书籍、彩色电视机、电冰箱的包装上都印有商品条码。商品条码可以说是商品的"户口"或"身份证"。

商品条码是由一组排列规则、尺寸和颜色有一定规定的条和空及对应数字字符"码"组成，表示一定信息的商品标识。条与空分别由深浅不同，而且满足一定光学对比度要求的两种颜色表示。条为深色，空为浅色。这种条、空和相对应的字符"码"代表相同的信息，前者供扫描器识读，后者供人直接识读或者通过键盘向计算机输入数据使用。连锁企业在进货后，将商品条码信息与该商品的价格、企业名称等信息输入数据库。只要输入商品条码的信息，计算机就可以立即找到该商品了。

通用商品条码采用的是 EAN/UPC 码制，我国的通用商品条码标准采用 EAN 结构。EAN 条码包括标准码和缩短码。

（1）标准码。标准码由 13 位数字及相应的条码符号组成，它具有以下两种类型的结构。

结构一：$X_{12}X_{11}X_{10}X_9X_8X_7X_6$　　$X_5X_4X_3X_2X_1X_0$

左侧数据符　　右侧数据符

结构二：$X_{12}X_{11}X_{10}X_9X_8X_7X_6X_5$　　$X_4X_3X_2X_1X_0$

左侧数据符　　右侧数据符

每种结构都包含 4 个部分，各部分的含义如下。

① 前缀码。前缀码由 3 位数字（$X_{12}X_{11}X_{10}$）组成，表示国家代码。我国的前缀码目前有 3 个：690、691、692。当前缀码为 690 或 691 时，其代码结构形如结构一；当前缀码为 692 时，其代码结构同结构二。前缀码由中国物品编码中心分配给申请条码的企业。

② 制造厂商代码。制造厂商代码由 4 位（$X_9X_8X_7X_6$）或 5 位数字（$X_9X_8X_7X_6X_5$）组成。当前缀码为 690 或 691 时，制造厂商代码为 4 位；当前缀码为 692 时，制造厂商代码为 5 位。制

造厂商代码由中国物品编码中心统一分配并统一注册，采用一厂一码制。

③ 商品代码。商品代码由 5 位（$X_5X_4X_3X_2X_1$）或 4 位数字（$X_4X_3X_2X_1$）组成。当前缀码为 690 或 691 时，商品代码为 5 位；当前缀码为 692 时，商品代码为 4 位。商品代码由制造厂商确定。商品代码表示每个制造厂商商品的属性、规格、价格等，可标识 10 万种商品。

④ 校验码。校验码由 1 位数字（X_0）组成，用以校验代码的正误，一般由承接条码制作的单位进行校验码计算。

例如，在商品条码 6902952880041 中，690 代表中国，2952 代表贵州茅台酒厂，88004 代表 53%（V/V）、106PROOF、500 毫升的白酒，1 是校验码。

（2）缩短码。缩短码由 8 位数字及相应的条码符号组成，其结构为

$X_7X_6X_5$	$X_4X_3X_2X_1X_0$
左侧数据符	右侧数据符

缩短码包括以下 3 个部分。

① 前缀码。前缀码由 3 位数字（$X_7X_6X_5$）组成，表示国家代码。

② 商品代码。商品代码由 4 位数字（$X_4X_3X_2X_1$）组成，由中国物品编码中心分配。

③ 校验码。校验码由 1 位数字（X_0）组成，用于校验代码的正误。

二、物流条码及与商品条码的比较

1. 物流条码

物流条码是指专门应用于物流领域的条码，即用在商品装卸、存储、运输等配送过程中的识别符号，如图 2-18 所示。在商品从生产厂家到运输、交换等整个物流过程中都可以通过物流条码来实现数据共享，使信息的传递更加方便。

图 2-18 物流条码示意图

2. 物流条码与商品条码的比较

如今，商品条码已经普及，使商业管理实现了自动化，而物流条码却刚刚起步。物流条码和商品条码有许多不同之处，主要表现在以下几个方面。

（1）标识目标不同。商品条码是最终消费单元的唯一标识，它常常是单个商品的条码，通常被印在商品的零售包装上。消费单元是指通过零售渠道，直接销售给最终消费者的商品包装单元。物流条码是货运单元的唯一标识，通常被印在外包装箱上，用来识别商品的种类及数量。

货运单元是由若干消费单元组成的稳定的和标准的商品集合，是收发货、运输、装卸、存储等物流业务所必需的一种商品包装单元，一般是多个商品的集合，也可以是多种商品的集合，被用于现代化的物流管理中。

（2）应用领域不同。商品条码用于零售业现代化的管理。在零售业 POS 系统中，将商品条码印在单个商品上，可以实现商品的自动识别、自动寻址、自动结账，使零售业管理高度自动化和信息化。物流条码则面向各类企业，如制造商、批发商、零售商、物流企业等。当零售商将配送包装单位当作销售单位时（如家电或整箱销售的商品），可扫描外箱上的物流条码进行结账；批发商、零售商在进货、点货或进行库存盘点作业时，对以配送单位包装的商品，可扫描物流条码，对以零售单位包装的商品则可扫描原印条码。总之，物流条码被用于现代化的物流管理中，商品在被生产出来之后，要经过包装、运输、存储、分拣、配送等众多环节，将物流条码应用于众多环节之中，可实现对商品的跟踪和数据的共享。

（3）采用的码制不同。商品条码采用的是 EAN/UPC 码制，条码长度固定，信息含量少；物流条码主要采用 UCC/EAN-128 条码，条码的长度可变，信息含量多，且条码精度要求低，易于制作，容易推广。

此外，商品条码已经实现了国际化和标准化，不需要经常增建更新；物流条码是可变性条码，贸易伙伴根据贸易的具体需要而增减信息，而且随着国际贸易的发展，物流条码的内容需要不断被补充、丰富。

三、物流条码标准体系

在国际贸易中，物流条码标准体系已经基本成熟，并随着世界经济的发展而日趋完善。我国也制定了许多相关标准，可用于建立物流条码标准体系。物流条码标准体系如图 2-19 所示。下文仅就其中的部分标准进行介绍。

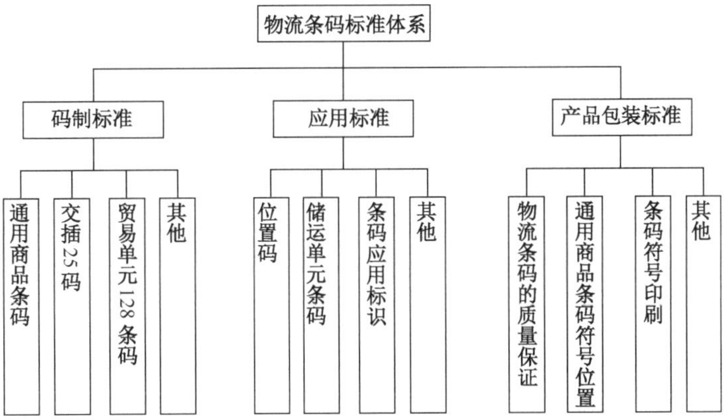

图 2-19　物流条码标准体系

1．码制标准

（1）通用商品条码。我国于 1990 年制定了国家标准 GB/T 12904—1991《通用商品条码》。通用商品条码结构与国际物品编码委员会推行的 EAN 码结构相同，其标准与国际标准是兼容的。物流条码应用的是 EAN 码制中的 EAN-13 码。EAN-13 码是国际通用符号体系，是一种定长、无含义的条码，没有自校验功能。

（2）交插 25 码。交插 25 码在仓储和物流管理中被广泛采用。1997 年，我国制定了国家标准 GB/T 16829—1997《交插二五条码》，并于 1998 年 3 月开始实施。交插 25 码是一种连续、非定长、具有自校验功能且条和空都表示信息的双向条码。ITF（Interleaved Two of Five）条码是在交插 25 码的基础上扩展形成的一种应用于储运包装箱上的固定长度的条码。ITF 字符的条码符号表示和交插 25 码相同。为了适应特定的印刷条件，大多数情况下都在条码符号的周围加上保护框，并设有印刷适应性实验的“H”符号。在物流系统中，常用 ITF-14 条码（见图 2-20）和 ITF-6 条码（见图 2-21）表示储运单元。

1 89 31234 56789 4

图 2-20　ITF-14 条码

1 2 3 4 5 6

图 2-21　ITF-6 条码

（3）贸易单元 128 条码（EAN-128 条码）。我国制定的贸易单元 128 条码与 UCC/EAN-128 条码相同。UCC/EAN-128 条码由国际物品编码协会、美国统一代码委员会和自动识别制造商协会共同设计而成。UCC/EAN-128 条码是一种连续型、非定长条码，能更多地标识贸易单元中需表示的信息，如商品的批号、数量、规格、生产日期、有效期、交货地等。因此，它广泛地应用在生产流程控制、仓储管理、车辆调配、货物跟踪等领域。

UCC/EAN-128 条码由左侧空白区、双字符起始符、数据字符、校验码、终止符、右侧空白区组成，每个条码字符都由 3 个条、3 个空共 11 个模块组成，每个条、空都由 1～4 个模块构成。UCC/EAN-128 条码的构成及模块分配如表 2-1 所示。

表 2-1　UCC/EAN-128 条码的构成及模块分配

左侧空白区	双字符起始符	数据字符（含应用标志符）	校验码	终止符	右侧空白区
10 个模块	22 个模块	11 个模块	11 个模块	13 个模块	10 个模块

UCC/EAN-128 条码的号码组成由所携带的信息而定，各种信息可以被连接在一起，以应用识别码加以区隔。UCC/EAN-128 条码的内容如图 2-22 和表 2-2 所示。

图 2-22 UCC/EAN-128 条码的内容

表 2-2 UCC/EAN-128 条码的内容

代号	码别	长度	说明
A	应用识别码	18	00 代表其后内容为运送容器序号，为固定的 18 位数字
B	包装形态指示码	1	3 代表无定义的包装指示码
C	前置码与公司码	7	代表 EAN 前置码与公司码
D	自行编定序号	9	由公司指定序号
E	校验码	1	校验码
F	应用识别码		420 代表其后内容为配送邮政编码，应用仅限邮政当局
G	配送邮政编码		代表配送邮政编码

以上 3 种条码都是物流条码中常用的条码，它们的具体应用在实际中又有所不同。一般来说，通用商品条码用在单个大件商品的包装箱上，当包装箱内含有预先确定的、规则数量的商品时，也可以用通用商品条码，给每个货运单元分配一个与消费单元不同的 EAN-13 码；交插 25 码可用于定量储运单元的包装箱上，ITF-14 和 ITF-6 附加代码共同使用也可以用于变量储运单元，前者用于标识其主代码（厂商识别代码与商品项目代码），后者用于标识附加代码（表示变量储运单元内按基本计量单位计量取得的商品数量）；贸易单元 128 条码的使用是物流条码实施的关键，它可以弥补通用商品代码和交插 25 码的不足，更多地表示贸易单元信息。而且，贸易单元 128 条码的印刷要求更为宽松，在许多粗糙、不规则的包装上都可以印刷。贸易单元 128 条码的识别要比前两种条码容易得多。

2. 应用标准

在物流条码标准体系中，还有许多应用标准，应用标准大多采用以上 3 种条码，以便适用于不同的实际情况、解决不同的具体问题，从而使物流条码在我国物流领域的应用具有可行性和实用性。

（1）位置码。位置码是对法律实体、功能实体、物理实体进行标识的代码，具有唯一性、无含义性，国际通用，并有严格的定义和结构，主要应用于 EDI 和自动数据采集中。位置码的结构如表 2-3 所示。

表 2-3 位置码的结构

结构	×××	×××××××××	×
含义	前缀码（由国际物品编码协会分配）	位置参考代码（由国家物品编码协会分配）	校验码（根据前面 12 位代码计算得出）

当位置码用条码符号表示时，应与位置码应用标识一起使用，条码符号采用贸易单元 128 条码。EAN 位置码提供了国际共同认可的标志团体和位置的标准。

（2）储运单元条码。为了便于进行运输、装卸、搬运、保管、配送等作业，我们需要将商品的消费单元按照需求组成新的储运单元，储运单元条码正是伴随这种需要而产生的。储运单元条码分为定量储运单元条码和变量储运单元条码。

定量储运单元是由按件数计价销售的商品组成的储运单元。若定量储运单元等于定量消费单元，则应按定量消费单元进行编码，即采用通用商品编码（EAN-13）；若定量储运单元由不同种类的定量消费单元组成，则需按定量消费单元的编码规则，为定量储运单元分配一个区别于它所包含的消费单元代码的 13 位数字代码（EAN-13）。例如，某一储运单元由两种定量消费单元组成，其编码分别为 6901234567811 和 6901234567828，而定量储运单元的条码为 6901234567878。在定量储运单元由相同种类的定量消费单元组成的情况下，定量储运单元可用 14 位数字代码（交插 25 码、贸易单元 128 条码）进行编码标识，其条码结构如表 2-4 所示。其中，定量储运单元包装指示符（V）用于指示定量储运单元的包装级别，其取值为 1～8（取整数）。

表 2-4　定量储运单元条码结构

定量储运单元包装指示符	定量消费单元代码（不含校验码）	校验码
V	$X_1X_2X_3X_4X_5X_6X_7X_8X_9X_{10}X_{11}X_{12}$	C

例如，在物流条码 16902952880041 中，V=1，代表集合包装容器中装有中国贵州茅台酒厂的白酒 6 瓶；在物流条码 26902952880041 中，V=2，代表该包装容器中装有 24 瓶酒。

变量储运单元是由按基本计量单位计价，以随机数量销售的商品组成的储运单元。变量储运单元可用 ITF14 条码和 ITF6 条码来标识，前者用于标识其主代码，后者用于标识附加代码，其条码结构如表 2-5 所示。变量储运单元的主代码和附加代码也可用贸易单元 128 条码来标识。

表 2-5　变量储运单元条码结构

主代码			附加代码	
变量储运单元包装指示符	厂商识别代码与商品识别代码	校验码	商品数量	校验码
LI	$X_1X_2X_3X_4X_5X_6X_7X_8X_9X_{10}X_{11}X_{12}$	C_1	$Q_1Q_2Q_3Q_4Q_5$	C_2

变量储运单元包装指示符（LI）表示在主代码后面有附加代码。附加代码（Q_1～Q_5）表示在变量储运单元内按基本计量单位（如千克、米等）计量取得的商品数量。

（3）条码应用标识。条码应用标识是指一组用条码表示的数据，用来表示贸易单元的相关信息，由应用标识符和数据两部分组成，通常不包含校验码。条码应用标识的内容包括系列货运包装箱代码、EAN 物品编码/货运包装箱代码、批号和组号、生产日期、包装日期、保质期、有效期、长度、重量、面积、体积等。条码应用标识是一个开放的标准，可根据客户的要求，随时定义新的应用标识符。每个应用标识符都用 2～4 个数字表示，采用的是贸易单元 128 条码。

四、物联网技术

1. 物联网技术的概念

物联网（Internet of Things，IoT）技术起源于传媒领域，是信息科技产业的第三次革命。物联网是指通过信息传感设备，按约定的协议，将任何物体与网络连接，物体通过信息传播媒介进行信息交换和通信，从而实现智能化识别、定位、跟踪、监管等功能。

2. 物联网技术的类别

（1）传感器技术。它是计算机应用中的关键技术。绝大部分计算机处理的都是数字信号，自从有计算机以来，就需要传感器把模拟信号转换成数字信号，计算机才能处理。

（2）射频识别技术。射频识别技术是融合了无线射频技术和嵌入式技术的综合技术，在自动识别、物品物流管理方面有着广阔的应用前景。

（3）嵌入式系统技术。嵌入式系统技术是综合了计算机软硬件、传感器技术、集成电路技术、电子应用技术的复杂技术。经过几十年的演变，以嵌入式系统为特征的智能终端商品随处可见。

（4）智能技术。智能技术是为了有效地达到某种预期的目的，利用科学知识所采用的各种方法和手段。在物体中植入智能系统，可以使物体具备一定的智能性，能够主动或被动地实现与用户的沟通。智能技术也是物联网的关键技术之一。

（5）纳米技术。纳米技术用于研究结构尺寸在 0.1～100 纳米范围内的材料的性质和应用。

五、射频识别技术

1. 射频识别技术的概念及特征

射频识别（Radio Frequency Identification，RFID）技术利用无线电波对记录媒体进行读/写操作。射频识别的距离可达几十厘米至几米，且根据读/写的方式，可以输入数千字节的信息，同时还具有极高的保密性。RFID 技术适用于物料跟踪、运载工具和货架识别等要求非接触数据采集和交换的场合，在要求频繁改变数据内容的场合尤为适用。例如，中国香港的车辆自动识别系统“驾易通”采用的主要技术就是 RFID 技术。RFID 技术在其他物品的识别及自动化管理方面也得到了较广泛的应用。RFID 技术主要有以下特征。

（1）数据的读/写功能。利用 RFID 阅读器可实现无接触式读取信息（识读距离可以从十厘米至几十米），且可一次处理多个 RFID 电子标签，并可以将物流处理的状态写入 RFID 电子标签，供下一阶段的物流处理使用。

（2）容易小型化和多样化的形状。RFID 电子标签在读取上并不受尺寸大小与形状的限制，无须为读取精确度而配合纸张的固定尺寸和印刷品质。此外，RFID 电子标签可小型化，可应用在不同商品上。

（3）耐环境性。纸张一旦被弄脏，上面的信息就不容易辨认，但 RFID 技术对水、油和药品等物质却有很强的抗污性。RFID 阅读器在黑暗或脏污的环境中，也可以读取数据。

（4）可重复使用。由于 RFID 电子标签中的数据为电子数据，可以反复被覆写，因此 RFID 电子标签可以被重复使用。例如，被动式 RFID 电子标签，不需要电池就可以使用，没有维护保养的需要。

（5）穿透性。当 RFID 阅读器被纸张、木材和塑料等非金属或非透明的材质包覆时，也可以进行穿透性通信。若包覆物是铁质金属，则无法进行通信。

（6）数据的记忆容量大。数据容量会随着记忆规格的发展而增大，未来物品所需携带的资料量越来越大，对卷标所能扩充容量的需求也会增加。

RFID 技术的应用如图 2-23 所示。

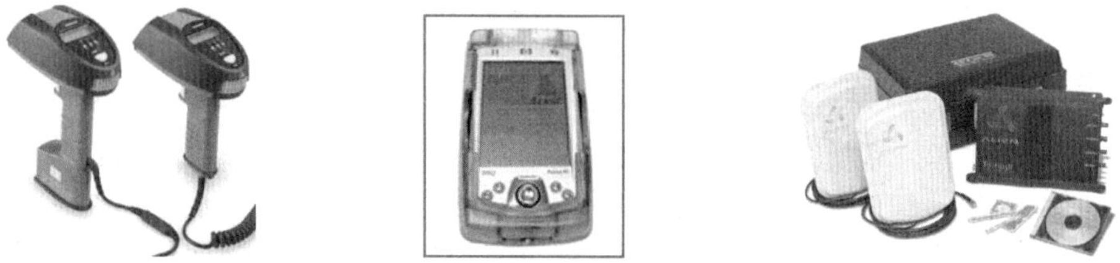

（a）RFID 高频阅读器　　（b）RFID PAD 阅读器　　（c）RFID 读写器套件

图 2-23　RFID 技术的应用

2. RFID 系统的组成及其工作原理

RFID 系统的应用不同，其组成就有所不同，但基本都由电子标签（Tag）、阅读器（Reader）和数据交换与管理系统（Processor）三大部分组成。电子标签（或称射频卡、应答器等）由耦合元件及芯片组成，其中包含带加密逻辑、串行 EEPROM（电可擦除及可编程式只读存储器）、微处理器 CPU，以及射频收发及相关电路。电子标签具有智能读写和加密通信的功能，它是通过无线电波与读写设备进行数据交换的，工作的能量则由阅读器发出的射频脉冲提供。阅读器主要由无线收发模块、天线、控制模块及接口电路等组成。阅读器可将主机的读/写命令传送给电子标签，再把从主机发往电子标签的数据加密，将电子标签返回的数据解密后送到主机中。数据交换与管理系统主要完成数据信息的存储及管理、对卡进行读/写控制等。

RFID 系统的工作原理是，阅读器将要发送的信息，经编码后加载在某一频率的载波信号上，经天线向外发送，进入阅读器工作区域的电子标签接收此脉冲信号，卡内芯片中的有关电路对此信号进行调制、解码、解密，并对命令请求、密码、权限等进行判断。若为读命令，则控制逻辑电路从存储器中读取有关信息，经加密、编码、调制后通过卡内天线发送给阅读器，阅读器在对接收到的信号进行解调、解码、解密后将其送至中央信息系统进行有关数据处理；若为修改信息的写命令，则有关控制逻辑引起的内部电荷泵提升工作电压，对 EEPROM 中的内容进行改写，若经判断其对应的密码和权限不符，则返回出错信息。

3. RFID 系统的分类

按照 RFID 系统的功能分类，我们可以粗略地把 RFID 系统分成 4 种：EAS 系统、便携式数据采集系统、网络系统和定位系统。

（1）EAS 系统。EAS 系统是一种设置在需要控制物品出入的门口的 RFID 系统。其典型应用场合是超市、图书馆、数据中心等，当未被授权的人从这些地方非法取走物品时，EAS 系统就会发出警报。

（2）便携式数据采集系统。便携式数据采集系统使用带有 RFID 阅读器的手持式数据采集器采集 RFID 电子标签上的数据。它适用于不易安装固定式 RFID 系统的环境。

（3）网络系统。在网络系统中，固定布置的 RFID 阅读器分散布置在指定的区域，并且 RFID

阅读器直接与数据管理信息系统相连；信号发射机是移动的，一般安装在移动的物体和人体表面；当物体和人体经过 RFID 阅读器时，RFID 阅读器会自动读取 RFID 电子标签上的信息。

（4）定位系统。定位系统用于自动化加工系统中的定位及对车辆、轮船等进行运行定位支持。RFID 阅读器被放置在移动的车辆、轮船上，或者被放置在自动化流水线中移动的物料、半成品和成品上，信号发射机被嵌入操作环境的地表下面。信号发射机上存储了位置信息，RFID 阅读器一般通过无线的方式或者有线的方式连接主信息管理系统。

相关链接

2021 年我国十大物流黑科技应用

1. 京东无人仓算法入围全球工业“诺贝尔”奖

2022 年年初，由京东自主研发的无人仓调度算法应用入围 2021 年弗兰兹·厄德曼奖。目前，无人仓算法技术已成为京东物流遍布全国的仓储体系中的“标配”。据了解，在消费者下单的数分钟内，该算法即可帮助机器人完成订单拣选，成为京东首创的“睡前下单、醒来收货”服务的重要基础。

2. 菜鸟无人物流车“小蛮驴”进入校园和社区

2021 年 6 月 10 日，在 2021 全球智慧物流峰会上，阿里巴巴的首席技术官兼菜鸟的首席技术官程立宣布，未来一年，菜鸟将投入 1000 辆物流无人车“小蛮驴”进入校园和社区，阿里巴巴将在自动驾驶领域持续进行科技投入，以便提升客户体验。无人物流车“小蛮驴”为末端配送提供了效率高、体验优、成本合理的自动配送整体解决方案，是迄今为止国内最大规模的物流无人车投入实景运营。

3. 京东物流 5G 全连接智能仓“兼用并举”

2021 年 10 月，由京东物流自主研发的搬运型 AGV 机器人——“地狼”正式在高原地区启用，100 多台机器人同时投用，让大型智能物流仓首次落地青藏高原。“地狼”的最大承重达 500 千克，具备环境感知、自主导航、容器识别、无线开关机、一键归巢等功能，适用于仓储物流拣选作业环节中“货架到工作站”的搬运及制造业中物料的柔性搬运，可大幅提高人工拣选作业效率和准确率，降低人员劳动强度和运营成本。

4. 自动驾驶出行服务商业化系统

2021 年年底，全国首个自动驾驶出行服务商业化试点在北京开放，这让国内自动驾驶领域从测试示范迈入商业化试点新阶段，同时对加快自动驾驶技术落地应用、改变未来出行方式具有重要意义。而随着物流企业发展规模化、集约化程度的不断提高，自动化物流也将不断深入。

5. 配置“救命神器”的智能取餐柜

2021 年在深圳上线的 AED 的智能柜，是全国范围内首批配置“救命神器”的智能取餐柜。消费者或者外卖小哥在遇到紧急情况时，可以自行打开智能取餐柜对应的格口，遵照取餐柜侧及 AED 急救包中的操作指南，进行心肺复苏抢救。对于这样一批“安心柜”创新的探索，是饿了么在建设城市应急基础设施过程中的一次探索，同时也为广大物流人乃至整个社会开启了应急基础设施建设的新通道。

6. 全球首个顺岸开放式全自动化集装箱码头落地

2021 年，全球首个顺岸开放式全自动化集装箱码头在山东港口的日照港落地。这是山东港口加快建设世界一流海洋港口、服务新发展格局的最新成果，为全球港口提供了将传统码头改造升级为全自动化集装箱码头的“中国样本”，对引领全自动化集装箱码头建设进入“低成本、短周期、见效快”的新时代具有重要示范意义。

7. 首座智能无人冷库试运营

2021 年 11 月 23 日，中创物流设计和建造的首座智能无人冷库采用融 AGV 平面仓、巷道机立体仓、四向穿梭车密集仓为一体的仓储模式，将各子系统及各种智能装备进行群调群控、无缝融合，实现冷链物流仓储环节的数智化、线上化、无人化。在新冠肺炎疫情防控常态化的形势下，智能无人冷库全流程无人化作业最大限度地降低了人与人、人与货物交叉感染的风险。

8. 中国外运打造一体化物流全程管控平台——物流控制塔

中国外运打造的一体化物流全程管控平台——物流控制塔，专门为客户提供专业化、个性化的大数据解决方案，为上下游客户提供大数据的相关延伸服务，不仅为企业内部用户提供了降本增效、提升效能的工具，还为客户提供了端到端可视化和供应链优化决策辅助服务。

9. 中远海运物流智能关务平台上线

中远海运物流于 2021 年 6 月 18 日正式启动上线运行的智能关务平台，既实现了与海关单一窗口的全面对接，又实现了数据信息的互联互通和数据共享。作为全程供应链在线服务体系的重要入口，智能关务平台将助力全链条的发展和壮大，利用全球化平台引领产业变革，利用数字化手段赋能全程供应链，从而大幅提升客户体验。

10. 静态 CT 智能查验系统通过科技部认定

2021 年，同方威视在国际上率先成功研制的基于碳纳米管冷阴极分布式 X 射线源的静态 CT 智能查验系统，为民航、海关、物流等行业的安检防爆和查毒缉私等提供高速、精准、安全的查验装备。

——资料来源：物流时代周刊，2022-01-18

任务四 GPS 技术和 GIS 技术

一、GPS 技术

1. GPS 的概念

GPS（Global Positioning System，全球定位系统）是利用多颗通信卫星对地面目标的状况进行精确测定的系统。GPS 可以实现对运行车辆、船舶及其他运输工具的全程跟踪、监视，并通过相关的数据和输入的其他系统数据进行交通管理和运行指挥。

20 世纪 50 年代末，苏联发射了第一颗人造地球卫星，美国科学家在对其的跟踪研究中发现了多普勒频移现象，并利用该原理促成了卫星多普勒系统的建成。它在军事和民用方面取得了极大的成功，是导航定位史上的一次飞跃。但由于多普勒卫星的轨道高度低、信号载波频率低，轨道精度难以提高，使得定位精度较低，难以满足大地测量或工程测量的要求，更不可能用于天文地球动力学研究。为了提高卫星定位的精度，美国从 1973 年开始筹建 GPS，并于 1994 年全面建成具有在海、陆、空进行全方位实时三维导航与定位能力的新一代卫星导航与定位系统。GPS 的空间部分由 24 颗卫星组成，均匀分布在 6 个轨道平面上，距地面的高度为 20 000 余千米，轨道倾角为 55°，偏心率约为 0，周期约为 12 小时；卫星向地面发射两个波段的载波信号；卫星上安装了精度很高的原子钟，以确保频率的稳定性，在载波上调制有表示卫星位置的广播星历、用于测距的 C/A 码和 P 码及其他系统信息；卫星能在全球范围内，向任意多个用户提供高精度的、全天候的、连续的、实时的三维测速、三维定位和授时。

GPS 的特点是高精度、全天候、高效率、多功能、操作简便、应用广泛等。

2．GPS 的组成

GPS 包括三大部分：空间部分——GPS 卫星星座；地面控制部分——地面监控系统；用户设备部分——GPS 信号接收机。用户只需购买 GPS 信号接收机，就可享受免费的导航、授时和定位服务。

（1）GPS 卫星星座。21 颗工作卫星和 3 颗在轨备用卫星组成 GPS 卫星星座，记作（21+3）GPS 星座。24 颗卫星均匀分布在 6 个轨道平面上。位于地平线以上的卫星颗数随着时间和地点的不同而不同，最少可见 4 颗，最多可见 11 颗。在用 GPS 信号导航定位时，为了测算测站的三维坐标，必须观测 4 颗卫星，这 4 颗卫星称为定位星座。这 4 颗卫星在观测过程中的几何位置分布对定位精度有一定的影响。对于某地，不能测得精确的点位坐标的时间段称为间隙段。但间隙段是很短暂的，并不影响全球绝大多数地方的全天候、高精度、连续、实时的导航定位测量。

（2）地面监控系统。GPS 工作卫星的地面监控系统包括 1 个主控站、3 个注入站和 5 个监测站。主控站根据各监测站送来的观测数据，计算每颗卫星的预报星历和卫星钟的预报修正数，并以规定的格式将其编制成导航电文送往注入站，主控站负责调度备份卫星，替代出现故障的卫星。注入站的作用是在主控站的控制下向卫星注入导航电文和其他命令。此外，主控站还包括通信辅助设备，这些设备综合利用地面通信线、海底电缆和卫星通信等手段，把主控站、注入站和监测站连接起来，所有信息都采用编码方式传送。监测站是在主控站控制下的数据采集中心。

（3）GPS 信号接收机。GPS 信号接收机能够捕获到按一定卫星高度截止角所选择的待测卫星的信号，并跟踪这些卫星的运行对所接收到的 GPS 信号进行变换、放大和处理，以便测量出 GPS 信号从卫星到接收机天线的传播时间，解译出 GPS 卫星发送的导航电文，实时地计算出监测站的三维位置，甚至三维速度和时间。

3．GPS 在物流领域的应用

GPS 在连锁企业配送管理中的应用主要体现在对车辆行驶状态的管理，以及对货物流动的查询上。GPS 的用户只需在每辆长途运输车辆上安装 GPS 接收设备，便可实现实时跟踪、管理、记录。运输企业可以通过 GPS 调度中心或互联网了解车辆的工作状态。例如，查看车辆是否按预定轨迹接送货物、中间有无停车、在哪里停的车、停了多少次等。同时，货主可以通过网上查询，及时了解货物的运转状态。GPS 的防暴反劫功能可为货主、运输企业提供更多的安全保障，尤其对贵重物品和特殊物品的运输管理来说。

GPS 在运输行业应用的日趋完善，将大大提高货物运输效率、节省管理费用，保护货物及司机的安全。运输企业通过互联网可实现对车辆的动态监控式管理和对货物的及时合理配载，加强对车辆的管理，减少资源浪费，减少费用开销。同时，运输企业将有关车辆的信息开放给货主，既方便了货主，又减少了不必要的环节，提高了自己的知名度与可信度，拓展了自己的业务，提高了自己的经济效益与社会效益。

小贴士

中国北斗卫星导航系统

中国北斗卫星导航系统是继美国 GPS、俄罗斯格洛纳斯、欧洲伽利略之后的全球第四大卫星导航系统。2000 年 10 月 31 日，我国成功将第一颗“北斗一号”导航定位卫星送入太空，2012 年 10 月 25 日，我国成功将第十六颗北斗导航定位卫星送入预定转移轨道。按照“三步走”的发展战略，北斗卫星导航系统已于 2012 年前具备了亚太地区区域服务能力。2017 年 11 月 5 日，我国成功发射“北斗三号”卫星。

2013 年 10 月 9 日，中国政府网发布了《国务院办公厅关于印发国家卫星导航产业中长期发展规划的通知》，明确了我国卫星导航产业中长期发展目标。2020 年 6 月，“北斗三号”也完成了 30 颗卫星的发射，这 30 颗卫星可为全球用户提供基本导航、国际搜救定位等服务。至此，我国耗时 26 年、投入超过 120 亿元的自研卫星导航系统终于建成。

2021 年 5 月 26 日，在中国南昌举行的第十二届中国卫星导航年会上，中国北斗卫星导航系统主管部门透露，中国卫星导航产业年均增长达 20%以上。截至 2020 年，中国卫星导航产业总体产值已突破 4000 亿元。预计到 2025 年，中国北斗产业总产值将达到 1 万亿元。

二、GIS 技术

1. GIS 的概念

GIS（Geographical Information System，地理信息系统）是多种学科交叉的产物，它以地理空间数据为基础，采用地理模型分析方法，适时地提供多种空间的动态地理信息，是一种为地理研究和地理决策服务的计算机技术系统。其基本功能是首先将表格型数据（无论它来自数据库、电子表格文件还是直接在程序中输入的）转换为地理图形显示，然后对显示结果进行浏览、操作和分析。其显示范围可以从洲际地图到非常详细的街区地图，显示对象包括人口、销售情况、运输路线和其他内容。

2. GIS 在物流领域的应用

（1）空间查询和分析。通过空间数据进行快速搜索和复杂查询是 GIS 的重要功能，GIS 能提供从最简单的单击式查询到辩证思维的空间分析方法。GIS 通过各种假设分析来模拟区域内的空间规律和发展趋势。其操作结果可通过可视化地图、影像、多媒体等方式加以直观表达。有了 GIS 的空间查询和分析能力，配送企业可以在配送过程中，迅速、准确地掌握供需双方的地理分布信息，确定货物调运的数量和运输方式，决定运送货物的数量、种类、到货方式等，从而降低经营成本、提高收益。

（2）辅助决策。在配送过程中，配送企业不仅必须在库存数量、存货地点、订货计划、配送运输等方面实现最佳选择，还要能够在准确的时间、准确的地点，以恰当的价格和便捷的方式将商品送到客户手中。因此，针对物流配送的各项分析和决策就显得非常重要，这些分析和决策主要包括：位置决策，是指在建立配送体系时的设施定位；生产决策，主要是指根据存在的设施情况，确定物流在这些设施间的流动路径等；库存决策，主要是指关心库存的方式、数量和管理方法；运输决策，包括运输方式、批量、路径及运输设备的尺度等。

具备了数据集成、空间分析、可视化表达功能，GIS 堪称最佳决策支持系统。GIS 以快速且有效的信息获取、加工处理手段，使用户足不出户便可运筹帷幄。

（3）商业服务。在配送过程中，掌握精确的客户资料是成功的关键。GIS 能够帮助用户发现最好的客户、发掘潜在市场，并针对特定客户设计独特的广告和促销活动，同时选择办公设施的最佳位置。

（4）市场分析、预测。用户利用 GIS 还可准确掌握潜在客户的地理分布情况，GIS 可以根据客户的地址给客户信息赋以地理位置值，并将这些信息与客户的收入、心理因素、购买行为等许多相关数据联系起来，从而帮助用户分析出潜在客户、降低经营成本、提高收益。

综合训练

基础训练

一、名词解释

1. EDI
2. RFID
3. GPS
4. 地理信息系统
5. 物流条码
6. 物联网

二、填空题

1. 条码是由一组按特定规则排列的________、________及其对应________组成的表示一定信息的符号。

2. 中国商品条码的前缀码目前有________、________、________。

3. 按照 RFID 系统的功能分类，我们可以粗略地把 RFID 系统分成 4 种：________、________、________、________。

4. EDI 的特点主要有________、________、________、________和________。

5. 物流 EDI 主要由________、________、________、________和________组成。

6. GPS 是美国国防部发射的由________颗卫星组成的________、________及________系统。

7. 条码常见的码制有________、________、________、________和________。

8. 通用商品条码采用的是________码制，我国的通用商品条码标准采用的是________结构。
9. 物流条码的码制主要有________、________、________。
10. 二维条码的类型主要有________、________和________。

三、不定项选择题

1. GPS 是美国国防部发射的由（　　）颗卫星组成的全球定位、导航及授时系统。
   A. 23　　B. 25
   C. 24　　D. 26
2. 条码常见的码制有（　　）。
   A. EAN 码　　B. UPC 码
   C. 标准 39 码　　D. 库德巴码
3. 通用商品条码采用的是（　　）码制。
   A. EAN 码　　B. UPC 码
   C. 标准 39 码　　D. 库德巴码
4. 按信息的作用分类，我们可将智能物流信息分为（　　）。
   A. 计划信息
   B. 控制及作业信息
   C. 统计信息
   D. 支持信息
5. EDI 的特点主要有（　　）。
   A. 单证格式化　　B. 报文标准化
   C. 处理自动化　　D. 软件结构化
   E. 运作规范化
6. （　　）技术利用无线电波对记录媒体进行读/写操作。
   A. RFID　　B. EDI
   C. POS　　D. GPS
7. 到 2020 年，我国北斗卫星导航系统已建成由（　　）颗卫星及地面运行控制系统组成的全球卫星导航系统，基本实现全球覆盖。
   A. 20 多　　B. 20
   C. 16　　D. 30
8. （　　）是信息产业发展的第三次革命。
   A. RFID　　B. 物联网
   C. EDI　　D. GPS

四、简答题

1. 简述物流 EDI 的运作流程。
2. 物流条码与商品条码有何异同点？
3. 二维条码有哪些优点？一个二维条码究竟能容纳多少信息？
4. 简述条码技术在物流作业中的应用。
5. 简述 POS 系统的作用。
6. 何为 EDI 技术？应用 EDI 技术应具备哪些基本要素？

7. 什么是EDI标准？EDI标准有哪些主要内容？

8. 物流企业通过EDI系统可处理哪些物流单证？

9. 简述RFID的工作原理。

10. 简述GPS在物流业中的应用。

技能训练

案例分析：朗声物流VMI仓库EDI整体解决方案

江苏亚东朗升国际物流有限公司（以下简称亚东朗升）成立于1994年，是中国顶尖的综合物流运营商与供应链解决方案专家。2016年，亚东朗升作为德尔福（Delphi）的第三方VMI（Vendor Managed Inventory，供应商管理库存）仓库及物流运营商，通过知行之桥EDI系统分别与多家供应商与采购方的信息系统直连，实现供应链上下游信息系统全面集成。

1. 业务流程

VMI具有快速响应、及时补货的优点。VMI仓库的业务流程如图2-24所示。

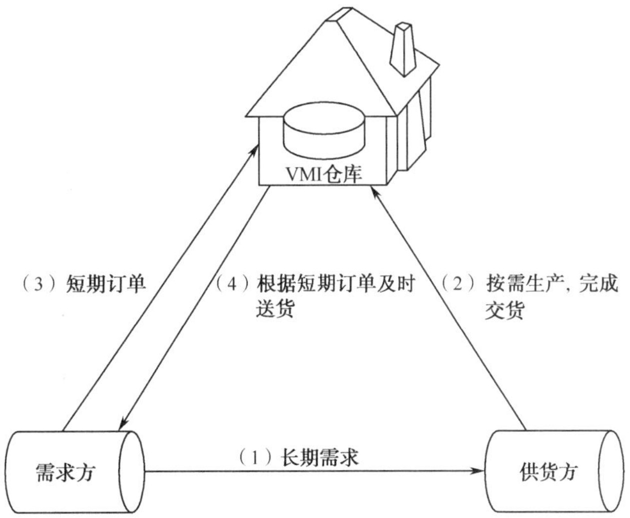

图2-24 VMI仓库的业务流程

（1）需求方发送长期需求给供货方生产排程（每月）。

（2）供货方按需生产，完成交货。

（3）需求方发送短期订单给VMI仓库（每日）。

（4）VMI仓库根据短期订单及时发货。

2. EDI数据流

EDI数据中心共享信息给三方：需求方、供货方、VMI仓库的WMS，力求做到数据实时共享、最大限度地提高数据交换速率，从而达到降低库存堆积成本的目的。EDI数据流如图2-25所示。

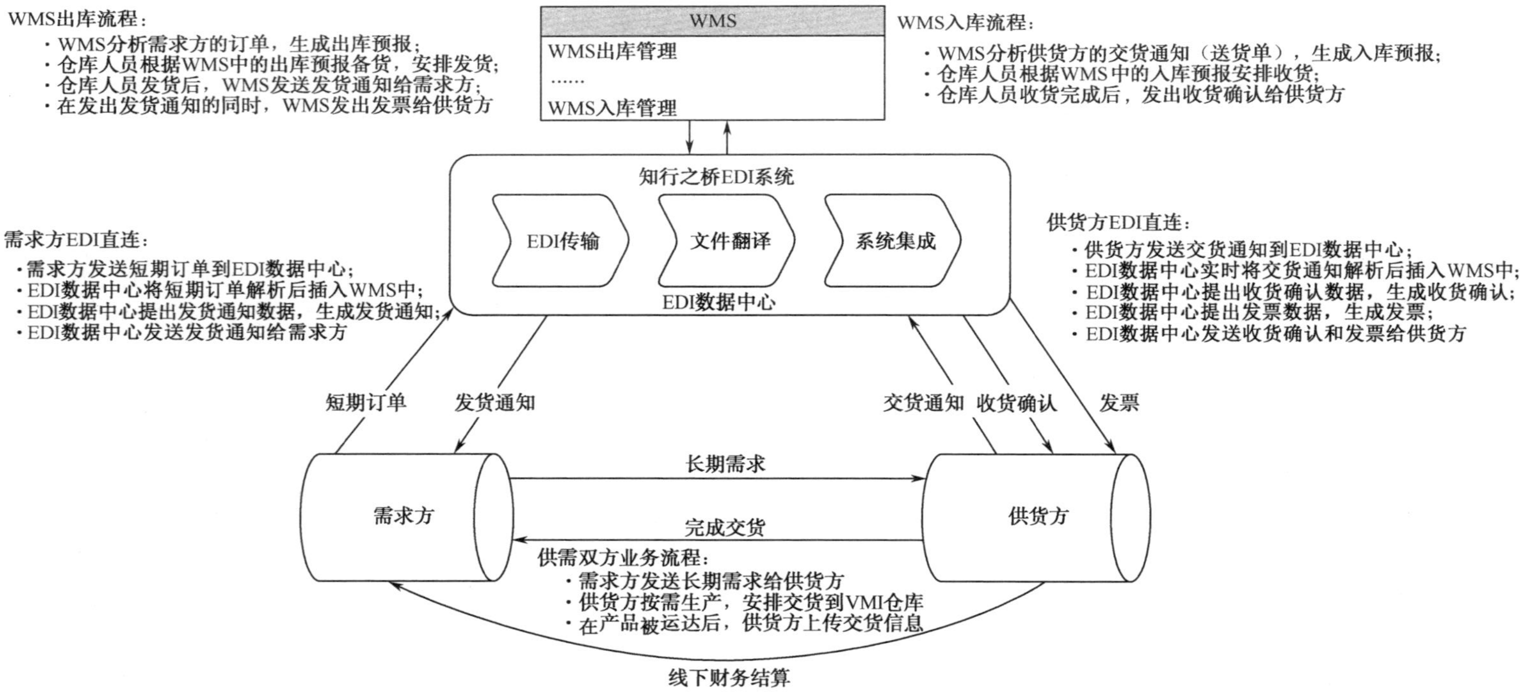
WMS出库流程：
· WMS分析需求方的订单，生成出库预报；
· 仓库人员根据WMS中的出库预报备货，安排发货；
· 仓库人员发货后，WMS发送发货通知给需求方；
· 在发出发货通知的同时，WMS发出发票给供货方
WMS
WMS出库管理
……
WMS入库管理
WMS入库流程：
· WMS分析供货方的交货通知（送货单），生成入库预报；
· 仓库人员根据WMS中的入库预报安排收货；
· 仓库人员收货完成后，发出收货确认给供货方
知行之桥EDI系统
EDI传输
文件翻译
系统集成
EDI数据中心
需求方EDI直连：
· 需求方发送短期订单到EDI数据中心；
· EDI数据中心将短期订单解析后插入WMS中；
· EDI数据中心提出发货通知数据，生成发货通知；
· EDI数据中心发送发货通知给需求方
供货方EDI直连：
· 供货方发送交货通知到EDI数据中心；
· EDI数据中心实时将交货通知解析后插入WMS中；
· EDI数据中心提出收货确认数据，生成收货确认；
· EDI数据中心提出发票数据，生成发票；
· EDI数据中心发送收货确认和发票给供货方
短期订单
发货通知
交货通知
收货确认
发票
需求方
长期需求
完成交货
供货方
供需双方业务流程：
· 需求方发送长期需求给供货方
· 供货方按需生产，安排交货到VMI仓库
· 在产品被运达后，供货方上传交货信息
线下财务结算

图 2-25　EDI 数据流

3. 业务系统信息流

知行之桥 EDI 系统为双方数据对接提供桥梁，EDI 系统通过与亚东朗升的 WMS 集成，提供数据指令，指导入库、出库及库内作业，如图 2-26 所示。

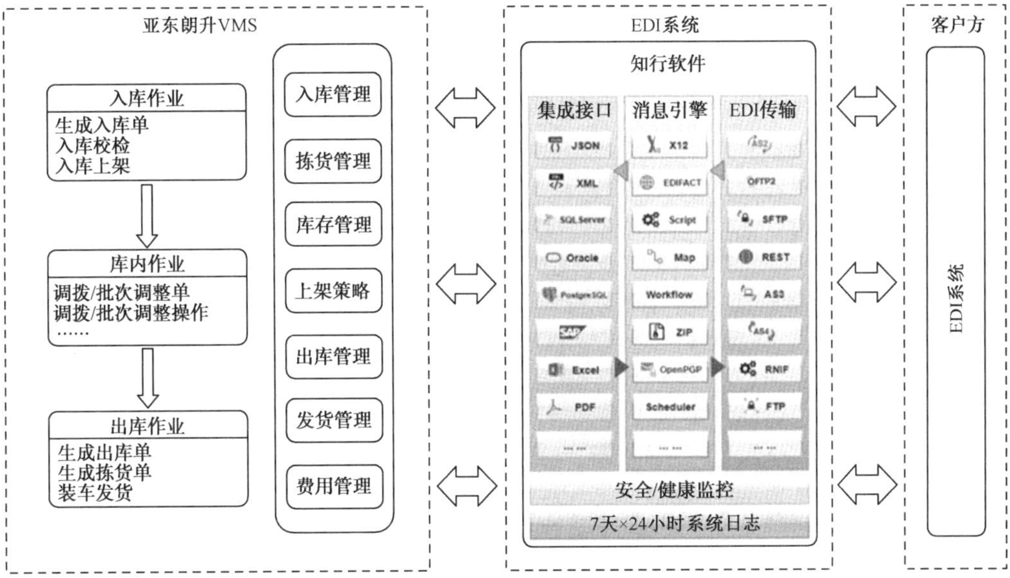

图 2-26　业务系统信息流

（1）WMS 的收货流程：VMI 仓库根据供货方的交货通知（送货单）安排收货，具体收货流程如图 2-27 所示。

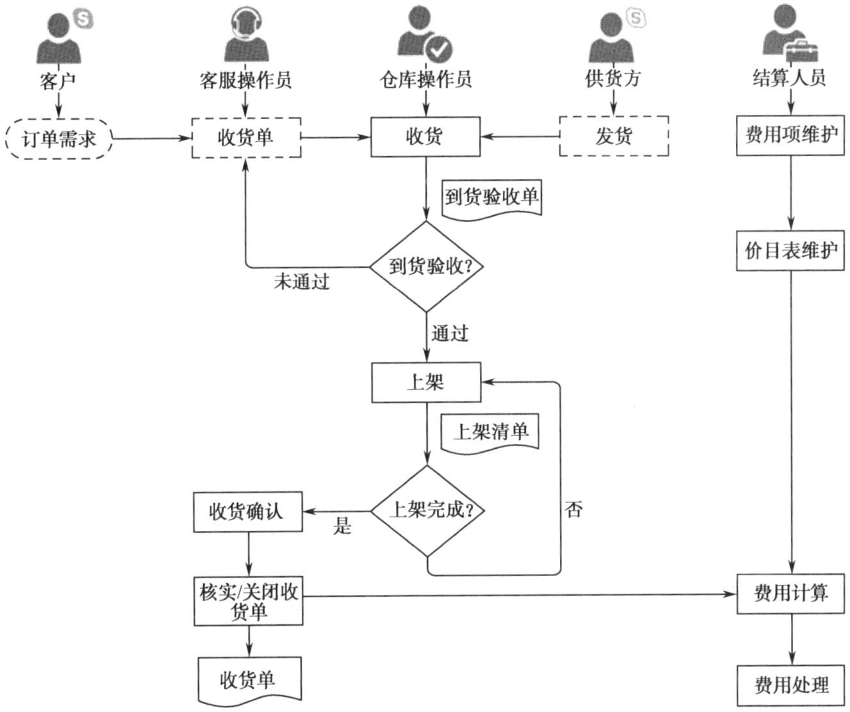

图 2-27　VMS 的收货流程

（2）WMS 的出货流程：VMI 仓库根据需求方的日常订单安排出货，具体出货流程如图 2-28 所示。

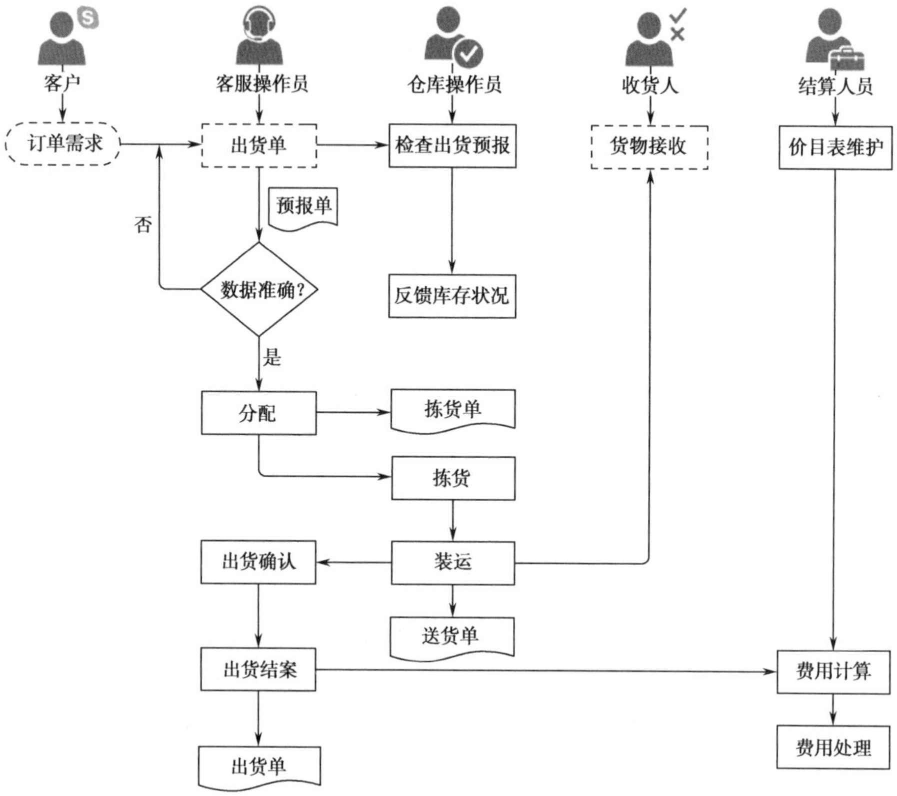

图 2-28 VMS 的出货流程

——资料来源：知行软件，2018-10-12

问题与思考

1. VMI 仓库业务流程包括哪些？
2. 知行之桥 EDI 系统运用了哪些物流信息技术？
3. WMS 的收货流程、出货流程分别包括哪些环节？

模块三

智慧与绿色供应链管理

学习目标

知识目标		● 供应链、供应链管理、智慧供应链、绿色供应链、QR、ECR 的概念； ● 供应链管理思想的产生和发展过程； ● 供应链的主要类型、供应链管理的特点； ● 基于供应链管理的物流系统。
能力目标	专业能力	● 能够结合实际情况分析供应链管理模式对电子商务物流发展的影响程度。
	方法能力	● 具有基本的电子商务供应链管理实际应用的现实感知； ● 具有一定的分析智慧、绿色供应链管理方法对物流发展影响的逻辑思路。
	社会能力	● 拥有良好的职业道德和较强的团队合作精神； ● 具备一定的智慧与绿色供应链管理模式分析与应用的能力； ● 关注电子商务环境下智慧与绿色供应链管理的发展态势。

素养元素

视频映射点	视频标题	● 中捷公司赋能智慧供应链
	背景	● 中国明确提出 2030 年碳达峰与 2060 年碳中和目标； ●《国务院办公厅关于积极推进供应链创新与应用的指导意见》（国办发〔2017〕84 号）。
	映射	● 2021 年，我国快递包裹数量占全球一半以上； ● 中捷公司赋能智慧供应链。

导入案例

基于数据运营的智慧供应链平台

中捷通信有限公司（以下简称中捷公司）是中国通信服务股份有限公司的供应链服务专业公司，是立足于信息通信业、面向现代大工业的商贸-物流-技术-贸易-拍卖综合供应链服务企业。2019 年，中国电信广东分公司与中捷公司进行战略合作，一方面加大了对信息化的投入力度，应用条码、电子标签、GPS、GIS 等技术实现物流运营的智能化，在全省仓库实行货位条码化管理，并结合手持终端绑定物资货位信息，为后期实时监控各仓库物资的库存结构、进行账龄分析和库存周转率统计等智能化库存管控打下数据基础；另一方面，建设智慧供应链平台，从各业务系统抽取数据、清洗数据并将数据汇聚到平台，实现了多系统数据集成，通过实施大数据技术，借助分析与预测功能为业务决策提供有效支撑。智慧供应链平台融合了移动端、PC端、大屏端功能，可满足不同业务部门对数据运营平台应用的需求，实现有效管理、高效协作。

1. 打造智慧供应链平台，强化运营管控能力

（1）建立需求预测模型，提高采购精准度。以各需求部门的采购需求数据、采购供货数据、实际使用数据及供应产能数据等供应链历史数据为基础，利用各类算法及数据分析模型，针对物资需求特性，在平台上搭建多个需求预测模型。为各需求单位及地市的采购需求优化提供数据支撑，确定备货品种及数量，动态调整备货水平，避免库存的积压或短缺，从源头助力供需平衡。

（2）开发全流程跟踪功能，实时掌握供应状态。开发全程可视化平台系统，实现与中国电信广东分公司的采购相关系统、供应商系统、物流信息系统、检测平台系统、物资使用管理系统等供应链上下游相关系统的对接，通过汇集和抓取需求、采购、生产、到货、仓储、配送、账务等信息，促进信息资源充分共享，实现对物资的采购订单（或备货单）下达、供应商排产、提货、检测、仓储、末端配送、使用（或销售）、回收、报废等全程状态的跟踪，完成物资全生命周期监控，提高供应链全流程的集中、高效、便利管理水平。

（3）开发现场作业看板功能，动态监控作业实况。根据电信业务的不同应用场景设计和定制现场可视化作业看板，并通过数据大屏轮播展示，实现对仓库订单作业状态、出入库分析、单据分析、库存分析、仓储使用率、异常信息预警等实时作业数据分析，帮助现场操作人员实时查看当前业务的状态，以及协同跟进作业处理。

（4）开发库存管控功能，实现库存精细化管控。智慧供应链平台对库存数据按照地市、子库、库龄、物资种类、呆滞物资及重点物资（如核心终端、5G到货）等维度进行分析和展示。全省采购人员均可通过智慧供应链平台实时掌控本地市的库存及相应风险情况，进而调整相应的管控策略。智慧供应链平台的应用推广，可有效地解决地市人员数据获取慢、分析能力弱等库存管控难的问题。

2. 智慧供应链平台实施成效

项目投入至今，中国电信广东分公司的采购需求预估准确率提升了8.86%，结合供应商协同、驻厂追货等举措，采购物资到货及时率已超过96%，平均到货时长同比实施前减少3.5天。在库存管理方面，借助智慧供应链平台多维度的库存分析展示、预警和需求预测等手段，中国电信广东分公司的实物库存较2020年同期下降46%，库存周转次数已达10次。在应用“共享库”后，中国电信广东分公司极大地提升了库存周转率，避免了因市场技术更迭导致的存货跌价风险，降低了较高库存带来的库存持有成本，有效地缩小了企业资金占用规模。智慧供应链平台为保障年均数十亿元级规模的物资采购的快速运转、降低集约化供应链运营风险、实现供应链智慧化运营提供了有力的武器。

——资料来源：中国物流与采购网，2021-08-26

案例分析

党的二十大报告指出：“要坚持以推动高质量发展为主题，把实施扩大内需战略同深化供给侧结构性改革有机结合起来，增强国内大循环内生动力和可靠性，提升国际循环质量和水平，加快建设现代化经济体系，着力提高全要素生产率，着力提升产业链供应链韧性和安全水平，着力推进城乡融合和区域协调发展，推动经济实现质的有效提升和量的合理增长。”随着通信市场交易规模的快速增长，精益供应链服务已成为市场运营和企业供应链管控不可或缺的部分。供应链数据分析在精益运营中的作用越来越重要，并成为通信行业及其供应链服务快速发展的保障和助推器。在这样的背景下，中国电信广东分公司与中捷公司联合实施的智慧供应链平台项目是提升行业服务与决策管理能力的必要条件，是使项目总体运营绩效上升到一个新的台阶、顺应行业发展趋势的必然要求。

中捷公司具备良好的数据运营基础，智慧供应链平台的建设不仅大大提升了内部运营效率、降低了沟通成本、提高了客户满意度，还可为铁塔、移动等大型项目提供经验借鉴和复制模板，对其提升业内信息服务竞争力和品牌形象具有重要作用。

问题思考

什么是智慧供应链及供应链管理？供应链管理有哪些类型及其实施方法有哪些？在电子商务环境下，物流企业应如何实施供应链管理，其应用成效如何？

任务一 供应链管理概述

一、供应链管理思想的产生和发展及供应链的发展趋势

20 世纪 90 年代末期以后，有一个观点在中国物流界广为流传并被企业不断实践，这个观点是由马丁·克里斯托弗（英国著名物流专家、克兰菲尔德大学管理学院副院长）提出的，即在 21 世纪，市场上只有供应链而没有企业，市场竞争将是供应链和供应链的竞争，而不是企业和企业的竞争。

1. 供应链管理思想的产生

供应链（Supply Chain）本来就是客观存在的事物。自古以来，只要有土地、牛羊、矿藏，就有农、牧、矿产产品的生产，这些产品就会被放到商贾的店铺出售，同时又会有买主购买和消费，将这些单体连接起来，就形成一条原始的供应链。也就是说，只要有了产品交换，供应链就在无形中客观存在了。供应链伴随产品流通而产生，已有几千年的历史。在当今的市场经济条件下，任何一家企业都不可能是市场中孤立的一员，它必须有客户、消费群体和其他企业的支持与合作才能生存。换句话说，任何一家企业都必须有下游和上游其他企业或成员的支持，否则将孤掌难鸣。把这些相互关联的企业或实体连接起来，就形成了供应链。

供应链虽然早已客观存在，但是其概念是在 20 世纪 80 年代才被提出的。它不是一种简单的机械结构，而是一种复杂庞大、交叉错综的网络系统。企业的客户还有客户，企业的供应商还有供应商；一家企业的供应商可能同时是另一家企业的供应商，一家企业的客户可能同时是另一家企业的客户。整个社会生产就是一条首尾相连、错综复杂的供应长链。

2. 供应链管理思想的发展

随着世界经济一体化形势的发展，人们逐渐认识到，一家企业都不可能在所有业务上都成为世界上最杰出的企业，只有优势互补，才能共同增强竞争力。因此，国际上一些先驱企业摒弃了过去那种从设计、制造直到销售都自己负责的经营模式，转而在全球范围内与供应商、销售商建立最佳合作伙伴关系，并与其形成长期的战略联盟、结成利益共同体。例如，美国福特汽车公司在推出新车 Festival 时，在美国设计新车，在日本生产发动机，在韩国生产其他零件和装配，在世界各地销售。在从设计、制造直到销售的整个过程中，制造商都在全球范围内选择在某些方面最优秀的企业，形成一个企业群体。在体制上，这个群体组成一个利益共同体；在运行形式上，这个群体构成一个包括供应商、制造商、分销商和最终用户的物流和信息流网络。由于这个庞大网络上的相邻节点（企业）之间都存在一种供应与需求的关系，因此我们称之为供应链。为了使加盟供应链的企业都能受益，并且使每家企业都有比竞争对手更强的竞争力，就必须加强对供应链的构成及运作的研究，由此形成了供应链管理这一新的经营与运作模式。

进入 20 世纪 90 年代，随着网络通信技术的迅猛发展，在互联网的支持下，供应链管理理论日益受到重视。特别是国际上一些著名企业（如惠普公司、IBM 公司、戴尔公司等）在供应链实践中取得的成就，更使人坚信供应链是进入 21 世纪后企业适应全球竞争的一个有效途径，因而许多学者和企业界人士对供应链管理进行研究与实践。20 世纪 80 年代中期至今，在工业发达国家的企业中，近 80%的企业采取了全球制造和全球供应链管理这一新的经营模式。海尔集团、华为公司、宝洁（中国）公司等也进行了供应链管理的探索与实践，并取得了较好的成效。

近几年全球性竞争日趋激烈，商业环境中新的需求和新技术的应用，迫使企业重新审视自身的发展战略和运作模式，供应链管理在这场企业鏖战中扮演着重要角色。

3. 供应链的发展趋势

随着科学技术的进步，特别是互联网的推广，供应链全球一体化的特征越来越明显，国际市场越来越成熟。无边界的企业管理的趋势正在加剧，这促使市场竞争进入一个新的阶段，企业之间的竞争已经转变为供应链之间的竞争。供应链管理作为一种综合的企业管理服务模式，在降低成本、增加效益、控制风险等方面发挥着关键作用。可以说，供应链的整合、优化、共赢、生态能力决定一切。供应链的发展趋势如下。

（1）全球化供应链。全球化供应链强调全球供应链的规划和实施。

（2）敏捷化供应链。敏捷化供应链强调提高制造系统对外部环境变化的适应性，如工业 4.0。目前，供应链最大的竞争点是速度，因此强调敏捷性是非常重要的。特别是在制造系统，尤其是大中型企业中，竞争重点是“互联网+”，工业 4.0 的核心是自动化设备，因此供应链必须适应外部世界的快速变化。

（3）绿色化供应链。绿色化供应链是一个稳定和可持续的供应链，整个供应链的运作过程减少了能源消耗、产品的损失和浪费。例如，在过去的供应链管理过程中，我们并没有很重视包装盒和产品的回收，但是现在我们非常重视这一点。

（4）柔性化供应链。如今，客户的个性化需求不断增加、时间要求不断变化，供应链是否能够快速响应、组织结构是否支持、配送系统是否灵活，对供应链来说非常重要。

（5）集成化供应链。集成化供应链的发展对企业的影响越来越大。如今，很多客户将自动化设备与供应链连接起来，他们需要将传送带等自动化设备与供应链系统相结合。因此，在未来，整个供应链必须是一个集成的供应链，从规划层面到实施层面，设备必须集成在一起。

二、供应链的概念

当需要解决企业生产、销售流程中的诸多问题时，企业真正需要的是什么？是实时企业信息、全面集成供应链管理，还是先进的流程计划？为了回答这个问题，我们必须理解什么是供应链管理。各种用于制造业的现代管理思想都融合了供应链的概念，但人们一直仅把它作为改进供应链管理的一种强化行为。那么，供应链到底是什么？

供应链包含“供”与“需”两方面，可被理解为供需链（见图 3-1）。物流从供应方开始，沿着各环节向需求方移动。每个环节都存在需求方与供应方的对应关系，形成一条首尾相连的供需长链，即为供应链。链上除存在物料的流动外，还有信息的流动。其中，需求信息同物料流动方向相反，从需求方向供应方流动；由需求信息引发的供给信息，同物料一起沿着供应链从供应方向需求方流动。

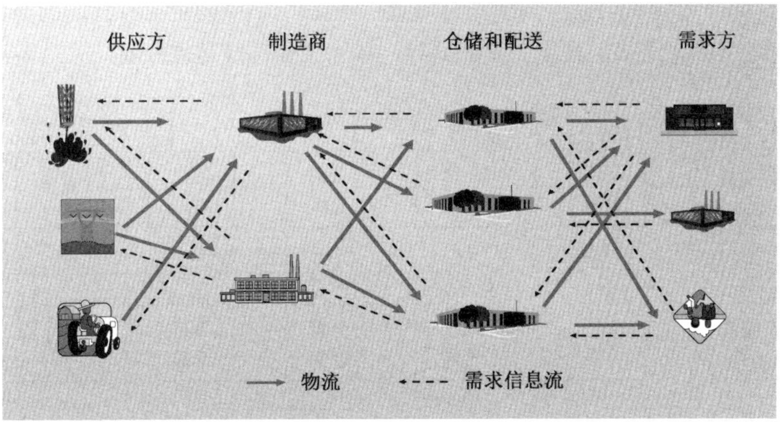

图 3-1　供应链示意图

英国著名物流专家马丁·克里斯托弗教授在《物流与供应链管理》一书中给出了供应链的定义：供应链是指由涉及将产品或服务提供给最终消费者的过程和活动的上游及下游企业组织所构成的网络。这种供应链仍是传统意义上的供应链。

美国供应链协会认为，供应链是目前国际上广泛使用的一个术语，涉及从供应商的供应商到客户的客户的最终产品生产与交付的一切努力。

《物流术语》对供应链的定义是：“生产及流通过程，围绕核心企业的核心产品或服务，由所涉及的原材料供应商、制造商、分销商、零售商直到最终用户活动等形成的网链结构。”

三、供应链的结构模型

根据供应链的概念，我们可将供应链的结构简单地归纳为一种网络结构模型，如图 3-2 所示。

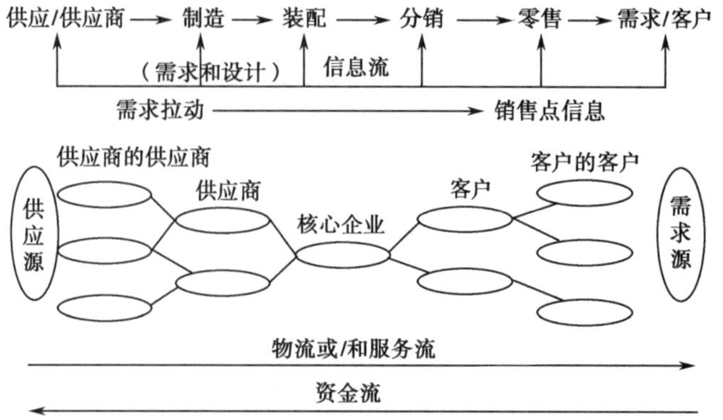

图 3-2　供应链的网络结构模型

从图 3-2 中可以看出，供应链由所有加盟的节点企业组成。其中，一般有一个核心企业，节点企业在需求信息的驱动下，通过供应链的职能分工与合作，以资金流、物流和服务流为媒介，实现整个供应链的不断增值。

根据供应链的概念，我们也可以将供应链的结构模型具体化为如图 3-3 所示的模型。从图 3-3 中可以看出，供应链不是一条单一的链条。链状网络中的企业有共同的交叉点，每个部分都不能孤立地运作，交叉的程度因企业而异，每家企业都既是供应商，又是客户。

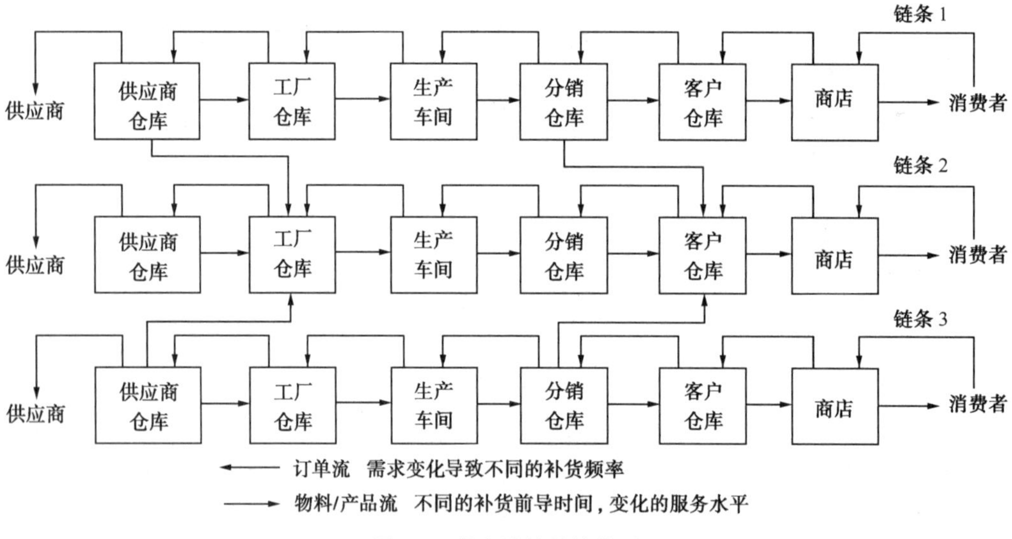

图 3-3　供应链的结构模型

参与贸易过程中的每家企业，无论是供应商、制造商、分销商还是零售商，都必须提高价值。价值的提高可以通过不同的方式实现，并且可以通过成本和时间来衡量。消费者的目标是在每次收到的产品组合中获得最高的价值，但付出最少的费用。供应链中的贸易伙伴将在充分共享信息的基础上，提高反应速度，消除非增值过程，生产出具有高客户价值的产品或服务。

供应链中的库存用于缓冲不确定性及需求的变化。每个贸易伙伴都应该认识到共享信息的重要性，因为对供应链的改进无法独立进行。

供应链中的信息可以向上或向下流动，或从客户开始流动，或在中间供应商和客户之间流动。物料、产品在供应链中向下流动。

四、供应链的类型

在表现形态上，供应链的形式多种多样。按照不同的标准，我们可以把供应链分成不同的类型。

1. 按照供应链在企业和部门中的适应性分类

按照供应链在企业和部门中的适应性分类，我们可将供应链分为9种，如图3-4所示。

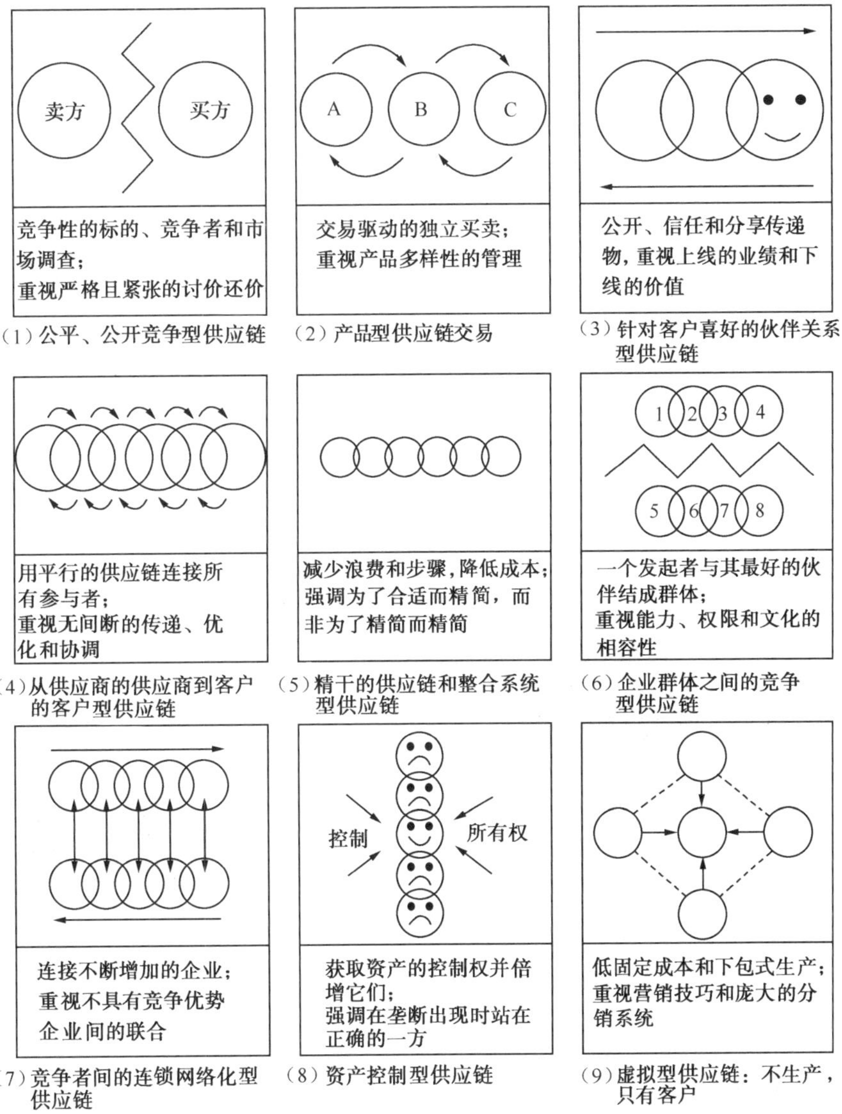

（1）公平、公开竞争型供应链

（2）产品型供应链交易

（3）针对客户喜好的伙伴关系型供应链

（4）从供应商的供应商到客户的客户型供应链

（5）精干的供应链和整合系统型供应链

（6）企业群体之间的竞争型供应链

（7）竞争者间的连锁网络化型供应链

（8）资产控制型供应链

（9）虚拟型供应链：不生产，只有客户

图3-4　9种供应链

2. 按照供应链存在的稳定性分类

按照供应链存在的稳定性分类，我们可将供应链分为稳定的供应链和动态的供应链。前者基于稳定、单一的市场需求；后者基于相对频繁变化、复杂的市场需求。

3. 按照供应链容量与客户需求的关系分类

按照供应链容量与客户需求的关系分类，我们可将供应链分为平衡的供应链和倾斜的供应链。前者形成于供应链容量能满足客户需求时；后者形成于市场变化加剧，造成供应链成本增加、库存增加、浪费增加而使企业不能在最优状态下运作时。

4. 按照供应链的功能模式分类

按照供应链的功能模式分类，我们可将供应链分为有效性供应链和反应性供应链。前者主要体现供应链的物理功能，即以最低的成本将原材料转化成零部件、半成品、产品及在供应链中的运输等；后者主要体现供应链的市场中介功能，即把产品分配到能满足客户需求的市场，对未预知的客户需求做出快速反应等。

5. 按照供应链的运行模式分类

按照供应链的运行模式分类，我们可将供应链分为推动式供应链和拉动式供应链，如图 3-5 所示。一般来说，传统模式下的供应链总是被推动运作的，制造商根据产品的库存情况，有计划地将产品通过零售商销售到客户手中。在整个供应链中，由于固有的后勤无效率、生产难度大、需求多样性和较差的预测技术，原材料堆积如山，交货时间也偏长。而当前更多的是拉动模式，顾名思义，该供应链模式源于客户需求，客户是供应链中一切业务的原动力；零售商通过 POS 系统采集客户所购产品的确切信息，数据在分销仓库中经汇总后又被传给制造商；制造商就可以为下一次补货提前做准备，同时调整交货计划和采购计划、更新生产计划；供应商也可以改变其交货计划。

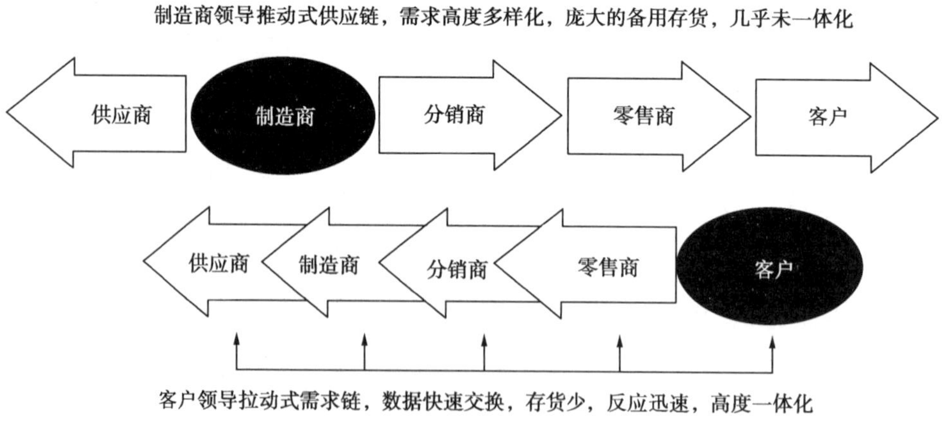

图 3-5　推动式和拉动式供应链模型

6. 按照供应链的空间范围分类

按照供应链的空间范围分类，我们可将供应链分为企业内部供应链、产业供应链或动态联盟供应链和全球网络供应链。

五、供应链管理的概念

供应链管理术语的出现已有30年左右的时间，但关于它的定义，由于出发点不同，不同理论研究者或企业实践者给出的定义不完全相同。一般认为，供应链管理是指对供应链的物流、信息流、资金流、价值流及工作流进行计划、组织、协调与控制。它是一种从供应商开始，经由制造商、分销商、零售商直到客户的全要素、全过程的集成化管理模式。其目标是从整体的观点出发，寻求建立供、产、销企业，以及客户间的战略合作伙伴关系，最大限度地减少内耗与浪费，实现供应链整体效率的最优化。

美国供应链专家罗伯特·汉德菲尔德、欧内斯特·尼克斯对供应链管理的定义：通过改善供应链关系而对这些活动进行集成（整合），从而获得持续的竞争优势。

我国也有学者认为供应链管理是指把供应链上的企业作为一个不可分割的整体，使供应链上的企业分担采购、生产、分销和销售的职能，成为一个协调发展的有机体。

《物流术语》将供应链管理定义为："从供应链整体目标出发，对供应链中采购、生产、销售各环节的商流、物流、信息流及资金流进行统一计划、组织、协调、控制的活动和过程。"

六、供应链管理的特点

1．供应链管理是一种基于流程的、纵横的、一体化经营的集成化管理模式

供应链管理以流程为基础，以价值链的优化为核心，强调供应链整体的集成与协调，通过信息共享、技术交流与合作、资源优化配置和有效的价值链激励机制等方法来实现经营一体化。它打破了以职能部门为基础的传统管理模式，摆脱了因职能矛盾、利益目标冲突、信息分散等原因造成的整体目标难以最优化的弊端。

2．供应链管理是全过程的战略管理

供应链中的各环节不是彼此分割的，而是环环相扣的，从而形成一个有机整体。从总体上考虑，如果只依赖于部分环节的信息，就可能会由于信息的局限或失真，导致决策失误、计划失效、管理失效。因此，最高管理层要充分认识到供应链管理的重要性和整体性，积极运用战略管理思想，从而有效地实现供应链的管理目标。

3．供应链管理提出了全新的库存观

传统的库存只是企业与其上下游企业之间在不同市场环境下实现的库存的转移，整个社会的库存总量并未减少。在买方市场的今天，供应链管理的实施可以加快产品通向市场的速度，尽量缩短从供应商到客户的通道的长度；而且，供应链管理把供应商看作伙伴，而不是对手，从而使企业对市场需求的变化反应更快，使总体库存得以大幅减少。

4．供应链管理以客户为中心

无论供应链的节点企业有多少种类型，也无论供应链的长度有多长或多短，供应链都是由客户需求驱动的，企业创造的价值只能通过客户的满意度及产生的利润来衡量。只有客户取得成功，供应链才得以存在、延续并发展。因此，供应链管理以客户为中心，将客户服务、客户

满意与客户成功作为管理的出发点，并贯穿供应链管理的全过程，将改善客户服务质量、实现客户满意、促进客户成功作为创造竞争优势的根本手段。

七、供应链管理的目标

供应链管理是指对整个供应链系统进行计划、协调、控制和优化，其根本目标是将合适的产品按照合适的状态与包装，以合适的数量和合适的成本，在合适的时间送到合适客户指定的合适地点，并使总成本最低。

1．合适的产品和合适的数量

合适的产品和合适的数量是指既要按照客户提出的品质标准、规格型号向客户提供产品，又要使客户的订货数量得到完全满足。这是供应链管理的重要目标之一。

2．合适的状态与包装

破损的产品不仅对客户毫无价值，还会增加处置成本和替代产品的运输费用。因此，配送产品的状态与包装对供应链管理目标的实现也非常重要。如果发生了过多的产品破损，就应及时查找原因，以便及时处理。

3．合适的成本

对客户来说，合适的成本即产品价值的竞争性价格的成本。显然，客户想以最低的成本得到最高的价值。通过供应链管理，企业可有效地消除各种浪费与重复，从而使得以最低的成本为客户提供最高的价值成为可能。

4．合适的时间

合适的时间是指完全按照客户提出的时间，将产品准时送到客户指定的地点。时间过早，会增加客户的负担；时间过晚，则势必造成客户缺货，甚至导致客户停产。

5．合适的客户

合适的客户不仅是指企业的直接客户，还包括客户的客户，这是供应链组织的一个显著特点。

6．合适的地点

为了进一步提高客户满意度、促进客户成功，企业越来越注重完成客户期望的配送增值活动，包括客户的库存、产品零售平面或货架的重新布置，按照有助于客户使用的特定顺序堆放产品等。

八、供应链管理流程

1．供应链管理流程分析

供应链管理作为一种业务流程，在供应商、制造商、分销商、零售商及企业之间搭建了一个网络，完成由企业物资需求到给企业提供所需物资与服务的整个过程（见图 3-6）。

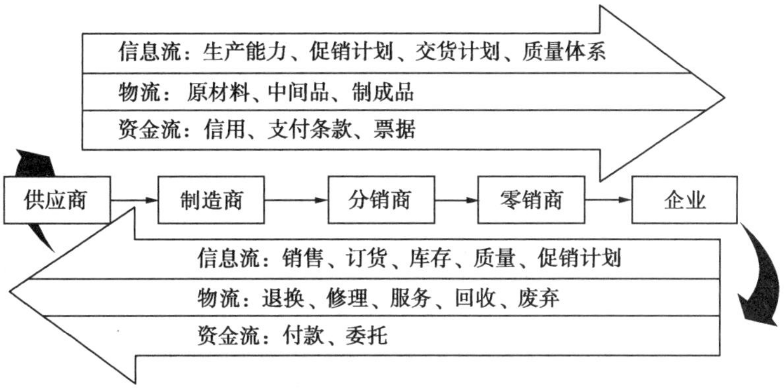

图 3-6 供应链管理流程分析

供应链是由各种实体构成的网络，网络上流动着物流、资金流和信息流。这些实体包括一些子公司、制造厂、仓库、外部供应商、运输公司、配送中心、零售商和客户。一个完整的供应链始于供应商，止于客户。

物流向一方流动而资金流向相反方向流动（退货和赊购是例外的情况），信息的流动在这里是双向的。需求信息流自下而上流动，而供应信息流自上而下流动。订单是从企业向供应商流动的，而订单收到通知、货运通知和发票向相反的方向流动。

2. 牛尾效应

在供应链管理方法的实施过程中，企业内部各组织、部门之间，以及企业与供应商之间需要建立合作互利的双赢关系，因此协调与合作是供应链管理的核心。在产品的供应链中，如果各组织、部门之间缺乏相互信任与合作，各组织、部门均以自己的利益为出发点进行决策，那么最终将使得供应链内各企业的利益均受到损害。企业的物资需求在缺少同中间环节协调与沟通的条件下，到供应商那里就会产生巨大的波动，著名的牛尾效应很清楚地说明了这种影响（见图 3-7）。由于夸大的需求信息所引起的企业存货成本、生产成本和固定投资不仅极大地影响了企业的竞争力，还会给全社会带来大量的浪费。

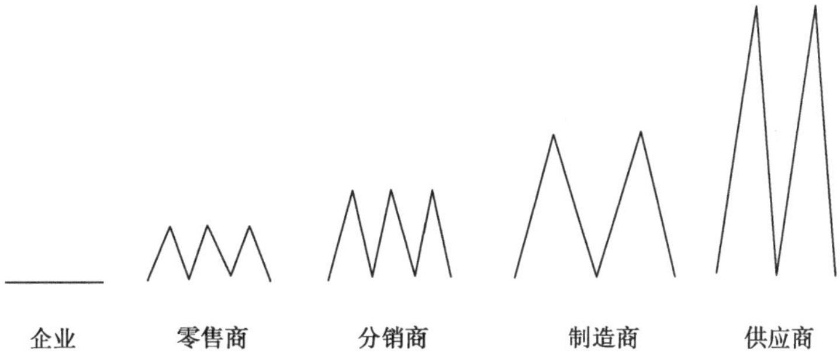

图 3-7 牛尾效应

任务二 智慧供应链管理

一、智慧供应链的概念

智慧供应链是结合物联网技术和现代供应链管理的理论、方法和技术，在企业内部和企业间构建的，实现供应链的智能化、网络化和自动化的技术与管理综合集成系统。智慧供应链这一概念由复旦大学的博士后罗钢在 2009 年上海市信息化与工业化融合会议上首先提出。在传统供应链中，技术的渗透性日益增强，很多供应链已经具备了信息化、数字化、网络化、集成化、智能化、柔性化、敏捷化、可视化、自动化等先进的技术特点，在此基础上，智慧供应链将技术和管理进行综合集成，系统化地论述技术和管理的综合集成理论、方法和技术，从而系统地指导现代供应链管理与运营的实践（见图 3-8）。

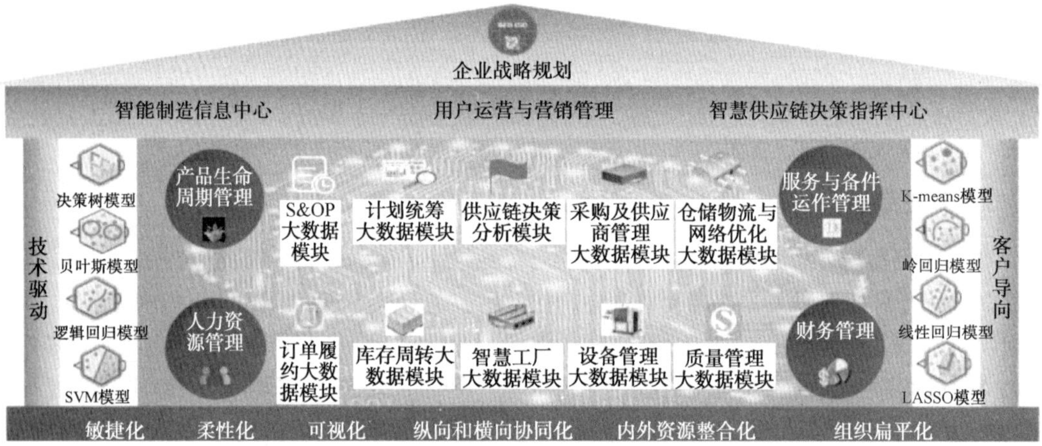

图 3-8 智慧供应链大数据解决方案示意图

二、智慧供应链的特点

智慧供应链与传统供应链相比，具备以下特点。

（1）智慧供应链与传统供应链相比，技术的渗透性更强。在智慧供应链环境下，供应链管理和运营者会系统地主动吸收包括物联网、互联网、人工智能等在内的各种现代技术，主动使管理过程适应新技术带来的变化。

（2）智慧供应链与传统供应链相比，可视化、移动化特点更加明显。智慧供应链更倾向于使用可视化的手段来表现数据，采用移动化的手段来访问数据。

（3）智慧供应链与传统供应链相比，更人性化。在主动吸收物联网、互联网、人工智能等技术的同时，智慧供应链更加系统地考虑问题，考虑人机系统的协调性，从而实现人性化的技术和管理系统。

三、智慧供应链环境下的物流管理

供应链管理下物流环境的改变，使智慧供应链环境下的物流管理和传统的物流管理相比有许多特点，这些特点反映了供应链管理思想的要求和企业竞争的新策略。

在传统的物流系统中，需求信息和反馈信息（供应信息）都是逐级传递的，上级供应商不能及时地掌握市场信息，因而对市场的信息反馈速度较慢，从而导致需求信息的扭曲。另外，传统的物流系统没有从整体角度进行物流规划，常常导致一方面库存不断增加，另一方面当需求出现时又无法满足。这样，企业就会因为物流系统管理不完善而丧失市场机会。

和传统的纵向一体化物流模型相比，智慧供应链管理环境下的物流信息的流量大大增加。需求信息和反馈信息不是逐级传递的，而是网络式传递的，企业通过 EDI/互联网可以很快掌握供应链上不同环节的供求信息和市场信息。因此，在智慧供应链环境下的物流系统有 3 种信息在系统中运行：①需求信息；②供应信息；③共享信息。

智慧供应链环境下的物流管理的特点可以用如下几个术语简要概括。

1. 信息的共享性

共享信息的增加对智慧供应链管理来说是非常重要的。由于可以做到共享信息，供应链上的任何节点企业都能及时地掌握市场的需求信息和整个供应链的运行情况，每个环节的物流信息都能透明地与其他环节进行交流与共享，从而避免需求信息的失真现象。

2. 过程的同步性

物流网络规划能力的增强也反映了智慧供应链管理环境下的物流特点。它充分利用第三方物流系统、代理运输等多种形式的运输和交货手段，降低了库存的压力和安全库存水平。信息跟踪能力的提高，使供应链物流过程更加透明，也为实时控制物流过程提供了条件。在传统的物流系统中，许多企业有能力跟踪企业内部的物流过程，但没有能力跟踪企业之外的物流过程，这是因为没有共享的信息系统和信息反馈机制。

3. 响应的敏捷性

作业流程的快速重组能力极大地提高了物流系统的敏捷性，通过消除不增加价值的过程和节省时间，使智慧供应链的物流系统的成本进一步降低，为实现供应链的敏捷性、精细化运作提供了基础性保障。

4. 合作性与协调性

合作性与协调性是智慧供应链管理的一个重要特点，但如果没有物流系统的无缝连接，运输的货物逾期未到，客户的需求不能得到及时满足，就会使供应链的合作性大打折扣。因此，无缝连接的供应链物流系统是使供应链得以协调运作的前提条件。

5. 服务的满意度

灵活多样的物流服务，提高了客户满意度。通过制造商和运输部门的实时信息交换，及时地把客户关于运输、包装和装卸方面的要求反映给相关部门，提高了智慧供应链管理系统对客户个性化需求响应的能力。

相关链接

推动我国智慧供应链创新与应用

开展智慧供应链创新与应用，无论是从国际竞争和国内产业发展，还是从政府体制改革趋势来看，都具有很强的紧迫性。从国际发展的趋势来看，智慧供应链创新与应用已经成为全球发达国家新一轮创新竞争的重要趋势，我国亟须加快步伐迎头赶上。从国内发展趋势来看，加快智慧供应链创新与应用不仅是顺应我国物流与供应链行业发展的客观要求，还是响应时代变革发展的迫切需要。通过智慧化的技术手段和管理创新，提升供应链价值，适应第四次科技革命时代的变革要求，助力企业自身变革和产业转型升级，物流业将迎来向供应链物流转型升级的热潮。因此，推进智慧供应链创新与应用，不仅是我国物流业发展的客观要求，还是顺应时代发展的迫切需要。

从政府体制改革趋势来看，加快智慧供应链创新与应用，不仅是推进政府深化体制改革的重要抓手，还是建设智慧政府的必然选择。近年来，供应链创新与应用已经引起了我国政府的高度重视，《国务院办公厅关于积极推进供应链创新与应用的指导意见》（国办发〔2017〕84号）、《关于开展供应链创新与应用试点的通知》等政策纷纷出台。然而，无论是中央，还是地方政府出台的鼓励供应链创新与应用的相关政策，仍然关注的是传统供应链范畴，并没有涉及智慧供应链层面。加快智慧供应链创新与应用，可以有效地解决当前政府体制改革的难点和“痛点”，切实解决体制不适应经济发展的瓶颈问题，推进政府智慧治理和服务转型。

当前，我国的现代化经济体系建设已经开始，智慧供应链的发展不断加速，传统供应链管理的相关理论、方法和政策既难以为智慧供应链创新与应用提供必要的理论基础，又不能适应现代经济体系的建设要求。因此，我们迫切需要在新形势下对我国智慧供应链的运行机理、创新目标、创新模式、创新路径、典型应用及政策支撑体系建设等重大理论问题开展深入研究，并提出相关的决策咨询建议，为国家宏观决策部门提供重要参考。因此，开展智慧供应链创新与应用研究对我国经济社会的发展不仅具有重要的现实意义，还具有重要的战略意义。

——资料来源：物流时代周刊，2021-10-21

四、智慧供应链环境下的快速反应

1．快速反应的定义

快速反应（Quick Response，QR）的基本思想：为了在以时间为基础的竞争中占据优势，必须建立一整套对环境能够反应敏捷和迅速的系统。

《物流术语》对QR的定义是：“供应链成员企业之间建立战略合作伙伴关系，利用电子数据交换（EDI）等信息技术进行信息交换与信息共享，用高频率、小批量配送方式补货，以实现缩短交货周期，减少库存，提高顾客服务水平和企业竞争力为目的的一种供应链管理策略。”

2. 成功实施 QR 的条件

美国是 QR 的发源地，有许多企业已开始实施 QR，并取得了成功。成功实施 QR 的部分企业如表 3-1 所示。

表 3-1 成功实施 QR 的部分企业

实施 QR 的零售商	Sears、Walmart、Kmart、JCPenney、Dayton Hudson、Target、Federated、Dillards、The Limited、Montgomery Ward、Cireuit City
实施 QR 的供应商	Levi Strauss、VF Corporation、Arrow Produtes、Estee Lauder、Nike、Sara Lee Hosiery、Whirlpool、Panasonic
实施 QR 的承运商	Roadway、Schneider

布莱克本（1991）在对美国纺织服装业 QR 研究的基础上总结出 QR 成功的 5 个条件，这也是 QR 的主要特征。

（1）必须改变传统的经营方式、企业经营意识和组织结构。企业不能局限于依靠本企业独自的力量来提高经营效率的传统经营意识，要树立通过与供应链各方建立合作伙伴关系，努力利用各方资源来提高经营效率的现代经营意识。

零售商在垂直型 QR 系统中起主导作用，零售商是垂直型 QR 系统的起点。在垂直型 QR 系统内部，通过 POS 数据等销售信息和成本信息的相互公开和交换，来提高企业的经营效率；通过明确垂直型 QR 系统内各企业之间的分工协作范围和形式，消除重复作业，来建立有效的分工协作框架；必须改变传统的事务作业的方式，利用信息技术实现事务作业的无纸化和自动化。

（2）必须开发和应用现代信息处理技术。这是成功进行 QR 活动的前提条件。这些信息技术有商品条码技术、电子订货系统、POS 系统、EDI 技术、电子资金转账、连续补货等。

（3）必须与供应链各方建立战略伙伴关系。具体内容包括以下两个方面：一是积极寻找和发现战略合作伙伴；二是在合作伙伴之间建立分工和协作关系。合作的目标为削减库存，避免缺货现象的发生，降低商品风险，避免大幅度降价现象发生，减少作业人员和简化事务性作业等。

（4）必须改变传统企业对商业信息保密的做法。企业应将销售信息、库存信息、生产信息、成本信息等与供应链中的合作伙伴交流共享，并在此基础上，要求各方在一起发现问题、分析问题和解决问题。

（5）供应商必须缩短生产周期，减少商品库存。具体来说，供应商应努力做到：缩短商品的生产周期；进行多品种、少批量生产，以及多频度、少数量配送，降低零售商的库存水平，提高客户服务水平；在商品实际需求将要发生时采用 JIT（Just In Time，准时制）生产方式组织生产，减少供应商自身的库存。

3. 实施 QR 的阶段

实施 QR 的 3 个阶段如下。

第一阶段，使所有商品单元条码化，即对商品消费单元、商品贸易单元、物流单元分别使用相应的条码标志，并利用 EDI 传输订单报文和发票报文。

第二阶段，在第一阶段的基础上增加与内部业务处理有关的策略，如自动补库与商品及时出售等，并采用 EDI 传输更多的报文，如发货通知报文、收货通知报文等。

第三阶段，即联合计划、预测与再充实（Collaborative Planning，Forecasting and Replenishment，

CPFR）阶段。在这个阶段，企业应与贸易伙伴密切合作，采用更高级的 QR 策略，以便对客户的需求做出快速反应。

以下重点介绍一种由我国学者在对 CPFR 进行深入研究的基础上提出的，基于 CPFR 的供应链管理运作模型，如图 3-9 所示。该模型可分为 3 个阶段共 9 个步骤：第一阶段为计划，包括步骤①和步骤②；第二阶段为预测，包括步骤③～步骤⑧；第三阶段为补给，包括步骤⑨。

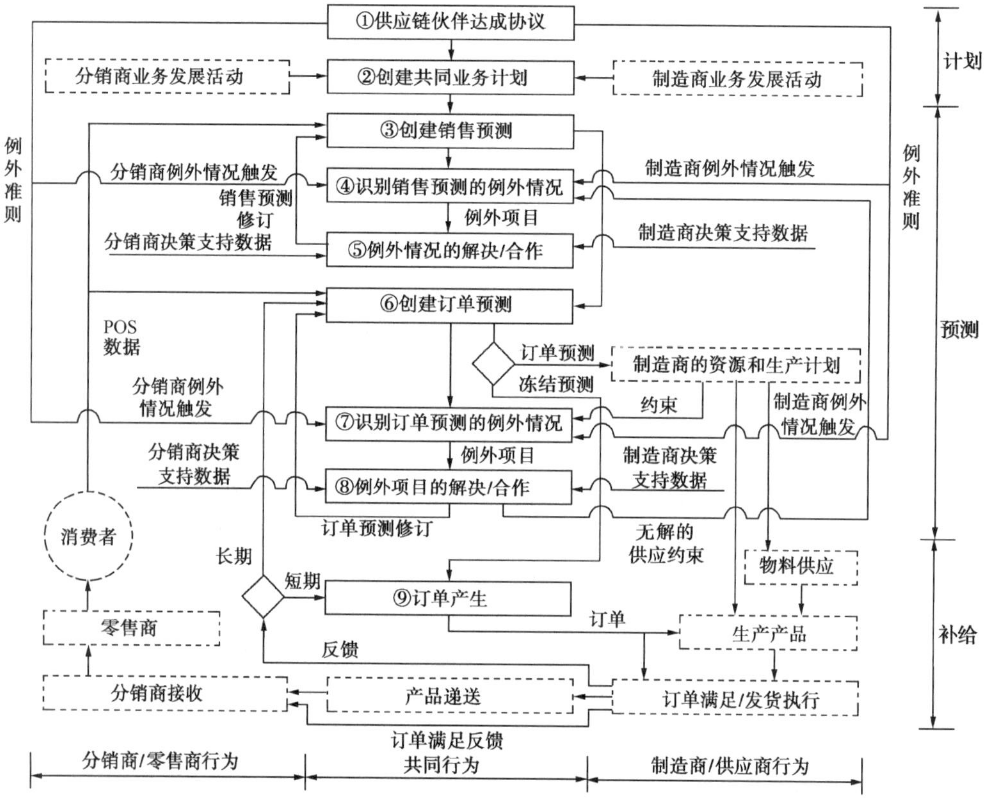

图 3-9　基于 CPFR 的供应链管理运作模型

五、智慧供应链环境下的有效客户反应

1. 有效客户反应的定义

有效客户反应（Efficient Customer Response，ECR）是一种在食品杂货分销系统中，为降低与消除分销商与制造商体系中不必要的成本和费用，为客户带来更大利益而进行密切合作的一种供应链管理策略。ECR 的目标是建立一个具有高效反应能力和以客户需求为基础的系统，使零售商及供应商以业务伙伴方式合作，提高整个食品杂货供应链的效率，而不是单个环节的效率，从而大大降低整个系统的成本、减少库存和物资储备，同时为客户提供更好的服务。

《物流术语》对 ECR 的定义是：“以满足顾客要求和最大限度降低物流过程费用为原则，能及时做出准确反应，使提供的物品供应或服务流程最佳化的一种供应链管理策略。”

小贴士

ECR的四大要素

ECR活动是一个过程，这个过程主要由贯穿供应链各方的4个核心过程组成，也称四大要素，分别是高效产品引进、高效商店品种、高效促销及高效补货，如表3-2所示。

表3-2 ECR四大要素的内容

高效产品引进	通过采集和分享供应链伙伴间时效性强的、更加准确的购买数据，提高新产品的成功率
高效商店品种	通过有效地利用店铺的空间和店内布局，最大限度地提高产品的盈利能力，如建立空间管理系统、有效的产品品种等
高效促销	通过简化分销商和供应商的贸易关系，使贸易和促销系统的效率最高，如消费者广告、贸易促销
高效补货	从生产线到收款台，通过EDI，依靠以需求为导向的自动连续补货和计算机辅助订货等技术手段，使补货系统的时间和成本最优化，从而降低产品的售价

2. 实施ECR的原则

实施ECR的原则如下。

（1）ECR要求必须以低成本向消费者提供高价值服务。

（2）ECR要求供需双方必须从传统的输赢交易关系转变为双赢的联盟伙伴关系。

（3）ECR要求及时且准确的信息必须在市场营销、生产制造、物流配送等决策方面起重要作用。

（4）ECR要求必须建立与供应链匹配的绩效评估体系，进行公开利益分配。

（5）ECR要求即时配送（Just In Time Distribution，JID）、交叉配送（Cross Docking，CD）、自动的连续补货和店铺直送（Direct Store Delivery，DSD）等。

ECR是一种运用于工商业的策略，供应商和零售商通过共同合作，改善其在货物补充过程中的全球性效率，而不是以单方面不协调的行动来提高生产力，这样能降低从生产到最后销售的贸易周期的成本。

3. 实施ECR的办法

（1）构建合理的供应链流程。要实施ECR，就应联合整个供应链所涉及的供应商、分销商及零售商，改善供应链中的业务流程，使其最合理、有效。

（2）以最低成本实现业务流程自动化，以便进一步降低供应链的成本和时间。具体地说，实施ECR需要将条码、扫描技术、POS系统和EDI集成起来，即在生产线至付款台之间建立一个无纸系统，以确保产品能不间断地由供应商流向客户，同时信息流能够在开放的供应链中循环流动。这样才能满足客户对产品和信息的需求，即给客户提供最优质的产品和适时、准确的信息。

（3）创造ECR的最佳氛围。对大多数企业来说，改变对供应商或客户的内部认知过程，即从敌对态度转变为将其视为同盟的过程，将比实施ECR的其他步骤更困难、花费的时间更长。企业要创造ECR的最佳氛围，就需要进行内部教育及通信技术、设施的改善，同时需要采取新的工作措施和回报系统。但企业必须首先具备言行一致的强有力的高层组织领导。

（4）选择初期 ECR 同盟伙伴。对大多数刚实施 ECR 的企业来说，笔者建议找 2～4 个初期同盟。每个同盟都应参与会议，在会上，来自各职能区域的高级同盟代表将对 ECR 及怎样启动 ECR 进行讨论；成立两三个联合任务组，专门致力于已证明可取得巨大效益的项目，如提高货车的装卸效率、减少损毁、由卖方控制的连续库存补充等。经验证明，同盟往往要花上 9～12 个月的时间，才能赢得彼此足够的信任和信心，才能在开放的非敌对环境中探讨 ECR 的诸多重要问题。

（5）开发信息技术项目。虽然在不大的信息技术投资的情况下就可获得 ECR 的许多利益，但是具有很强的信息技术能力的企业要比其他企业更具竞争优势。

实施 ECR 的先导企业预测，在 5 年内，连接他们及其业务伙伴的将是一个无纸的、完全整合的商业信息系统。该系统将具有许多补充功能，既可降低成本，又可使人们专注于其他管理，以及产品、服务和系统的创造性开支。

六、区块链的产生与发展及在智慧供应链中的应用

1. 区块链的产生与发展

区块链起源于比特币。2008 年，中本聪第一次提出了区块链的概念，在随后的几年中，区块链成为电子货币比特币的核心组成部分——作为所有交易的公共账簿。通过利用点对点网络和分布式时间戳服务器，区块链数据库能够进行自主管理。为比特币而发明的区块链使比特币成为第一个解决重复消费问题的数字货币。2019 年 1 月 10 日，国家互联网信息办公室发布《区块链信息服务管理规定》。区块链已走进大众视野，成为社会的关注焦点。

什么是区块链？从科技层面来看，区块链涉及数学、密码学、互联网和计算机编程等很多科学技术问题。从应用视角来看，简单来说，区块链是一个分布式的共享账本和数据库，具有去中心化、不可篡改、全程留痕、可以追溯、集体维护、公开透明等特点。这些特点保证了区块链的“诚实”与“透明”，为区块链创造信任奠定了基础。而区块链丰富的应用场景，基本上都基于区块链能够解决信息不对称问题，实现多个主体之间的协作信任与一致行动。

2. 区块链在智慧供应链中的应用

应用区块链可以降低物流成本，追溯产品的生产和运送过程，并且提高供应链管理的效率。智慧供应链领域被认为是区块链一个很有前景的应用方向。

区块链通过节点连接的散状网络分层结构，能够在整个网络中实现信息的全面传递，并能检验信息的准确程度。这种特性在一定程度上提高了物联网交易的便利性和智能化。区块链+大数据的解决方案利用大数据的自动筛选过滤模式，在区块链中建立信用资源，可双重提高交易的安全性，并提高物联网交易的便利程度，为智能物流模式应用节约时间成本。区块链节点具有十分自由的进出能力，可独立地参与或离开区块链体系，而不对整个区块链体系产生任何干扰。区块链+大数据的解决方案利用大数据的整合能力，促使物联网对基础用户的拓展更具方向性。

任务三 绿色供应链管理

一、绿色供应链的产生与发展过程

绿色供应链的概念最早由美国密歇根州立大学的制造研究协会在 1996 年进行的“环境负责制造”的研究中首次提出，又称环境意识供应链（Environmentally Conscious Supply Chain，ECSC）或环境供应链（Environmentally Supply Chain，ESC）。它是一种在整个供应链中综合考虑环境影响和资源效率的现代管理模式，以绿色制造理论和供应链管理技术为基础，涉及供应商、制造商、分销商、零售商和客户，其目的是使得产品从物料获取、加工、包装、仓储、运输、使用到报废处理的整个过程中，对环境的影响（负作用）最小，以及资源效率最高。目前，大家所谓的绿色供应链，大多是指进入 21 世纪后，欧洲联盟（以下简称欧盟）倡议绿色产品所造成的供应链效应。欧盟国家看准供应链间环环相扣的利益关系，积极地使一些环保诉求跳脱过去道德劝说的层面而开始立法，希望以欧盟庞大的商业市场为后盾，带领全世界制造业进入一个对环境更友善的新纪元。

进入 21 世纪，绿色供应链的建设步伐明显加快，在发达国家绿色供应链实践日趋成熟的同时，我国加大了相关制度建设及试点示范工作的力度，2017 年出台的《绿色制造 制造企业绿色供应链管理 导则》提出了制造企业开展绿色供应链管理工作的基本模式，在绿色供应链标准制定工作中具有里程碑式的意义。2018 年，中国绿色供应链联盟年会在北京成立，按照建设制造强国和网络强国的要求，紧紧围绕我国绿色供应链发展热点及难点，大力推动政策研究、标准制定、国际合作，着力带动企业重视并主动构建绿色供应链，提升绿色制造水平，积极促进绿色发展。制造企业绿色供应链管理系统示意图如图 3-10 所示。

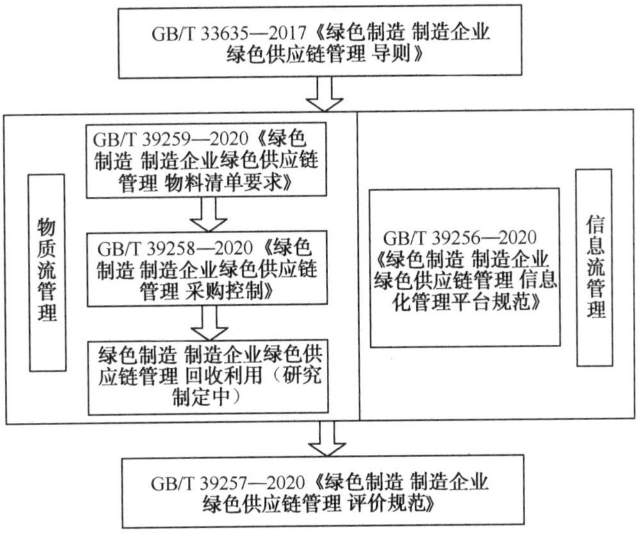

图 3-10 制造企业绿色供应链管理系统示意图

“十三五”以来，绿色供应链政策的制定步伐明显加快，我国出台了《“无废城市”建设试点工作方案》《粤港澳大湾区发展规划纲要》《电子电器行业绿色供应链管理企业评价指标体系》

《机械行业绿色供应链管理企业评价指标体系》《汽车行业绿色供应链管理企业评价指标体系》《绿色制造 制造企业绿色供应链管理 评价规范》等文件。

二、绿色供应链体系构建的影响因素

绿色供应链管理追求的是经济效益和绿色效益（环境效益）双丰收，以便实现社会的可持续发展。这里的绿色效益包括环境保护和资源优化利用，而要实现这样的目标就要考虑各种影响因素，主要因素包括两大类——驱动因素和障碍因素。

1. 驱动因素

（1）增强企业的竞争力，提高整个供应链的效益。企业在激烈的市场竞争中寻找同盟来实施绿色供应链。在绿色供应链中，企业可与上下游企业进行整合，优势互补，强强联合，为整个供应链带来更多效益。

（2）提高客户价值。绿色产品不仅保护环境，还能为客户带来绿色效益，可赢得客户的长远信任。

（3）提升企业的绿色形象。实施绿色供应链的企业可以向客户传递产品安全可靠、企业重视社会责任的信息，从而赢得客户的青睐。

（4）可规避绿色技术贸易壁垒。很多国家尤其是发达国家都重视生态问题，并为此设立了相应的技术条款和环保法规。企业要长久生存，就必须使产品达到相应的绿色标准，而要达标，就必须实施绿色供应链。

2. 障碍因素

（1）实施绿色供应链会带来财务负效应。绿色供应链虽能提高资源的利用效率，在一定程度上降低成本，但绿色回收和废弃物的处理却需要花费巨大的成本，二者相抵可能会使财政入不敷出。

（2）企业之间缺乏信任。企业在进行决策时总是从自身利益最大化出发，而非从整个供应链或社会效益最大化出发。企业希望自己的上下游企业实施更多的绿色工艺，这样就可以为使自己的产品达到绿色标准而花费最小的成本。

（3）实施绿色供应链的技术和知识欠缺。虽然绿色供应链在理论上可以建立，但相应的绿色产品的开发和废物的处理技术及手段有待建立和提高。

（4）绿色供应链环境标准与税费制度仍不完备。

（5）企业文化（企业的核心价值观）不同。企业文化是影响供应链企业间合作关系的首要因素。正所谓“道不同，不相为谋”，如果双方没有互相理解的文化理念，就很难合作，即使合作，也会因管理成本过高而失败。

绿色供应链是在传统供应链的基础上考虑环境问题的，因此绿色供应链具有经济效益和绿色效益两个目的，有更丰富的内容和更深刻的内涵。在设计绿色供应链时，企业不仅要考虑更多的因素，还要考虑这些因素的协调问题，这就使得整个体系变得异常复杂，同时也使得绿色供应链的管理难上加难。

相关链接

中国的“双碳”战略

“双碳”即碳达峰与碳中和的简称。“双碳”战略倡导绿色、环保、低碳的生活方式。加快降低碳排放步伐，有利于引导绿色技术创新，提高产业和经济的全球竞争力。中国持续推进产业结构和能源结构调整，大力发展可再生能源，在沙漠、戈壁、荒漠地区加快规划建设大型风电光伏基地项目，努力兼顾经济发展和绿色转型同步进行。2021 年 10 月 24 日，中共中央、国务院印发的《关于完整准确全面贯彻新发展理念做好碳达峰、碳中和工作的意见》发布，作为碳达峰、碳中和“1+N”政策体系中的“1”，该意见为碳达峰、碳中和这项重大工作进行系统谋划、总体部署。

我国的碳市场地方试点起步于 2011 年，当年 10 月，北京、天津、上海、重庆、广东、湖北、深圳七省市启动了碳排放权交易地方试点工作。从 2013 年起，7 个地方试点碳市场陆续开始上线交易，生态环境部的数据显示，截至 2021 年 6 月底，试点省市碳市场累计配额成交量为 4.8 亿吨二氧化碳当量，成交额约为 114 亿元。在 2021 年 7 月 14 日举行的国新办吹风会上，生态环境部副部长称，将发电行业作为首个纳入全国碳市场的行业，是因为发电行业的二氧化碳排放量比较大，同时发电行业的管理制度相对健全，数据基础比较好。我国在发电行业碳市场健康运行以后，将进一步扩大碳市场覆盖行业范围，充分发挥市场机制在控制温室气体排放、促进绿色低碳技术创新、引导气候投融资等方面的重要作用。2021 年 7 月 15 日，上海环境能源交易所的公告称，根据国家总体安排，全国碳排放权交易将于 2021 年 7 月 16 日开市，根据生态环境部的测算，首批纳入全国碳市场覆盖范围的企业碳排放量超过 40 亿吨，在全国碳市场推出后，它们将成为全球覆盖温室气体排放量规模最大的碳市场。全国碳市场目前唯一的交易产品为碳排放配额，在市场启动初期，国家将只在发电行业重点排放单位之间开展配额现货交易，暂时不允许机构和个人参与。

2021 年 11 月 14 日，《世界能源发展报告 2021》(《世界能源蓝皮书》) 发布会暨“双碳”目标与能源结构转型研讨会通过线上视频会议方式举行。

——资料来源：新华网，2021-10-25

三、绿色供应链的技术支持

在绿色供应链的实施过程中存在许多具体问题，如绿色材料选择、绿色采购、绿色生产计划、绿色包装、绿色仓储、绿色运输、绿色分销和回收处理等，如何将这些过程有机集成起来，发挥整体最优化效益，是从真正意义上实现供应链绿色化的关键。这其中应用到的信息技术包括信息集成和信息交换，因此我们必须建立一个强大的数据库和统一的数据传输格式，利用 EDI 技术实现各节点企业内部数据和外部数据的信息集成与信息交换。

绿色供应链管理能够获取优势依靠的是先进的技术，同时要紧随技术的发展，提高企业应用和集成技术的能力。这方面的技术包括物流过程自动化、企业资源计划、业务流程重组、EDI 及环保技术等。

另外，重新审视从企业内部到外部的业务运作方式是作为一个动态联盟的绿色供应链必须面对的问题。为提高绿色供应链的效率，就需要在时间上重新规划企业的供应流程，在地理上重新规划企业的供销厂家分布，在生产上对所有供应商的制造资源进行统一集成和协调。树立绿色供应链管理的思想要求供应链各环节的各成员牢固树立环保意识，寓环保意识于企业决策之中，开展以消除和减少对生态环境的负面影响为中心的供应链管理活动。所有企业都应充分认识到管理的目的是提高企业的竞争力、降低产品成本和追求可持续发展。

四、绿色供应链的运作分析

前文分析了绿色供应链体系构建的影响因素，下面探讨绿色供应链是如何运作的。

这里以绿色供应链管理信息系统（GSC-MIS）为核心。GSC-MIS 通过互联网与各地的供应商、制造商、分销商、零售商和物流商相连接，互换信息。而供应商、制造商等又各自组建自己内部的管理信息系统（内部 MIS）。零售商组建内部 MIS 与客户相联系。其他供应商、制造商、分销商、物流商等与零售商采用同样的做法。GSC-MIS 又通过内联网与环境管理系统、知识管理系统、人力资源管理系统、财务管理系统、质量管理系统连接在一起。而决策支持系统通过环境管理系统、知识管理系统、人力资源管理系统、财务管理系统、质量管理系统反馈的信息，同时考虑社会系统的一些因素，并在听取专家的建议后决定是否进行流程重组或改进，把最终的结果传递给 GSC-MIS。整个绿色供应链就是这样运行并管理的。

综合训练

基础训练

一、名词解释

1．供应链

2．智慧供应链

3．区块链

4．ECR

5．绿色供应链

二、填空题

1．供应链管理是________管理的延伸。

2．供应链管理是________管理的新战略。

3．按照供应链的运行模式分类，我们可将供应链划分为________供应链和__________供应链。

4．供应链上的 5 种流动要素包括________、________、________、________和________。

5. 供应链管理的根本目标是将合适的________按照合适的________，以合适的________和合适的________，在合适的________送到合适________指定的合适________，并使总成本最低。

6．QR 的基本思想：为了在以________为基础的竞争中占据优势，必须建立一整套对________能够反应敏捷和迅速的系统。

7．ECR 的四大要素包括________、________、________和________。

8. 绿色供应链的概念最早由美国密歇根州立大学的制造研究协会在________年进行的“环境负责制造”的研究中首次提出。

三、不定项选择题

1. 按照供应链容量与客户需求的关系分类，我们可将供应链分为（　　）。
   A. 平衡的供应链　　B. 稳定的供应链
   C. 倾斜的供应链　　D. 动态的供应链
2. 按照供应链的空间范围分类，我们可将供应链分为（　　）。
   A. 企业内部供应链　　B. 产业供应链
   C. 动态联盟供应链　　D. 全球网络供应链
3. 按照供应链的功能模式分类，我们可将供应链分为（　　）。
   A. 有效性供应链　　B. 反应性供应链
   C. 推动式供应链　　D. 拉动式供应链
4. 以下选项属于供应链管理的特点的是（　　）。
   A. 基于流程的管理模式
   B. 一体化经营的集成化管理模式
   C. 全过程的战略管理
   D. 全新的库存观
   E. 以客户为中心
5. 供应链的发展趋势包括（　　）。
   A. 全球化　　B. 柔性化
   C. 绿色化　　D. 敏捷化
   E. 集成化
6. 以客户需求为原动力的供应链管理模式是（　　）。
   A. 拉动式供应链　　B. 推动式供应链
   C. 有效性供应链　　D. 反应性供应链
7. 以下选项属于实施 QR 的 3 个阶段的是（　　）。
   A. 使所有的商品单元条码化
   B. 创建共同业务计划
   C. 增加与内部业务处理有关的策略
   D. 联合计划、预测与再充实
   E. 订单产生
8. “双碳”即（　　）。
   A. 碳达峰　　B. 碳中和
   C. 环境保护　　D. 节能减排

四、画图题

1. 请画出供应链的网络结构模型图。
2. 请画出推动式和拉动式供应链模型图。
3. 请画出 ECR 的运作过程图。

五、简答题

1．供应链管理与传统企业管理有什么区别？
2．谈谈供应链管理实施的基本步骤。
3．在实际工作中如何构建一条供应链？
4．绿色供应链体系构建的影响因素有哪些？
5．区块链在智慧供应链中的应用是怎样的？
6．QR 的目标是什么？QR 主要解决什么问题？
7．ECR 的目标是什么？ECR 主要解决什么问题？
8．试比较 QR 与 ECR 的异同。

技能训练

案例分析：华为技术有限公司绿色供应链管理

一、企业简介

华为技术有限公司（以下简称华为）成立于 1987 年，总部位于广东省深圳市龙岗区。华为是全球领先的信息与通信技术（Information and Communication Technology，ICT）解决方案供应商，专注于 ICT 领域，坚持稳健经营、持续创新、开放合作，在电信运营商、企业、终端和云计算等领域构筑了端到端的解决方案优势，为运营商客户、企业客户和消费者提供有竞争力的 ICT 解决方案、产品和服务。华为的产品和解决方案已经应用于全球 170 多个国家，服务全球运营商 50 强中的 45 家及全球 1/3 的人口，在鸿蒙系统和智能汽车上，华为已经站稳脚跟，实现了万物互联的无缝连接。过硬的技术支撑了华为的更大发展。华为 2021 年的整体营收为 6340 亿元，投入了 1240 亿元的研发经费。2021 年，华为位列《财富》2021 年度世界 500 强企业排行榜第 44 位，比 2020 年上升了 5 位。

二、绿色供应链管理顶层设计

1. 绿色供应链发展规划

华为注重可持续的产品与解决方案，将生态设计和循环经济要素纳入产品全生命周期管理，并建立循环经济商业模式，开展“摇篮到摇篮”的循环经济实践，实现资源可持续利用。《2013 年华为可持续发展报告》明确提出了公司的“绿色供应链计划”。

2. 绿色供应链管理机构及其职责

在绿色供应链管理方面，华为可持续发展委员会和节能减排委员会等一些内设机构参与了相关工作。可持续发展委员会的委员来自研发、制造、采购、人力资源、交付等部门，主要负责战略实施、重要问题决策、跨部门问题解决及前瞻性目标设定等工作，引导公司可持续发展的方向。节能减排委员会是华为绿色环保相关工作部署和执行的专业机构。

三、践行“双碳”目标，华为加速 IDC 产业绿色发展

在碳达峰、碳中和背景下，IDC 产业的高能耗已成为产业的主要矛盾，既能加强数据中心建设，又能高效降低能耗的绿色数据中心成为发展趋势。为了推动绿色 IDC 建设，2021 年 7 月，工业和信息化部印发的《新型数据中心发展三年行动计划（2021—2023 年）》明确指出，用 3 年时间，基本形成布局合理、技术先进、绿色低碳、算力规模与数字经济增长相适应的新型数据中心发展格局；到 2023 年年底，新建大型及以上数据中心达到绿色数据中心要求，绿色低碳等级达到 4A 级以上。

当下，IDC 产业的能耗现状不容乐观，来自智研咨询的统计及预测数据显示，IDC 产业的整体耗电量呈快速增长趋势：2020 年，国内数据中心的年耗电量约为 2045 亿千瓦时，占全社会用电量的 2.7%；2025 年，数据中心的年耗电量约为 3950 亿千瓦时，占全社会用电量的 4.1%。耗电量的快速增长一方面来源于产业规模扩大，另一方面来源于国内 IDC 平均 PUE 水平较高，目前我国 IDC 的平均 PUE 约为 1.7，海外先进数据中心的 PUE 可达到 1.2，国内整体 PUE 还有较大优化空间。

为了帮助 IDC 产业加速实现“双碳”目标，从规划设计到建设投产运营，华为践行“懂行”之道，从数据中心的全生命周期出发，构建了一系列创新解决方案，以便提升数据中心的能源效率、提高新能源的利用率、减少碳排放；坚持开放合作战略，从技术、产品、产业多个层面，与供应商、集成商、客户等产业链上下游，以及产业组织、标准组织等积极开展全方位合作，助力 IDC 产业绿色升级，加速能源数字化，助力 IDC 产业早日实现碳中和目标，共建绿色美好未来。

为此，华为正在充分发挥其在数字技术与电力电子技术这两大领域的优势，将瓦特技术、热技术、储能技术、云与人工智能技术和 ICT 技术等根技术创新融合，聚焦清洁发电、交通电动化、绿色 ICT 基础设施、工业与建筑节能、智能配电、储能等领域，加速能源数字化，推动 IDC 产业的绿色发展。

在制冷方面，随着数据中心绿色节能、高密度、超大规模的发展趋势，特别是大型互联网企业的新建数据中心，传统风冷型制冷技术已经无法满足其所需的散热能力，水冷制冷系统和蒸发冷却已经成为趋势。其中，以间接蒸发为代表的自然冷却技术能最大限度地利用自然冷源，显著降低数据中心的能耗，已受到行业的广泛认可。

四、实施成效

在绿色采购方面，华为积极与客户、行业协会、民间环保组织、政府环保部门等利益相关方进行沟通，持续提升绿色供应链的透明度，连续 3 年被公众环境研究中心评为绿色供应链国内品牌第一名。

跟随制冷技术的发展脚步，华为构建了集极简、绿色、智能、安全于一身的间接蒸发冷却解决方案。该方案借助模块化和预制化的架构，实现“一箱一系统”，将制冷系统的交付时间缩短 50%；通过有效利用自然冷源，在典型场景下相比于冷冻水制冷系统省电 14%、省水 40%；支持基于人工智能的 iCooling 能效优化技术，在同等硬件条件下，降低制冷系统能耗多达 8%；并通过匹配人工智能的智能算法，实现间接蒸发冷却系统全自动巡检及故障预测，减少 25%的运维人力投入。ICTresearch 发布的《2020—2021 年中国数据中心蒸发冷却空调产品市场报告》显示，华为间接蒸发冷却解决方案以 34.5%的市场份额稳居中国市场第一；赛迪顾问发布的《2020—2021 年中国机房空调市场研究年度报告》也显示，2020 年，华为间接蒸发冷却解决方案已问鼎中国市场。

同时，华为也在寻求在数据中心备电技术上的突破，并打造出创新的智能锂电 SmartLi。该产品的寿命可达 10～15 年；占地面积小，承重要求低，相对于铅酸蓄电池可节省 70%的占地面积，承重一般为铅酸蓄电池的 60%～80%；同时支持新旧混用，可实现分期扩容、弹性部署；主动均流，不均流度＜2%，电池一致性好，故障率低。除此之外，针对传统动环监控系统运维效率低、手工调优效果差等问题，华为推出的智能网管 NetEco6000，基于华为 200 多个数据中心及 20 余年的数据中心运维最佳实践，可实现数字化、智能化的数据中心运维管理，降低运维人力成本 35%；采用业界领先的人工智能技术，通过数据中心能耗的看、诊、调、优，自动调节制冷系统的运行状态，降低数据中心 PUE 约 8%～15%，大幅减少能源支出。低碳化、电气化、智能化是实现碳中和的关键要素。华为正在以建成零碳社会为目标，融合数字技术和电力电子技术，推动能源革命，共建绿色美好未来。

——资料来源：新浪财经网，2022-01-17

问题与思考

1. 结合案例分析华为是如何构建绿色供应链管理系统的。
2. 结合案例分析华为是如何践行“双碳”目标，加速 IDC 产业绿色发展的。
3. 你如何评价华为绿色供应链的建设成效？

模块四

电子商务物流新业态

学习目标

知识目标		● 物流新业态、物流外包、第三方物流、第四方物流的概念； ● 物流新业态的发展概况； ● 电子商务环境下物流外包的意义与作用； ● 电子商务环境下冷链物流的发展趋势。
能力目标	专业能力	● 能够结合实际情况分析电子商务环境下第三方、第四方物流运作的基本模式。
	方法能力	● 具有基本的电子商务环境下第三方、第四方物流实际应用的现实感知； ● 具有一定的分析电子商务环境下物流外包策略应用的基本能力。
	社会能力	● 拥有良好的职业道德和较强的团队合作、沟通能力； ● 具备一定的电子商务环境下无接触配送的分析与应用能力； ● 关注电子商务环境下物流新业态的发展趋势。

素养元素

视频映射点	视频标题	● “一起向未来”，北京 2022 年冬奥会主物流中心
	背景	● 国际社会对北京冬奥会的广泛支持，更加坚定了我们对国家成功举办北京 2022 年冬奥会、冬残奥会的信心与决心； ● 习近平“创新、协调、绿色、开放、共享”的新发展理念。
	映射	● 绿色冬奥，无接触的物流配送服务； ● “简约、安全、精彩”，北京冬奥会的主物流中心的面积只有平昌冬奥会的主物流中心面积的 50%。

导入案例

绿色冬奥，无接触的物流配送服务

作为世界级顶尖赛事，奥运会的举办离不开一个完善的物流系统。主物流中心作为冬奥会物流系统的“中枢”，既是家具白电、技术设备、体育器材等办赛物资的集中存储场所，又承担着赛事所需物资的分拨、配送、通关协调及总体配送、计划编制等服务保障任务，其重要性不言而喻。空港宏远作为北京2022年冬奥会和冬残奥会官方仓储设施独家供应商，自2019年12月开始建设主物流中心。主物流中心位于北京天竺综合保税区内，交通便利，能够保障物资在第一时间被运输到各比赛场馆区域，项目占地面积为4.5万平方米，总建筑面积为8.1万平方米，设计采用“2+1+1”的建造模式，即分为南北A、B两座库房，内部有超大独立仓库空间，地上3层库房均由卸货平台相连接，货运车辆可通过东侧盘道直接到达各层卸货平台，全方位、最大化保证物流的高效快捷，保障和满足冬奥会期间高负荷的物流需求。

为保障项目工期，空港宏远一手抓防疫，一手抓生产。面对疫情，空港宏远第一时间成立疫情防控工作小组，严格按照疫情防控专项方案和应急预案落实疫情防控工作要求，实行项目现场全封闭实名制管理，对进场人员严格执行“三验一扫，应检尽检”——查验核酸证明、健康码和体温，扫码登记，进入园区所有人员都需检查，无一遗漏。空港宏远要求全部施工人员每日上报情况，对非必要入场人员进行全面限制，对施工和办公环境进行定期消杀。面对困难，宏远人始终谨记对于冬奥会工作“一刻也不能停，一步也不能错，一天也误不起”，最大限度地保障主物流中心工程的顺利进行。主物流中心于2021年2月1日正式启动运行，目前已为所有场馆运行和测试赛举办提供全面的物流服务保障。

主物流中心作为北京2022年冬奥会非竞赛类场馆，自然少不了冬奥会的元素。其整个建筑外观喷绘了冬奥会的核心图形，该图形的灵感来源于中国传统的“道法自然、天人合一”思想，将京张赛区的山形及长城形态与青山绿水、动感线条、书法韵味、运动激情、赛场滑道和前沿科技相融合，形成具有地域特色和中国风韵的冬季美景，呈现新时代人与自然和谐共生、构建人类命运共同体的理念。在南北两座库房顶部彩绘有北京2022年冬奥会和冬残奥会的巨幅标识，长50米、宽42米，在首都机场起降的飞机经过附近时可以清晰地看见这两个标识，这使得主物流中心既是北京2022年冬奥会的重要地标，在赛后又会成为冬奥会的项目遗产。

主物流中心为北京2022年冬奥会、冬残奥会场馆提供绿色无接触的物流配送服务。为实现“绿色冬奥”，北京冬奥组委物流部通过保障“刚性”需求（如体育器材）、减少“弹性”需求（如通用家具白电）、优化采购需求（增大租赁物资的比例）、一体化考虑测试赛和冬奥会需求4个方面合理缩减采购物资数量，实现“轻资产”运行。据介绍，北京2022年冬奥会物资涉及两地三赛区40余个场馆、55个业务领域、28个类别，物资数量巨大、品类繁杂。目前，北京冬奥组委物流部已完成388个项目的采购，相关工作即将收官；80%以上的赛事物资移入工作已经完成。

——资料来源：中国日报网，2021-12-10

案例分析

党的二十大报告指出：“全面建设社会主义现代化国家，必须坚持中国特色社会主义文化发展道路，增强文化自信，围绕举旗帜、聚民心、育新人、兴文化、展形象建设社会主义文化强国，发展面向现代化、面向世界、面向未来的，民族的科学的大众的社会主义文化，激发全民族文化创新创造活力，增强实现中华民族伟大复兴的精神力量。”北京冬奥会的主物流中心始终坚持“简约、安全、精彩”的办赛要求，通过科学规划、统筹管理，将绿色办奥理念落在实处，努力用简约诠释精彩。主物流中心按照绿色可持续的办奥理念和节俭办奥的原则，严格审核各项采购文件，依规选定采购方式，使采购项目总体资金节约率达到10%以上；坚持能借不租、能租不买、能合并采购就合并采购的原则，减少资源浪费，租赁物资的比例达到70%左右。此外，通过充分发挥我国制造业能力强、物流基础设施好的优势，在北京冬奥会的物流工作中，主物流中心实现将 60%～70%的物资直送场馆，大幅减少了主物流中心的面积，北京冬奥会的主物流中心的面积只有平昌冬奥会的主物流中心面积的 50%。

问题思考

电子商务物流新业态包括哪些？什么是第三方、第四方物流？物流外包受哪些因素影响？第三方物流有哪些主要类型及特征？在电子商务环境下，物流外包应怎样进行决策？我国冷链物流的发展前景如何？

任务一 电子商务物流新业态概述

一、电子商务物流新业态的发展概况

2013 年，中国物流市场规模首次超过美国，成为世界第一。中国物流与采购联合会透露，2021 年我国经济整体保持回升状态，全年制造业采购经理指数均值为 50.5%，高于 2019 年和 2020 年的全年均值，全年社会物流总额达 335.2 万亿元，同比增长 11.7%。物流市场规模稳步增大，物流业总收入超过 11 万亿元，市场收入有望保持 15%以上的增长速度。2021 年全年社会物流总费用与 GDP 的比率维持在 14.6%，行业营商环境持续改善，物流运行实现稳中有进，数字经济热潮涌动，配送机器人、数字化仓库、数字供应链等新一代技术装备加快商业化应用，物流新业态、新模式不断呈现。

“十三五”以来，国家高度重视物流新业态、新模式的发展，将其作为推动物流转型升级、高质量发展的重要内容。2019 年 9 月，交通运输部、国家税务总局联合发布《网络平台道路货物运输经营管理暂行办法》，这是我国首个物流新业态管理暂行办法，于 2020 年 1 月 1 日起施行，以培育壮大物流新业态、新动能为目标，坚持鼓励发展、包容审慎、问题导向、创新监管的原则，构建了网络货运经营监督管理的制度体系。2019 年 9 月，《交通强国建设纲要》明确提出要发展“互联网+”高效物流，加速新业态、新模式发展。2020 年 9 月，中央财经委员会第八次会议强调，要发展流通新技术、新业态、新模式。中央网信办等十三部门联合印发《关于支持新业态新模式健康发展 激活消费市场带动扩大就业的意见》，提出了数字经济新业态、新模式 15 个重点方向和支持政策，促进新业态、新模式健康发展。2021 年 8 月，商务部等九部门印发《商贸物流高质量发展专项行动计划（2021—2025 年）》，加快推动物流新业态、新模式发展，对于增强实体经济活力、提升区域经济和国民经济综合竞争力具有重要意义。推动物流业态模式和组织体系创新变革是提升行业组织化、集约化水平的重要抓手，是促进物流降本增效、培育发展新动能的重要途径。

而电子商务物流新业态则是以信息化为依托，并广泛应用物联网、人工智能、大数据、云计算等技术，通过物流价值链上的运输、仓储、包装、装卸搬运、流通加工、配送、信息服务这几个基本环节来实现系统感知和数据采集的现代综合智能型物流形态。电子商务物流新业态主要是在物流系统中采用物联网、大数据、区块链、云计算和人工智能等先进技术，使得整个物流系统运作如同在人的大脑指挥下一样实时收集并处理信息、做出最优决策、实现最优布局，物流系统中各组成单元能实现高质量、高效率、低成本的分工和协同。

电子商务物流新业态以智能化、集成化、数字化的管理方式对物流自动化装备和系统进行控制，通过软硬件相结合的方式来实现物流的自动感知识别、物流管理及服务追溯等功能，以便提升整个物流运作的效率和服务水平。

相关链接

商贸物流高质量发展专项行动计划（2021—2025年）（节选）

《商贸物流高质量发展专项行动计划（2021—2025 年）》是商务部、发展改革委、财政部、自然资源部、住房城乡建设部、交通运输部、海关总署、市场监管总局、邮政局于2021年8月联合制定的。

一、总体要求

（一）指导思想。

以习近平新时代中国特色社会主义思想为指导，全面贯彻党的十九大和十九届二中、三中、四中、五中全会精神，立足新发展阶段，贯彻新发展理念，深化供给侧结构性改革，注重需求侧管理，加快提升商贸物流网络化、协同化、标准化、数字化、智能化、绿色化和全球化水平，健全现代流通体系，促进商贸物流提质降本增效，便利居民生活消费，推动经济高质量发展，为形成强大国内市场、构建新发展格局提供有力支撑。

（二）基本原则。

市场主导，政府引导。充分发挥市场在资源配置中的决定性作用，激发商贸物流企业内生动力和发展活力；更好发挥政府作用，加强商贸物流规划引导，完善激励和保障政策，推动有效市场和有为政府更好结合。

创新驱动，转型升级。坚持发挥创新在商贸物流高质量发展中的引领作用，积极推动技术创新、业态创新和模式创新，促进商贸服务业和物流业深度融合，提升商贸物流运行效率和服务质量。

因地制宜，有序推进。综合考量各地商贸物流发展水平和基础条件，对标国内国际先进，补短板、强弱项，着力缩小城市与农村、东中西部、我国与发达国家商贸物流发展差距。

（三）发展目标。

到2025年，初步建立畅通高效、协同共享、标准规范、智能绿色、融合开放的现代商贸物流体系，培育一批有品牌影响力和国际竞争力的商贸物流企业，商贸物流标准化、数字化、智能化、绿色化水平显著提高，商贸物流网络更加健全，区域物流一体化加快推进，新模式新业态加快发展，商贸物流服务质量和效率进一步提升，商贸服务业和国际贸易物流成本进一步下降。

二、重点任务

（四）优化商贸物流网络布局。加强商贸物流网络与国家综合运输大通道及国家物流枢纽衔接，提升全国性、区域性商贸物流节点城市集聚辐射能力。统筹推进城市商业设施、物流设施、交通基础设施规划建设和升级改造，优化综合物流园区、配送（分拨）中心、末端配送网点等空间布局。加强县域商业体系建设，健全农村商贸服务和物流配送网络。（商务部、发展改革委、交通运输部、自然资源部、住房城乡建设部按职责分工负责）

（五）建设城乡高效配送体系。强化综合物流园区、配送（分拨）中心服务城乡商贸的干线接卸、前置仓储、分拣配送能力，促进干线运输与城乡配送高效衔接。鼓励有条件的城市搭建城乡配送公共信息服务平台，推动城乡配送车辆“统一车型、统一标识、统一管理、统一标准”。

引导连锁零售企业、电商企业等加快向农村地区下沉渠道和服务，完善县乡村三级物流配送体系，实施“快递进村”工程，促进交通、邮政、商贸、供销、快递等资源开放共享，发展共同配送。（商务部、交通运输部、邮政局、供销合作总社按职责分工负责）

（六）促进区域商贸物流一体化。围绕国家区域重大战略、区域协调发展战略实施，支持京津冀、长三角、粤港澳大湾区、成渝地区双城经济圈等重点区域探索建立商贸物流一体化工作机制，提升区域内城市群、都市圈商贸物流规划、政策、标准和管理协同水平。优化整合区域商贸物流设施布局，加强功能衔接互补，减少和避免重复建设，提高区域物流资源集中度和商贸物流总体运行效率。（商务部、发展改革委、交通运输部、自然资源部、住房城乡建设部按职责分工负责）

——资料来源：商务部网站，2021-08-10

二、冷链物流

1. 冷链物流的概念与功能

冷链物流（Cold Chain Logistics）是利用温控、保鲜等技术工艺，以及冷库、冷藏车、冷藏箱等设施和设备，确保冷链产品在初加工、存储、运输、流通加工、销售、配送等全过程中始终处于规定温度环境下的专业物流。

推动冷链物流高质量发展，是减少农产品产后损失和食品流通浪费，扩大高品质市场供给，更好地满足人民日益增长的美好生活需要的重要手段；是支撑农业规模化、产业化发展，促进农业转型和农民增收，助力乡村振兴的重要基础；是满足城乡居民个性化、品质化、差异化消费需求，推动消费升级和培育新增长点，深入实施扩大内需战略和促进形成强大国内市场的重要途径；是健全“从农田到餐桌、从枝头到舌尖”的生鲜农产品质量安全体系，提高医药产品物流全过程品质管控能力，支撑实施食品安全战略和建设健康中国的重要保障。

2. 冷链物流的发展状况

近年来，我国肉类、水果、蔬菜、水产品、乳品、速冻食品，以及疫苗、生物制剂、药品等冷链产品的市场需求快速增长，营商环境持续改善，推动冷链物流较快发展。但冷链物流仍面临不少突出瓶颈和“痛点”、难点、卡点问题，难以有效满足市场需求。人民群众对高品质消费品和市场主体对高质量物流服务的需求快速增长，以及新冠肺炎疫情防控常态化对冷链物流提出新的更高要求，冷链物流的发展面临新的机遇和挑战。

（1）行业规模显著扩大。近年来，我国冷链物流市场规模快速增长，国家骨干冷链物流基地、产地与销地冷链设施建设稳步推进，冷链装备水平显著提升。2020 年，冷链物流市场规模超过 3800 亿元，冷库库容近 1.8 亿立方米，冷藏车保有量约为 28.7 万辆，分别是“十二五”期末的 2.4 倍、2 倍和 2.6 倍左右。

（2）发展质量不断提升。初步形成产地与销地衔接、运输与仓配一体、物流与产业融合的冷链物流服务体系。冷链物流设施服务功能不断拓展，全链条温控、全流程追溯能力持续提升。冷链甩挂运输、多式联运加快发展。冷链物流口岸通关效率大幅提高，国际冷链物流组织能力显著增强。

（3）创新步伐明显加快。数字化、标准化、绿色化冷链物流设施装备研发应用加快推进，新型保鲜制冷、节能环保等技术加速应用。冷链物流追溯监管平台功能持续完善。冷链快递、冷链共同配送、“生鲜电商+冷链宅配”、“中央厨房+食材冷链配送”等新业态、新模式日益普及，冷链物流跨界融合、集成创新能力显著提升。

（4）市场主体不断壮大。冷链物流企业加速成长，网络化发展趋势明显，行业发展生态不断完善。市场集中度日益提高，在冷链仓储、运输、配送、装备制造等领域形成一批龙头企业，不断延伸采购、分销、信息等供应链服务功能，资源整合能力和市场竞争力显著提升。

（5）基础作用日益凸显。冷链物流衔接生产消费、服务社会民生、保障消费安全的能力不断增强，在调节农产品跨季节供需、稳定市场供应、平抑价格波动、减少流通损耗中发挥了重要作用。特别是在抗击新冠肺炎疫情中，冷链物流对保障疫苗等医药产品的运输、存储、配送全过程安全做出了重要贡献。

（6）发展不平衡、不充分问题突出。我国的冷链物流跨季节、跨区域调节农产品供需的能力不足，农产品产后损失和食品流通浪费较多，与发达国家相比还有较大差距。从政策环境看，我国的冷链物流缺少统筹规划，东中西部、南北方和城乡间冷链物流基础设施分布不均，存在结构性失衡矛盾；冷链物流企业用地难、融资难、车辆通行难问题较为突出；冷链物流监管制度不全、有效监管不足，全链条监管体系有待完善。

3．冷链物流的发展目标

根据国家《"十四五"冷链物流发展规划》，到2025年，我国要初步形成衔接产地与销地、覆盖城市与乡村、联通国内与国际的冷链物流网络，基本建成符合我国国情和产业结构特点、适应经济社会发展需要的冷链物流体系，调节农产品跨季节供需、支撑冷链产品跨区域流通的能力和效率显著提高，对国民经济和社会发展的支撑保障作用显著增强。展望2035年，我国要全面建成现代冷链物流体系，设施网络、技术装备、服务质量达到世界先进水平，行业监管和治理能力基本实现现代化，有力支撑现代化经济体系建设，有效满足人民日益增长的美好生活需要。

（1）基础设施更加完善。依托农产品优势产区、重要集散地和主销区，布局建设100个左右国家骨干冷链物流基地；围绕服务农产品产地集散、优化冷链产品销地网络，建设一批产销冷链集配中心；聚焦产地"最先一公里"和城市"最后一公里"，补齐两端冷链物流设施短板，基本建成以国家骨干冷链物流基地为核心、产销冷链集配中心和两端冷链物流设施为支撑的三级冷链物流节点设施网络，支撑冷链物流深度融入"通道+枢纽+网络"现代物流运行体系，与国家物流网络实现协同建设、融合发展。

（2）发展质量显著提高。冷链物流规模化组织效率大幅提升，成本水平显著降低。精细化、多元化、品质化冷链物流服务能力显著增强，形成一批具有较强国际竞争力的综合性龙头企业。冷链物流技术装备水平显著提升，冷库、冷藏车总量保持合理稳定增长，区域分布更加优化、功能类型更加完善。冷链物流标准化、智慧化、绿色化水平明显提高。冷链物流温度达标率全面提高，国家骨干冷链物流基地冷库设施温度达标率达到国际一流水平。肉类、果蔬、水产品产地低温处理率分别达到85%、30%、85%，农产品产后损失和食品流通浪费显著减少。

（3）监管水平明显提升。冷链物流监管法律法规进一步完善，"政府监管、企业自管、行业自律、社会监督"的监管机制基本建立，贯穿冷链物流全流程的监测监管体系初步形成。冷藏车、冷藏箱、重点冷链产品全程监控基本实现全覆盖。医药产品冷链追溯体系进一步完善，广覆盖、高效率、低成本、安全可靠的医药产品冷链物流网络基本形成。

三、无接触配送

1. 无接触配送的产生与发展概述

无接触配送是指配送员将商品放到用户指定的位置（如公司前台、家门口等）的配送方式。无接触配送通过减少面对面的接触，保障用户和配送员在配送环节的安全。

2020 年 1 月，美团外卖率先在武汉推出无接触配送服务，美团外卖表示此举是为了保障用户和配送员在配送环节的安全。2020 年 2 月，美团外卖增加安全保障措施，在无接触配送基础上推出无接触安心送，在配送员和用户协商将餐品放置指定位置、避免面对面接触的无接触配送基础上，以商家端和配送端的“电子卡+实体卡”形式，展现厨师、打包员、配送员的健康情况及餐箱消毒情况等安全防护信息，确保无接触的同时实现全过程食品安全信息可视化、可追溯。

2020 年 2 月 27 日，商务部办公厅印发通知，鼓励企业广泛开展无接触配送，一些电商平台的无接触配送订单占总订单的比例超过 80%。2020 年 3 月 10 日，由美团外卖发起，中国国际贸易促进委员会商业行业委员会立项的《无接触配送服务规范》团体标准正式发布并实施。根据《金融时报》2020 年 3 月 7 日的报道，随着新冠肺炎疫情在美国不断扩散，美国一些外卖配送平台开始跟进采用更加安全的无接触配送服务，美国配送平台 Postmates 从 3 月的第一个周五开始提供无接触配送服务，用户在下单时可以选择指定送达地点，配送员将按照下单信息将包裹放到指定地点。2020 年 5 月 21 日，国际标准化组织技术管理局结束了对《无接触配送服务指南》ISO 国际标准提案为期 4 周的投票，投票结果显示，在有投票权的 15 个国家中，12 国投赞成票，2 国投反对票，1 国未投票，按照 ISO 的相关规则，2/3 以上投票赞成即为通过立项。这标志着由中国国际贸易促进委员会商业行业委员会牵头的《无接触配送服务指南》ISO 国际标准获批立项，在无接触配送领域将出台全球认可的国际标准。2020 年 11 月 19 日，美团外卖发起的无接触配送标准正式成为国家标准 GB/T 39451—2020《商品无接触配送服务规范》，体现企业在特殊时期的创新行为推动行业规范升级、保护消费者健康安全的社会价值。2021 年 1 月，全国多地疫情防控形势引发关注，多家电商平台、外卖平台重新上线无接触配送服务，通过减少面对面接触，保障广大用户和配送员的安全。

2. 无接触配送的服务方式

美团外卖用户可通过两种方式选择无接触配送服务：一种是直接在下单页面中备注信息；另一种是直接与配送员沟通，告知其使用该服务，从而与其协商一个放置商品的位置。美团外卖负责人表示，自无接触配送服务在武汉推出后，有越来越多的武汉用户主动选择无接触配送服务，而随着覆盖城市的增加，相信会有更多用户了解和使用此项服务。

3. 商品无接触配送服务规范

《商品无接触配送服务规范》是 2020 年 11 月 19 日实施的一项国家标准，归口于中国商业联合会。《商品无接触配送服务规范》适用于提供无接触配送服务的平台、商家的经营管理等活动，其他领域可参照使用，不适用于邮政快递收寄、投递业务。

《商品无接触配送服务规范》规定了商品无接触配送的术语和定义、服务要求、服务流程、异常情况处理和服务质量控制与改进。商品无接触配送服务处理流程如图 4-1 所示。

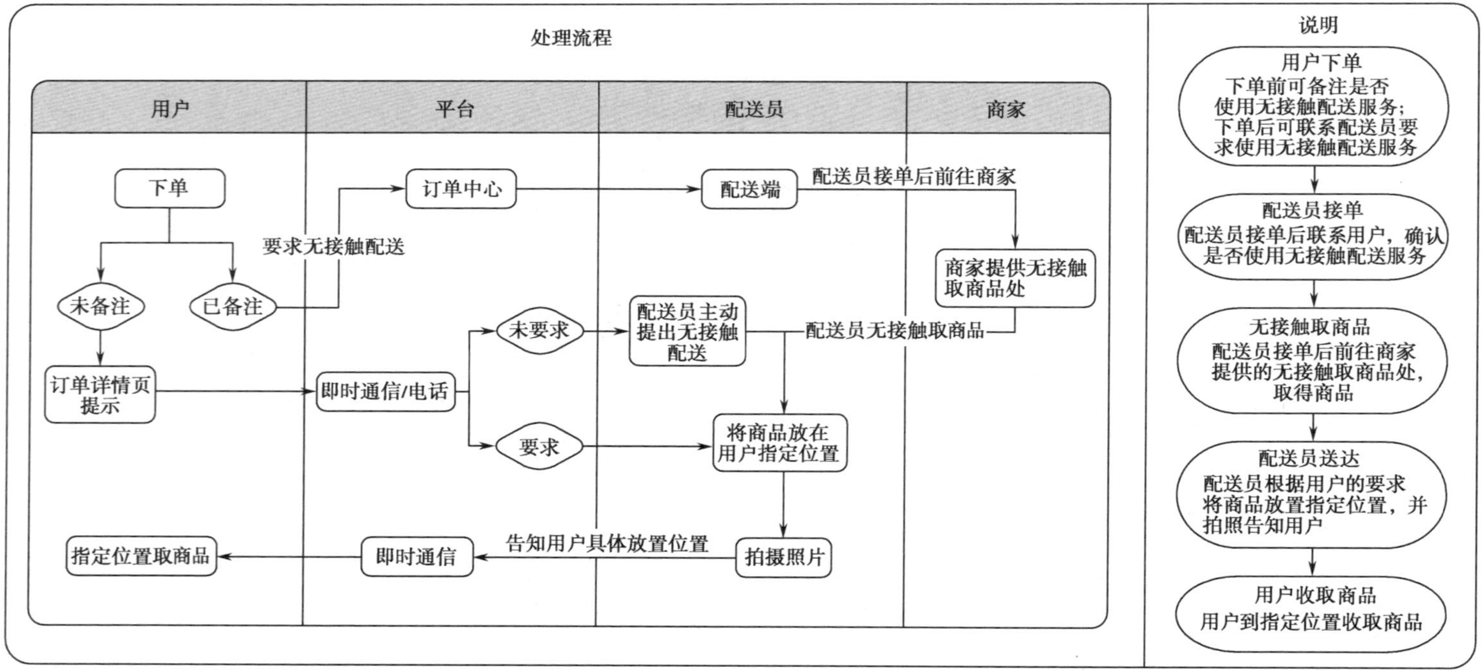

图 4-1 商品无接触配送服务处理流程

任务二 电子商务环境下的物流外包

一、企业物流外包的由来及发展概况

物流外包的思想来源于管理学中的业务外包。20 世纪 90 年代物流业的杰出成就之一是第三方物流的广泛兴起，将企业核心业务以外的作业外包通常被认为是现代的高效率供应链管理的标志。

近年来，随着市场竞争日益激烈和客户的需求日益多样化、个性化，企业不得不投入更多的时间和精力专注于自身擅长的领域，并开始关注与其他企业的合作与联系。因此，在电子商务环境下，企业的物流外包业务发展迅速，物流外包活动越来越广泛地被采用。物流外包不仅关系到整个物流市场的规模，还关系到物流业的发展方向。在电子商务环境下，企业进行物流外包，可以提高物流效率、缩短交货期、降低成本和提高企业的核心竞争力。

据统计，在第三方物流市场成熟的西欧国家，大约有 80%的企业表示它们正在使用物流外包服务。其中，77%的使用者最少有 3 年的使用经历，60%的使用者甚至有 5 年以上的使用经历，而且 70%的企业不止使用一家企业提供的物流外包服务。第三方物流在物流市场所占的份额：德国为 79%，法国为 72%，英国为 82%；北美地区 1996—2001 年的物流外包使用率在 68%～73%，在 2016 年达到 82%；在日本，第三方物流在整个市场中的比例则达到了 85%。

相比较而言，我国的物流外包目前还处于起步阶段，虽然发展速度很快，但其运行过程中暴露的问题也相对较多。2016 年 12 月 29 日平安银行等机构在深圳发布的 2015 年中国供应链管理调查报告显示，在被调查的企业中，仅有约 51%的企业在生产制造方面选择无外包或小部分外包；全部外包的企业仅占约 26%。煤炭和汽车行业的外包比例较大。例如，汽车行业约 69%的企业会选择将大部分制造业务外包出去。在企业库存外包方面，77%的企业选择了无外包或少部分外包，有 23%的企业选择了全部外包。

在第四方物流的理念还没有被学界完全消化之际，又出现了第五方物流的概念及争论，有人认为它是从事业务培训的一方，也有人认为它应该是专门为第一方、第二方、第三方和第四方提供物流信息平台、供应链物流系统优化、供应链集成、供应链的资本运作等增值性服务的活动。从企业的物流自营到第三方物流、第四方物流再到第五方物流，这些转变究竟意味着什么？这似乎预示着供应链革命的时代已经到来。

小贴士

第五方物流

第五方物流也称数字物流，是指在仿真和虚拟现实、计算智能、计算机网络、数据库、多媒体和信息等支撑技术的支持下，应用数字技术对物流所涉及的对象和活动进行表达、处理和控制，具有信息化、网络化、智能化、集成化和可视化等特征的技术系统。而此处的数字技术是指以计算机硬件、软件、信息存储、通信协议、周边设备和互联网络等为技术手段，以信息科学为理论基础，包括信息离散化表述、扫描、处理、存储、传递、传感、执行、物化、支持、集成和联网等领域的科学技术的集合。

第五方物流是系统的提供者、优化者、组合者。系统的提供者，是指为客户组合物流链信息作业的各环节、提供营运解决方案、收集实时资讯、提供营运作业的平台，以起到评估、监控及快速回顾运作信息的作用；系统的优化者，是指第五方物流可以促进物流标准化的实现；系统的组合者，是指第五方物流是一个用户之间可以寻求多种组合，构成多接口、多用户、跨区域、无时限的宏观物流服务平台。

二、企业物流外包的优势

在电子商务环境下，最具潜力的一种业务外包形式就是物流外包，即企业为集中资源、节省管理费用、增强核心竞争能力，将其物流业务以合同的方式委托给专业的物流企业。物流外包在企业运作中逐渐呈现许多优势，主要表现在以下几个方面。

1. 集中精力发展核心业务

企业的资源是有限的，但是利用物流外包策略，企业就能实现资源优化配置，减少用于物流业务方面的资源投入；通过契约关系，利用信息化高科技手段、专业化的设备、人才等，把物流活动的各环节，从点到面有机地连接起来，将有限的人力、财力、物力等资源集中于核心业务。

2. 减少投资，降低风险

现代物流领域的设施、设备、技术及信息系统等投入是相当大的，通过将物流外包，企业可以减少对此类项目的建设与投资，以便将有限的资源聚焦于核心业务。物流需求具有不确定性和复杂性，这会导致企业的投资具有巨大的财务风险，给企业造成不必要的损失，但通过外包，企业可以将这种财务风险转移给第三方，而使自己得到最大的收益。

3. 降低成本

在电子商务环境下，市场竞争日趋激烈，降低成本、提高利润往往是企业追求的首要目标。专业的物流企业利用规模效应的专业化优势和成本优势，通过提高各环节能力的利用率实现费用节省，使企业能从分离费用结构中获益，从而降低成本。

4. 提升企业形象

在电子商务环境下，物流企业与客户之间是战略伙伴或者联盟的关系，他们站在客户的立场，从客户的角度出发管理物流业务，通过全球信息网络进行供应链管理，这势必降低了物流的复杂性。物流企业通过遍布各地的运送网络大大缩短了客户的交货期，帮助客户改进服务，树立自己的品牌形象。物流企业为客户制定低成本、高效率的物流方案，使其在同行业中脱颖而出，为其在竞争中取胜创造了有利的条件。

5. 提高企业的运作柔性

企业将物流业务外包给物流企业，由于大量的非核心业务都由合作伙伴来完成，因此企业可以精简机构，使金字塔状的组织结构让位于更加灵活的对信息流有高度应变性的扁平式结构，从而解决由于规模扩大而造成的组织反应迟钝，以及缺乏创新精神的问题。扁平式结构将随着电子商务的快速发展而越来越具有生命力。

三、企业物流外包的风险

1. 丧失控制力，影响企业发展

在电子商务环境下，企业在实行物流外包时，将大量非核心业务外包给物流企业，而失去对这些产品的了解，有可能丧失对自身产品的一部分控制力，这就增加了企业正常生产的不确定性，甚至会影响企业业务的发展。

2. 内部员工抵制

企业将物流业务外包给物流企业后，将会节省较多的人力、物力资源，由此企业就会精简机构，这就影响了企业的内部业务流程，企业的内部业务流程就需要重组，这个过程很可能对所有员工都产生影响，从而受到企业内部员工的抵制，进而会对企业正常的生产经营产生负面影响。

3. 长期依赖于物流外包

企业与物流企业之间存在一种委托-代理关系，这样不仅会在一定程度上降低资本投资和经济效益，还会使物流企业因为企业对其存在依赖而产生骄傲心理。另外，企业因实行物流外包而对其内部业务流程进行重组时，会造成员工工作的改变和重复，使员工产生抵触心理，从而降低企业的生产效率和经济效益。

4. 降低客户满意度

企业长期地将业务外包给物流企业就会对其形成依赖，长此以往，企业将无法得到客户的直接信息，从而影响企业改进产品和服务的质量，降低客户满意度，甚至会失去客户。

物流活动的长期外包会使物流企业认为企业缺乏专业技术，因此抬高物流服务价格或提供较差的物流服务，使企业蒙受损失。

5. 决策风险

物流业务是否应该外包，哪些物流业务需要外包，物流业务外包后是否需要对组织进行业务流程重组，以及物流企业如何选择的问题，都需要企业慎重地做出决策，任何一个细微的差错，都可能导致企业的物流外包不能达到预期的目标，甚至会失败。

综上所述，物流外包虽然具有降低风险等优势，但也隐藏着风险，所以从系统的、长期的角度出发，企业应采取应对策略，以防范各种潜在的风险。

四、企业物流外包决策的影响因素

在电子商务环境下，虽然企业选择物流外包有众多好处，但物流外包并非可以解决一切问题。是否进行外包，企业需要根据自己的性质、产品特点、物流企业的水平等因素综合考虑。通常，企业物流外包决策的影响因素有以下几个。

1. 行业的性质

当同一性质的企业分属于不同的行业时，其原材料来源和产品特点、去向也会千差万别，因此对物流外包的需求也会有所不同。对日用消费品行业的企业来说，由于需求变化迅速，可替代产品众多，因此以最快的速度满足消费者多样化的需求是企业战略的重点。因此，借助于专业的物流企业进行运输、存储等物流活动是个不错的抉择。而对重工业、资源生产型行业、医药行业等行业的企业来说，产品特性对物流运作的专业性要求高，自营物流是主要的形式。

2．企业的性质

按性质划分，我们可将企业划分为生产企业和商业企业。对以原材料、产品供应为主的生产及商业批发企业来说，若供应服务对象较多，而且各服务对象又处于不同的地区，则可采取物流外包；若仅为某一固定对象提供服务，则可考虑采用自营物流。对制造成品的生产企业及处于供应链终端的以零售为主的商业企业来说，由于所需物料或经营产品多样化，经营渠道广泛，采用自营物流，资本投入会过大，采用物流外包较好。

3．企业的规模

通常，规模较大的企业较少进行物流外包，而规模较小的企业往往因为资金能力有限，自营物流设施的建设较少，物流基础薄弱，结构调整、转换的成本及阻力都较小，业务量小，物流规模不经济，所以较适合进行物流外包。

4．企业物流外包成本与收益的权衡

企业是否进行物流外包主要取决于企业外包物流的成本与收益的权衡。除了直接发生的物流成本项目，企业在进行物流外包之后，还会产生价格搜寻、供应商选择、谈判、履行合约等交易成本，但同时又会减少企业自营物流下的内部组织管理成本。

5．物流对企业降低成本的影响

降低成本往往是使用物流外包最原始的动机。由于物流企业往往拥有规模、专业、管理经验等方面的优势，而这些都是降低成本的重要驱动因素，因此企业可以借此较为显著地降低成本。

五、企业物流外包决策对策

（一）宏观对策

1．为现代物流发展创造良好的环境

我国现代物流业起步较晚，因此政府应发挥组织、协调、规划的职能，努力为物流市场的发展建立公平、开放、有序的市场环境。具体来说，政府应从以下几个方面入手：要健全和完善物流法律、法规建设；积极采取各种政策为物流企业在跨地区经营的工商登记、办理证照、统一纳税、交通管制、进出口货物检验通关等方面创造良好的经营环境；要扶持、引导物流企业引进先进设备，改善物流设施，进而提高物流绩效和物流服务水平；要积极鼓励和扶持有一定基础的大型货运企业或者储运企业完善服务功能，实现向物流企业的转变，推动第三方物流服务市场的形成；要健全社会保障和就业机制，促进生产性和流通性企业更多地使用社会化物流，既提高经济效益，又提高社会效益。

2．加快物流标准的制定

标准化水平的高低是区别传统物流与现代物流的重要标志，也是实现现代物流系统化管理的重要手段之一。虽然我国已制定了一些与物流相关的标准，但宣传贯彻工作的落实

不够，许多企业在实践中不能自觉执行统一的标准。因此，政府应尽快制定、完善与物流有关的各项国家标准、行业标准和地区标准；建立全国物流标准化技术委员会，加强标准化组织的协调工作，对物流标准化问题进行统一协调、规划、管理；加强对电子商务环境下物流配送标准的实施贯彻工作，并对各企业物流标准的实施贯彻工作实行强有力的监督；积极借鉴国外先进的物流标准，加速与国际物流标准接轨，以推动我国现代物流业的快速、健康、协调发展。

3．加快物流基础设施的建设

加快物流基础设施建设的关键在于资金的筹集，企业除调集自有资金外，还要重点引入市场竞争机制，坚持“谁投资，谁受益”的原则，以多种方法吸纳资金。而发达国家的经验表明，综合物流中心在地区经济发展中具有重要作用。因此，我国应加快综合物流中心的建设，以提高物流综合效益；做好地区或区域性产业布局规划和物流园区规划，降低企业物流成本；积极使用高科技物流设备，改善物流管理技术；在积极发展物流的同时，应大力推广信息技术，构建信息化服务平台，发展先进的装卸、仓储技术，并引进国外先进物流管理技术，努力缩小我国物流业与现代物流的差距。

4．加强物流学科的建设，加快人才的培养进度

物流人才对于保证物流外包的顺利进行具有重要的作用。我国对物流进行系统的研究只有20 多年的历史，物流人才的培养与教育起步较晚，而社会和企业对物流人才的需求与日俱增，物流人才相对缺乏，不能完全满足企业的需要。“十三五”时期，快递物流行业新增就业人数超过 100 万，年均增长 10%，多式联运及运输代理行业新增就业人数超过 15 万，5 年年均增长8%，增速均快于行业平均水平。根据中国物流与采购联合会 2021 年发布的权威预测，“十四五”期间，我国的物流人才缺口为 800 万人左右，其中高级物流人才缺口为 50 万人左右。我国物流业要在未来激烈的国际和国内商务竞争环境中赢得优势，物流人才是关键。因此，培养各层次的物流人才是我国高等教育物流专业建设的当务之急。物流人才的培养可采取正规教育与在线培训相结合的方式，一方面，高校应以培养有扎实的理论基础、具备开展物流活动能力的复合型人才为目标；另一方面，国家应加强培训现有物流人才，积极发挥相关行业协会的作用，建立、健全培训和从业资格认证制度。

（二）微观对策

1．克服观念和制度上的障碍

现代供应链管理对于企业的生存和发展具有重要意义。在电子商务环境下，企业只有转变思想观念，充分认识到物流外包的必要性和可获益性，才能适应当前的市场环境，在市场上求得生存与发展。而物流外包可以使企业有效地降低物流成本、提高物流服务能力和物流系统的灵活性，从而更好地满足客户需求波动的要求。

因此，企业应改变传统的经营组织方式，从“大而全”的经营误区中解脱出来，增强物流意识，不失时机地与合适的物流企业、储运商等结成战略联盟，通过以供应链的整体优势参与竞争，提高我国产品在国内、国际市场上的竞争能力和市场份额，从而实现互惠互利。同时，企业在实施物流外包时还应与企业内部的员工进行充分的沟通，讲明企业实施物流外包的必要

性与重要性，取得员工的理解与支持，以减少变革的阻力。在实施物流外包时，企业要尽量保护员工的利益，妥善解决实施物流外包后员工的工作及安置问题。

2．引进物流管理人才

在实施物流外包的过程中，物流系统的审查、重新规划与设计，物流业务自营/外包决策，物流外包需求的确定，物流企业的选择，物流外包合同的签订，物流外包的实施，以及对物流企业的监督与评价，都需要不同层次物流人才的参与。因此，物流人才对于保证物流外包的顺利进行具有重要的作用。企业应根据自身情况，建立以内部培训为主、以外部培训为辅的双层培训体系。内部培训具有针对性强、时间灵活等优点，其对象主要是中、低层从业人员，目的是为企业培训直接从事具体物流活动的操作或管理人员；外部培训主要通过脱产或半脱产的学习形式，为企业加速培养富有实践经验的高级管理人员。同时，由于企业无法实时地全局把握整个行业的发展动向，因此企业需要积极发挥物流行业协会的指导和协调作用，以协调与物流企业的关系，为企业教育和培养熟悉物流政策法规、掌握现代物流管理技术的人才。

3．制定与企业发展战略相适应的外包决策

企业应确定影响企业物流外包决策的内部因素和外部因素，并对企业内部的优势和劣势，以及外部的机遇和威胁进行分析，从而制定符合自身发展的战略，同时在此战略基础上对物流外包需求进行分析，探讨物流是否为自己的核心能力、物流外包能否为自己带来外部战略利益。若物流运作是企业的竞争劣势，而且企业本身不具备物流设备和多余的资金，则应选择物流外包。与此同时，在实施物流外包之前，企业一定要明确自己的物流总成本，并将其与物流外包成本进行比较，以保证物流外包决策与企业发展战略的一致性。

企业一旦确定要实施物流外包，就要对物流外包的形式进行选择，即根据企业的发展战略决定哪些业务外包、哪些业务自营；同时，还要确定外界是否存在有能力和可供选择的物流企业。否则，实施物流外包不仅不能成功，反而还会产生一系列问题。企业只有在拥有了合适的合作伙伴、内部管理层也认识到物流外包的重要性后，才能决定实施物流外包。

4．选择合适的物流企业

物流外包决策的重要内容之一是选择合适的物流企业，为此企业决策者应在明确企业物流需求的基础上，从供应市场中识别与筛选物流企业，并对其进行综合评价。评价项目主要包括规划能力、管理状况、战略导向、运输能力、仓储能力、信息技术支持能力、服务水平、自身的可塑性和兼容性、行业运营经验等。此外，由于物流企业的承诺和报价涉及物流外包的成本，因此企业务必认真分析和衡量：首先，在评价的基础上选择一些与企业相匹配的具有相关运营经验、业务集中控制能力和信息技术支持能力的物流企业作为潜在的物流外包伙伴；其次，对潜在的多个物流外包伙伴进行比较，并从中选择最适合企业的物流外包伙伴；最后，参观物流外包伙伴的工作场所，了解物流外包伙伴是如何工作的，并确保每个物流设备的可操作性和灵活性。这样，企业就可以避免一些常见的问题。

任务三 电子商务环境下的第三方物流

一、第三方物流的概念、特征及作用

1. 第三方物流的概念

第三方物流（Third Party Logistics，TPL 或 3PL）一词是 20 世纪 80 年代中后期由一些欧美国家提出的。第三方物流是针对第一方物流和第二方物流而言的。所谓第一方物流，是指物流服务的需求方自行组织的物流；第二方物流是指运输、仓储、流通加工等基础物流服务的提供者组织的物流。第三方物流是物流专业化的一种重要形式，第三方物流提供的物流服务是介于供应商与制造商、供应商与零售商之间的，即它是联系供应方和需求方的纽带，不参与产品供应方、需求方之间的直接买卖交易，而只是承担从生产到销售过程中的物流业务，包括产品的包装、存储、运输、配送等一系列服务活动。《物流术语》将第三方物流定义为："由独立于物流服务供需双方之外且以物流服务为主营业务的组织提供物流服务的模式。"由此可见，第三方物流实际上就是由物流服务的供应方、需求方之外的第三方去完成物流服务的物流运作方式，是实现供应链管理的业务模式。第三方物流处于流通的中间环节，其独特的功能是为供应方提供运输、配送、保管及相关的物流服务，为需求方提供运输的物流服务（见图 4-2）。

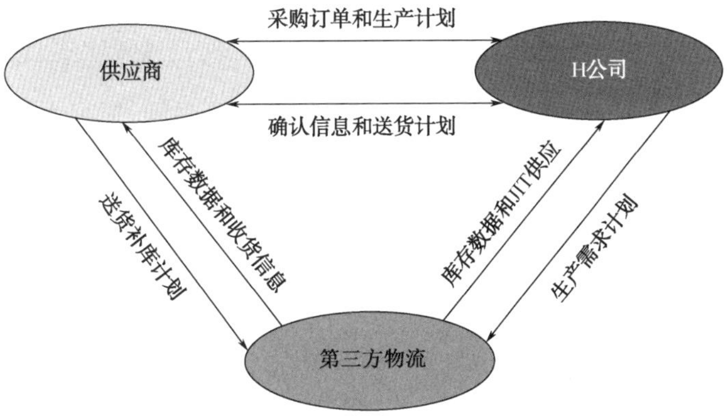

图 4-2 第三方物流电子商务解决方案

因为第三方物流企业是受供应方和需求方委托，专业承包其各项物流业务活动的物流企业，所以第三方物流在国外也被称作合同物流、外包物流、代理物流、物流外协、全方位物流服务公司、物流联盟。

2. 第三方物流的特征

（1）以现代信息技术为基础。信息技术的发展是第三方物流出现的必要条件。信息技术实现了数据的快速、准确传递，提高了仓库管理、装卸运输、订货采购、配送发运、订单处理的自动化水平，使订货、包装、保管、运输、流通加工实现一体化。企业可以更方便地使用信息技术与物流企业进行交流和协作，企业间的协调和合作也有可能在短时间内迅速完成。

（2）合同有偿服务。第三方物流有别于传统的外部协作，外部协作只限于一项或一系列分散的物流功能，第三方物流企业则按合同要求，为客户提供多功能，甚至是全方位的物流服务，并以合同来管理物流服务活动及其全过程。

（3）为客户提供个性化服务。客户所在的行业不同，导致客户的要求千差万别，第三方物流企业根据客户的要求及其双方签订的合同条款制定物流业务流程，提供有针对性的个性化服务及增值服务。这种量身定制的服务表明物流服务理论从“产品推销”发展到了“市场营销阶段”。

（4）为客户提供专业化服务。第三方物流的服务范围已超过简单的运输、仓储活动，它是一种技术含量较高的专业化行为。它在物流设计、作业和管理等方面体现的都是专业化；在物流设备和设施的装备上体现的是标准化。专业化的服务使客户获得可靠的服务质量。

（5）与客户建立长期的战略联盟。第三方物流运作可以使第三方物流企业与制造商客户建立密切的、长期的战略合作伙伴关系，并与整个制造商的供应链完全集成在一起。第三方物流企业与客户通过契约结成优势互补、风险共担的战略联盟伙伴关系。

（6）决策智能化。这是物流自动化、信息化的一种高层次应用，物流作业过程中大量的运筹和决策，如库存水平的确定、运输路径的选择、自动导向车的运行轨迹和作业控制、自动分拣机的运行、物流配送中心经营管理的决策支持等问题都需要借助于大量的知识才能得到解决。为了提高物流现代化的水平，决策智能化已成为电子商务环境下物流发展的一个新趋势。

3. 第三方物流的作用

（1）增强企业的核心竞争力。发展第三方物流，企业能够实现资源优化配置，将有限的人力、财力等集中于核心业务，进行重点研究，发展基本技术，开发出新产品参与市场竞争。企业将物流业务委托给第三方物流企业，可提高自己的核心能力、降低物流成本、完善物流活动的服务功能、提高客户满意度。

（2）加速企业的资本周转。企业自营物流需要投入大量的资金，用于购买物流设备、建设仓库和信息网络等专业物流设施。使用第三方物流不仅可以减少设施的投资，还可以减少仓库、车队、发货设施、包装器械方面的资金占用，加速资金周转；同时，第三方物流企业借助精心策划的物流计划和适时运送手段，可以最大限度地减少企业库存，甚至使企业实现零库存，减少企业的资金占用，加速资金周转。

（3）分担企业的风险。第三方物流企业与客户是战略伙伴关系，它追求的不是短期的经济效益，而是以一种投资人的身份为客户服务，这是它身为战略伙伴的一个典型特征。例如，为了适应客户的需要，第三方物流企业往往通过自行投资或合资为客户建造现代化的专用仓库、个性化的信息系统及特种运输设备等，这种投资直接为客户节省了大量的建设费用，而投资的风险必然也由自身承担。企业利用第三方物流资源，实际上是把参与物流运行中的政策、经济、技术、市场和财务风险进行分解。企业没有了后顾之忧，便能更加灵活和更有针对性地对市场变化做出迅速反应。

（4）提升客户企业的形象。第三方物流企业与客户不是竞争对手，而是战略伙伴，第三方物流企业为客户着想，通过全球性的信息网络使客户的供应链管理完全透明化，客户可随时通过网络了解供应链的情况。第三方物流企业和物流专家利用完备的设施和训练有素的员工对整个供应链实现完全的控制，降低物流的复杂性，通过遍布全球的运送网络和服务提供者大大缩短了交货期，帮助客户改进服务、树立自己的品牌形象。第三方物流企业通过量体裁衣式的设计，制定出以客户为导向、低成本和高效率的物流方案，使客户在同行中脱颖而出，为客户在竞争中取胜创造有利条件。

以上种种原因极大地推动了第三方物流的发展，使第三方物流成为21世纪国际物流的主流。

相关链接

中远海运物流有限公司的云仓储管理平台

中远海运物流有限公司隶属于中国远洋海运集团有限公司，由中国远洋物流有限公司、中海集团物流有限公司和中海船务代理有限公司重组整合而成，于2016年12月21日正式挂牌运营。2017年9月18日，中国外轮理货总公司整合并入中远海运物流有限公司。中远海运物流有限公司是居中国市场领先地位的国际化物流企业，在项目物流、工程物流、综合货运、仓储物流、船舶代理、供应链管理、理货检验等业务领域为国内外客户提供全程物流解决方案，在中国境内30个省、市、自治区及海外17个国家和地区设立了分支机构，在全球范围内拥有500多个销售和服务网点，形成了遍及中国、辐射全球的服务网络系统。

中远海运物流有限公司作为中国物流行业的龙头企业，已经在上海、广州、青岛、宁波等地设有仓储资源，并开展物流业务，因此搭建一体化的综合型仓储物流服务平台，整合资源，合理、有效地控制物流成本，加强仓储的精细化管理，为客户提供存储、拆零、分拣、配货、包装、贴标、流通加工、检验检疫的一体化服务，为客户提供安全、优质、高效的物流服务，是关系中远海运物流有限公司能否在仓储业务中迅速拔尖并占领行业制高点的关键。中远海运物流有限公司的云仓储管理平台由OMS（Ordering Management System，订单管理系统）、WMS、TMS、商务管理系统、统计分析系统、基础管理系统及现场实操的PDA（Personal Digital Assistant，掌上电脑）系统构成。

OMS主要实现客户各类订单的管理，主要包括订单的维护、订单状态的跟踪、订单异常回退等功能。

WMS是系统的主体，主要实现货物的入库、出库及库内日常的盘点、监控等功能。WMS采用智能化的上架、拣货等各类策略来实现高效的货物管控能力。

TMS实现货物的配载及运输过程中的监控功能。

商务管理系统采用商务前置方式，改变以往月底集中录入费用数据的模式，在业务操作过程中生成费用数据，以达到日清月结的效果，从而提升对费用数据的监控能力。

PDA系统通过条码技术的应用解决了工作量大导致的工作效率不高，以及数据不能实时传输等问题。它主要提供仓库出入库、移库、盘点及各客户签收确认管理，通过扫描条码方式可实现数据实时传输，从而确保货物流转时信息采集精确、降低人工操作差错率，具有灵活的业务数据处理机制。

（1）精细化管理。PDA系统采用逐号管理方式，管理到每一个货位、每一个货物，云仓储管理平台根据上架、拣货等智能策略，精确提供存放、提取货物的最佳方案，以便提升工作效率。

（2）批次管控。PDA系统通过批次管控，结合先进先出、保质期优先等不同策略，提升货物的周转效率，提高仓储管理水平。

（3）PDA设备应用。PDA系统通过使用PDA设备，简化操作流程，提升操作效率和操作准确率，降低错误率。

（4）业务流程。PDA系统通过自动流程管理，可以根据业务的发展需要，动态调整系统的业务流程，从而满足不同客户的需要。

——资料来源：中国采购与物流网，2020-07-01

二、第三方物流创造价值的途径和方法

1. 第三方物流企业的利润来源

第三方物流企业的利润，从本质上讲，来源于现代物流管理科学的推广所产生的新价值，也就是人们经常提到的第三利润的源泉。第三方物流企业的主要利润来自效率的提高及货物流动时间的减少。第三方物流企业的利润不是来自运费、仓储费用等直接收入，也不是以客户的成本性支出为代价的，而是来源于与客户一起在物流领域创造的新价值，为客户节约的物流成本越多，利润率就越高。

2. 第三方物流企业创造价值的途径和方法

第三方物流企业要能提供比客户自己进行物流运作价值更高的服务，为此，第三方物流企业应注重在物流上投资，从而能够在不同方面为客户创造价值。第三方物流企业创造价值的途径和方法如下。

（1）提高运作效率。物流运作效率提高意味着要对每个最终形成物流的单独活动（如运输、仓储等）进行开发。第三方物流企业在作业效率范畴中的一个重要作用是获得物流的作业效率，即协调连续的物流活动，提供较高的成本服务比。

（2）注重客户运作的整合。第三方物流企业可以引入多客户运作来创造价值，或者说在客户中分享资源。例如，针对多客户整合的仓储或运输网络，客户运作可把相似的资源结合起来利用。整合运作的规模效益是第三方物流企业扩展市场份额，吸纳拥有大量货流的大客户，取得比其他资源更高的价值。此时表现出的规模经济的效益是递增效益。

（3）提高发展客户运作的能力。第三方物流企业在物流方面拥有高水平的运作技能，即其员工在物流系统、方案与相关信息系统的工程、开发、重组等方面具备较高水平的概念性知识，具有将客户业务与整个物流系统综合起来进行分析、设计的能力。这种方法是通过发展客户来创造价值的。

（4）加强纵向或横向的整合。通过纵向整合，购买具有成本和服务优势的单项物流功能或资源，发展同单一物流功能供应商的关系，也是一种创造价值的方法。在横向上，第三方物流企业如果能够结合类似的但不是竞争对手的企业，就可以联合为客户服务，扩大为客户提供服务的覆盖面。

三、第三方物流企业的客户管理

1. 交易型客户管理

第三方物流企业与交易型客户的关系建立在一次交易或一系列独立交易的基础上，交易型客户的数量较多且其需求具有随机性，需求的数量和水平难以准确预测。在管理这类客户时，第三方物流企业应强调客户服务能力的柔性化，在客户满意和物流成本之间寻找良好的平衡。

2. 合同型客户管理

第三方物流企业与合同型客户的关系是根据一种具体的情况确立的合同关系，第三方物流企业在合同的指导下满足客户的要求。由于这种关系是在合同的具体指导下进行的，客户需要的服务水平和数量可以比较准确地预测，因此在为这类客户服务时，第三方物流企业只要确保

服务过程的稳定性和可靠性就可以使客户满意。

3. 联盟型客户管理

第三方物流企业与联盟型客户的关系是一种为实现共同的利益、目标和战略的有计划的持久性合作关系。在管理这类客户时，第三方物流企业应该加强与客户的互动沟通，充分认识和发掘客户深层次的需求，为客户提供个性化的服务，帮助客户实现预定的战略目标。

四、第三方物流的发展战略

基于我国当前中小型企业的实际状况，我国第三方物流的发展战略应突出以下几点。

1. 资源战略

物流企业发展第三方物流，需要集中把握和有效运用企业的经营资源，这主要表现在以下3个方面：首先，准确认识和深入分析中小型企业经营资源的基础状况，正确选择第三方物流发展的方向；其次，积极探索中小型企业资源的有效配置方式，有力地提高第三方物流发展的速度；最后，认真研究中小型企业资源的可持续发展问题，确保第三方物流的健康发展。因此，中小型企业要实现战略目标，以供应链管理重构业务流程，构筑第三方物流发展优势，就应把握资源转换方式，不断提高资源产出效益。

2. 联盟战略

物流企业发展第三方物流需要本着“优势互补、利益共享”的原则，借助产权方式、契约方式实行相互合作，共同拓展物流市场，降低物流成本，提高物流效益。首先，物流企业应建立物流资源的联盟，将中小型企业分散的物流资源、物流功能要素通过一定的方式联合在一起，形成物流一体化的资源优势。其次，物流企业应建立物流地理区域和行业范围的联盟，根据各行各业中小型企业的特性，在一定地理区域或一定行业范围内实行物流联盟，形成高效直辖市运作体系。最后，物流企业应与中小型企业建立第三方物流的联盟，通过组建服务协会，协调和指导物流企业与中小型企业在发展第三方物流中的各种关系。

3. 服务战略

物流企业发展第三方物流必须依托中小型企业的发展，做到“来自中小型企业，服务于中小型企业”。物流企业应主要把握3点：第一，必须依据中小型企业的实际需要，设计和提供个性化物流服务理念；第二，必须关注市场需求变化，提供保障中小型企业产品和服务质量的服务措施；第三，必须深刻理解中小型企业的物流规律，提高物流运作与管理的效益。

4. 创新战略

物流的发展过程就是一个不断创新的过程。物流企业要发展第三方物流，实施创新战略，就要做到以下几点：首先，要创新观念，打破传统思想，借鉴国外先进的物流管理思想，并将其与中小型企业的实践有机结合起来，探索具有中小型企业物流特色的新思想和新方法；其次，要创新组织，充分运用现代信息技术手段，借助中小型企业数量大、面广的特点，建立网络化物流新型组织；再次，要创新服务，深入研究中小型企业的物流需求，通过引进、模仿和创新物流技术手段，不断设计、创新和提供有效的物流服务；最后，要创新制度，既要建立以产权制度为核心的现代企业制度，又要根据发展需要建立完善的、合理的物流管理体制。

5. 品牌战略

物流企业发展第三方物流必须确立品牌战略，充分发挥品牌效应，才能获取良好的效益。首先，物流企业要树立物流发展的精品意识、名牌意识，严格制定各项物流质量标准，不断提高物流服务水平。其次，物流企业要引进先进的技术手段，设计、创造物流服务的精品意识、名牌意识，设计物流服务的精品内容、名牌项目。最后，物流企业要强化物流技术与管理人员的素质培训，建立优秀的物流人才队伍，确保实现企业的品牌战略。

6. 信息化战略

广泛采用信息技术，加快科技创新和标准化，引用信息网络技术，这些是构成现代物流体系的重要组成部分，也是提高物流服务效率的重要技术保障。第三方物流企业应积极利用EDI、互联网等技术，通过网络平台和信息技术将企业的经营网点连接起来，建立自己内部的第三方物流信息管理系统。第三方物流信息化战略既可以优化企业内部资源配置，又可以通过网络与客户、制造商、供应商及相关单位连接，实现资源共享、信息共用，对物流各环节进行实时跟踪、有效控制与全程管理。例如，日本的第三方物流企业十分注重研究和探索物流配送的新技术、新方法，注重不断提高物流服务质量、降低物流成本，以便增强自身的竞争力。在日本第三方物流企业中使用的可拆卸式货架、移动式产品条码扫描设备等都是非常方便且实用的物流工具。在第三方物流企业中，产品条码和计算机管理系统的应用非常普遍，这些应用实现了产品入库、验收、分拣、出库等物流作业全过程的计算机管理与控制，既提高了效率，又加强了管理。应该说，第三方物流的发展是建立在物流运营的低成本和高效率的基础上的，先进、实用的物流信息化技术不仅可以拓展第三方物流企业的盈利空间，还能使第三方物流在物流竞争中具有更多的优势，从而促进整个第三方物流行业的发展。

任务四 电子商务环境下的第四方物流

一、第四方物流概述

1. 第四方物流的概念

第四方物流（Fourth Party Logistics，4PL）的概念最早由安德森咨询公司提出，其定义是“一个供应链集成商，调集和管理组织自己的及具有互补性的服务提供商的资源、能力和技术，以提供一个综合的供应链解决方案”。有的咨询公司以“有领导力量的物流提供商”的名称提供类似的服务。无论如何称呼，这种提供供应链的有影响力的、综合的解决方案，都将为客户带来更高的价值。第四方物流的概念在我国很少提及，即便在国外，物流业界对此也有不少异议，所以第四方物流思想的发展前景如何，尚待理论完善与实践检验。

第四方物流不仅控制和管理特定的物流服务，还针对整个物流过程提出策划方案。因此，第四方物流成功的关键在于为客户提供最佳的增值服务，即迅速、高效、低成本和人性化服务等。发展第四方物流需综合第三方物流的能力、技术及贸易流通管理等，为客户提供功能性一体化服务，并提高营运自主性。

2. 第四方物流的特点

第四方物流的特点之一是其提供了一种综合性供应链解决方法，以有效地适应客户多样化和复杂化的需求，集中所有资源为客户完美地解决问题。

（1）供应链再建：通过供应链的参与并将供应链规划与实施同步进行，或通过独立的供应链参与者之间的合作提高规模和总量。供应链再建改变了供应链管理的传统模式，创造性地重新设计了参与者之间的供应链，使之实现真正的一体化。

（2）功能转化：主要是销售和操作规划、配送管理、物资采购、客户响应及供应链技术等，通过战略调整、流程再造、整体改变管理和技术，使客户间的供应链运作一体化。

（3）业务流程再造：将客户与供应商的信息和技术系统一体化，把人的因素和业务规范有机地结合起来，使整个供应链规划和业务流程能够贯彻实施。

（4）实施第四方物流：开展多功能、多流程的供应链业务，其范围远远超出传统外包运输管理和仓储作业的物流服务。企业可以把整条供应链全权交给第四方物流来运作，第四方物流可为供应链提供完整的服务。

第四方物流的特点之二是通过影响整个供应链来获得价值，与类似外包的供应链的区别之一在于其能够为整条供应链上的客户带来收益。

（1）利润增长。第四方物流的利润增长将取决于服务质量的提高、实用性的增加和物流成本的降低。由于第四方物流关注的是整条供应链，而不是单纯的存储或运输方面的效益，因此其为客户及自身带来的综合效益会展现出来。

（2）运营成本降低。运营成本降低可通过运作效率提高、流程增加和采购成本降低来实现，即通过整条供应链外包功能来达到节约的目的。流程一体化、供应链的改善和实施将使运营成本和产品销售成本降低。

（3）工作成本降低。采用现代信息技术、科学的管理流程和标准化管理，使存货和现金流转次数减少，可以降低工作成本。

（4）提高资产利用率。客户通过采用第四方物流，减少了固定资产占用，提高了资产利用率；通过投资研究设计、产品开发、销售与市场拓展等获得经济效益的提高。

第四方物流成功地影响了大批服务商（第三方物流、网络工程、电子商务、运输企业等）及客户的能力和供应链上的伙伴。它作为客户间的连接点，通过合作或联盟提供多样化服务。第四方物流的优点使得迅速、高质量、低成本的运送服务得以实现。不少人认为第四方物流由于难以获得委托方的信任而只能是一个设想，但随着社会经济的不断发展，第四方物流将会得到广泛的运用。

二、第四方物流与第三方物流的异同

第四方物流与第三方物流相比，其服务的内容更多，覆盖的地区更广，对从事货运物流服务的企业的要求更高——必须开拓新的服务领域，以及提供更多的增值服务。第四方物流最大的优越性是它能保证产品得以“更快、更好、更廉”地被送到需求者手中。在电子商务环境下，跨国企业越来越追求供应链的全球一体化，以适应跨国经营的需要。跨国企业由于要集中精力于其核心业务，因而必须更多地依赖物流外包。基于此，跨国企业不只是在操作层面上进行外协，在战略层面上也需要借助外界的力量，以便时刻都能得到“更快、更好、更廉”的物流服务。

第三方物流企业独自提供服务，或者通过与自己有密切关系的转包商来为客户提供服务，不大可能提供技术、仓储和运输服务的最佳整合。因此，第四方物流企业成了第三方物流企业的“协助提高者”，也是货主的“物流方案集成商”。

第三方物流企业为客户提供所有或一部分供应链物流服务，以获取一定的利润。第三方物流企业提供的服务可以简单到只是帮助客户安排一批货物的运输，也可以复杂到设计、实施和运作一个企业的整个分销和物流系统。第三方物流有时也被称为承包物流、第三方供应链管理。第三方物流企业和典型的运输或其他供应链服务企业的关键区别在于，第三方物流企业的最大的附加值是基于自身特有的信息和知识获得的，而不是靠提供最低价格的一般性的无差异的服务获得的。第三方物流企业的主要利润来自效率的提高及货物流动时间的减少。

然而，在实际的运作中，由于大多数第三方物流企业缺乏对整个供应链进行运作的战略性专长和真正整合供应链流程的相关技术，因此第四方物流企业正在帮助客户实现持续低运作和区别于传统的外包业务的真正的资产转移。第四方物流企业依靠业内最优秀的第三方物流企业、技术供应商、管理咨询顾问和其他增值服务商，为客户提供独特的和广泛的供应链解决方案。这是任何一个企业都不能单独提供的。

从定义上讲，第四方物流企业是一个供应链的集成商，它对企业内部和具有互补性的服务供应商所拥有的不同资源、能力和技术进行整合和管理，并提供一整套供应链解决方案。尽管埃森哲公司拥有“第四方物流”这个专有名词，但其他咨询公司也开始提供类似的服务，称为总承包商。无论称谓如何，这些新型的服务供应商都可以通过其影响整个供应链的能力来为客户提供更为复杂的供应链解决方案和更高的价值。第四方物流企业可以使迅速、高质量、低成本的产品运送服务得以实现，使客户离实现零库存的目标又近了一步。

三、运作模式

1. 协同运作模型

在协同运作模式下，第四方物流企业只与第三方物流企业有内部合作关系，即第四方物流企业不直接与客户接触，而是通过第三方物流企业实施其提出的供应链解决方案、再造的物流运作流程等。这就意味着，第四方物流企业与第三方物流企业共同开发市场，在开发的过程中第四方物流企业向第三方物流企业提供技术支持、供应链管理决策、市场准入能力及项目管理能力等，它们之间的合作关系可以采用合同方式绑定或采用战略联盟方式形成。

2. 方案集成商模式

在方案集成商模式下，第四方物流企业作为连接客户与第三方物流企业的纽带，将客户与第三方物流企业连接起来，这样客户就不需要与众多第三方物流企业进行接触，而是直接通过第四方物流企业来实现复杂的物流运作的管理。在这种模式下，第四方物流企业作为方案集成商，除了提出供应链管理的可行性解决方案，还要对第三方物流企业的资源进行整合、统一规划，从而为客户服务。

3. 行业创新者模式

行业创新者模式与方案集成商模式有相似之处，在这两种模式下，第四方物流企业都作为连接客户与第三方物流企业的纽带，将物流运作的两个端点连接起来。二者的不同之处在于，行业创新者模式下的客户是同一行业中的多个企业，而方案集成商模式下的客户只有一个。在行业创新者模式下，第四方物流企业提供行业整体物流的解决方案，这样可以使第四方物流企业运作的规模更大限度地得到扩大，使整个行业在物流运作上获得收益。

第四方物流无论采取哪一种模式，都突破了单纯发展第三方物流的局限性，能真正地实现低成本运作和最大范围的资源整合。第三方物流企业缺乏跨越整个供应链运作，以及真正整合供应链流程所需的战略专业技术，第四方物流企业则可以不受约束地将每个领域的最佳物流企业组合起来，为客户提供最佳物流服务，进而形成最优物流方案或供应链管理方案。由于第三方物流企业只能独自或通过与自己有密切关系的转包商来为客户提供服务，因此不太可能提供技术、仓储与运输服务的最佳结合。

四、电子商务企业的第四方物流模式

电子商务企业所建立、拥有的物流模式大致分为 4 种，即自建物流配送中心的供应链物流模式、自建与第三方物流相结合的供应链物流模式、采用第三方物流的供应链物流模式、第四方物流的供应链物流模式。

1．自建物流配送中心的供应链物流模式

目前，第三方物流企业（如申通、中通等快递企业）以中小型企业为主，由于经营管理不善而导致的服务质量低下、货物配送滞后等现象屡见不鲜。另外，第三方物流企业代收电子商务企业的货款，导致账期过长、电子商务企业难于及时回笼资金等问题，这制约了电子商务企业的成长。此境此况迫使许多大型电子商务企业选择建立自己的内部物流体系，通过控制和改进物流服务资源，显著提高送货速度，确保物流服务质量，改善客户体验，促进业务持续增长。例如，京东商城、阿里巴巴等都有自己的物流中心。

不过，建立自己的物流配送中心并不适用于所有电子商务企业，取胜的要诀在于规模化的订单和高效运作，特别是末端派送（一般占物流总成本的 45%左右）。按照专家机构的测算，如果一个城市区域的日送货量少于 600 单，那么创建一支自建送货团队，每件递送成本为 13～15 元，是无法盈利的。但如果此城际的日送货量可以达到 10 000 单，那么可以使每件递送成本降至 2 元以下，就可以达到自建物流配送中心的要求。因此，自建物流配送中心适用于那些规模较大、资金雄厚、物流在整体业务中的战略地位重要、物流成本所占比例大、对物流服务要求较高的大型或超大型电子商务或制造型企业。例如，青岛海尔通过“一流三网”模式自建供应链物流系统：“一流”是订单信息流，这是海尔物流的中心；“三网”分别是全球供应链资源网、全球用户资源网、计算机信息网，“三网”同步运作，有效奠定了海尔“家电大佬”的地位。

2．自建与第三方物流相结合的供应链物流模式

一些电子商务企业在起家时借助第三方物流，但在饱受物流瓶颈带来的严重冲击后，也开始投建自己的物流配送中心。因此，中大型电子商务企业可根据利益最大化原理做出抉择，在业务频繁、物流量大、地位重要的城区可以自建物流配送中心，而在其他地区则利用第三方物流，这样可使自己左右逢源、进退自如。例如，戴尔公司就采用自建与第三方物流相结合的供应链物流模式。

3．采用第三方物流的供应链物流模式

完全依赖第三方物流是大多数中小型电子商务企业提供配送服务的常用模式，它通过协调电子商务企业间的物流运输和提供后勤服务，把电子商务企业的物流业务外包给专业的第三方物流企业。这样可以使得电子商务企业能够把主要精力与资源集中在自己的核心业务上，降低物流成本，并且通过电子商务平台与第三方物流企业实现实时交流、互动，提高物流化水准。

以上 3 种模式各有优劣。优势：物流外包可以使电子商务企业集中所有资源打造核心业务，而无须分散精力在建设中转站和仓库上，这有利于电子商务企业降低管理难度与风险成本。劣势：不少第三方物流企业的服务意识差，回款时间较长，甚至发生呆账、坏账损失；自建物流配送中心虽然能为客户提供较高质量的个性化服务，但需要在短期内投入巨额资金，电子商务企业要承担很高的成本与风险。自建与第三方物流相结合的供应链物流模式或为中庸之道，未来将为多数电子商务企业所采用。

4．第四方物流的供应链物流模式

第四方物流实质上是供应链的集成者，主要通过合同管理和指导多个第三方物流企业的活动，利用第四方物流企业的整合能力，把客户的需求、第三方物流企业、信息技术供应商、业务资源和业务流程集合起来，更好地实现提高运作效率、降低物流成本、提高服务质量的目的。虽然第四方物流还是一个较为陌生的概念，但随着在我国深圳、厦门、天津等地的物流园区的实践，笔者相信第四方物流在国内的兴起指日可待。

综合训练

基础训练

一、名词解释

1．物流外包
2．第三方物流
3．第四方物流
4．冷链物流
4．无接触配送

二、填空题

1．推动冷链物流________发展，是减少农产品产后损失和食品流通浪费，扩大高品质市场供给，更好地满足人民日益增长的美好生活需要的重要手段。

2．企业物流外包决策的影响因素一般有________、________、________、________、________等。

3．第三方物流产生于 20 世纪 80 年代的________国家。

4．第三方物流具有________、________、________、________、________、________等特征。

5．第三方物流企业创造价值的途径和方法有________、________、________和________等。

6. 第四方物流的运作模式有________、________、________等。

三、不定项选择题

1. 第三方物流产生于（　　）。

A. 20 世纪 70 年代　　B. 20 世纪 60 年代

C. 20 世纪 80 年代　　D. 20 世纪 50 年代

2. 在电子商务环境下，最具潜力的一种业务外包形式是（　　）。

A. 技术外包　　B. 产品外包

C. 物流外包　　D. 服务外包

E. 供应链外包

3. 第三方物流在国外也被称作（　　）。

A. 合同物流　　B. 外包物流

C. 代理物流　　D. 物流外协

4. 第四方物流实质上是（　　）的集成者。

A. 竞争力　　B. 供应链

C. 价值链　　D. 物流

5. 第四方物流最早是由（　　）公司提出的。

A. 马克西姆　　B. 麦肯锡

C. 波多里奇　　D. 安德森咨询

四、简答题

1. 电子商务环境下的物流新业态有哪些？
2. 冷链物流的发展目标有哪些？
3. 电子商务环境下的物流外包有何现实意义？
4. 第四方物流有何特征？
5. 第三方物流的发展战略有哪些？
6. 第三方物流与第四方物流有何关系？

技能训练

案例分析：长久智运的商品车物流网络货运平台

一、企业简介

天津长久智运科技有限公司（以下简称长久智运）成立于 2019 年 10 月 25 日，是第三方物流企业北京长久物流股份有限公司的全资子公司，其前身是吉林省掌控物流科技有限公司，是无车承运人试点企业之一，有多年无车承运人平台业务开发、运营经验。长久智运是一家致力于实现物流行业数字化、智能化、集约化的互联网科技公司，专注于打造商品车物流网络货运平台。

二、商品车物流网络货运平台的建设

长久智运的商品车物流网络货运平台原型建设于 2015 年 1 月，致力于"整车物流降本增效"的互联网化产品。2016 年年底，该平台被交通运输部批准为吉林省首批无车承运人试点项目。2017 年 10 月，该平台取得长春市地方道路运输管理局颁发的国内道路普通货物运输（无车承运）

的资质证书。2018 年 3 月底，该平台阶段性地通过了交通运输部无车承运人试点定性、定量考核。2018 年 6 月，该平台被北京长久物流股份有限公司并购，用于打造汽车物流领域的商品车物流网络货运平台。2020 年初，在国家将无车承运牌照升级为网络货运牌照的大背景下，该平台对系统进行了全方位的升级改造，增加了智能车辆载货状态感知、智能车货匹配等功能，为了提高车辆的主动安全性，接入了驾驶安全预警系统。

1. 认证流、轨迹流、现金流等基础功能的实现

认证流、轨迹流、现金流是商品车物流网络货运平台的基本价值，也是长久智运在建设商品车物流网络货运平台的这几年里逐步夯实的核心能力。目前，长久智运商品车物流网络货运平台已经与多个政府部门、银行、企业进行了对接，获取了支持核心业务的关键数据。在认证流方面，注册企业通过天眼查系统进行验证。司机身份合法性校验与公安部的相关系统对接。运输车辆合规性校验与交通运输部的相关系统对接。司机身份、运输合同、包车合同通过人脸识别技术与电子合同技术进行校验及存证。无法与第三方系统进行数字验证的证照，也全部通过人工查验，符合资质的货主、司机才能在平台上运营。

在轨迹流方面，长久智运的商品车物流网络货运平台通过对国家相关位置服务文件的学习及理解，实现了交通运输部 808 和 809 标准协议的支持，运输车辆的轨迹服务商只要符合标准协议即可接入。除此之外，长久智运的商品车物流网络货运平台还研发了基于 Web 协议的 JSON 数据格式的轨迹接入，先后接入了 G7 平台轨迹系统、CPS 平台轨迹系统、EXLIVE 平台轨迹系统。在完善轨迹接入的同时，长久智运的商品车物流网络货运平台还研发了 App 轨迹获取功能：通过司机的 App 与车辆轨迹的拟合，确认运输业务的真实性。

在现金流方面，长久智运的商品车物流网络货运平台完成了与银行之间的银企直联：通过银行的银企直联功能进行油品采购、路桥费用支付、司途费支付；通过现金流向佐证业务的真实性。

2. 载货状态感知、智能车货匹配

随着长久智运的商品车物流网络货运平台的发展，对业务智能化的要求越来越高。车辆在途状态的信息收集变得尤为重要。因此，长久智运开发了载货状态感知器，通过在商品车的载货区域安装探头，以物联网+云计算+大数据的技术手段，为长久智运的商品车物流网络货运平台实现司机运费自动结算、自动报税、智能调度、智能车货匹配建立了业务数据感知基础。在商品车上安装传感器，实时感知商品车装卸状态发生变化的时间、地点（GPS 提供），通过车载 GPS 设备透传到长久智运的商品车物流网络货运平台，实现了对商品车发运的时间、交付的时间、发运的地点、交付的地点、往返运输空载率等数据的在途监管。

以此为基础，长久智运的商品车物流网络货运平台创建了空载运力池，同时根据货主派发的运单创建了运单池。根据运单、车辆的起运地和目的地，长久智运的商品车物流网络货运平台将车辆与运单进行智能匹配。货主在零散发运时，可通过“返程车小程序”功能选择运单同流向的有空载运力的车辆进行发运。这样，货主可以降低发运成本，而司机可以降低空载率。

3. 驾驶安全预警系统的接入

驾驶安全预警系统采用智能视频分析技术对司机进行人脸检测和人眼检测分析，以判定司机的疲劳程度，并根据设定的规则进行疲劳报警和警示。在车辆行驶过程中，驾驶安全预警系统通过内外双摄分别监控司机和前方道路，全天候监测司机的疲劳状态、驾驶行为等。

驾驶安全预警系统主要由疲劳检测专用摄像机、外部摄像机和疲劳检测终端主机组成。通过安装在驾驶仪表台上的摄像机直接拍摄司机的脸部，并准确定位司机的眼睛，驾驶安全预警系统将自动判定和分析人眼的闭合状态和闭合的频率，根据对司机脸部朝向的判断，同时结合当前车辆行驶的速度，以及事先设定好的检测逻辑规则，以多种参数为分析依据来判断司机的疲劳状态。例如，当处于某个车速的时长、眼睛闭合时长达到报警值时，或者当司机的脸部超过一定时间没有朝向正前（如低头 3 秒）情况出现时，驾驶安全预警系统将自动发出警报，提示司机误操作和疲劳驾驶；当情况严重时，驾驶安全预警系统还将通过网络将报警信息传送到后台监控中心，以人工干预的方式实现对司机的监督。

——资料来源：中国物流与采购网，2021-09-02

问题与思考

1. 长久智运的商品车物流网络货运平台是如何建设的?
2. 长久智运的商品车物流网络货运平台有何特征?
3. 请结合案例谈一谈物流新业态有何现实意义。

模块五

电子商务物流新模式

学习目标

知识目标	
	● 社交电商、直播电商、社区电商、B2B/B2C/C2C/O2O 电子商务物流模式的概念； ● 电子商务物流新模式的主要类型； ● 电子商务物流新模式的选择； ● 电子商务物流模式创新对促进电子商务发展的现实意义与作用。

能力目标		
	专业能力	● 能够结合实际情况分析 B2B、B2C、C2C 电子商务物流模式的具体应用。
	方法能力	● 具有基本的电子商务物流模式实际应用及操作能力； ● 具有一定的分析 B2B、B2C、C2C、O2O 电子商务物流模式的逻辑思路。
	社会能力	● 拥有良好的职业道德和较强的团队合作精神； ● 具备一定的 B2B、B2C、C2C 电子商务物流模式分析与应用能力； ● 关注电子商务物流新模式的发展态势、热点现象或问题。

素养元素

视频映射点		
	视频标题	● 顺丰：首批全国职业教育教师企业实践基地
	背景	● 2021 年全国职教会议精神、“职教 20 条”及高职高专“三教”改革要求； ● 2019 年顺丰被教育部确定为首批全国职业教育教师企业实践基地。
	映射	● 2020 年，顺丰宣布捐助 2000 万元人民币，以帮助湖北省抗击疫情； ● 2020 年，顺丰驿收发智慧驿站推出智能配送机器人小优。

导入案例

顺丰驿收发智慧驿站推出智能配送机器人小优

作为商务快递龙头企业，顺丰是具有网络规模优势的智能物流运营商。顺丰采用直营的经营模式，由总部对各分支机构实施统一经营、统一管理，保障了网络整体运营质量，是 A 股首家采用直营模式的快递企业。顺丰的总部位于深圳，经过多年发展，已形成拥有“天网+地网+信息网”三网合一、可覆盖国内外的综合物流服务网络，其直营网络是国内同行中网络控制力强、稳定性高、独特、稀缺的综合性物流网络。顺丰不仅提供配送端的物流服务，还延伸至价值链前端的产、供、销、配等环节，从客户需求出发，以数据为牵引，利用大数据分析和云计算技术，为客户提供仓储管理、销售预测、大数据分析、金融管理等一揽子解决方案。2019 年 12 月，顺丰入选 2019 中国品牌强国盛典榜样 100 品牌，并位列《人民日报》“中国品牌发展指数”100 榜单第 61 位。2020 年 1 月 4 日，顺丰获得 2020 年《财经》长青奖“可持续发展创新奖”，位列 2020 年全球最具价值 500 大品牌榜第 460 位。2021 年前三季度，顺丰实现主营收入 1359 亿元、净利润 17.98 亿元。

2020 年 7 月 16 日，顺丰旗下的末端服务平台“驿收发智慧驿站”推出智能配送机器人小优。该机器人具备“自动化派送、自主搭乘电梯、错峰服务、云呼通知、取件码快速取件”等服务特点。据了解，驿站小哥们只需要在驿收发系统预约，驿收发系统便会自动呼叫小优派件，小优可以无障碍地完成从驿站到各个楼层的派送。除了送快递，小优还可以配送外卖。小优 8 小时续航，可自动回充，保证长航时稳定运行；整机采用模块化设计，可根据不同场景和业务需求，量身定制不同的功能和收派件隔口，解决了封楼、快递不能上楼配送的问题。其实，这并非顺丰首次推出配送机器人，2019 年，顺丰就推出了适用于写字楼、商圈、社区等场景的配送机器人。菜鸟网络、京东物流、中通、德邦快递和苏宁物流也推出过末端配送机器人。

——资料来源：中国邮政快递报社，2020-07-17

案例分析

顺丰一向重视并积极投入建设各项智慧物流设施，涵盖大数据及区块链、人工智能决策、智慧物流地图、自动分拣设备、智能硬件、物流无人机、数字化仓储、智慧包装、信息安全等多个方面。顺丰在国内快递行业的专利申请量排名第一，其专利覆盖无人机、智能分拣、大数据运用、智慧物流网络建设、自动驾驶、包装保鲜技术等物流核心、突破性领域，技术的应用和突破强力推动了对应物流环节中的运营优势。顺丰致力成为基于顺丰 DNA，以数据和科技驱动，为企业重塑供应链、提供多场景产品的综合解决方案提供商，为不同行业提供供应链执行管理、战术计划及优化、战略规划 3 个层面的服务。

党的二十大报告指出：“我们要实现好、维护好、发展好最广大人民根本利益，紧紧抓住人民最关心最直接最现实的利益问题，坚持尽力而为、量力而行，深入群众、深入基层，采取更多惠民生、暖民心举措，着力解决好人民群众急难愁盼问题，健全基本公共服务体系，提高公共服务水平，增强均衡性和可及性，扎实推进共同富裕。”

问题思考

电子商务物流模式应如何创新？它有哪些主要类型及特征？在新时代电子商务环境下，B2B、B2C、C2C 物流模式怎样应用并创新，其发展趋势如何？

任务一 电子商务物流新模式概述

一、电子商务新模式概述

1. 电子商务基本模式

电子商务模式是指在网络环境和大数据环境中，基于一定技术基础的商务运作方式和盈利模式。研究和分析电子商务模式的分类体系，有助于挖掘新的电子商务模式，为电子商务模式创新提供途径，也有助于企业制定特定的电子商务策略和实施步骤。

电子商务模式可以从多个角度建立不同的分类框架。随着其应用领域的不断扩大和信息服务方式的不断创新，电子商务模式的类型也层出不穷，主要包括以下 6 种。

（1）B2C：企业与消费者之间的电子商务（Business to Consumer）。

（2）B2B：企业与企业之间的电子商务（Business to Business）。

（3）C2C：消费者与消费者之间的电子商务（Consumer to Consumer）。C2C 商务平台通过为买卖双方提供一个在线交易平台，使卖方可以主动提供产品，而买方可以自行选择产品。

（4）O2O：线下商务与互联网之间的电子商务（Online To Offline）。这样，线下服务就可以在线上揽客，消费者可以在线上筛选服务，成交也可以在线结算。该模式最重要的特点是推广效果可查、每笔交易均可跟踪。

（5）BoB：Business-Operator-Business 的缩写，是指供应方（Business）与采购方（Business）之间通过运营者（Operator）达成交易的一种新型电子商务模式。

（6）B2Q：企业引入质量控制体系，通过在采购环节中引入第三方工程师等技术服务人员，提供售前验厂验货、售后安装调试维修等服务。

2. 电子商务新模式

随着移动互联网逐渐渗透到人们生活、工作的各领域，微信、支付宝、位置服务等丰富多彩的移动互联网应用迅猛发展，正在深刻改变信息时代的社会生活，电子商务新模式也层出不穷。

（1）社交电商。随着社交媒体和社交工具的广泛使用，企业通过社交网站和在线媒体等渠道与消费者互动，从而影响其购物决策。社会电子商务与社会媒体的融合，是社会信任交易模式的核心。在这种经济中，消费者通过朋友、老师、亲戚、同学甚至邻居获得关于产品的信息，并且更有可能因熟人而对产品产生信任，从而更有可能购买产品。社会场景+购物需求刺激了微型生态社会的巨大流动和社会电子商务的蓬勃发展。

（2）直播电商。短视频的兴起推动了直播电商的发展，直播电商在我国的崛起有 3 个核心因素：我国移动互联网用户的高普及率和高渗透率、我国拥有世界上最发达和效率最高的快速产品供应链、短视频建立了一个新的流程池。事实上，前两个因素是最初让直播电商崛起的原因，而让直播电商崛起的核心因素不是短期红利，而是生产力的提高和对更广泛环境的根本影响。 从长远来看，这些核心因素的出现将带来不可逆转的变化。

（3）社区电商。社区电商有其自身的优势，这些优势取决于：若客户聚集在同一住宅区，则团购可以节省大量的物流费用。社区电商结合了“熟人经济”和频繁出现的“菜篮子经济”，在成熟的新鲜产品和基础设施供应链中受到广泛欢迎。

二、电子商务物流模式创新要求

1. 加快实施新型基础设施建设，为物流模式变革注入新动力

新型基础设施建设以新技术赋能传统产业为驱动力，以新一代信息网络为基础，建设提供数字化转型、智能升级、融合创新等服务的新体系，对物流业的发展具有重要意义和深远影响。其具体内容如下。

（1）新型物流基础设施网的建设，如智慧园区的建设，可提升智能化水平，推动无人化分拣、自动化仓库等模式的发展。

（2）新型物流信息网的建设，如城市智慧物流运行监测信息平台的建设。

（3）新型能源网的建设，如推广应用新能源物流车辆，优化充电桩、加气（氢）站布局，研发无轨双源电动货车等。

（4）新型物流服务网的建设，如无人配送系统、网络平台货运相关业态、即时直递的建设，将进一步催生新业态、新模式、新经济，行业业态、生产组织、管理手段等将迎来全方位的变革。

2. 形成新发展格局，畅通国际国内物流循环

物流是经济循环的基础，我国将加快形成以国内大循环为主体、国际国内双循环相互促进的新发展格局。新发展格局要求加快构建完整的内需体系，以更经济、更便捷、更高效的物流服务，激活超大规模的内需市场，畅通生产、流通、消费各环节，促进物流与供应链、产业链融合发展，增强对提升经济竞争力的重要支撑作用，夯实国内大循环基础；同时，要求加快国际物流和贸易通道建设，积极助推中欧班列和国际航空货运等物流组织模式的发展，打造安全、便捷的国际物流供应链体系，保障国家产业链安全和国际供应链稳定。

3. 推动生态文明建设，发展集约、绿色的物流模式

国家高度重视生态文明建设，发展绿色物流，推动物流组织集约高效，降低能源消耗和减少污染物排放。共同配送、多式联运、网络平台货运、车货匹配平台、物流云仓等新业态、新模式的发展，有助于推动物流设施网络、组织网络、信息网络、标准规范的协同互联，促进各类物流分散资源和要素的有效对接，实现物流全链条上各方式、各主体、各环节的一体协同，从而促进减少物流环节、减少无效作业、提升物流效率、实现绿色高效发展等目标的实现。

三、物流新业态、新模式的发展路径

近年来，随着互联网、大数据、人工智能、物联网等信息技术的快速发展，物流领域的应用场景不断丰富，新业态、新模式层出不穷，颠覆了物流传统行业的格局，激活了物流新市场，培育并壮大了新动能。

1. 以多式联运为重点，推动干线组织模式高效融合

多式联运的本质是跨运输方式无缝衔接、便捷换装、快速转运，提供全程“门到门”的经济、高效的货物运输服务，可充分发挥各种运输方式的整体优势和组合效率，是货运物流服务的高级形态。其核心是解决跨运输方式、跨部门、跨区域一体化运输组织问题，包括建立公平公正的市场运行规则、衔接顺畅的基础设施网络、标准通用的运输装备技术、开放互联的信息

共享机制、经营规范的联运市场主体、支撑有力的产业发展政策等方面。

2．以共同配送为重点，推动末端组织模式集约发展

城市共同配送作为一种追求合理、高效的配送形式，是提高城市物流系统效率的重要手段和趋势，也是发达国家广泛采用、影响面较大的一种先进物流方式。共同配送的实质是将不同供应商和消费者的货物进行集中，通过合理、有效的运输组织，在配送时间、数量、次数、路线等诸多方面做出最优安排。加强城市共同配送管理，有利于提高车辆的载货率、缩短平均运距、节省物流处理空间和人力资源、提升流通效率，从而实现社会效益最大化、显著减少交通拥堵、促进城市可持续发展。

3．以设备共享为重点，创新物流装备循环共用模式

物流装备循环共用是推动物流绿色低碳、集约高效发展的必然途径，也是实现物流专业化分工、培育专业装备租赁市场、发展装备管理新技术、降低企业设备成本、发展共享经济的重要领域。

商务部、财政部、国家标准化管理委员会开展的商贸物流标准化专项行动和物流标准化试点监测数据显示，仅 2017 年，试点地区托盘租赁使用量超过 1500 万片，试点企业平均货损率下降 61.4%，装卸搬运单位成本下降 59%，车辆周转率提高 1.17 倍，全年创造供应链物流效益 95.6 亿元，推动二氧化碳排放量减少 13 万吨，减少砍伐成材树木 200 万棵以上。当前，推进车辆、半挂车、装卸机具、托盘、集装箱等物流单元的循环共用是亟待发展的重点领域。

4．以网络货运为重点，创新物流市场主体组织形态

网络货运是基于现代信息技术搭建的物流服务资源整合交易平台，可统一信息系统、结算体系和服务标准，实现物流资源的集约整合，提高物流服务品质，降低社会物流成本。2020 年，中国个体运输经营业户有 513.3 万户，平均每户拥有的货车数量为 2.38 辆，与美国 20 辆、欧盟国家 64 辆的水平仍有很大差距。

货运物流市场集中度过低，使得规模经济效应难以发挥作用，也造成运输资源的优化配置以运输资源的极大浪费为代价。积极发展网络货运，能够有效整合运力、仓储、配送、技术、人力等物流资源，不断提升货运物流组织化水平。

相关链接

2021 年，我国包裹数量占全球一半以上

2022 年，我国快递业务量达 1083 亿件，同比增长 29.9%，包裹数量占全球一半以上。快递业既贯通生产、分配、流通、消费各环节，又关联第一、第二、第三产业。蓬勃发展的快递业为我国经济发展注入新的活力，带来了新的发展机遇。

2021 年 12 月 29 日，湖北鄂州花湖机场即将开启校验飞行，距离正式运营又近了一步。鄂州花湖机场由顺丰集团、湖北省共同出资建设，总投资为 320.63 亿元，其中，机场工程投资仅 158.57 亿元，转运中心工程投资为 115.29 亿元，顺丰航空公司基地工程投资为 37.52 亿元。作为国内第一座专业性货运机场，鄂州花湖机场也是第一座深深烙上“快递”印记的机场，它是近年来中国快递业当之无愧的“重大工程”，也是中国快递企业第一次将投资领域延伸到机场的尝试。

这一切，源于行业的迅猛发展，源于消费者对时效的高要求。以鄂州为中心，1.5 小时的飞行

圈可以覆盖全国80%的人口，一晚上可以到达国内各大机场，隔天可以抵达世界各大机场。

“2022年6月鄂州花湖机场运营后，顺丰航空将形成以花湖机场为核心枢纽，以北京、深圳、杭州为区域枢纽的航空网络。”顺丰航空有关负责人表示，到2030年，鄂州花湖机场年货邮吞吐量预计达330万吨。顺丰航空阔步前行，其他快递企业也加速前进。截至2021年年底，快递专用货机保有量超过130架，江苏京东货运航空公司获批筹建，高铁运输快递路线超过1500条。

在苏宁物流，快递企业的服务则更多地延伸到制造业的售后环节。苏宁物流配送员邓某最近多了一个新身份——安装工。在配送学习桌时，他不仅负责送货上门，还负责安装。“苏宁物流正陆续组织快递员进行安装、维修等培训，使其全面参与产品的售后服务。”无锡苏宁物流总经理说。

越来越多的“快递进厂”案例表明，快递企业已不仅限于简单提供产品寄递服务，而是尝试将设施、系统、服务嵌入制造企业的生产、销售乃至售后等环节，成为制造业生产流通过程中不可分割的一部分。“快递业、制造业两业融合，有利于帮助制造企业更专注地投入设计、研发和生产等核心环节，提高物流效率，实现降本增效。”上海交通委邮政快递专委会副主任说，与此同时，与制造企业开展合作，也能推动快递企业提升一体化供应链服务能力，加快向综合快递物流运营商转型。

国家邮政局的数据显示，2021年，“快递进厂”实现新突破，已打造了1908个业务收入超百万元的快递服务制造业项目。

2022年1月1日，《区域全面经济伙伴关系协定》（Regional Comprehensive Economic Partnership，RCEP）正式生效。根据RCEP，海鲜、水果和蔬菜等生鲜货物的通关时间被压缩至6小时以内。中通国际东南亚管理中心的供应链负责人任某的任务是，利用好政策，让缅甸青蟹实现两日达。在缅甸，中通快递员既是揽件员，又是采购员。每日清晨，中通快递员前往供货商的蟹塘，挑选重量为400～500克的青蟹，并进行打包分拣。夜幕降临，青蟹被转运至分拨中心，准备“乘坐”包机。第二天，这批青蟹将被运至昆明长水机场和广州白云机场，随后被分发到国内各大商超。“春节前夕是缅甸青蟹肉质最饱满的时候，也是交易的旺季。”任某说，得益于航空速运和专业的冷链设备，每天约5吨缅甸青蟹通过中通国际供应链被新鲜送到消费者的餐桌上。未来，产品品类还将拓展至椰青、榴梿、龙眼等东南亚优质产品。

2021年“双11”前期，菜鸟位于比利时列日、西班牙马德里、法国巴黎、德国不来梅、意大利罗马、匈牙利布达佩斯、俄罗斯莫斯科的7个分拨中心全部正式投入运营。不仅如此，菜鸟还启用了超过300架次包机，助力中国跨境商家实现“国货出海”。在东南亚，随着中国快递企业直营网络的搭建，跨境商家最担忧的“最后一公里”配送问题也有了新的解决方案。“为了备战‘双11’，我们在曼谷转运中心临时增加了2000名员工，并额外储备了500多台车。”极兔国际泰国品牌经理介绍，在2021年“双11”期间，极兔国际在泰国的包裹数量翻了一番，其中有不少来自中国商家。截至目前，极兔国际的快递业务已覆盖印度尼西亚、越南、马来西亚、泰国、菲律宾等多个国家。中通国际在越南已开通的一级网点超过120个，服务覆盖率高达95%；在柬埔寨开通一级网点和二级网点近150个，有快递员约500人。

一手接订单，一手送全球。近年来，我国快递企业加快海外布局，已累计建成海外仓240个，面积近200万平方米。

——资料来源：中国政府网，2022-01-18

任务二 B2B 电子商务物流模式的选择

一、B2B 电子商务物流的概念

B2B 电子商务物流是在电子商务环境下的现代物流，具体来讲，是指企业间基于电子商务化和网络化的，信息流、商流、资金流下的物资或服务的配送活动。B2B 电子商务物流与传统物流的区别主要表现在 3 个方面：一是商业模式的合理性；二是科学应用的先进性；三是管理方法的科学性。B2B 电子商务物流具有几个明显的特点和电子商务的特点相呼应，分别为信息化、自动化、网络化、智能化、标准化、柔性化。B2B 电子商务物流的这些特点与电子商务的特点相呼应，体现了网络时代电子商务的要求。

结合企业间开展电子商务的实际情况，我们可以看到，在电子商务环境下，对物流的要求与传统的要求有着本质的区别。在传统商业模式下，对物流的要求往往不够严格，基本上只突出了低成本、多种运输方式的选择性、运输货物安全、特定运输时效等方面的要求，与我们所谈到的电子商务环境下的物流有很大区别。相比较而言，后者的要求更加苛刻、严格，实现难度更大，对物流的基础设施、人员专业性、物流技术、信息工具的运用的要求更高。

二、B2B 电子商务物流需求的特点

1. 物流服务的稳定性

参与 B2B 电子商务交易的各方都是企业，在数量上相对于个人客户要少得多，并且相对集中，每次出货的频率相对较低，但是数量很大。每笔订单从接单、采购、生产到仓储、运输、配送的环节时间都很长。但是，对于交易内容和产品性质的要求都基本相同。因此，企业在物流上需要能够提供长期的、稳定的服务来满足其客户的要求。每笔订单的成败都决定了今后有无长期合作的可能。因此，对交易双方来讲，每笔订单的履行都很重要。由此看来，物流服务的稳定性至关重要，这也是 B2B 电子商务对于物流的首要要求。

2. 物流递送的时效性

企业间的电子商务交易对象大多为生产、制造、销售急需的原材料、零部件，以及急于上架销售的产品。任何形式的延误都可能造成生产计划的落空，如生产线由于无料可供生产而暂时停止，导致库存不足，或是错过了销售旺季造成利润减少而使合同难以履行，以至于整个供应链中断，这会严重影响交易双方正常的生产经营活动，给交易双方带来难以弥补的损失。因此，相对于普通的电子商务交易，B2B 电子商务物流必须有能够满足时效的解决方案。

3. 物流法规的规范性

B2B 电子商务交易往往会涉及大额的贸易合同，对外贸企业来说更是如此，每个合同都会严格地规定交易双方的责任、义务，其中关于物流运输的条款也会被订立其中。这就涉及运输过程中的责任和赔偿问题。这些问题往往需要完善的法律和规范的法规来解决。如果没有合适而规范的法规约束交易双方的权利和义务、分清责任、避免风险，那么一旦出现问题，就会无法可依，产生的贸易纠纷将无法得到解决，这将严重打击交易双方使用电子商务交易的积极性，

不利于电子商务的发展。

4. 交易双方资信的安全性

由于参与 B2B 电子商务交易的双方进行的是在线交易，交易双方没有经过面对面的谈判，或是经过任何熟人引荐，进行的是典型的信用交易。在实际运作中，由于相互之间不了解，没有建立长期的合作关系，参与物流服务的各方在交易中都会存有戒心，担心对方的资信不佳而受骗。再加上合同金额很大，一旦资信出现问题，就会给一方造成致命的打击。客观上，在交易中，交易双方的资信要俱佳，交易要在安全的原则下进行；否则，一次出现问题，交易双方可能就不敢再继续进行电子商务交易，这会阻碍电子商务的发展。

5. 物流信息的共享性

由于 B2B 电子商务交易全部是线上交易，电子化、数字化的特点使其具备传统商业模式所没有的优点：缩短了交易时间，降低了交易成本，使原本天南海北的交易双方能够在很短的时间内达成交易。但是，如果物流不透明，物流信息传递不通畅，信息不同步，就会使电子商务的优势大打折扣。因此，B2B 电子商务要求所有信息都能共享，特别是物流信息，时时更新的物流信息是电子商务信息中不可缺少的重要部分。

6. 物流网络的全球化

参与 B2B 电子商务交易的双方多处于不同的国家或地区，因此 B2B 电子商务具有开放性和全球性的特点。一个企业与处于不同国家或地区的企业做生意，在文化、法律、观念、思维方式不同的条件下，很难做到心中有数。在大多数情况下，企业都不会在对方国家或地区建有分支机构或网络。但是客观上，企业必须有强大的网络支持，以便保证物资被准确、高效地运抵客户指定的地点。这时，物流的网络就需要遍布全球，覆盖大部分国家和地区。可以说，物流拼到高层次，就是在拼物流网络布局，这样才能满足电子商务的要求。

三、电子商务平台在 B2B 电子商务物流中的对接作用

在 B2B 电子商务中，电子商务平台无疑是连接交易双方的重要载体和主要渠道：一方面，电子商务平台为交易双方提供供求信息；另一方面，越来越多的电子商务平台为交易双方提供物流服务，如知名的 B2B 电子商务平台阿里巴巴等。由于其物流服务的对象是在 B2B 电子商务平台上进行交易的企业，其物流模式的选择就代表着企业的物流模式选择，其对物流模式的选择是否合理和成功，将直接影响 B2B 电子商务物流的成败。

在电子商务平台上进行交易，选择电子商务平台提供的物流服务将是未来电子商务物流的发展趋势，这是因为，作为企业间电子商务的中间环节和主要渠道，电子商务平台在整合交易本身和物流需求后，可以将整个交易过程无缝对接，将整个交易过程从交易到物流派送集成起来，为参与交易的企业提供便捷、高效的服务。电子商务平台的对接作用主要有以下几点。

（1）电子商务平台可以连接交易双方，在提供交易平台的同时，为交易双方即时提供交易双方需要的物流服务，可以节省交易双方各自寻找物流解决方案的时间和精力，使其集中精力做事好交易。

（2）电子商务平台上有数以万计的买方和卖方，物流需求量非常大，经过电子商务平台的整合和汇总，可以形成极大的物流采购能力，从而具有规模效益，使得物流采购成本降低，最

终使集成后的物流成本远远低于各参与企业独自采购的成本。

（3）电子商务平台所提供的物流解决方案往往具有同质性，它可以针对交易双方的需求，提供长期的、稳定的物流服务。

（4）通过电子商务平台提供的物流服务，交易双方不仅解决了交易问题，还解决了物流问题，从而使得整个交易完整、易于控制，也减少了由于选择不同的物流解决方案而带来的延误。通过以上分析我们可以看到，由电子商务平台提供物流服务具有优势，可以方便交易双方集中精力进行交易本身的洽谈。只要电子商务平台选择的物流模式是合理的、高效的，就能使交易双方受益。

相关链接

基于物联网+5G 技术的物流车辆数字化综合服务平台应用

1．应用企业简况

广东省嗒上车物联科技有限公司，注册资本为 3000 万元，国家高新技术企业，拥有 10 年物联网应用技术积累，构建物流车辆数字化综合服务平台。产品涵盖：叉车全生命周期数字化综合服务、物流车辆数字化综合服务、叉车 AGV 升级改造、智能仓储、智慧物流解决方案等。该公司坚持以技术驱动服务创新的理念，持续为客户提供高效、优质的服务。该公司研发了基于物联网+5G 技术的物流车辆数字化综合服务平台（以下简称物流车辆数字化综合服务平台）。

准时达为国际供应链管理、物流管理平台服务企业，积累了近 20 年的精益供应链管理经验，专注于制造业上游从原材料到成品，以及下游从成品到终端消费者的全程端到端供应链整合，通过与客户在供应链领域的深度融合，让供应链真正成为企业的核心竞争力；与全球超过 3000 家 3C 零组件厂商及客户密切合作，服务超过 1000 家知名品牌客户，以卓越的全球供应链管理经验成为业界的佼佼者。

2．数字化平台

物流车辆数字化综合服务平台主要有三大组成部分：负责前端实时数据采集和车辆现场控制的数字化智能终端，负责与物流车辆相关的大量数据存储、管理、挖掘、分析的云端大数据平台，负责为平台各类用户直接展示平台管理功能的移动端 App。物流车辆数字化综合服务平台通过“云端大数据平台+数字化智能终端+移动端 App”实现物流车辆的物联网化、供应链全链条的数字化和物流车辆应用全场景展示的智能化，从而打造物流车辆数字化服务生态体系，助推物流车辆的相关企业进行数字化转型。物流车辆数字化综合服务平台通过人车授权关联、授权开车、人车时效统计、主动安全、智能调度等业务全场景数字化、智能化、可追溯功能，解决现有管理方法很难做出精准决策的物流车辆安全性、使用效率、维护成本、存量分布及司机配比是否合理、如何优化等问题，帮助物流车辆的相关企业降低使用风险、提高使用效率、降低运维成本、提升竞争力和增加利润。同时，物流车辆数字化综合服务平台也为各级政府市场监管部门特种设备管理的车辆现场检测、资料整理、证照核发等工作提供强有力的精准数据保障，确保车辆监管到位，避免因未合规登记的车辆脱于监管并因车辆的自身车况问题可能引发的工作中的各类安全隐患，从而降低监管风险。

3．信息化进程中的问题

在物流车辆数字化综合服务平台应用的实施过程中，广东省嗒上车物联科技有限公司遇到的主要困难是车辆适配难度大，物流车辆的品牌多、型号多，并且不同年份的同品牌同型号车辆，其电控系统也不尽相同，尚无统一的标准，这些情况使得数字化智能终端在物流车辆上的部署变得更为复杂，使数字化智能终端对各种物流车辆实时运行信息的获取难度加大。针对以上问题，广东省嗒上车物联科技有限公司积极采集各类车辆的电控系统信息，进行集中分析，归纳车辆电平范围、车辆通信接口、通信协议，根据采集的技术资料进行精准分析，设计出可以让各类车辆共用的兼容性高的数字化智能终端，能够满足同一现场，不同品牌、型号、年份车辆的数字化升级改造。同时，为了满足未来对物流车辆数字化功能拓展升级的需要，数字化智能终端实现了软件的远程在线自动安全升级。

物流车辆数字化综合服务平台应用的推进过程一般分以下几个阶段。

（1）向物流车辆的相关企业推介物流车辆数字化综合服务平台，演示该平台的主要功能，引发客户关注。

（2）跟有意向的客户沟通客户需求，尽量引导客户使用该平台的标准功能，定制开发有特殊意义的新功能。

（3）给有意向的客户安装一两台样机供其试用和测试，等待其试用和测试结果。

（4）根据客户的试用和测试结果和客户提出的与业务系统融合的部分要求，最终确定客户功能需求。

（5）签订小批量合同并进行产品准备。

（6）在对产品进行再次检测后，将产品发给客户，供客户安装和使用。

（7）客户进一步提出与业务系统完全融合的产品需求并签订批量合同。

（8）在对产品进行准备和再次检测后，将产品发给客户，供客户安装和使用。

（9）进行技术培训、售后技术服务、产品使用效果评估。

4. 信息化主要效益分析与评估

准时达针对叉车资产管理要实现线上管理的需求，启动物流车辆数字化综合服务平台应用项目。准时达在对市场上的多个车辆数字化产品进行详细比对后，最终选择了广东省嗒上车物联科技有限公司的物流车辆数字化综合服务平台。

（1）信息化实施前后的效益指标对比、分析。

准时达在全国有 50 个场地，每个场地平均有 52 台叉车、120 位司机，进行车辆数字化升级改造前后的数据对比如下。

① 车辆减少了 11 台，每台车的平均价格为 5 万元，车辆 5 年折旧，车辆费用减少 11 万元/年。

② 司机减少了 38 人，人均投入为 6.8 万元/年，人工成本平均减少 258.4 万元/年。

③ 维护成本减少 6 万元/年。

④ 平均每天工作 12 小时，每台车平均每天增加叉货处理量 108 托，每托平均创造的收益为 5 元。

（2）信息化实施对企业业务流程改造与创新模式的影响。

① 企业的车辆管理产生了根本性变化，从实施前的人盯人的现场管理转变为目前的线上管理、远程管理、集群式管理和调度，极大地提高了管理效率。

② 企业的考核方式发生了颠覆性变化，从实施前的人工计时考核转变为通过数字化进行科学量化考核，考核数据来源清晰、公正，人员优胜劣汰，能者多得，极大地激发了物流车辆现场作业人员的积极性，提高了生产效率。

（3）信息化实施对提高企业竞争力的作用。

物流车辆数字化综合服务平台对司机、车辆多维度的运行信息进行采集、上传、计算，形成可视化的数据分析，为企业的管理者提供精准的决策依据，对企业的传统管理方式、业务流程实现大幅度优化。

资料来源：中国物流与采购网，2021-04-08

四、B2B 电子商务平台的物流模式

一般来说，相对于 B2C 或 C2C 电子商务平台来说，B2B 电子商务平台的客户订单要大。根据 B2B 电子商务交易的特点，可供 B2B 电子商务平台选择的物流模式有以下几种。

1．自营物流模式

电子商务企业通过自建物流体系，投入资金建设自己的物流部门或物流公司，如京东商城、海尔物流等。由于 B2B 电子商务企业的业务量相对较多，比较稳定，供应区域相对集中，因此可以尝试自营物流，实行环城 BUS 式供货。例如，东莞厚街有很多鞋厂，如果一家 B2B 电子商务企业提供鞋材和相应的模具，那么完全可以实行 BUS 式供货。同样，在浙江嘉兴、海宁等单一工业制造业集中的地方，也可以实行 BUS 式供货。自营物流需要考虑物流成本和外包差异，能否容忍成本和服务质量之间的利益损失也是需要考虑的问题。

2．第三方物流模式

与物流企业合作，电子商务企业可专心于生产和营销，不参与物流的具体运作，如戴尔和惠普等。同时，部分电子商务企业根据实际情况也可选择零担包裹的第三方物流模式，如选择德邦物流、上海春风货运等物流企业。虽然物流费用比快递费用要低不少，但电子商务企业需要对物流时效和送货质量进行严格监控。

物流企业采用委托-代理的形式，运用自己成熟的技术为客户提供高质量的服务。就现阶段而言，第三方物流是目前可以应用于实际的最佳物流模式之一。该模式不仅具有很多优势，还几乎适用于所有企业，特别是中、小、微型企业，而我国 B2B 电子商务的特点又正是中、小、微型企业参与居多，所以选择高水平的第三方物流模式是 B2B 电子商务平台物流的最佳解决方案之一，是解决现阶段企业 B2B 电子商务物流问题的重要方法。

3．物流企业联盟模式

进行电子商务交易的企业通过签署合同形成优势互补、互信、共担风险、共享收益的物流伙伴，进行电子商务物流运作，即物流企业联盟模式。

4．第四方物流模式

区别于第三方物流，第四方物流整合了电子商务交易供应链的全过程，协调交易企业、物流企业和其他相关企业，实现供应链价值的增值。例如，上海新跃物流企业管理有限公司运营的物流汇是一个整合并推动小、微型物流企业发展卓有成效的电子商务平台，通过提供信息化、专业化、个性化的服务，帮助近 4000 家（占上海物流企业总数的 30%以上）小、微型公路运输物流企业成长。目前，物流汇面向物流企业的服务与产品已达 47 项；实体会员全部通过物流汇购买保险和向指定银行申请贷款；与中国石油天然气集团有限公司的合作已见成效，使其供油

数量大幅提升，累计降低企业运营成本达 50 余万元；通过与银行的合作，累计为物流企业发放无抵押贷款近 4000 万元，无一坏账。

小贴士

RCEP

RCEP 是 2012 年由东盟发起，历时 8 年，由包括中国、日本、韩国、澳大利亚、新西兰和东盟 10 国共 15 方成员制定的协定，是亚太地区规模最大、最重要的自由贸易协定谈判。

2021 年 11 月 1 日，泰国副总理兼商务部长朱林表示，泰国与新加坡、文莱、老挝、柬埔寨、越南共 6 个国家已于 10 月 28 日提交了 RCEP 核准书。澳大利亚和新西兰已完成 RCEP 的国内核准程序，RCEP 已满足生效的条件。

2022 年 1 月 1 日，RCEP 正式生效。1 日零点，在 RCEP 协定生效后，全国首份 RCEP 原产地证书和山东首笔出口退税申请在青岛完成办理。

任务三　B2C 电子商务物流模式的选择

一、B2C 电子商务物流模式的概念

B2C 电子商务物流模式是信息化、现代化、社会化的物流模式，是指物流企业采用先进的信息化技术，针对社会需求，严格、守信用地按客户的订货要求，进行一系列分类编配、整理、分工、配货等理货工作，定时、定点、定量地将货物交给没有范围限制的各类客户，满足其对货物的需求的物流模式。B2C 电子商务物流的目的是为电子商务的客户服务，它是根据电子商务的特点，对整个物流配送体系实行统一信息管理和调度，按照客户的要求在物流基地进行理货工作，并将配好的货物送交订货人的一种物流技术。B2C 电子商务从本质上说是集合了信息流、资金流和物流的一种网上交易模式。物流是制约 B2C 电子商务发展的瓶颈，B2C 电子商务企业的物流模式的合理选择，是促进 B2C 电子商务持续发展的关键环节。

二、电子商务对 B2C 物流配送体系提出的新要求

电子商务既促进了现代商务活动交易方式的变革，又对现代企业的物流业务管理产生了巨大的影响。传统的零售业都是消费者亲自到商店购买并自己带回所购产品，企业不需要解决终端环节的物流配送问题。而在电子商务环境下，企业可以借助自己的商业网站直接把产品销售给消费者，在消费者确定要购买的产品后，商流、信息流和资金流都可以直接通过网络解决，这就使得电子商务环境下的消费者对所购买产品的可得性心理预期变大，相应地对企业配送的速度要求也就越高了。因此，B2C 电子商务要取得长足的发展，必须有灵活、高效的物流配送体系与之相匹配。具体来说，B2C 物流配送体系必须做到以下几点。

1. 物流配送信息化

信息化体现在物流配送信息收集的数据库化和代码化、信息处理的电子化和计算机化、信息传递的标准化和实时化、信息存储的数字化等方面，只有实现了 B2C 物流配送的信息化，才能将先进的技术设备应用于物流领域，才可能实现物流配送作业流程的自动化。因此，条码技术、数据库技术、电子订货系统、EDI 技术等必然在 B2C 物流配送中得到普遍的应用。

2. 配送流程自动化

B2C 物流配送自动化可以提高物流作业能力，提高劳动生产率，减少物流作业的差错等。自动化设施非常多，如条码/语音/射频自动识别系统、自动分拣系统、自动存取系统、自动导向车、货物自动跟踪系统等。只有普及自动化技术，才能快速地对 B2C 物流配送需求做出反应，并准确、高效地把产品送到消费者手中，B2C 电子商务的优越性才能体现出来。

3. 物流服务系列化

B2C 物流除了提供传统的存储、运输、包装、流通加工服务，还在外延上向上扩展至市场调查与预测、采购及订单处理，向下延伸至配送、物流咨询、物流方案的选择与规划、库存控制策略建议、货款回收与结算等。

4. 物流管理柔性化

柔性化原是生产领域为实现“以客户为中心”而提出的，但要真正做到柔性化，即真正根据消费者需求的变化来灵活调节生产工艺，没有配套的柔性化的物流配送系统是不可能实现的。物流管理柔性化要求 B2C 物流配送中心根据消费者需求“多品种、小批量、多批次、短周期”的特点，灵活组织和实施物流作业。

小贴士

无人机快递

无人机快递即通过利用无线电遥控设备和自备的程序控制装置操纵的无人驾驶的低空飞行器运载包裹，自动将包裹送达目的地。其优点主要在于可以解决偏远地区的配送问题，提高配送效率，同时降低人力成本。

2013 年 12 月 1 日，美国零售巨头亚马逊公司在其网站上发布了一段视频。视频显示，买家在亚马逊网站下单后，亚马逊物流中心的一架迷你无人机随即夹起内装货物的黄色小盒子，自行飞向目的地，不到 30 分钟后便把货物送到买家的家里。

在中国，2013 年 9 月有消息称，顺丰已在广东东莞市进行了无人机测试。

2019 年 4 月 23 日，美国联邦航空局宣布，向谷歌母公司“字母表”旗下的无人机配送公司“翼航空”发放美国首个无人机配送许可。

2022 年 1 月 24 日，中国民航局正式颁发全国首个支线物流无人机试运行批准函和经营许可，顺丰旗下的大型无人机公司丰鸟科技成为全国首家可在特定场景下开展吨级大业载、长航时支线物流无人机商业试运行的企业。

三、B2C电子商务物流模式选择的影响因素分析

1. B2C电子商务物流模式选择的宏观影响因素分析

在网络购物环境下，分析电子商务企业物流模式的前提是充分分析、了解当前宏观影响因素对电子商务企业物流模式选择造成的影响。对宏观影响因素进行分析，有助于电子商务企业认清当前经济特别是物流业的发展现状，充分应对存在的相关问题；有助于电子商务企业制定长期发展战略；有助于电子商务企业带动相关物流市场重新洗牌，促进相关法律法规的尽快完善。

（1）第三方物流的发展水平。第三方物流发展得不完善，已成为电子商务企业特别是B2C电子商务企业在选择物流模式时所面临的主要问题之一。美国一所大学对第三方物流配送在电子商务中的应用研究结果表明，第三方物流配送已成为电子商务物流配送的最佳模式。国外的大多数电子商务企业通过与专业的第三方物流配送企业合作，完成配送业务。然而在我国，由于第三方物流发展得不完善，采用第三方物流模式在一些情况下并不能使得电子商务企业的物流配送业务顺利地完成。因此，第三方物流的发展水平特别是配送业务的发展水平是直接影响电子商务企业选择物流模式的主要宏观因素之一。

（2）电子商务网络购物市场的发展进程。电子商务与第三方物流之间形成的巨大差距，加速了B2C电子商务企业自建物流的步伐，然而自建物流是否是电子商务企业解决物流短板的唯一模式，值得电子商务企业思考。电子商务网络购物市场的迅速发展将促进第三方物流市场进一步发展完善，促进当前B2C电子商务物流市场的变革，间接影响电子商务企业物流模式的选择。

近年来，网络购物消费规模突飞猛进，网络购物的快速发展使得本已高负荷运作的快递配送业务有些招架不住，并且未来几年网络购物市场会继续保持高速发展的态势，电子商务企业已经开始意识到，物流已成为制约电子商务企业扩大发展规模的一个瓶颈。

（3）现行的电子商务物流法律法规。现行的电子商务物流法律法规完善与否，对于出现在网络购物过程中发生的物流问题的处理有重要影响，而物流问题的处理水平既是电子商务企业要面临的问题，又是物流操作单位需要面临的问题，更是电子商务企业与物流操作单位合作展开业务活动需要面临的问题。物流问题的处理水平直接影响着网络购物客户的购物满意度及日后重复购物的消费欲望。因此，B2C电子商务企业需要在客户满意度与物流经营成本之间进行权衡，选择合适的物流模式，以便满足自身目前的发展需求及实现战略发展目标。

2. B2C电子商务物流模式选择的微观影响因素分析

电子商务企业是选择自建物流还是将物流业务全部外包给第三方或与第三方建立物流联盟关系不能草率。电子商务企业在对物流业务进行决策时，应当立足于自身的实际需求和资源状况，以提高自身的核心竞争力和市场竞争能力为目的，综合考虑以下几个方面的因素，谨慎选择适合自身发展需要的物流模式。

（1）物流模式的选择主体。B2C电子商务物流模式选择的不同主体会对物流提出不同的要求，它是影响B2C电子商务物流模式选择的前提因素。B2C电子商务物流模式选择的不同主体对待物流问题的侧重点不尽相同，会影响B2C电子商务物流模式综合评价体系中各主要指标的权重。因此，对B2C电子商务企业的类型进行分析具有重要意义。电子商务企业的规模和实力在一定程度上影响着电子商务企业对物流模式的选择，自建物流要求电子商务企业具有雄厚的

实力，一般只有发展规模较大、实力雄厚的电子商务企业才具有自建物流的能力。而物流联盟模式相对来讲，需要几家电子商务企业与物流企业共同投入，对电子商务企业自身的规模和实力的要求就要低些。采用第三方物流模式，对电子商务企业的要求最低。

一般来说，对一些规模较大、资金充裕、货物配送量巨大的中大型电子商务企业来说，投资建立自己的配送系统，掌握物流配送的主导权，坚持以客户为中心的经营理念，也是一种选择。这类电子商务企业由于实力较雄厚，因此有能力建立自己的物流系统，制订合适的物流需求计划，保证物流服务的质量。另外，这类电子商务企业还可以利用过剩的物流网络资源拓展外部业务（为其他企业提供物流服务）。而中小型电子商务企业则受资金、人员、核心业务、管理能力和资金投入的限制，如果物流业务量较小，那么反而会提高物流成本、降低物流效率，这类电子商务企业更适合把物流业务交由信誉良好的专业的第三方物流企业。

（2）物流在企业中所处的地位。物流在企业中所处的地位会因电子商务企业的不同而发生变化，一条完整的电子商务供应链是由供应商、电子商务企业、消费者及多个中间的相关企业构成的，电子商务企业在这个供应链体系中占有重要的地位。商流、信息流、资金流、物流同时存在于电子商务供应链中。在信息高速发展的今天，商流、信息流、资金流可以通过电子信息技术手段实现并得到解决。相比之下，物流必须通过传统的流通手段来实现，我国较落后的物流业已成为电子商务企业发展的短板，如何提高物流速度和物流服务水平已成为电子商务企业不得不面对的问题。物流处于电子商务交易过程中的最后一个环节，物流的成功与否直接影响着电子商务企业的市场竞争地位，因此电子商务企业要解决物流问题。电子商务企业必须清晰地认识到物流在企业发展过程中的定位问题。近年来，自建物流的 B2C 电子商务企业越来越多，然而企业发展物流的重点究竟是什么？物流的存在是为了降低成本还是企业达到促销目的的一个手段？提升物流服务水平在促进电子商务企业销售的同时，是降低了物流成本还是提高了物流成本？促销带来的利润是否足以弥补提高物流成本带来的损失？提升物流服务水平是不是企业长远发展的奠基石？这些问题归根结底是要电子商务企业意识到物流对企业竞争能力的贡献程度如何、企业对物流的控制力有哪些要求。这些问题是所有电子商务企业都需要认真思考的问题。

（3）物流系统总成本。成本与费用是影响企业物流策略的一个重要因素，电子商务企业在选择物流模式时，必须清楚各种模式下的物流系统总成本。

（4）物流服务能力。在选择物流模式时，虽然考虑物流系统总成本很重要，但是物流服务能力也是需要考虑的重要因素之一。物流服务能力主要包括基础服务能力、信息服务能力、柔性服务能力和增值服务能力 4 个方面。基础服务能力主要通过交付能力（准确、及时、有效地将货物送达到客户指定位置的能力）、货物破损率、前置时间（客户从下达订单到收到货物所需的时间）、供应能力（满足客户需求的能力）、缺货率及订单履行率等指标来进行衡量和评价。信息服务能力主要通过信息的时效性、信息的准确性、信息系统的覆盖率、信息系统的先进性等指标来进行衡量和评价。柔性服务能力主要通过时间柔性（物流企业对客户时间需求变化的响应能力）、物流系统柔性（物流企业的物流系统对市场需求变化的响应能力）等指标来进行衡量和评价。增值服务能力主要通过增值服务的项目、增值服务的内容、增值服务的水平等指标来进行衡量和评价。

（5）合作风险。任何企业都离不开企业间或部门间的合作，进行风险评估对现代企业选择合作伙伴具有重要意义。同样，电子商务企业在选择物流模式时，也需要面临企业间合作或部门间合作的问题，与其他企业或部门合作能力的高低，对电子商务企业能否选择合适的物流模式具有重要影响，特别是当电子商务企业采用第三方物流模式时，由于将物流业务外包给第三方物流企业具有很大的不确定性，因此会给电子商务企业带来巨大的风险。

四、B2C电子商务物流模式

1. 采用邮政特快专递（EMS）服务的物流模式

电子商务企业先从网站或虚拟网站上获得客户的购物清单和家庭地址等信息，然后到附近的邮局办理特快专递手续将产品寄出，在产品到达客户所在地的邮局后，或由客户到所在地邮局将产品取回，或由邮递员直接将产品送到客户手中。采用EMS方式具有方便、快捷的特点。但是这种方式存在以下问题。首先，EMS服务收费偏高，如果这部分费用由电子商务企业负担，其经营利润就会大大减少；如果这部分费用由客户承担，那么对于小件低价产品，客户肯定难以接受。其次，EMS很难保证在客户期望的时间内将产品送到。

2. 自建配送中心的物流模式

电子商务企业在各地的客户密集地区设置自己的配送中心，在获得客户的购物信息后，由配送中心的人员为客户送货上门。这种物流模式可以满足客户“即购即得”的购物心理需求，但它也存在如下问题：首先，配送中心的布局、人员的配备数量、产品的库存量等很难合理地确定；其次，由于要满足客户的即时需求，因此对配送时效有严格的要求。

3. 借助第三方物流企业的模式

借助第三方物流企业的模式是指电子商务企业将一部分或全部物流活动委托给外部的专业的第三方物流企业来完成的模式。第三方物流企业本身不拥有产品，而是与电子商务企业签订合作协定或结成合作联盟。采用这种物流模式，将产品送达客户的时间比前两种模式都要快，而且服务是专业化的、多功能的和全方位的。但是如果送货量太小，那么送货费用一般比EMS的服务费用还要高。这种物流模式要求专业的第三方物流企业在基础设施、人员素质、信息系统等方面加强建设。

4. 电子商务与传统商业结合的模式

传统商业特别是连锁经营商业具有得天独厚的资源优势、丰富且合理的产品种类、高附加值的服务、高效的配送体系等，这些正是电子商务企业所欠缺的。电子商务与传统商业的结合能够充分发挥二者的优势，实现资源共享和优势互补。

5. 共同配送模式

在B2C电子商务目前的状况下，由于市场竞争，各配送中心为开拓自己的市场，竞相建立自己的物流网络和相关设施，这就不可避免地造成重复建设、资源浪费的现象，而一些地区又存在配送设施不足的情况。上述问题向现代运输和物流提出了相当严峻的挑战，而共同配送是提高物流效率、解决上述问题的有效途径，是物流发展的新方向。共同配送是物流配送企业之间为了提高配送效率和实现配送合理化，以互惠互利为原则，提供便利的物流配送服务的协作型配送模式。

任务四 C2C电子商务物流模式的选择

一、C2C电子商务物流模式的概念

所谓C2C电子商务物流模式，是指物流配送企业针对客户的需求，进行一系列分类、编码、整理、配货等理货工作，按照约定的时间和地点将确定数量和规格的产品送到客户手中的物流模式。

近年来，随着电子商务行业的快速发展，我国的网络零售业取得了显著的发展成效。国家统计局的统计数据显示，2021年全年全国网上零售额为130 884亿元，比2020年增长14.1%，其中，实物产品网上零售额为108 042亿元，吃类、穿类和用类产品分别增长17.8%、8.3%和12.5%。目前，我国C2C网络购物系统由卖家、C2C电子商务平台、买家、第三方支付平台和物流企业五大部分共同构成。这个系统包括商流、信息流、资金流、物流等四大模块。其中，商流、信息流和资金流获得了突破性的进展，已全面实现电子化作业，而物流问题尤其是物流配送问题层出不穷，成为制约我国C2C电子商务发展的一大瓶颈。

二、C2C电子商务物流模式的特点

1. 客户（买家和卖家）分布分散

互联网的无边界性特点导致电子商务客户区域的分散与不确定性，但过于分散的配送网络不利于物流企业集中配送和降低成本。C2C电子商务的客户分布在全国各地，可以说，几乎凡有互联网覆盖存在的地方，都有可能存在C2C电子商务的客户。由于C2C电子商务客户的分布过于分散，当前我国现有的第三方物流企业（中国邮政除外）很难具有如此大的市场布局，同时在这方面也很难实现盈利，这是现在很多第三方物流企业不愿将快递业C2C业务纳入其主营业务范围的重要原因。对很多第三方物流企业而言，C2C类型的配送业务仅是其用来扩大市场范围和提高影响力的一种手段或方式。

2. 第三方物流企业（快递企业）的配送布局分散，重复布局现象严重

目前，我国尚没有建立公共的第三方物流信息平台，这是我国第三方物流（快递）行业发展的重要瓶颈。相关资料显示，大部分第三方物流企业（快递企业）一般根据自身的业务范围划定业务活动区域，因此在同一小区范围内往往同时出现多家第三方物流企业（快递企业）的业务代理点，从社会资源的角度考虑，这造成了资源浪费。

3. 单笔交易数额较小，卖家很难降低物流成本

目前，C2C电子商务网络购物的单笔交易额较小，主要集中在1000元以下，体现为一对一的单向物流过程。也就是说，一般是卖家将每天达成交易的产品集中送到快递企业，卖家根据买家的要求进行填单和包装，由快递企业经其分拣中心处理后，根据卖家的要求将产品送至买家手中。由于单个卖家的日均配送数量很少，其很难与快递企业形成稳定的客户关系，卖家在快递企业面前的谈判砝码很小，这造成物流成本长期居高不下的问题，很难实现规模效益。

4．卖家的道德风险

卖家在代理物流时有可能产生不能使买家利益最大化的行为。这类行为分为两种：一种是物流成本最小化，指在交易过程中，夸大产品的物流费用；另一种是物流委托的逆向选择，指在选择物流代理人的过程中，卖家出于自身的利益，不选择最好的物流代理人，而选择报价最低的物流代理人。

从目前 C2C 电子商务的价值链实现流程看，卖家的道德风险产生的根源是 C2C 电子商务价值链中物流价值的实现机制。首先，买家在物流完成之前，不能获得产品的具体信息，特别是物流费用方面的信息，如产品的体积、包装要求等，所以在物流费用的确定上卖家占据强势地位。由于竞争激烈，卖家有压低产品价格吸引买家，夸大物流费用弥补收益损失的动机。其次，卖家在寻找物流代理人时，由于物流的效率最终由买家受益，而且出现问题时可以把责任推给物流代理人，再加上现有的卖家信用评价机制一般不包括由于物流引起的对卖家的差评，因此这对买家来讲，也属于卖家的道德风险问题。

三、C2C 电子商务物流模式的主要影响因素

我国的 C2C 电子商务起步晚、起点低、物流管理水平比较落后，目前的物流配送模式难以满足现阶段 C2C 电子商务迅猛发展的需求。因此，为选择与我国 C2C 电子商务自身特点相适应的物流模式，我们需要对影响 C2C 电子商务物流模式的若干因素加以考虑。

1．网络平台

无论是产品采购、销售、配送，还是售后服务，我国的 C2C 电子商务企业都离不开现有电子商务网络平台的强力支撑。可以说，一个具有完善物流技术和良好经营理念的网络平台是 C2C 电子商务企业能够做大做强的强力后盾。在我国，一个较好的网络平台不是一蹴而就的，需要电子商务企业从多个层面进行建设。一个较好的网络平台需要具备的主要条件包括高速、有效的信息搜索引擎，便捷、经济的 C2C 互动交流工具，安全、可靠的第三方支付平台，以及能提供高效物流配送服务的第三方物流企业。只有具备了以上条件，才能保证在整个网络购物交易过程中为客户提供全程便捷的服务，满足客户的多样化需求。因此，网络平台是我国 C2C 电子商务企业在选择物流配送模式时需要重点考虑的因素。

2．第三方物流企业

物流问题一直是制约我国电子商务发展的一大瓶颈，尤其是对我国的 C2C 电子商务企业而言。由于我国的 C2C 电子商务企业存在“小、散、弱”等特点，C2C 电子商务企业的管理水平参差不齐，C2C 电子商务企业之间也较少发生交集，C2C 电子商务企业没有能力依靠自身的力量成立自己的物流组织或企业，因此必须把自己的物流业务委托给第三方物流企业来完成。由此可见，第三方物流企业是 C2C 电子商务企业不可小觑的因素，也是达到客户期望的服务水平需要考虑的关键因素。

3．消费者偏好

据统计，消费者对网购产品的送达时间有独特的偏好。一般来说，消费者对位于不同区域的产品的要求不同：同城产品要求 1 天送达，国内产品要求 3～5 天送达，国际产品要求 7～10 天送达。而且，相对价格而言，消费者往往对产品的送货时效性有要求。市场调查结果显示，

针对有质量保证的同一款产品，消费者往往倾向于选择送货时效性更好而不是价格更低的电子商务企业的产品。因此，C2C 电子商务企业在选择物流模式时要注意产品的送货时效性。

4．交易过程的依赖性

C2C 网络购物的交易过程要经历信息收集、洽谈、订购、支付、递送、收货、反馈等环节。其中，信息收集要依靠搜索引擎，高速、有效的搜索引擎是网络平台的基本服务内容，如果希望自己的网店得到更多的青睐，那么最好的办法是让自己的网店在搜索排名中居于前列。洽谈环节需要网络平台为双方提供点对点的交流工具，如淘宝网提供的 Web 旺旺和阿里旺旺，其中阿里旺旺还提供了聊天记录的保存功能，为解决纠纷提供了证据支持。支付过程一直是网络购物的难点，第三方支付工具与银行提供的网上支付功能构成网上支付工具，不仅成为支付平台，还因为具有中立性，解决了交易双方的信用缺失问题、提高了交易成功率。C2C 电子商务物流完全由社会性的第三方物流来承担。由此可以看出 C2C 电子商务交易过程对网络平台的依赖性之大。

5．价格敏感度

C2C 电子商务的单笔交易额较小，网上交易拼价格甚于传统商业企业，由于交易批量小、交易额小，因此物流递送价格直接影响产品的销售成本。

四、C2C 电子商务物流模式

1．物流联盟模式

所谓 C2C 物流联盟，是指电子商务网站与邮政、快递等物流企业组成的物流产业链，电子商务平台在其中扮演产业链的中枢角色，对各方面的物流资源进行合理而高效的整合与利用。

作为当前国内最大的网上安全交易服务提供商，支付宝率先与相关物流企业进行合作。2005 年 6 月，支付宝与天津大田集团和宅急送共同成立了我国第一个电子商务第三方物流联盟，旨在解决物流瓶颈问题，打造适合电子商务发展的现代化物流模式。

在整合物流之后，支付宝在全额赔付制度的基础上，又推出推荐物流赔付制度。在支付宝的交易过程中，卖家直接使用支付宝系统，用下订单的方式选择由支付宝推荐的物流服务，享受支付宝与推荐物流企业商定的相应理赔服务，即对产品在运输过程中的遗失、破损及非本人签收给买家造成的损失，给予相应的赔偿，进一步强化了对交易双方利益的保障。

建立物流联盟模式的基本条件是第三方物流发展成熟。目前，在我国，第三方物流发展迅猛，国外的物流大鳄、中国邮政的 EMS，以及大量出现的民营快递企业齐头并进。同时也有越来越多的问题暴露出来，如入市门槛低、服务网络覆盖率不高、物流过程跟踪难度大、服务质量差、纠纷解决难等。在这样的情况下，物流联盟模式作为一种较为先进的电子商务物流模式是一种不错的选择，但如果是仅依靠平台建立起来的物流联盟模式，在现阶段其本身就存在很高的风险，也很难独立承担 C2C 电子商务物流的任务。外资物流企业和中国的民营快递企业在全国范围内的网络布局远未完成，要完成物流任务，C2C 电子商务企业就必须与其他物流企业进行合作，这增加了服务难度和成本，而且风险可控性差。中国邮政的 EMS 却因为价格较高，很难被对成本十分敏感的 C2C 电子商务企业作为首选，只能作为备选方案。

2. 便利店模式

便利店模式来自日本7-11便利店的服务模式，即充分利用分布于各居住区的便利店完成物流的最初和最后一公里服务，让便利店成为物流企业的接货起点与终点送达手段。这样既可以极大地降低物流企业的配送成本，又可以使原有的便利店资源得以充分发挥作用。尤其是对上班族来说，便利店送达可以减少因为上班错过送货时间的情况。

采用便利店模式的前提条件是便利店实现网络化，充分利用信息平台把便利店网络与物流快递网络、网上商店、电子商务平台等整合起来，实行网上网下联动。在我国，全国范围内统一的便利店系统始终未能形成，如果利用散落的便利店，势必不能充分利用信息平台进行资源整合，便利店模式的优势也就不存在了。

3. 物流代理模式

物流代理是指物流渠道中的专业化物流中间人，他们以签订合同的方式在一定时间内为其他企业提供所有或某些方面的物流服务。

对C2C电子商务交易的卖方来说，他们面对日趋激烈的市场竞争，不得不将主要精力放在自己的核心业务——网络营销上，而将物流环节交由专业的物流企业进行操作，以求节约和高效。物流企业分析、比较操作成本和代理费用，灵活运用自理和代理两种方式，为客户提供定制化的物流服务。

卖家在难以有力量去选择和监督物流企业的运作过程时，可以选择专业的物流代理，开展对物流企业的综合性分析和评价，在经过充分比较后选择适用的物流企业作为自己的合作伙伴。

4. 指定或推荐物流模式

在C2C电子商务平台上开设的网店，规模大小差异很大，在其与物流企业合作的过程中，店大欺客和客大欺店的现象并不少见。为了降低物流成本的差异性、提高网店的物流服务质量，C2C电子商务平台应该充分利用自身的优势，与规范的、专业的物流企业建立战略合作关系，向网店推荐这些物流企业，鼓励其使用这些物流企业的物流服务。

网店可以自主决定是否选择C2C电子商务平台推荐的物流企业，如果选择C2C电子商务平台推荐的物流企业，就可以享受相应的物流服务。实际上，目前C2C电子商务平台上的网店也自发地与大大小小的物流企业形成一定的合作关系，如货款按月按量结算、量大优惠等，只不过这种合作的规模很小且很不稳定。

相关链接

2022年最新全球跨境电商平台排行榜前10名

世界上涵盖人口数量最多、成员构成最多元、发展最具活力的自由贸易区RCEP于2022年1月1日生效。2022年1月8日，B2B跨境电商平台发布了2022年最新全球跨境电商平台排行榜单，整体来说，中国企业在跨境电商方面的发力还是非常快的，除了阿里巴巴国际站、中国制造网和速卖通等老牌知名平台，又滋生出Tiktok、FOBGOODS等新势力。

1. TikTok（流量渠道+C端电商平台）

TikTok是2022年世界上访问量最大的互联网网站，也是中国电商出海的成功案例之一。而在2022年的TikTok的全球小店布局中，一定会有另一批新势力的诞生。短视频+直播带货的中国带货模型全球化，是不容小觑的新风口。

2. 亚马逊（B2C 电商平台）

亚马逊是美国最大的一家网络电子商务企业，位于华盛顿州的西雅图，是网络上最早开始经营电子商务的企业之一。亚马逊成立于 1994 年，一开始只经营网络的书籍销售业务，现在其经营范围相当广，已成为全球产品品种最多的网上零售商和全球第二大互联网企业。

3. 阿里巴巴国际站（B2B 电商平台）

阿里巴巴国际站是目前国际上最大的 B2B 跨境电商平台，成立于 1999 年，是阿里巴巴集团的第一个业务板块，业务覆盖 200 多个国家，可提供 RFQ 商机匹配、担保交易、外贸收汇等服务，是一个非常知名的 B2B 出口平台。阿里巴巴国际站上的商家来自全球，形成全球买、全球卖的布局。

4. FOBGOODS（B2B 商务信息展示平台）

FOBGOODS 是一个增长强劲的 B2B 商务信息展示平台，由于入驻门槛低，受到了非常多商家的青睐，被多家媒体誉为增长强劲的全球 B2B 商务信息展示平台。很多企业不仅将其作为外贸平台，也作为免费的独立站。与阿里巴巴国际站不同的是，FOBGOODS 可以通过 Google、TikTok 进行引流，而且物流商、服务商可以免费发布内容。

5. Shopee（东南亚地区的 B2C 零售电商平台）

Shopee 是东南亚地区的 B2C 零售电商平台，其母公司是 Sea。Sea 是东南亚地区最大的互联网公司，也是东南亚地区唯一一家在美国纽约证券交易所上市的互联网公司。腾讯在 Sea 公司占股 39.7%。Shopee 在东南亚地区深耕多年，为中国卖家提供流量、孵化、物流、支付、语言等一站式跨境解决方案。

6. 速卖通（B2C 快消品电商平台）

速卖通主要基于俄罗斯市场，是阿里巴巴帮助中小型企业联系终端批发的零售商，进行小批量和多批快速销售，全面打造集订单、支付、物流于一身的外贸在线交易平台。其海外市场集中在俄罗斯、巴西、美国、西班牙和土耳其。速卖通于 2010 年 4 月上线，并于 8 个月后正式在海外开业，是阿里巴巴旗下唯一面向全球市场打造的在线交易平台，被广大卖家称为“国际版淘宝”。但是，很多在淘宝上允许销售的产品，在速卖通上会被禁止销售，如减肥药。所以卖家在开店前需要进行充分的了解。

7. 中国制造网

中国制造网成立于 1998 年，总部位于南京，是老牌的外贸跨境 B2B 平台之一。中国制造网汇集很多产品，面向全球采购，提供信息交流与贸易交易平台，为用户和商家创造商机，其主要特色行业为机械行业。

8. ebay（B2C 美国电商平台）

eBay 于 1995 年成立于美国加利福尼亚州，是一个在线拍卖和购物网站。每天都有数以百万计的家具、收藏品、电脑、车辆在 eBay 上被刊登、贩售、卖出。eBay 通过移动应用程序提供个性化的购物体验，以及消费者与全球产品之间的连接。eBay 主要针对 C 端，主要市场在美国、欧洲国家等发达国家。

9. Shopify（独立站）

Shopify 是由 Tobi Lütke 创办的加拿大电子商务软件开发商，总部位于加拿大首都渥太华。Shopify 是一站式 SaaS 软件的电商服务平台，为电商卖家提供搭建网店的技术和模板，管理全渠道的营销、售卖、支付、物流等服务。2015 年，Shopify 在纽约与多伦多两地证券交易所上市。

值得注意的是，Shopify 本身是没有流量的，需要从流量渠道引流。

10．环球资源网（B2B 跨境贸易平台）

环球资源是一家位于中国香港的公司，主要为全球的专业展览主办机构提供服务，环球资源网是其深度行业化的专业 B2B 外贸平台。环球资源网是在传统贸易早期非常有名的网站，其通过展会、贸易化平台及杂志等多个渠道连接买家与供应商，目前有超过 1000 万个买家与用户。

——资料来源：B2B 跨境电商平台，2022-01-08

综合训练

基础训练

一、名词解释

1．社交电商
2．直播电商
3．社区电商
4．B2B 电子商务物流模式
5．B2C 电子商务物流模式
6．C2C 电子商务物流模式

二、填空题

1．电子商务模式是指在网络环境和________环境中，基于一定技术基础的商务运作方式和盈利模式。

2．新型基础设施建设是以新技术赋能传统产业为驱动力，以________为基础，建设提供数字化转型、智能升级、融合创新等服务的新体系，对物流业发展具有重要意义和深远影响。

3．________是物流联盟产生的根本原因。

4．B2B 电子商务物流具有几个明显的特点和电子商务的特点相呼应，即________、________、________、________、________和________。

5．目前，我国 C2C 网络购物系统由________、________、________、________和________五大部分共同构成。

三、不定项选择题

1．电子商务物流模式主要包括（　　）。

A．自营物流　　B．共用物流系统
C．第三方物流　　D．物流联盟

2．B2C 电子商务从本质上说是集合了（　　）的一种网上交易模式。

A．信息流　　B．业务流
C．物流　　D．资金流

3．以下不适合选择自营物流模式的是（　　）电子商务。

A．B2B　　B．C2C　　C．B2C　　D．B2G

4．建立物流联盟模式的基本条件是（　　）发展成熟。

A．第一方物流　　B．第二方物流

C．供应链系统　　D．第三方物流

5．（　　）是物流配送企业之间为了提高配送效率，以及实现配送合理化，以互惠互利为原则，提供便利的物流配送服务的协作型配送模式。

A．物流联盟　　B．共同配送

C．第三方配送　　D．供应链配送

四、简答题

1．简述电子商务物流新模式主要有哪些。

2．在电子商务背景下，创新物流模式的途径有哪些？

3．B2C 电子商务物流模式选择的微观影响因素有哪些？

4．根据 B2B 电子商务交易的特点，简述可供其选择的物流配送模式有哪些。

5．电子商务对 B2C 物流配送体系有何要求？

技能训练

案例分析：钢蜂云链物流

1．企业简介

上海钢蜂物流科技有限公司（以下简称钢蜂科技）是一家大宗产品物流领域的企业服务科技公司。钢蜂科技成立于 2019 年 4 月，注册资本为 763 万元。同年 5 月，钢蜂科技获得国内大宗产品 B2B 交易平台领军企业——找钢网的战略投资。2020 年年初，钢蜂科技获得顺为资本的风险投资。钢蜂科技的创始团队由来自找钢网、德邦物流、唯智等多位 B2B、物流和科技企业的高管和专家组成。钢蜂科技的核心使命是用科技实现大宗产品供应链的数字化，降低大宗产品的物流成本，提高物流服务效能。钢蜂科技的核心产品——钢蜂云链为大宗产品物流行业的中小型物流企业提供从订单到现金的全流程管理，具有自派车和外调车业务、司机费用报销、完整的销售和承运结算、车辆等多角度的毛利分析功能。

2．应用场景

钢蜂云链是面向钢铁等大宗产品领域的中小型物流企业的运输管理系统，可帮助中小型物流企业实现数字化和精益化的运营管理，降低其运营成本和提升其对客户的服务能力。

钢蜂云链的具体应用场景有 3 个方面。

（1）为了降低中小型物流企业的管理比、节约管理费用，钢蜂云链可支持数字化运营管理。用户（指中小型物流企业，下同）可通过在线录入订单、在线配载和在线派车来实现全数字化业务管理。用户不再需要与自有车司机反复进行电话沟通，不再需要重复记录和誊写业务台账，不再需要通过电话或线下的方式跟踪运输过程。

（2）为了帮助中小型物流企业从个体司机处合法获取进项税发票和管控服务过程，钢蜂云链提供网络货运平台服务。用户可以通过网络货运平台调用外部个体司机，与司机实现在线支付运费、开具发票和跟踪服务过程，其过程合法合规并接受交通运输部等政府单位的在线实时监管。

（3）为了帮助中小型物流企业实现运输过程在线可视，钢蜂云链提供了数字化订单信息共享功能。用户可以通过钢蜂云链的订单分享功能与客户进行在线实时互动，分享运输过程实时数据，并实时处理运输异常。

3. 效益评估

钢蜂云链是一款服务大宗产品物流行业中小型物流企业的 SaaS 产品。它解决物流企业车辆、司机、订单管理和外部协作等方面的“痛点”，提高用户内外部协作效率、降低运营成本、提升用户物流运营标准化和数字化水平，从而提高用户的盈利能力。

在使用钢蜂云链后，用户将实现以下 3 个方面的改善。

首先是企业管理比大幅度降低，管理效率显著提升，用户的工作强度显著降低，工作时间大幅减少，人工成本大幅降低。例如，用户在管理和订单录入上投入的时间可以缩短 50%以上，在结算和对账方面的时间可节约 70%以上，在订单电话跟踪和履约确认方面投入的工作时间几乎可以全部节约。平均每 10 台车辆所需的管理人员可以从 3 或 4 人减少为 1 人，车队的管理费用每年可节约 20 万元左右。

其次是用户不再需要违规购买增值税发票或重复纳税。用户往往有一些业务需要委托给外部个体司机承运，由于后者无法按时开具增值税专用发票给前者，前者往往要承担增值税无法抵扣带来的高额税负损失，或需要违法购买增值税发票作为进项票进行税务抵扣，由此面临巨大的法律风险。在使用钢蜂云链后，用户的外调车业务将通过钢蜂科技自有或有合作关系的网络货运平台（无车承运人）进行规范。用户通过网络货运平台调用个体司机，网络货运平台为其开具增值税专用发票，用户可以由此合法获得增值税专用发票用于合法税务抵扣。为了确保合法合规，用户使用上述服务需要同时具备两个前提：一是所有订单都必须通过钢蜂云链录入并同步给网络货运平台，以确保交易订单、车辆轨迹和资金往来的真实性；二是提供服务的网络货运平台必须依法接受来自交通运输部数字化监管平台的实时监管。目前，钢蜂科技已完成一家网络货运平台企业的注册，并已与交通运输部监管数字化平台完成对接，其各项条件和资质已通过政府审批和验收，已获发道路运输许可证（无车承运）。

最后是用户可以实现运输全过程可视化，并可选择将运输动态信息实时分享给其客户和其他相关方。在使用钢蜂云链后，用户的运输订单进程可以被实时同步给其客户，这将使得钢铁行业的客户在发运和接收钢铁时获得与收发快递相同的客户体验。这可以大幅节约物流服务方和货物委托方在运输过程查询及沟通上花费的大量时间和成本。在服务改善需求日趋急迫的市场环境下，用户的服务能力将显著提升，用户可避免陷入价格战的恶性循环中。

自 2019 年 11 月起至今，钢蜂科技通过与找钢网等大宗产品 B2B 平台企业合作，已成功帮助数十个用户实现了数字化转型，为每个用户节约了 10 万～30 万元的刚性成本。未来，钢蜂科技将通过与行业内的 B2B 平台企业合作，帮助中国大宗产品市场中十余万个用户实现数字化转型升级，每年为社会降低百亿元级的物流运输成本。

4. 推广意义

钢蜂云链在钢铁等大宗产品物流市场中的成功实践有以下 3 个方面的推广意义。

首先是科技创新方向需要与中小型企业的真实需求相匹配。在钢蜂云链的研发初期，钢蜂科技就邀请了行业内多个用户参与联合研发，使产品贴合用户使用的真实场景、符合用户的使用习惯。产品功能能够较好地满足用户的刚性需求和解决用户的“痛点”。

其次是大宗产品物流行业的数字化水平较低，催生了极大的科技创新空间。在中国的钢铁物流市场中有 25 万家左右的钢铁流通和物流企业和 8 万多个钢材市场，其中大部分是中小型企业。这个规模巨大的市场在供给侧结构、物流企业运营方式和运输需求方面与中国物流市场的其他门类（如快递、快运专线、城市配送等）相比差异巨大。由于服务和产业缺乏标准，因此其数字化进程十分缓慢。随着治超等政策变化和市场竞争激烈，钢铁等大宗产品物流市场的数字化、合规化趋势已经形成。物流车队的规模化趋势已经开始形成。

最后是机器学习、人工智能和车联网技术将在大宗产品物流行业得到更加深入的应用。由于大宗产品物流行业的需求复杂且多样，供应链金融等新型业务对物流数字化提出了更高的要求。中小型企业的数字化水平低、创新能力差，需要借助一些科技或平台企业的能力实现转型升级，以便满足其客户日益提高的服务需求，这为最新的互联网和物联网技术的应用提供了良好的场景。

——资料来源：中国物流与采购网，2021-07-16

问题与思考

1. 结合案例分析钢蜂云链的具体应用场景。
2. 你如何评价钢蜂云链的应用效益？
3. 你认为推广钢蜂云链的价值是什么？

模块六

精益物流管理

学习目标

知识目标		● 采购管理、精益生产、生产物流、MRP、JIT 生产的概念； ● 电子商务环境下精益采购与精益生产物流的主要特征； ● 电子商务环境下精益采购管理的基本模式和主要策略； ● 电子商务环境下精益生产物流的基本流程与主要策略。
能力目标	专业能力	● 具有一定的电子商务环境下精益采购与精益生产物流的运作能力。
	方法能力	● 具有基本的电子商务物环境下采购与生产物流实际应用的现实感知能力； ● 具有基于供应链管理平台分析电子商务环境下采购与生产物流运作的能力。
	社会能力	● 拥有良好的职业道德和较强的团队合作精神； ● 具备电子商务环境下精益采购与精益生产物流运作的分析与应用能力； ● 关注电子商务背景下精益采购与精益生产物流运作的发展新态势。

素养元素

视频映射点	视频标题	● 金龙稀土：使命担当，稀土产业报国
	背景	● 稀土作为“高科技维生素”，是中国的国家名牌，具有重大国家战略意义； ● 2021 年 1 月 15 日，工业和信息化部发布《稀土管理条例（征求意见稿）》。
	映射	● 金龙稀土：以稀土科技创新，精益生产，打造世界一流的稀土材料产业基地； ● 金龙稀土为全国六大稀土集团之一，拥有稀土矿开采—稀土分离—稀土金属—精深加工（荧光粉、磁性材料）等较为完整的产业链优势。

导入案例

金龙稀土：精益生产，打造世界一流的稀土材料产业基地

福建省长汀金龙稀土有限公司（以下简称金龙稀土）是厦门钨业股份有限公司全资子公司，是福建省稀土产业的龙头企业、国家环保核查第一批通过的稀土生产企业、稀土行业准入企业、国家高新技术企业，为全国六大稀土集团之一，拥有稀土矿开采—稀土分离—稀土金属—精深

加工（荧光粉、磁性材料）等较为完整的产业链优势。金龙稀土占地800亩（1亩≈666.67平方米），总资产达40亿元，厂房建筑面积为20万平方米，已建成5000吨稀土分离、3000吨稀土金属、2000吨高纯稀土氧化物、1300吨三基色荧光粉、6000吨钕铁硼磁性材料、2500吨钕铁硼表面处理生产线，引进100多台套国际先进精密仪器，引进并自主开发行业领先生产设备200多台套。2021年，金龙稀土的销售收入超过30亿元，是2016年的近4倍；实现利润超1.5亿元，是2016年的近7倍。金龙稀土拥有国家级实验检测中心、省级技术中心、福建省稀土功能材料工程技术研究中心、福建省稀土功能材料重点实验室、博士后创新实践基地、博士后科研工作站等科研平台；截至2021年，拥有授权专利共计146件（其中海内外发明专利为104件），主导、参与制定标准18项（其中国家标准有6项）。“十三五”以来，金龙稀土获评福建省战略性新兴产业骨干企业、福建省科技型企业、福建省知识产权优势企业等；荣获“福建省五一劳动奖状”“稀土科学技术一等奖”“福建省科技进步三等奖”“福建省名牌”等荣誉。

2006年以来，金龙稀土扎根闽西长汀县革命老区，不忘初心，牢记“以稀土科技创新，为人类创造美好未来”的企业使命，在“十四五”期间进一步深入实施“441”总体战略（4种管理文化、4个品类、1条产业链），积极践行“与社会共谋和谐发展”的核心价值观，推行全面预算、绩效管理、国际先进制造、集成产品开发（Integrated Product Development，IPD）四大管理文化专项落地实践活动，全面开展精益生产活动，致力于实现“打造世界一流的稀土材料产业基地”的愿景目标。

金龙稀土在实施精益生产的过程中，为了促进与关键的供应方和经销商保持高效的双向沟通，共同提高管理过程的质量、成本、效率等，通过整合福建省的稀土资源，对稀土资源的开发实行规划、开采、价格、采购、分配“五统一”管理，实现了离子型稀土矿资源的全流程绿色高效提取和分离，实现了矿山开采、冶炼分离和环境保护的和谐共赢，取得了社会广泛认可，也为公司的长期发展提供了稳定的原材料供应保障。2017年，金龙稀土的烧结钕铁硼产品成功申报并入选国家第三批绿色制造名单。2018年，金龙稀土成功申报工业和信息化部的绿色制造集成项目，获1600万元项目补助。基于精益生产物流实施的“福建离子型稀土资源的全流程绿色高效分离技术与应用”项目于2020年通过国家验收。2020年，金龙稀土基于精益生产的稀土氧化物产品入选国家第五批绿色制造名单。金龙稀土不断加快绿色减排稀土冶炼分离资源循环产业化项目的推进，助力龙岩稀土工业园区绿色园区的建设。2020年，龙岩稀土工业园区被评为福建省绿色园区，金龙稀土荣获“国家绿色工厂”“福建省循环经济示范试点企业”等荣誉。

——资料来源：闽江学院校企合作项目《第八届福建省政府质量奖自评报告》，2022-01-11

案例分析

党的二十大报告指出：“未来五年是全面建设社会主义现代化国家开局起步的关键时期，主要目标任务是：经济高质量发展取得新突破，科技自立自强能力显著提升，构建新发展格局和建设现代化经济体系取得重大进展”。金龙稀土在全面实施精益生产的过程中，依托厦门钨业技术中心搭建国家级实验检测中心、省级技术中心、博士后科研工作站等科研平台，投入2亿元建立稀土材料及应用工程技术研究中心，与江西理工大学、厦门大学、闽江学院、有研科技集团有限公司、中国科学院福建物质结构所等建立战略合作关系，聚焦稀土冶炼分离、稀土金属靶材、稀土磁性材料等稀土功能材料的研发创新。金龙稀土以国际先进制造、IPD、全面预算、全面绩效管理为手段，持续推动精益生产、7S 目视化、设备 TPM（Total Productive Maintenance，全员生产维护）、优化制造周期、虚拟流水线建立、工厂规划、人才培养、降本增效等项目，通过绿色制造、智能制造和综合回收利用，大力推进 IPD 项目，推动公司转型升级，实现绿色高质量发展，致力于打造世界一流的稀土材料产业基地。

问题思考

金龙稀土全面实施精益生产有何现实意义？对制造业而言，电子商务环境下的采购、生产物流与传统物流有何不同？什么是电子采购、精益采购、精益生产物流？在电子商务环境下的精益采购、精益生产物流是如何运作的，其发展趋势如何？

任务一　电子商务环境下的采购物流管理

一、电子采购管理概述

1. 电子采购管理的概念

采购管理是指对物料从供应商到组织内部物理移动的管理过程，是企业经营管理和生产运作管理的一个重要环节，是物流供应链管理的起始点。而电子采购管理就是通过互联网，借助计算机管理企业的采购业务。

2. 电子采购管理的内容

采购管理为采购活动提供支持，同时也对其进行监督。电子采购管理有 4 个环节的内容：业务支持、业务审核、优化调整、批准实施。

（1）业务支持。其内容主要包括：根据业务需求设计采购流程；建立采购组织；对采购业务进行配套建设；提供日常业务工作中的管理支持；对采购业务的运转状况进行量化评估；生成报告文档。

（2）业务审核。其内容主要包括：在采购业务运作过程中生成报告文档并送达审核人员；审核报告文档的正确性；审核文档格式；形成改进意见。

（3）优化调整。其内容主要包括：业务人员分析、商讨改进意见；确定优化调整措施；实施措施；生成业务报告新文档。

（4）批准实施。其内容主要包括：接收业务报告新文档；办理第一道批准手续；在必要时办理第二道手续；进行业务操作。

以上 4 个环节是一个循环操作，有些业务的管理可能需要进行若干循环才能付诸实践。电子采购管理的内容及过程如图 6-1 所示。

3. 电子采购管理系统

搭建电子采购管理系统应该按照“强化管理，理顺职能；明确职责，规范业务；杜绝腐败，降低成本；高效运作，增加收益”的原则。电子采购管理系统由以下 7 个部分组成。

（1）采购计划与预算子系统。采购预算是采购部门为配合企业年度销售预测或生产计划

（包括产品品种、数量），对所需求的原材料、零件的数量及成本所做的翔实的估计，以利于整个企业目标的实现。采购计划与预算是企业年度预算的重要组成部分，它的建立要以年度生产计划、用料清单和存量管制卡为依据，设定物料标准成本指标体系和监控价格涨跌变化规律，针对现实状况进行必要的调整，实行动态滚动管理方法。其目的是提高采购计划与预算子系统在实际过程中的准确性、实用性和可操作性。

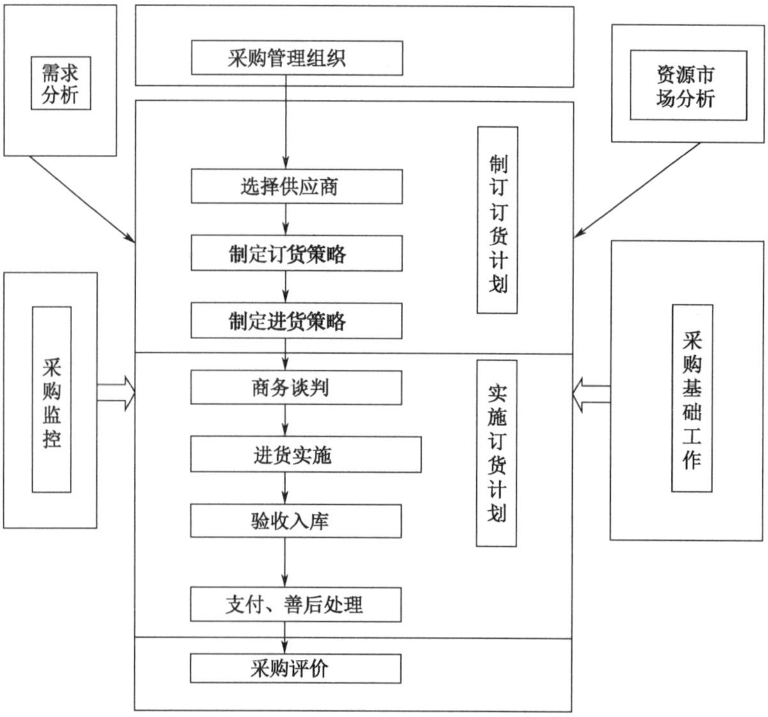

图 6-1　电子采购管理的内容及过程

（2）供应商开发管理子系统。正确考察、评估、认证和选择适当的供应商，是物流采购工作成功的关键。如果供应商选择不当，就会后患无穷。供应商的开发能为采购工作的顺利进行打下坚实的基础，为此，企业必须成立评选小组，确定科学、合理和系统的评审项目，对供应商的经营状况、企业资信、制造能力、技术水平、品质性能、管理绩效等指标进行评审，把合格的供应商按 A（最好）、B（良好）、C（较好）分级并建立档案；每半年重新评估一次，根据供应商评估制度，从品质、成本、价格、服务水平、交货周期、履行合约的承诺与能力等方面重新划分和调整供应商的等级，进行动态管理，把供应商开发与管理有机结合起来，实现采购环境的最佳选择。电子商务环境下的供应商开发管理子系统如图 6-2 所示。

（3）采购物流子系统。采购物流是指任何物品从卖方（供应商）到买方进行的转移活动，包括包装、装卸、运输、存储、配送、信息、管理等方面。采购物流子系统由包装运输物流、暂存检验物流和物料入库物流 3 个部分组成。采购物流子系统的结构由位移载体、存放载体、位移路径构成。如何设计一个有效的采购物流子系统，并使其运作富有成效，是现代企业迫切需要解决的战略问题之一。优化采购物流子系统必须把握好以下几点：提高送货计划性，进行批量规模采购，提高协作配送效率，使物流路径最优，进行信息电子网络化管理，最终建立企业的采购供应链模式，并使之快捷、高效地运作。

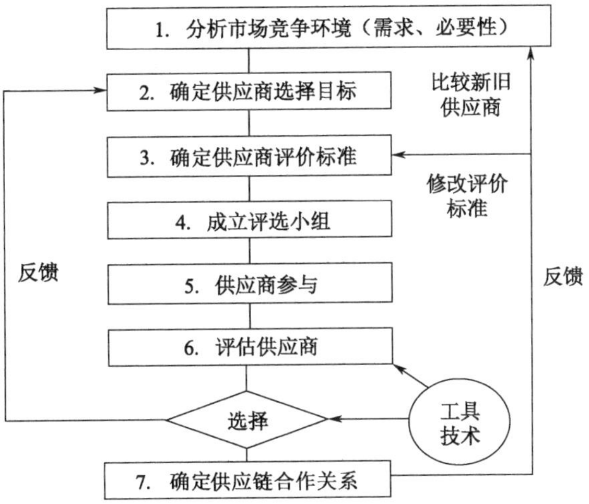

图 6-2　电子商务环境下的供应商开发管理子系统

（4）采购绩效评估子系统。采购绩效评估子系统包括采购部门目标绩效考评制度、采购人员绩效考评制度、供应商绩效考评制度。在建立采购绩效评估子系统时，要正确、重点设定与选择最能反映和代表采购绩效的指标体系，明确绩效考评的目的、原则、程序与方法，合理选定考评人员和设置考评机构，正确、及时地反馈考评结果并认真做好考评工作总结，保证考评内容重点化、考评指标定量化、考评手段科学化、考评结果客观化。一般来说，采购部门目标绩效指标体系包括采购（计划完成及时率）、物料质量（来料合格率）、采购成本（价格差额比率）、采购周期、供应（供应准确率）、库存（库存周转率）、服务满意度等，与供应商绩效指标体系和采购人员绩效指标体系是有所不同的。企业如能建立部门绩效子系统，并持续进行评估，就能及时、有效地发现工作中存在的问题，制定解决的方案并采取措施，确保采购目标的实现和绩效的提升。

（5）采购（资讯）信息子系统。采购（资讯）信息子系统由资料数据库存、业务操作系统、业务管理系统、决策支援系统、电子商务系统 5 个部分组成。为了迎接全球电子化的挑战，企业导入或引用电子商务已是大势所趋，更是提升其竞争力的有效手段。采购（资讯）信息子系统的全面导入不仅能提升采购效能，还能给采购部门及整个组织管理带来明显的收益。目前，企业经常使用的是 ERP，这能使企业获得更多、更新、更全面、更精确、更及时的信息。企业利用这些信息拓展采购视野，帮助自己在与供应商谈判时掌握主动权，提高工作效率和改善作业流程，把更多的时间放在采购策略和绩效提升等重要工作上。

（6）采购管理制度、工作标准、动作程序与作用流程子系统。为了全面、准时、有效地完成物流采购工作，实现生产计划、物料需求计划同物料采购三者之间的同步运作与均衡制造，进而实现整个组织的目标，企业必须有完善的管理制度、明确的工作标准、适用的运作程序和合理的作业流程。

（7）采购策略规划子系统。采购策略规划子系统包括采购政策（大政方针）策略规划、成本价格策略规划、采购品质策略规划、支持供应策略规划、环境变动策略规划和存储策略规划等。全球经济竞争日趋白炽化，促使企业经营的策略规划与管理越来越受到重视，如何制定并实施企业未来发展的最佳策略，无疑是企业决策者必须面对的重大问题。因此，实施采购策略规划的目的是通过策略性的规划管理，从企业长期经营目标出发，结合外部采购环境的变动，并分析企业所处的内外环境优劣因素，使企业能够利用自己的长处抓住外部的机遇、克服自身的弱点和规避外部的风险、采取积极的对策迎接挑战，使企业的采购活动由被动变为主动，从而使企业在未来的发展中获得良好的采购收益。

二、基于互联网的采购管理

现代信息技术的发展，特别是互联网迅速地在市场中应用，促使企业的商务方式发生改变。如何以最低的成本提高供应链的运作效率和客户满意度，是企业面临的一大挑战。

利用传统的EDI系统的物流管理方法存在一定的局限性，如建立和维持费用过高等。相反，利用互联网的物流管理具有成本低、实施动态性和客户推动的特征。网上采购简化了传统物流烦琐的环节和手续，使企业对客户需求的把握更加准确和全面，从而使产品的生产更有计划性，实现基于客户订货的生产方式（Build to Order，BTO），减少流通渠道各环节的库存并避免出现产品过时或无效的现象。网络采购的系统框架如图6-3所示。

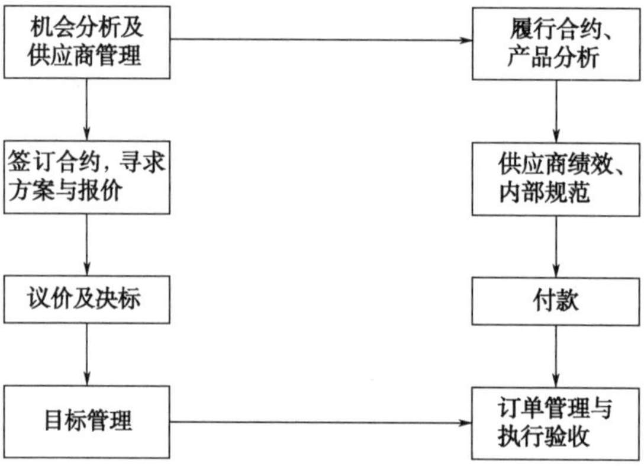

图6-3 网络采购的系统框架

由图6-3可知，网络采购使整个采购流程电子化、自动化，企业采购人员只要利用台式计算机即可进行采购（企业采购人员根据产品目录了解产品）。总之，企业与企业间，乃至企业与客户之间的交易活动形成了供应链关系。供应链管理中所用到的自动化技术，在买方（使用者）包括电子目录（Electronic Catalogues）、采购卡（Procurement Cards）、互联网、企业内部网及供应链软件自动下单系统；在卖方（供应商）包括电子资料交换、整批订单（Blanket Order）、生产进程分享（Schedule Sharing）、VMI 等；在其他方面包括自动收付款（Electronic Funds Transfer）等。

通用电气、丰田等企业都采用了网上采购管理，不仅降低了采购成本，还建立了稳定的供应来源。IBM 网上采购系统是 IBM 建立的企业对企业的网上销售系统。该系统使 IBM 的采购部门与供应商可通过该系统完成全部交易活动，而 IBM 的采购部门与供应商共同使用的工具则是网页浏览器（Web Browsers），如此可大幅降低采购成本、提高采购作业速度、监控作业程序。采购部门在接到订单信息后，通过供应链管理系统与供应商共享大体的时间及数量需求，给供应商留出准备的时间；在得到采购计划信息后，通过 OA 系统对所有采购申请提出审批催办要求，企业内部和出差在外的相关人员迅速在网上审批所有 ERP 中的采购要求，生成采购订单并进行采购，确保采购工作尽早完成；在收到供应商的材料部件后，通过 ERP 系统完成质检和入库登记等工作，并在约定的付款期限内完成支付。

此外，政府的网上采购管理也正逐步建立并实施。

小贴士

PMI

PMI（Purchase Management Index）是指采购经理指数，是通过对采购经理的月度调查汇总出来的指数，能够反映经济的变化趋势。PMI 是一套月度发布的、综合性的经济监测指标体系，分为制造业 PMI、服务业 PMI，也有一些国家建立了建筑业 PMI。PMI 等于 50%为荣枯线。一般来说，PMI 可以与上月进行比较：若制造业 PMI 高于 50%，则表示整个制造业经济在振兴；若制造业 PMI 低于 50%，则表示制造业经济在衰退；若制造业 PMI 接近 40%，则有经济萧条的情绪趋势；若制造业 PMI 略大于 50，则说明经济在缓慢振兴；若制造业 PMI 略小于 50，则说明经济在慢慢衰退。

2021 年 12 月，中国制造业 PMI 为 50.3，增速高于荣枯线（50.0），增速乐观。2020—2021 年中国制造业 PMI 的对比如图 6-4 所示。

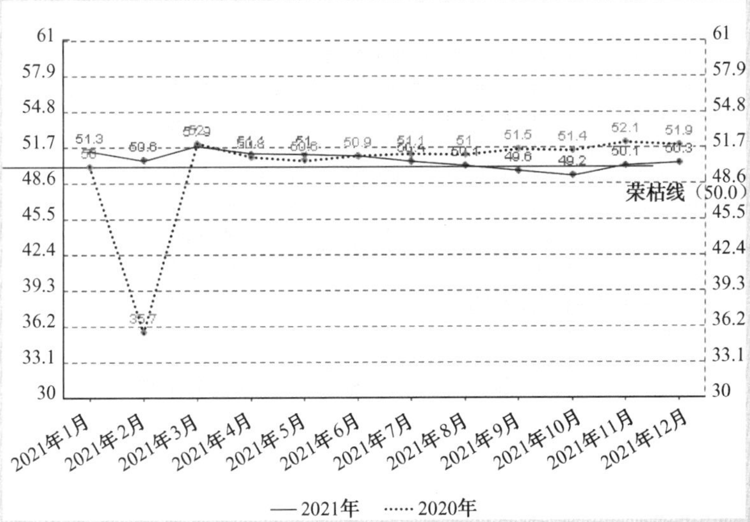

图 6-4　2020—2021 年中国制造业 PMI 的对比

三、网上采购管理与传统采购管理的差异

供应链环境下的采购模式与传统采购模式有很多不同之处（见表 6-1），造成网上采购管理与传统采购管理有很多差异，主要表现在以下几个方面。

1. 从为保证安全库存而采购转变成为订单而采购

在传统采购模式下，企业的采购活动只是为了保证生产的连续，即为了保证企业生产资料的安全库存，采购部门对企业的生产重点和市场需求的变化并不感兴趣。而在供应链环境下的采购模式下，企业的采购活动是由订单驱动的，这种模式下的采购方式要求供应链系统准确地对用户的需求做出判断，从而降低库存成本、提高整个供应链系统的流通速度和库存周转率。在这种模式下，信息的流通是全方位的，供应链以一种并行方式在运作，因而叫作 JIT 管理方式。在 JIT 管理方式下，企业基本能够实现零库存。

2．从采购管理转变为现场管理

由于传统采购管理的不足，供应商之间缺乏合作而导致整个供应链缺乏柔性，不能对用户的需求做出快速响应。在网上采购管理模式下，供应链系统企业基于订单流的 JIT 生产模式，使生产过程实现零库存、零交货期、零故障等。这样，供应商之间不仅有竞争，还有合作。

3．从传统的买卖关系转变为全新的战略协作关系

在传统采购管理中，企业与供应商之间存在一种简单的关系，涉及全局性、战略性的问题无法得到解决。为了加强对用户市场的反应，在网上采购管理中，企业与供应商的关系从传统的买卖关系转变为全新的战略协作关系。

表 6-1　供应链环境下的采购模式与传统采购模式的不同之处

项目	供应链环境下的采购模式	传统采购模式
采购批量	小批量，送货频率高	大批量，送货频率低
企业与供应商的关系	长期战略协作关系	短期竞争关系
供应商评价	多标准并行考核	强调价格
质量检查	采购方参与实时控制	事后把关
协商内容	共同控制成本、质量	获得最低价格
信息交流	快速、可靠、信息共享	一般要求信息专有

四、供应链下的精益采购模式

企业的采购应该着眼于供应链的整体框架，考虑供应的速度、柔性、风险，优化采购模式，从单一的竞争性采购模式转变为集中采购、全球采购、JIT 采购等多种模式及其优化组合，以便提高供应链的竞争力。

1．采购优化模式

（1）集中采购模式。集中采购是相对于分散采购而言的，即采购组织同时为多家企业进行采购，通过全面掌握多家企业的需求情况，与供应商签订统一的合同，实现大批量订购，利用规模优势，提高议价能力，从而大大降低采购成本。

例如，我国的唐山钢铁集团有限公司等大型钢铁企业曾经联手和全球最大的多种资源矿业公司达成合作意向，该公司在 25 年内每年向这几家钢铁企业提供约 1200 万吨铁矿砂。据估计，协议采购价格约为 25 美元/吨，到岸价约为 59 美元/吨，这同当时 120 美元/吨的澳矿到岸价相比，采购成本降低五成以上，极大地降低了企业的生产成本。

（2）全球采购模式。全球采购模式即利用全球的资源，基于电子商务平台，整合互联网技术与传统工业资源，在全世界范围内寻找供应商和质量最好、价格合理的产品。全球采购拓展了采购的范围，也是大型企业全球化战略的必然要求。例如，戴尔公司是通过建立全球采购中心、设立众多国际采购网点来提高采购效率的。全球采购模式充分发挥了现代物流、信息流的

功能，大幅降低了戴尔公司的采购成本。

（3）JIT 采购模式。JIT 生产的基本思想是只在需要的时候，按需要的量生产所需的产品，是多品种、小批量混合生产模式下的高质量、低消耗的生产方式，其核心是追求无库存的生产系统或使库存最小化。因此，JIT 采购模式建立在供需双方互利合作的战略伙伴关系的基础上，当需求方对原材料或半成品的需求产生时，需求方有能力适时地从供应商处得到质量可靠的所需原材料或半成品。JIT 采购模式对于降低原材料和外购件的采购价格、大幅减少原材料和外购件的库存、提高生产率的作用明显。

在这方面的典型代表是海尔集团。海尔集团借助先进的信息技术，以市场链为纽带，以订单信息流为中心，通过整合全球供应链资源和客户资源，实施 JIT 采购、JIT 分销和 JIT 配送 3 个同步工程（见图 6-5），提高了供应链整体的响应速度，更好地满足了客户的需求。例如，某企业通过海尔集团的电子商务平台下达了 5 台商用空调的订单，海尔集团的物流采购部门和生产制造部门同时接到订单信息，计算机系统上马上显示出负责生产制造的商用空调事业部门的缺料情况，采购部门与压缩机供应商在网上完成招投标工作，配送部门根据网上显示的配送清单在 4 小时以内及时送料到工位。7 天以后，商用空调已经完成定制产品生产，5 台商用空调室外机组已经被配送到客户的仓库中。

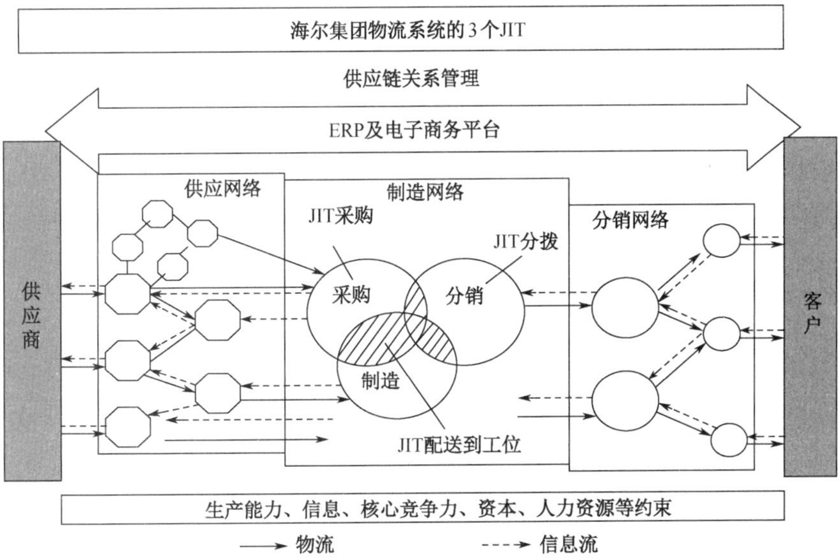

图 6-5　海尔集团的 JIT 采购模式

2. 采购模式优化过程中应注意的问题

通过优化采购模式，企业可以提高采购效率，降低采购成本，使采购的过程公开化，促进采购管理定量化、科学化，实现从为库存而采购到为订单而采购的转变，从而实现采购管理从内部资源管理到外部资源管理的转变。在采购模式的优化过程中，企业应注重与企业内外部的协同、加强与供应商合作关系的管理、实行合理的采购流程管理、健全采购绩效评估体系等问题。

（1）注重与企业内外部的协同。企业的采购要实现高效，就需要企业各业务部门协同配合，包括设计开发部门、生产部门、财务部门等。在采购模式的优化过程中，企业要注重采购部门与其他相关部门（尤其是生产部门）的流程重组，逐渐从注重功能集合向注重流程重组转变，加强采购流程在企业内部的沟通和协调，充分发挥采购职能。

采购作业不仅需要企业内部的协同，还需要外部供应商的协同。这种协同不仅包括与供应商在库存、需求等方面通过信息的共享及时调整采购计划及执行过程，还包括与供应商的全程协同，即在产品研发过程中和供应商进行同步开发。此外，企业还应注重对采购价格的协同，以便保持价格优势。

（2）加强与供应商合作关系的管理。集中采购、全球采购等现代采购模式，一方面促使供应商向专业化的方向发展，另一方面使企业在更广的范围内挑选更为合适的供应商成为可能和必需。在全球供应链的环境下，企业和供应商协同合作的难度不断增加，任何一方的失误都会造成供应链效率和利润的低下。由此可见，切实加强与供应商合作关系的管理在采购模式的优化过程中尤为重要。企业要加强对供应商的选择与评估，建立并协调与供应商的战略合作关系，拟订产品共同开发计划，将采购作业与供应商的工作流程衔接，直接处理跨越双方的综合业务等。

（3）实行合理的采购流程管理。在流程管理方面，企业应注重采购流程管理，加强生产计划、物料需求计划和采购之间的协调运作，加强核心采购流程的设计，降低采购工作的随意性。以年度采购计划预算编制流程为例，如果没有明确的采购计划，缺乏对采购需求的分析和对供应商的培养，就会导致大量的常规采购变成突发性的临时采购，使生产成本大幅上升。

（4）健全采购绩效评估体系。企业通过健全采购绩效评估体系并持续进行评估，可以及时、有效地发现采购作业中的问题，并制定改善措施和解决方案，确保采购目标的实现和绩效的提升。要健全采购绩效评估体系，可建立包括采购（计划完成及时率）、物料质量（来料合格率）、采购成本（价格差额比率）、采购周期、供应（供应准确率）、库存（库存周转率）、服务满意度等指标的体系。

五、电子商务环境下的采购订单管理

订货批次和订货数量是决定库存水平非常重要的因素。对一家企业而言，库存控制是建立在一定要求的输出前提下的。因此，需要调整的是输入，而输入的调整依赖于订货，所以订货与库存控制的关系十分密切。不少企业将库存控制转化为订货控制，以便解决库存问题。电子商务环境下的采购订单管理的运行图如图 6-6 所示。电子商务环境下的采购订单管理主要包括以下几个部分。

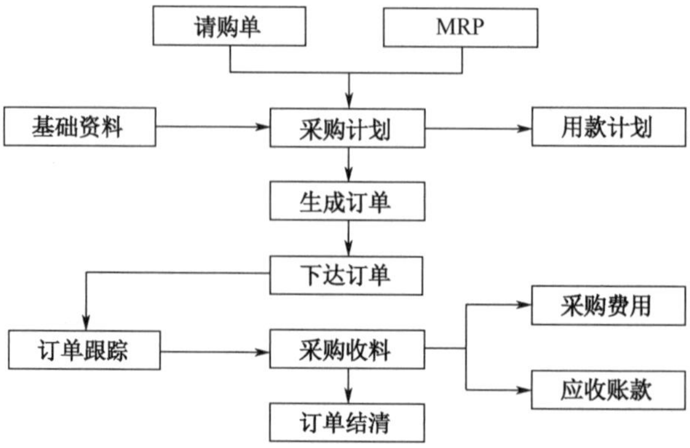

图 6-6　电子商务环境下的采购订单管理的运行图

（1）规划和产生订单。订单规划是指在整个供应链运作之前各环节的准备工作，包括计划和措施的协调。订单是供应链运作的源头，应当由离客户最近的营销和业务部门来做出销售预测。好的订单规划会产生好的订单。

（2）在线成本预估和售价。订单的定价问题取决于企业完成订单价值的成本，同时还要考虑订单给客户带来的价值。有效的定价策略应充分考虑通过提升服务水平来扩大销售和通过减少库存来降低成本的潜力，从而使服务和价格都具有竞争力，但这需要进行精确的数据分析（可借助趋势分析工具等进行精确的数据分析）。

（3）输入订单交易资料。在客户认可报价之后，便要进行订单输入工作。这些工作一般由客户服务部门、订单输入部门、内部销售部门或客户联络处等不同部门负责。订单输入必须有库存系统的界面，以便及时观察存货情况。为了正确地服务客户，当客户想要的产品卖完时，企业必须立即通知客户。

（4）订单的选择和排序。客户服务代表有权决定哪些订单可以接受、哪些订单需要委婉拒绝，因为并不是所有客户的订单都一样，有些订单对企业会有帮助，尤其是那种既在企业的能力范围之内又能赚大钱的订单。这种订单属于客户需求密集而客户又能感到满意的大宗订单。无论企业的生产能力如何，做好订单选择和排序，并把它和企业的策略相结合都是很重要的。

（5）排定订单时间表。在客户的购买手续完成后，企业需要排定订单时间表，得到优先处理权的订单就被放入真正生产或运作的流程中。由于企业的销售、营销、客户服务、营运或生产部门各有不同的职能和目标，还涉及赔偿制度和组织上的要求，因此这项工作很复杂。各部门都想强调本部门的特殊性，以便在流程中多一些余地和主动性。因此，协调是非常重要的。

（6）完成订单。完成订单涉及大量物流活动。一个订单的零件可能先由不同生产部门负责制造，再汇集到另一地点。分工越精密，跨组织的协调就越重要。由于在线零售日益流行，现有完成订单和配送的方法将会对仓库存储货物和运送工具提出新的要求。在电子商务环境下，企业在内部可以实现电子数据交换，如 IBM 率先采用了内部的 EDI 系统。这样，营销部门和采购部门对市场的预测反应速度将会大大加快，问题一出现，即可通过网络马上被传递给有关部门，有关部门就可以及时做出适当的调整。如果需求突然增加，或者某家工厂不能完成生产进度，生产计划部门就会及时觉察并安排另外一家工厂增加生产量，这样就可以减少库存，避免不必要的浪费。

任务二　电子商务环境下的生产物流管理

一、生产物流概述

1. 生产物流的概念

生产物流是指生产过程中原材料、在产品、半成品、产成品等在企业内部的实体流动。生产物流是制造产品的工厂企业所特有的，它和生产过程同步。原材料、在产品、半成品、产成品等按工艺流程在各加工点之间不停顿地移动、流转，形成了生产物流。如果生产物流中断，生产过程就将随之停顿。

2．影响生产物流的主要因素

（1）企业的生产类型。不同的生产类型，它的产品品种、结构的复杂程度、精确等级、工艺要求及原材料准备都不相同。这些特点影响着生产物流的构成及相互之间的关系。

（2）企业的生产规模。生产规模越大，生产过程的构成要素越齐全，物流量越大，物流管理也越复杂。

（3）企业的社会专业化与协作水平。社会专业化和协作水平提高，企业内部生产过程就趋于简化，物流流程就会缩短。

3．合理组织生产物流的基本要求

生产物流区别于其他物流最显著的特点是它和企业生产紧密联系在一起。只有合理组织生产物流过程，才有可能使生产过程始终处于最佳状态。如果物流过程的组织水平低，达不到基本要求，即使生产条件和设备再好，也不可能顺利完成生产过程，更谈不上取得较高的经济效益。

合理组织生产物流的基本要求有如下几点。

（1）物流过程的连续性。企业生产是按工序进行的，因此要求物资能顺畅地、最快地、节省地走完各个工序，直至成为产品。每个工序的不正常或停工都会造成不同程度的物流阻塞，影响整个企业生产的进行。

（2）物流过程的平行性。一家企业通常生产多种产品，每种产品又包含多种零部件，在组织生产时，将各个零部件分配在各个车间的各个工序上生产，因此要求各个支流平行流动。如果一个支流发生问题，整个物流就会受到影响。

（3）物流过程的节奏性。物流过程的节奏性是指产品在生产过程的各个阶段，从投料到最后完成入库，都能保证按计划、有节奏或均衡地进行，即要求在相同的时间间隔内生产数量大致相同的产品，均衡地完成生产任务。

（4）物流过程的比例性。组成产品的各个物流量虽然是不同的，但是各占一定的比例，因此形成了物流过程的比例性。

（5）物流过程的适应性。当企业的产品改型换代或品种发生变化时，生产过程应具有较强的应变能力，也就是生产过程应具备在较短的时间内可以由生产一种产品迅速转变为生产另一种产品的能力。物流过程应具备相应的应变能力，以便与生产过程相适应。

4．生产物流的设计原则

生产物流的设计整合在企业生产系统设计中，必须强调物流环节的整体效益。生产物流的设计原则有以下几个。

（1）无用功最小原则。物流过程不能使产品增加附加价值，但会消耗大量人力、物力和财力。因此，物流距离要短，搬运量要小。

（2）流动性原则。良好的企业生产物流应当流动顺畅，消除无谓停滞，力求生产流程的连续。当物资向成品方向发展时，应尽量避免工序或作业间的逆向、交错流动或发生与其他物资混杂的情况。

（3）准确性原则。尽量减少二次搬运和重复搬运。

小贴士

PPI

PPI（Producer Price Index）即生产者物价指数，也称工业品出厂价格指数，是衡量工业企业产品出厂价格变动趋势和变动程度的指数，是反映某一时期生产领域价格变动情况的重要经济指标，也是制定有关经济政策和国民经济核算的重要依据。PPI 与消费者物价指数不同，其主要目的是衡量企业购买的一篮子物品和劳务的总费用。由于企业最终要把它们的费用以更高的消费价格的形式转移给消费者，因此我们通常认为 PPI 的变动对预测消费者物价指数的变动是有用的。

2021 年我国 PPI 的走势如图 6-7 所示。

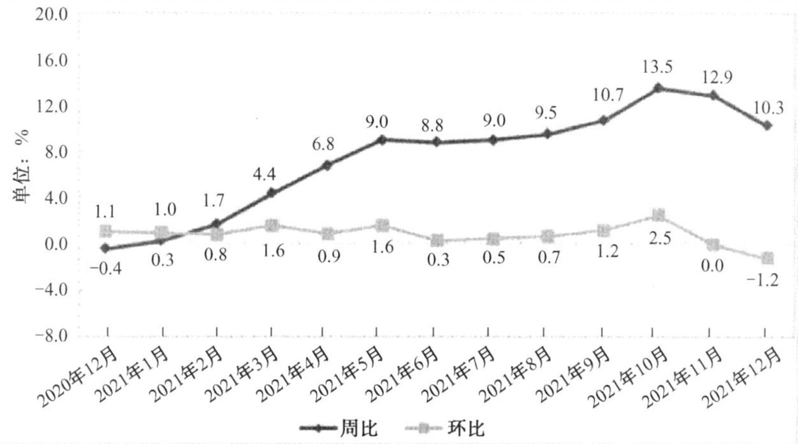

图 6-7　2021 年我国 PPI 的走势

二、生产物流的类型

生产物流的类型与生产的产量、产品的品种、生产的专业化程度有关。企业的产量越大，生产的专业化程度越高，物流过程的稳定性和重复性就越大。正因为如此，划分生产物流的类型与划分生产类型被看作一个问题的两种说法。

1. 从生产专业化的角度划分

从生产专业化的角度划分，我们可以把生产类型划分为大量生产、成批生产、单件生产 3 种，如表 6-2 所示。

表 6-2　从生产专业化角度划分的生产类型

生产类型		工序数目/台	工序占有用工作的系数
大量生产		1～2	0.5 以上
成批生产	大批生产	3～10	0.1～0.5
	中批生产	11～20	0.05～0.1（不含）

续表

生产类型		工序数目/台	工序占有用工作的系数
成批生产	小批生产	21～40	0.025～0.05（不含）
单件生产		40 以上	0.025 以下

单件生产（项目型）生产品种繁多，但每种仅生产一台，生产重复程度低；大量生产（连续型或离散型）生产品种单一，产量大，生产重复度高；成批生产（连续型或离散型）介于上述二者之间，即品种不单一，每种都有一定的批量，生产有一定的重复性，通常又可被划分为大批生产、中批生产和小批生产。

2．从物资在生产工艺过程中的流向的角度划分

从物资在生产工艺过程中的流向的角度划分，我们可以把生产物流划分为项目型、连续型、离散型 3 种。

（1）项目型生产物流（固定式生产）。在项目型生产物流中，生产系统需要的物资在进入生产场地后，几乎处于停止的"凝固"状态，或者说在生产过程中物资的流动性不大。这种状态可分为两种状态：一种是物资在进入生产场地后就被"凝固"在场地，和生产场地一起形成最终产品，如住宅、厂房、公路、铁路、机场、大坝等；另一种是物资在进入生产场地后，"滞留"时间长，在形成最终产品后才流出，如大型水电设备、冶金设备、轮船、飞机等。管理的重点是按照项目的生命周期对每个阶段所需的物资在质量、费用及时间进度等方面进行严格的计划和控制。

（2）连续型生产物流（流程式生产）。连续型生产物流的物资始终处于均匀、连续的流动状态，并且不能中断。生产出的产品和使用的设备、工艺流程都是固定且标准化的；工序之间几乎没有在制品存储。管理的重点是保证连续供应物资和确保每个生产环节的正常运行。工艺的相对稳定，为采用自动化装置对生产过程进行实时监控创造了条件。

（3）离散型生产物流（加工装配式生产）。产品是由许多零部件构成的，各个零部件的加工过程彼此独立；零部件通过部件装配和总装配最后成为产品。整个产品的生产工艺是离散的，各个生产环节之间要有一定的在制品储备。管理的重点是在保证及时供料和零部件加工质量的基础上，准确控制零部件的生产进度，缩短生命周期，既要减少在制品积压，又要保证生产的成套性。

三、生产物流的特征

生产物流的特征：物资按照生产工艺流程流动；物流作业与生产作业紧密联系且相互交叉；物流连续而有节奏地按比例运转。

通常，按物流连续性从高到低、产品需求从品种多、产量小到品种少、产量大，可把生产物流划分为 5 种类型：项目型、单件小批量型、多品种小批量型、单一品种大批量型、多品种大批量型，如图 6-8 所示。

1．项目型生产物流的特征

项目型生产物流是指具有项目特征（有具体的开始和结束时间，有严格定义的最终目标，有成本和时间计划，能够产生具体结果，只发生一次）的生产物流系统。项目型生产物流的特

征：物资采购量大，供应商多变，外部物流较难控制；物流主体以生产过程中的原材料和在制品为主，几乎无产成品；物流在加工场地的方向不确定，加工路线变化极大，工序之间的物流联系不规律；物资需求与具体产品存在一一对应的关系。

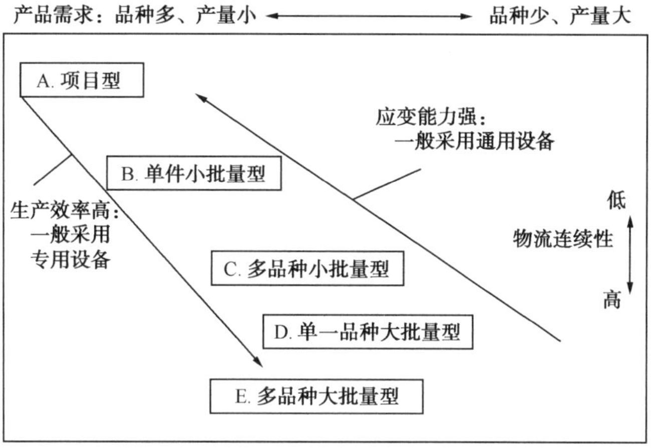

图 6-8　生产物流的 5 种类型

2. 单件小批量型生产物流的特征

单件小批量型生产物流是指需要生产的产品品种多但每个品种生产的数量少、生产重复度低的生产物流系统。单件小批量型生产物流的特征：由于生产的重复度低，物资需求与具体产品存在一一对应的关系，因此物资的消耗定额不容易或不适宜准确制定；由于生产品种具有多样性，生产所需物资的供应商多变，因此外部物流难以控制。

3. 多品种小批量型生产物流的特征

多品种小批量型生产物流是指生产的产品品种繁多并且每个品种都有一定的生产数量、生产重复度中等的生产物流系统。由于企业必须按客户需求以销定产，使得企业物流配送管理工作复杂化，因此协调采购、生产、销售物流并最大限度地降低物流费用是多品种小批量型生产物流最大的目标。多品种小批量型生产物流的特征：物资生产的重复度介于单件生产和大量生产之间，一般是制定生产频率，采用混流生产，以物资需求计划（Material Requirement Planning，MRP）实现物资的外部独立需求与内部的相关需求之间的平衡；以 JIT 实现客户个性化特征对生产过程中物资、零部件、成品的拉动；由于产品设计和工艺设计采用并行工程处理，物资的消耗定额容易准确制定，因此容易降低产品成本。

4. 单一品种大批量型生产物流的特征

单一品种大批量型生产物流是指生产的产品品种相对单一，而产量却相当大、生产重复程度非常高且大批量配送的生产物流系统。单一品种大批量型生产物流的特征：由于物资被加工的重复程度高，物资需求的外部独立性和内部相关性易于计划和控制，产品设计和工艺设计相对标准、稳定，物资的消耗定额容易并适宜准确制定；生产品种的单一性便于物资供应商的固定和外部物流的控制。为实现物流自动化和效率化，企业应在采购、生产、销售物流各功能的系统化方面，引入运输、保管、配送、装卸、包装等物流作业中的各种先进技术并使其有机配合。

5. 多品种大批量型生产物流的特征

多品种大批量型生产物流也称大批量定制生产，是一种按照大批量生产的成本和时间，提供满足客户特定需求的产品和服务的生产物流系统。其基本思想是将定制产品的生产通过产品重组和过程重组转换或部分转化为大批量生产问题。多品种大批量型生产物流的特征如下。

（1）物资的采购、设计、加工、装配、销售等流程要满足个性化定制要求，这就促使物流必须有坚实的基础——订单信息化、工艺过程管理计算机化与物流配送网络化。而要实现这个基础，就要有一些关键技术支持，如现代产品设计技术、产品数据管理技术、产品建模技术、编码技术、产品与过程的标准化技术、面向 MC（Mass Customization，大规模定制）的供应链管理技术、柔性制造系统。

（2）产品设计的“可定制性”与零部件制造过程中由于标准化、通用化、集中化而产生的“可操作性”的矛盾，往往与物资的性质与选购、生产技术手段的柔性与敏捷性有很大关联，因此创建可定制的产品和服务非常关键。

（3）库存不再是生产物流的终结点，基于以快速响应客户需求为目标的物流配送与合理化，库存将真正体现出基于时间竞争的物流速度效益。单个企业物流将发展成为供应链系统物流、全球供应链系统物流。

（4）生产品种的多样性和规模化制造，要求物流的供应商、零部件的制造商及成品的销售商之间的选择全球化、电子化、网络化。这会促使生产与服务紧密结合，使得基于服务标准化的定制化产品和基于定制服务的产品标准化，从交货点开始就提升整个企业供应链的价值。

四、生产物流的计划与控制

1. 生产物流计划

生产物流计划是企业生产过程中物资流动的纲领性书面文件，指导生产物流的开始、有序运行直至完成的全过程，概括了生产物流系统开发可以达到预定经营目标的各种行动和项目。

生产物流计划的核心是生产作业计划的编制工作，即根据计划期内规定的生产产品的品种、数量、期限及生产发展的客观实际，具体安排产品及其零部件在各工艺阶段的生产进度；与此同时，为企业内部各生产环节安排短期的生产任务，协调前后衔接关系。

2. 生产物流计划的任务

（1）保证生产计划的顺利完成。为了保证在生产计划规定的时间内生产出计划数量的产品，企业就要研究物资在生产过程中的运动规律，以及在各工艺阶段的生产周期，以此来安排各工艺阶段的生产时间和产品数量，并对系统内各生产环节的在制品进行结构、数量和时间上的协调。总之，企业要通过生产物流计划中的物流平衡及计划执行过程中的调度、统计工作来保证生产计划的完成。

（2）为均衡生产创造条件。均衡生产是指企业及企业内的车间、工段、工地等生产环节，在相等的时间阶段内，完成等量或均增数量产品的生产。

均衡生产的要求：每个生产环节都要均衡地完成所承担的生产任务；不仅要在数量上均衡生产和产出，各阶段的物流还要保持一定的比例性；要尽可能缩短物资流动周期，同时保持一定的节奏性。

（3）加强在制品管理，缩短生产周期。保持在制品、半成品的合理储备是保持生产物流顺利进行的必要条件。在制品过少，会使物流中断，影响生产；反之，又会造成物流不畅，延长生产周期。因此，对在制品的合理控制，既可减少在制品的占用量，又能使生产环节衔接、协调，使企业按物流作业计划有节奏地、均衡地组织物流活动。

3. 生产物流控制

在生产过程中，由于受到物流企业的战略选择与企业内外部环境的作用和影响，企业的生产物流可能会偏离预定的目标，因此企业应加强生产物流的过程管理。

4. 生产物流控制的内容

生产物流控制的内容包括进度控制和在制品控制。其中，进度控制是核心，即物资在生产过程中的流入、流出控制，以及物流量的控制。在制品控制是在生产过程中对在制品进行静态、动态控制及占有量的控制，进行偏差的测定和处理；在作业过程中，按预定时间及顺序检测执行计划的结果，掌握计划量与实际量的差距，根据差距产生的原因、差距的内容及严重程度，采取不同的处理方法。

5. 生产物流控制的程序

生产物流控制的程序与实现控制的内容相适应。生产物流控制的程序一般包括以下几个步骤：制订生产计划，依据生产计划制订相应的生产物流计划，并有目的、有组织、系统地完成计划；按期调整，为了保证生产物流计划的顺利完成，及时检查、监督计划执行情况，及时调整偏差，保证实现生产物流计划的目标；收集、传送物流信息，物流信息要支持物流的各项业务活动。

6. 生产物流控制的方式

生产物流控制的方式有两种：反馈和前馈。反馈控制是指控制主体根据设立的目标，发布控制指令，控制对象根据下达的命令执行规定的动作，将系统信息传递给控制主体，控制主体将系统信息与目标进行比较，确定调整量。前馈控制着眼于对系统未来状态的预测，事先采取措施应付即将发生的情况。前馈控制带有主动性。

相关链接

青岛啤酒股份有限公司：厂内物流的提升策略

一、企业简介

青岛啤酒产自青岛啤酒股份有限公司，该公司的前身是国营青岛啤酒厂，1903 年由英、德两国商人合资开办，是最早的啤酒生产企业之一。在百年发展历程中，青岛啤酒股份有限公司在吸取国外技术的基础上形成了自己独特的生产工艺和质量品位，成为国内外久负盛名的名酒，曾 7 次获得国家金质奖、3 次在美国国评酒会上夺魁。青岛啤酒股份有限公司为 2008 年北京奥运会官方赞助商，跻身世界品牌 500 强；2019 年，在《人民日报》发布的“中国品牌发展指数”100 榜单中排名第 91 位；2021 年，位列 2021 年《亚洲品牌 500 强》排行榜第 59 位，入选《2021 胡润中国最具历史文化底蕴品牌榜》第 8 位。截至 2021 年第三季度，青岛啤酒股份有限公司实现营业收入 268 亿元，同比增长 9.62%；实现净利润 36 亿元，同比增长 21%。青岛啤酒股份有限公司在物流信息化、搬运装卸集装化、货位精细化、设施布局科学化等方面形成了一条符合自身特色的物流管理之路。“喝啤酒就喝新鲜的青岛啤酒”，这不是一句空洞的广告词，背后支撑它的是青岛啤酒股份有限公司内部高效的物流运作。在快销行业中，产销之间的平衡是最重要的问题。为此，青岛啤酒股份有限公司总部定制信息系统，根据瓶装厂的最大产能及区域历史销售和预测数据进行供求匹配，希望在充分利用产能的同时使得物流成本最低。

二、提高仓容利用率

走进工厂内部，首先看到的是整整齐齐堆放成一板一板的直立空瓶（青岛纯生必须用新瓶），据介绍这是深圳青岛啤酒朝日有限公司（以下简称深圳青啤）2013 年下半年对供应商的新要求，之前全用麻袋运输和装卸，不仅物流效率低下，还使得在上灌装线（生产线）时需按上线的要求进行人工转换，增加了物流环节，使得成本高、效率低下。如今，通过托盘化运作，最小流通单位由袋改为板，整个物流过程中的搬运、装卸、存储、运输、上线等均以集装化方式运作，效率得到提高。

深圳青啤的成品仓有 3 个，与成品罐装线形成“凸”字格局。总面积为 24 000 平方米的仓库的库存能力达 16 000 吨，但仅由 13 人管理。而在此之前的管理比较粗放，仓容利用率不高，见空就放，使得库内通道被堵塞并耽误查找货物，经常出现发货延迟的现象。随着产量持续增大，仓储资源显得严重不足。2011 年，物流管理系统被全面引入，通过精细测量，整体规划出货位和通道，使得仓储能力提高 20%以上。

由于啤酒是重货，堆放高度和空间利用率形成矛盾，深圳青啤从平面到空间进行了各方面的优化与挖潜。为充分利用仓库高度，深圳青啤经过优化托盘码放，提高了底层的承受力，将托盘定为 3 层标准。在考虑充分利用面积的前提下，深圳青啤先后选用过 1200 毫米×1000 毫米和 1000 毫米×1000 毫米规格的托盘，但最终选定 1100 毫米×1100 毫米的规格，一方面是因为这个规格与啤酒小箱包装的吻合度最高，另一方面是因为这个规格可以与集装箱或厢式货车 230 毫米的宽度匹配。

要将 1100 毫米×1100 毫米的托盘一层层地叠起来，自然少不了叉车司机高超的驾驶技术。为帮助叉车司机提高技术，在白天的操作过程中，深圳青啤安排专人拍摄叉车行驶路径及货叉取货、入位的全过程，晚上进行放映，让大家集中讨论需要改善的操作动作。

因生产批次和数量有多有少，对货位能力的需求大小不一，为了提高仓容利用率，更好地实现先进先出，管理者将仓库货位分为标准的大货位（如某区 60 板为一个货位）和随机的小货位来提高仓储能力的柔性，从而满足多样化的需求。

三、建立可追溯系统

为满足客户差异化的需求，青岛啤酒的库存达 80 种之多。如何将合适的产品放在合适的地方，并能快速拣出来？这曾经是一个难题，而青岛啤酒股份有限公司自行开发的 WMS 有效地解决了这一难题。

首先，WMS 会进行数据分析，统计并比较出不同品类的进出库频率。对于大进大出的品类，WMS 将其货位规划在靠近进出货口的地方；对于流量小、周转慢的品类，WMS 将其货位规划在距离出入口稍远的地方。其次，每支瓶装啤酒在灌装后，由专用激光机在瓶盖上打上具有唯一性的条码。在装箱后，将每支啤酒瓶上的条码与纸箱上的条码建立集装关联；接着将纸箱装上托盘，将纸箱上的条码与托盘的板条码建立关联。等叉车来取货入库时，车载终端将板条码与库位条码之间建立关联。这一系列关联最终形成了数据库，为 WMS 提供数据分析依据，使物料在厂内的流动距离最短，并将客户交付的内部前置期缩到最短。最后，叉车司机按照包含产品批号的出货指令从货位取出货物并装在物流承运商的车辆上，物流承运商的车辆又通过自带车载终端与货物建立关联（青岛啤酒股份有限公司对物流承运商的车辆信息化有要求）。

通过信息化系统，青岛啤酒股份有限公司将厂内物流延伸到厂外，可追溯到产品被运到下游的中央物流中心、区域物流中心、终端物流中心及经销商的全过程。这与当今 IT 数码产品的追溯理论如出一辙。

四、未来面临的挑战

深圳青啤于 1999 年建厂，建厂之初年产量不过 2 万吨，而 2013 年的年产量达到了 50 万吨，年产量的高速增长对物流提出新的要求。

深圳青啤这些年一直在努力提升物流效率，并取得了一定的成效，在仓容利用率、仓储管理系统化及减少搬运装卸集装化中间环节方面都给业内提供了可供借鉴的经验。如今，深圳青啤的年库存周转率达 30 次以上，平均库存周期为 11 天，13 个人管理着 24 000 平方米的成品仓库，客户需求响应率达到 98%。但是，深圳青啤仍面临诸多挑战。例如，华南地区的生产部门与销售部门是分离的，这样的布局就使信息传递需要经过多个环节，那么，如何规避“长鞭效应”及如何提高产销协同将会是一个严峻的问题；在企业信息化的过程中，面对经销商和批发商实力及管理能力参差不齐的现状，毫无疑问，推行全程的产品追溯系统也存在困难；另外，由于工厂所处的地理位置及早期规划等原因，工厂没有设计装卸货台，集装箱装箱过程仍需人工辅助，在物流环节仍规避不了对高强度体力的依赖。深圳青啤要想进一步提升物流效率，满足高速增长的年产量的需求，就必须有效地解决这些问题。

——资料来源：广东物流网，2021-10-28

任务三　精益生产物流

一、精益生产的概念

精益生产（Lean Production，LP）是美国麻省理工学院数位国际汽车计划组织的专家对日本丰田的 JIT 生产方式的概括，是指运用多种现代管理方法和手段，以社会需求为依据，以充分发挥人的作用为根据，有效配置和合理使用企业资源，最大限度地为企业谋取经济效益的一种新型生产方式。JIT 生产方式是起源于日本丰田汽车公司的一种生产管理方法。它的基本思想可用现在已广为流传的一句话来概括，即“只在需要的时候，按需要的量生产所需的产品”，这也就是 JIT 一词所要表达的本来含义。

JIT 生产方式通过生产的计划和控制及库存的管理，追求一种无库存或库存达到最小的生产系统，为此人们开发了包括看板在内的一系列具体方法，并逐渐形成了一套独具特色的生产经营体系。

二、JIT 生产方式的目标

JIT 生产方式的最终目标也即企业的经营目标——获取最大利润。为了实现这个最终目标，降低成本就成为基本目标。

在福特时代，降低成本主要依靠单一品种的规模生产来实现。但是在多品种中小批量生产的情况下，这种方法是行不通的。因此，JIT 生产方式力图通过“彻底消除浪费”来实现降低成本的目标。

所谓浪费，在 JIT 生产方式的起源地丰田汽车公司，被定义为“只使成本增加的生产诸因素”，也就是说，不会带来任何附加价值的所有因素。其中，最主要的浪费是指由生产过剩（库存）所引起的浪费。因此，为了避免这些浪费，就相应地产生了适时适量生产、弹性配置作业人数及保证质量这 3 个子目标。

三、JIT 生产方式的基本手段

JIT 生产方式的基本手段有如下几种。

1. 适时适量生产

对企业来说，各种产品的产量都必须能够灵活地适应市场需求量的变化。否则，生产过剩会引起人员、设备、库存费用等一系列的浪费。而避免这些浪费的手段，就是实施适时适量生产，即只在市场需要的时候生产市场需要的产品。

以海尔集团的 e 制造为例。过去企业按照生产计划制造产品，是大批量生产，而海尔集团的 e 制造是根据订单进行的大批量定制。海尔集团的 ERP 系统每天准确、自动地生成向生产线配送物料的物料清单，通过无线扫描、红外传输等现代物流技术的支持，实现定时、定量、定点的三定配送。海尔集团独创的过站式物流，实现了从大批量生产到大批量定制的转化。

海尔集团要实现 e 制造，还需要柔性制造系统。在满足客户个性化需求的过程中，海尔集团采用计算机辅助设计与制造，建立计算机集成制造系统。在开发决策支持系统的基础上，通过人机对话实施计划与控制，从 MRP 发展到制造资源规划（MRP Ⅱ）和 ERP，又发展到集开发、生产和实物分销于一身的适时生产，供应链管理中的快速响应和柔性制造（Agile Manufacturing），以及通过网络协调设计与生产的并行工程（Concurrent Engineering）等。这些新的生产方式把信息技术革命和管理进步融为一体。海尔集团的 e 制造流程如图 6-9 所示。

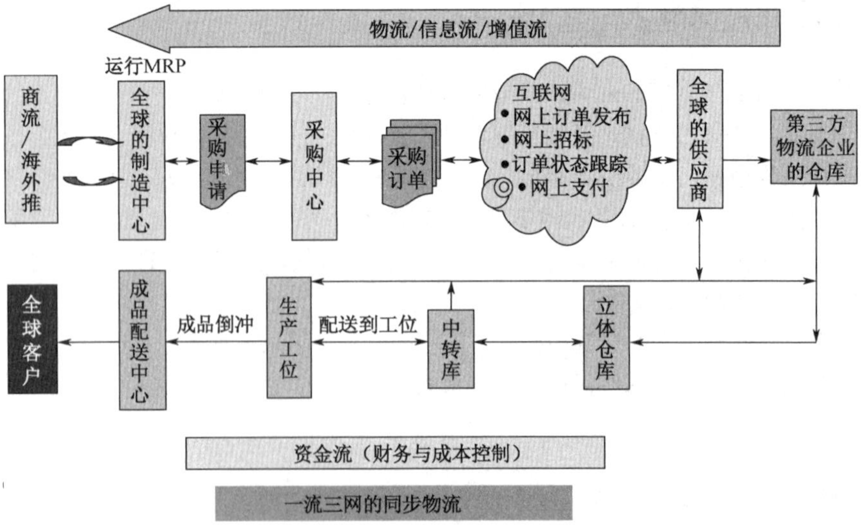

图 6-9　海尔集团的 e 制造流程

如今，海尔集团已经在全集团范围内实施计算机集成制造系统，生产线可以实现不同型号产品的混流生产，如海尔集团建成国内首条 FIMS 柔性计算机生产线。从接到订单到出厂，中间的每道工序都是在计算机系统的集成管理和严格监控之下完成的。为了使生产线的生产模式更加灵活，海尔集团有针对性地开发了 EOS 商务系统、ERP 系统、JIT 三定配送系统等六大辅助系统。由于采用了这种 FIMS 柔性制造系统，因此海尔集团不仅能够实现单台计算机客户定制，还能同时生产千余种配置的计算机，甚至可以实现 36 小时快速交货。

2．弹性配置作业人数

在劳动费用越来越高的今天，降低劳动费用是降低成本的一个重要方面。实现这一目标的方法是实施少人化。所谓少人化，是指根据生产量的变动，弹性地增减各生产线的作业人数，以及尽量用较少的人力完成较大的生产量。

3．保证质量

人们通常认为，质量与成本之间存在一种负相关关系，即要提高质量，就得花费人力、物力。但在 JIT 生产方式中，这一常识被推翻了，即通过将质量管理贯穿于每个工序之中来实现提高质量与降低成本的一致性，具体方法是实施自动化。

4．看板管理

看板管理亦称看板方式、视板管理，是指在工业企业的工序管理中，以卡片为凭证，定时定点交货的管理制度。看板是一种类似通知单的卡片，主要传递零部件的名称、生产量、生产时间、生产方法、运送量、运送时间、运送目的地、存放地点、运送工具和容器等方面的信息和指令。看板管理作为一种进行生产管理的方式，在生产管理史上是非常独特的。看板管理也可以说是 JIT 生产方式最显著的特点，但绝不能把 JIT 生产方式与看板管理等同起来。神龙公司的看板管理流程如图 6-10 所示。

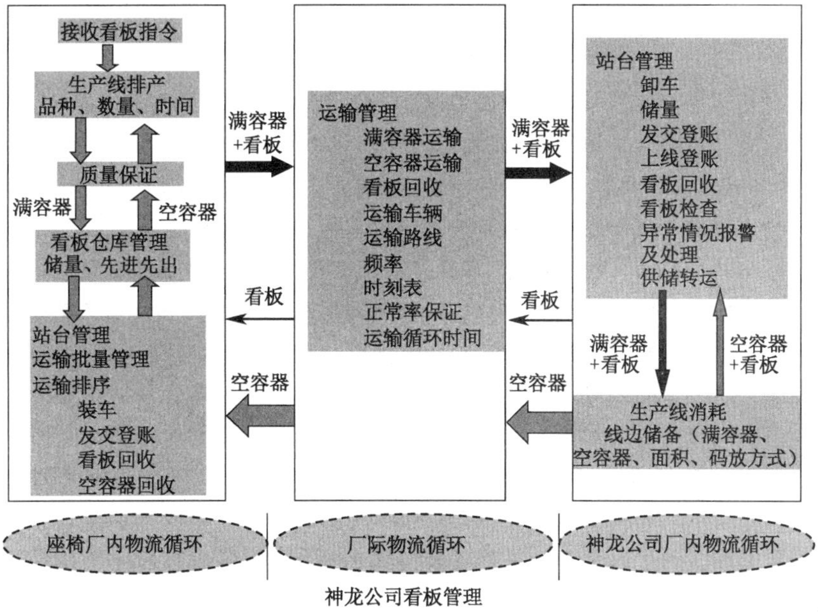

图 6-10　神龙公司的看板管理流程

JIT 生产方式说到底是一种生产管理技术，而看板只不过是一种管理手段。看板只有在工序一体化、生产均衡化、生产同步化的前提下，才有可能运用到。如果错误地认为 JIT 生产方式就是看板管理，不对现有的生产管理方法做任何变动就单纯地引进看板管理，就不会起到任何作用。因此，在引进 JIT 生产方式及看板管理时，最重要的是对现存的生产系统进行全面改组。

看板的主要功能是传递生产和运送的指令。在 JIT 生产方式中，生产的月度计划是被集中制订并传达到各工厂及协作企业的。而与此相应的日生产指令只被下达到最后一道工序或总装配线，对其他工序的生产指令通过看板来实现。看板的功能主要表现在以下几个方面。

（1）生产及运送的工作指令。看板中记载着生产量、时间、方法、顺序，以及运送量、运送时间、运送目的地、放置场所、搬运工具等信息，作业人员从装配工序逐次向前工序追溯，在装配线上将所使用的零部件上所带的看板取下，以此再去前工序领取。后工序领取和适时适量生产就是这样通过看板来实现的。

（2）防止过量生产和过量运送。企业必须按照既定的运用规则来使用看板。其中一条规则是“没有看板不能生产，也不能运送”。根据这一规则，看板数量减少，生产量也相应减少。

（3）进行目视化管理的工具。看板的另一条运用规则是“看板必须在实物上存放，前工序按照看板取下的顺序进行生产”。根据这一规则，作业现场的管理人员对生产的优先顺序能够一目了然，易于管理。通过看板，相关人员可知道后工序的作业进展情况、库存情况等。

（4）改善的工具。在 JIT 生产方式中，通过不断减少看板数量来减少在制品的中间存储。根据看板的运用规则之一“不能把不良品送往后工序”，后工序所需得不到满足，就会造成全线停工，由此可立即使问题暴露，从而使企业必须立即采取改善措施来解决问题。

通过改善活动，企业不仅解决了问题，还增强了生产线的“体质”，从而提高了生产效率。

相关链接

看板管理在汽车行业中的应用

看板管理使汽车企业生产实现了全面协同，与此同时，看板又让各生产单元实现独立生产，从而使汽车企业建立能够自我循环、自我调节的生产管理体系，大大改善汽车企业的存货管理。JIT 生产方式是目前汽车行业普遍采用的一种先进的生产组织管理模式，而看板管理又是 JIT 生产方式中的一种重要的管理手段。看板是一种辅助工具，是一种用于控制生产现场的工具。

看板管理采取的是拉动式生产方式，即生产线上需要何种零件，物流就配送何种零件；现场能够做到的最佳状态为准时领取、准时转运、准时生产。看板最初是由丰田汽车公司于 20 世纪 50 年代从超市的运行机制中得到启示，作为一种生产、运送指令的传递工具被创造出来的。

在超市方式中，当客户在超市中进行购物并付款时，收银台通过对贴在货物上的条码标签进行扫描将销售信息传递到仓库中，仓库按照收到的销售信息定时或定量配送相同数量、相同品种的货物补充到货架上，由此形成一个环。而看板将这一配送方式变化地应用到生产现场中，当后工序的作业人员从物料架上取走某一零件用于生产时，他同时取下零件上所附带的看板并将其投放于看板盒内，物流人员定时从看板箱内取走看板，按照看板的数量和类别定时或定量从前工序搬运所需的东西补充到相应的物料架上，供后工序连续生产使用。看板跟着零件走，没有看板不取货，没有看板不生产，防止过量运送及过量制造，这样就大大减少了在制品缓存数量，且减少了资金的占用。看板管理还同时充当着目视化管理工具，看板与在制品存放在一起，通过查看看板的零件号和数量，就可以清楚地了解在制品缓存的品种和数量。实施看板管理，可以极大地提高生产物流的效率和现场管理的水平。

在汽车行业中使用看板管理的操作流程如下：①配送人员将装有看板的零件料箱送到生产线旁的物料架上；②生产线上的人员在打开料箱使用第一个零件前将此零件的看板投入看板箱中；③物流人员定期到看板箱中收取看板；④看板被按照配送路线及大件、小件区分放置；⑤物流人员通过看板拉动系统，定期扫描此时间段内的看板并汇总成零件需求清单；⑥厂外仓库物流人员从看板拉动系统中下载零件需求清单并按照零件需求清单准备物料；⑦厂外配送车辆将此时间段内的需求物料在规定时间内送到厂内接收 Dock 区；⑧厂内叉车人员卸货，配送人员在零件料箱中插入看板后将零件配送到生产线上；⑨如此往复循环，从收取看板到配送物料上线的时间要控制在 2 小时之内，物料架上物料的最小到最大量设置是 20 分钟～2 小时的用量，且为避免因物料原因造成停线，在厂内缓存区会放置 1 小时缓存物料，此部分缓存物料是流动的，配送时优先从缓存区取料，新到厂内物料再被补充到缓存区。

看板管理系统的实际应用中也存在一些问题不容忽视。①看板的目视功能被弱化。在丰田汽车公司的看板管理系统中，看板同时起着对现场物料进行目视管理的作用，4 小时物料来源包括生产线旁最大存量的 2 小时物料、缓存区的 1 小时物料、备料或配送中的 1 小时物料。②看板的拉动循环被约束。在当前的应用中，本小时内消耗的物料在下一个小时内被补充到位，强行限制了看板应用范围的扩展，并且对上游作业强度及资源消耗提出了过高的要求。

企业在现实工作中要充分认识看板管理的作用，充分了解看板数量的合理计算及看板循环方式的设计，以最大限度地发挥看板的功能，使其更好地为生产现场控制服务。根据丰田汽车公司的经验，单纯地采用看板管理不可能全面实现生产过程的合理化，应该首先从生产过程的合理化入手，不断改进作业方法，完善生产条件，然后逐步过渡到看板管理。

——资料来源：中国物流与采购网，2021-04-16

四、JIT 生产方式的实施策略

JIT 的实际应用包含纷繁复杂的内容，从实施手段和工具的角度也因企业和生产方式的差异而不同。但从 JIT 的核心思想出发，为了实现降低成本这一基本目标，JIT 生产方式的实施策略可以概括为下述 3 个方面。

1. 生产流程化

生产流程化是指按生产汽车所需的工序从最后一个工序开始往前推，确定前面一个工序的类别，并依次、恰当地安排生产流程，根据生产流程与每个环节所需库存数量和时间先后来安排库存和组织物流。企业应尽量减少物资在生产现场的停滞与搬运，让物资在生产流程上毫无阻碍地流动。

在需要的时候，按需要的量生产所需的产品。对企业来说，各种产品的产量都必须能够灵活地适应市场需要量的变化。众所周知，生产过剩会引起人员、设备、库存费用等一系列的浪费。避免这些浪费的手段就是实施适时适量生产，即只在市场需要的时候生产市场需要的产品。

2. 生产均衡化

生产均衡化是实现适时适量生产的前提条件。所谓生产的均衡化，是指总装配线在向前工序领取零部件时应均衡地使用各种零部件来生产各种产品。为此，企业在制订生产计划时就必须加以考虑，并将其体现于产品生产顺序计划之中。在制造阶段，均衡化通过专用设备通用化和制定标准作业来实现。所谓专用设备通用化，是指通过在专用设备上增加一些工具的方法使其能够加工多种不同的产品。标准作业是指将作业节拍内一个作业人员所应担当的一系列作业内容标准化。

在生产中，将一周或一日的生产量按分、秒时间进行平均，所有生产流程都按此来组织生产。这样，流水线上每个作业环节上单位时间所需完成的作业量和作业种类就有了标准定额，所在环节便都可按标准定额组织生产，因此企业要按此生产定额均衡地组织物资的供应，安排物资的流动。JIT 生产方式的生产是按周或按日平均的，是一种均衡化的生产，与传统的大生产、按批量生产的方式不同。

3. 资源配置合理化

资源配置合理化是实现降低成本目标的最终途径，具体是指在生产线内外，所有设备、人员和零部件都得到最合理的调配和分派，在最需要的时候得到最及时的应用。

从设备角度而言，资源配置合理化包括让相关模具实现快速装换调整。例如，丰田汽车公司发明并采用的设备快速装换调整的方法是 SMED 法（Single Minute Exchange of Die，快速换模）。丰田汽车公司所有大中型设备的装换调整操作均能够在 10 分钟之内完成，这为“多品种、小批量”的均衡化生产奠定了基础。

在生产区间内，企业需要合理放置设备和原材料。快速装换调整为满足后工序频繁领取零部件的生产要求和“多品种、小批量”的均衡化生产提供了重要的基础。但是，这种频繁领取零部件的方式必然增加运输作业量和运输成本，若运输不便，则会影响 JIT 生产的顺利进行。合理布置设备，特别是 U 形单元连接而成的“组合 U 形生产线”，可以大大简化运输作业，使得单位时间内零部件运输次数增加，但运输费用并不增加或增加很少，为小批量频繁运输和单件生产单件传送提供了基础。

综合训练

基础训练

一、名词解释

1. 采购管理
2. 精益生产
3. 物料需求计划（MRP）
4. JIT 生产方式
5. 看板管理

二、填空题

1. 电子采购管理的内容有________、________、________、________。

2. 从生产专业化的角度划分，我们可以把生产类型划分为________、________、________3 种。

3. JIT 生产方式是起源于日本________公司的一种生产管理方法。

4. 生产物流计划的核心是________的编制工作。

三、不定项选择题

1.（　　）管理是物流供应链管理的起始点。

A. 采购　　B. 生产　　C. 库存　　D. 装卸搬运

2. 影响生产物流的主要因素有（　　）。

A. 企业的生产类型　　B. 企业的生产规模

C. 企业的社会专业化与协作水平　　D. 企业的类型

3. 从物资在生产工艺过程中的流向的角度划分，我们可以把生产物流划分为（　　）3 种。

A. 项目型　　B. 连续型

C. 离散型　　D. 间断型

4. JIT 实施的策略包括（　　）。

A. 看板管理　　B. 资源配置合理化

C. 生产均衡化　　D. 生产流程化

四、简答题

1. 网上采购管理与传统采购管理的差异表现在哪里？
2. 影响生产物流的主要因素有哪些？
3. JIT 生产方式的基本手段有哪些？
4. JIT 采购主要包括哪些流程？
5. 看板管理的功能有哪些？
6. JIT 生产方式的实施策略有哪些？

技能训练

案例分析：福建奔驰的精益生产

一、企业简介

福建奔驰汽车有限公司（以下简称福建奔驰）成立于 2007 年，由戴姆勒轻型汽车香港有限公司、北京汽车股份有限公司和福建省汽车工业集团有限公司共同出资组建而成，投资 4.346 亿欧元，规划生产及物流用地 66 万平方米。作为福建省委、省政府大力支持的重点支柱产业，福建奔驰的成立标志着福建汽车工业从闽台合作走向国际合作。2021 年，福建奔驰实现营收超百亿元，纳税约 20 亿元，连续 5 年获得闽侯县“超十亿元纳税大户”的荣誉称号。福建奔驰的 V 级车在中国市场上的占有率超 5%，荣获“2019 年商务车发展最具影响力奖”，成为国内中高端多用途汽车市场的标杆品牌。

作为戴姆勒集团在亚洲及大洋洲的商务车生产基地，福建奔驰导入梅赛德斯-奔驰生产系统（MPS），全面实施精益生产，推行严格的质量管理体系，秉承梅赛德斯百年造车之精义，导入戴姆勒旗下的梅赛德斯-奔驰中高档商务车 V 级车、威霆等，为客户提供智尊至上的奔驰产品与服务。

二、消化、吸收全球先进技术，持续研发创新产品

福建奔驰拥有戴姆勒集团在亚洲唯一的商务车研发中心，总投资为 5 亿元，在设计、建造和设备配置方面均严格按照戴姆勒集团的全球研发中心标准建设，分青口厂区研发基地与海西研发基地；均采用产品数据管理系统，包含产品开发中心、整车综合试验室、零部件测试试验室、道路试验场、产品试制车间、耐久测试车间等，拥有先进的电磁兼容试验室和整车环境排放试验室等软硬件设施，能够对欧洲产品做适应性的改造，全面落实福建奔驰的本土化策略；后续持续投入约为 1500 万元，对整车排放试验室、电磁兼容试验室进行技术升级及 3D 造型室建设。

商务车研发中心自运行以来，在消化、吸收戴姆勒基础车型的基础上，完成 NCV2 和 NCV3 两个产品系列的新车型的技术引进、年度改型和车型升级，并完成全新换代产品 VS20 车型的技术引进及量产。

在智能互联项目开发的过程中，福建奔驰除吸收奔驰全球化的功能（如车辆集成验证方法、网络平台系统架构、控制单元测试验证等）的开发经验外，还结合中国客户的习惯开发出中国特有的功能，与本土互联网企业深度合作，将客户已养成的使用习惯同车载应用服务相结合，如与互联网企业的应用相结合，使车与手机无缝对接，可提供导航、社交、车队出行等多种服务。

三、构建“三化一性”精益生产体系

福建奔驰构建“三化一性”精益生产体系，并从两大领域着手：面向内部的集成——智能工厂和面向价值链的连接——智能协同（见图 6-11）。

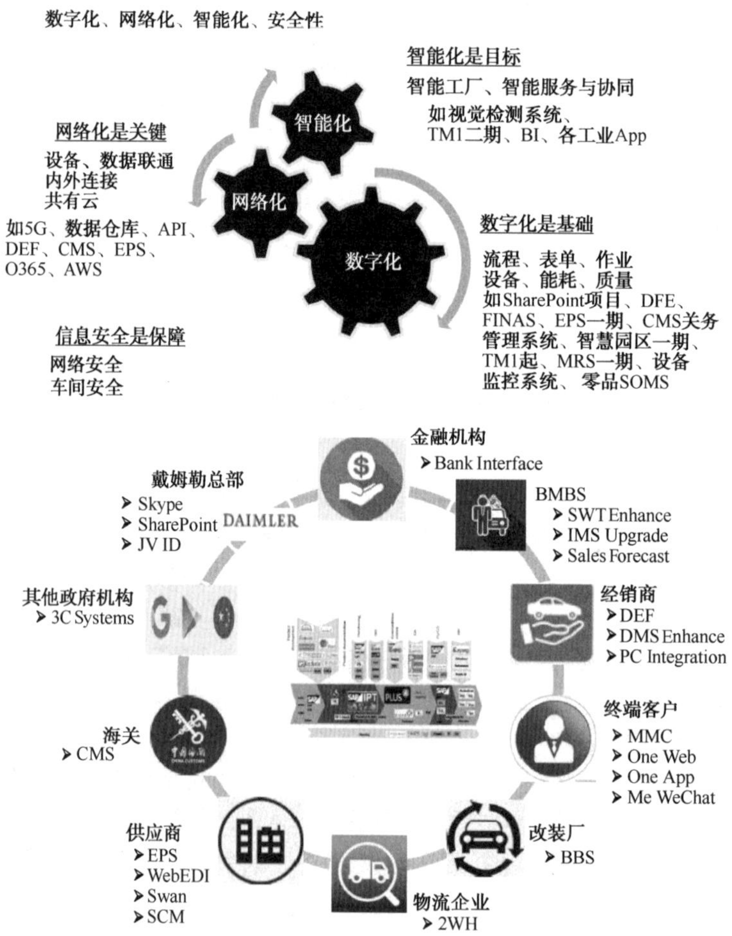

图 6-11　福建奔驰“三化一性”精益生产体系的智能协同系统

四、精益生产管理

福建奔驰导入 MPS，采用高于国内标准的标准组织生产，焊装车间采用激光焊工艺、全自动补胶等检测工艺，涂装车间采用自动监测漆膜厚度的电泳工艺、防石击自动喷涂机器人、SAMES 全自动喷涂机器人等先进的环保生产工艺，总装车间采用世界先进水平的西门子自动输送系统、ABB 自动涂胶机器人、AGV 无人搬运系统、奔驰专用 IS-TESTER 电子电气检测仪等，用于检测整车电子电气系统；依据奔驰车辆品质管理体系，在每条线的 QC 站（品质门）检查并初始化电子电气系统。IS-TESTER 对每辆车的所有电气设备都进行调试，确保每辆下线的车的电气功能正常，同时可配合 PLC 设备端对车辆进行动态测试，使车辆的动力系统及行驶参数达到国家标准及欧盟戴姆勒企业标准等。

福建奔驰建立《生产计划和控制程序》《短期生产订单和变更流程》《生产制程管控流程》等制度，对生产计划进行一体化管理，在客户交期需求和均衡生产间寻求平衡。通过月度产销会议、长期生产计划、短期生产计划、生产制程管理等，以科学的生产组织方式满足市场销售需求（车型、数量、交付期）、提升生产柔性。

（1）月度产销会议：物流生产控制组定期组织月度产销会议，明确锁定计划周期内的生产总量和生产安排，并依据销售部门提供的预测需求情况和市场趋势，确定生产计划制订的前提。

（2）长期生产计划：根据 2～3 年销售生产需求和产能情况，规划出公司生产车型的月度生产计划。

（3）短期生产计划：结合销售实际订单需求、各车间产能情况和物料情况，排定月度及年度生产计划（包含产量、车型、车色及车序），以便制订各车间日生产计划；原则上短期生产计划涵盖了 N+1～N+5 个月的计划内容。

（4）生产制程管理：在月度产销会会议上，物流生产控制组与生产管理部门确认 N+1 个月的生产安排（含产能、加班安排、车型和车色的提醒等）及 N+2 个月的生产预安排计划，并在相关项目会上与生产管理部门确认特殊需求车的生产制程；在月度产销会议后，生产管理部门将批准的生产计划通知给生产相关部门。

（5）精益生产现场管理：建立公司、车间、班组 3 级生产调度指挥系统，采用视频监控系统等手段实现对重要岗位、场所、工序的实时监控；生产系统使用 MPS 对关键工序、重要设备实现自动化监测调控；计划进度管理执行月计划日追踪制度，采用信息化手段，及时查找计划产生偏差的根本原因，消除生产过程中出现的波动，减少非计划停车次数和时间，确保进度符合预期规划；在生产过程中，广泛使用单元成本分析法、鱼骨图等分析工具和手段，对生产过程成本控制、工艺控制稳定性、主要影响因素进行分析和评判，按照 PDCA（Plan、Do、Check、Act，计划、执行、检查、处理）循环进行闭路改进，并推行精益生产现场管理，实现过程管理的科学化和规范化。

① 生产管理进度看板：各生产车间设立生产管理进度看板，对产品生产计划、排期、日产量、累计产量进行展示，让管理人员、作业人员及时了解计划的执行进度，对不能达到预期进度的原因进行分析，采取对策，对相关问题和处理措施通过生产异常处置看板进行跟踪。

② 生产异常处置看板：对生产过程中的异常因素、处理措施、负责人、解决期限、处置结

果进行展示，督促问题的解决。

③ 效率提升：建立效率体系、确定目标；通过标准作业时间测定，提供分析效率差异，从而评估影响效率的因素及制定持续改善的措施，以便达到提升生产效率的目的。

④ 价值流分析：通过整个生产流程价值流分析，识别各区域的改善点，制定福建奔驰的精益和数字化路线图；从信息流、物料流、库存优化、系统优化 4 个关键领域提升生产效率、降低运营成本。

（6）精益生产工艺管理：针对技术提升、新工艺、新技术的实施，各项目单位负责编制《工艺编程》《潜在失效模式分析》《生产控制计划》《作业指导书》等，经公司专家团进行预审、审定后由生产管理部门执行，并不定期进行验证、改进（见表 6-3）。

表 6-3 福建奔驰的精益生产工艺管理

阶段	实施步骤	控制措施
工艺制定	（1）制定工艺方案。 （2）编制《工艺编程》《潜在失效模式分析》《生产控制计划》《作业指导书》。 （3）评审方案	（1）工艺流程标准化。 （2）核心小组参与评审
工艺指导	（1）工艺人员进行工艺流程、要点指导。 （2）生产人员培训、考核	（1）工艺人员进行操作确认。 （2）培训记录表：记录培训人员、培训内容、培训时间等
工艺执行	按工艺流程要求进行生产	（1）培训合格上岗。 （2）生产过程记录表。 （3）关键工序复核
工艺审核	（1）制订审核计划。 （2）确定审核内容。 （3）实施审核	站点稽核审核记录
工艺更改	（1）更改方案。 （2）评审方案。 （3）工艺验证。 （4）发布执行	（1）工程更改通知。 （2）更改执行报告

（7）品质管理：以品质环形式进行体现，分为 LOOP1、LOOP2、LOOP3、LOOP4 四个环节，分别由不同人员从不同角度对产品质量进行检测和综合评价，通过打分的形式对产品缺陷进行分级。从客户角度来说，缺陷越显眼，越容易被发现，分数越高；从生产角度来说，缺陷的严重程度越高，对功能的影响越大，分数越高。将评价结果与制定的标准分数进行对比，以此判定产品品质（含改装）是否合格。

（8）成本控制：采用单元成本分析法进行成本控制，各车间以产品的原始构成要素，逐项做点的深入分析，据此设定标准成本，并通过异常管理，将实际成本与标准成本互相钩稽，作为差异比较的基础，设定各项管理及分析报表，定期提供各种营运数据，促使各项效益及成本最优。

五、精益生产管理成效

“十三五”以来，福建奔驰全面实施精益生产并取得显著成效（见表 6-4）。

表 6-4 福建奔驰 2017—2019 年的精益生产绩效指标完成情况

战略维度	关键绩效指标		2017 年			2018 年			2019 年		
			目标	实际	完成率/%	目标	实际	完成率/%	目标	实际	完成率/%
财务	销售收入/万元		824 151	842 105	102	1 068 461	1 072 404	100.3	1 025 582	1 031 625	101
	利润总额/万元		73 227	87 102	119	153 703	154 845	101	149 605	152 525	102
	流动资产周转率/（次·年$^{-1}$）		3.0	3.3	110	2.1	2.3	110	1.6	1.7	106
	总资产周转率/（次·年$^{-1}$）		1.6	1.7	106	1.4	1.5	107	1.1	1.2	109
	存货周转率/次		5	5	100	5	4.52	90	5	4.86	97
	成本费用降低率/%		5	5.30	106	5	4.83	97	0.06	0.06	100
	资本保值增值率/%		130	140	107	140	151	108	120	115	96
	总资产贡献率/%		36	37	103	38	40	105	29	30	103
	股东权益/万元		219 247	229 503	105	344 780	345 660	100.2	394 985	397 714	101
	资产负债率/%		62	61	98	58	57	98	56	56	100
客户	市场占有率（包括 V 级车和威霆及其改装车）/%		8	7.9	99	8.7	9.1	105	9.1	8.8	97
	授权经销商数量/家		160	163	102	200	211	106	148	150	101
	品牌建设投入额/万元		21 230	19 040	90	27 730	25 917	93	27 044	24 750	92
	客户满意度	乘用商务车经销商	—	—	—	—	—	—	4.38	4.42	101
		商务车专属经销商	—	—	—	—	—	—	4.41	4.44	101
		改装厂	97	98	101	97	97.5	101	97	97.7	101
		终端客户（CSI）	940	962	102	963	983	102	4.7	4.88	104
内部运营	年度国产件导入率/%		无	无	无	0.25	0.28	112	1.20	1.24	103
	研发占销比/%		1	1.37	137	1	1.02	102	1	1.04	104
	单车人时/小时		无	无	无	—	202.9	—	207.5	191.4	92
	CPAAZ 值	V 级车	≤20	13	100	≤20	14	100	≤16	13	100
		威霆	≤20	9	100	≤20	11	100	≤14	9	100
	单车能耗/（元·台$^{-1}$）		2100	1520	182	1660	1406	118	1550	1521	102
	全员劳动生产率/（万元·人$^{-1}$）		405	462	114	355	389	110	384	387	101
	信息化投入/万元		4200	4359	104	4600	4844	105	5000	4954	99
	重大安全事故次数/次		0	0	100	0	0	100	0	0	100
	国产零部件/（元·车$^{-1}$）	V 级车	2457	2538	103	1800	2445	136	4170	4370	105
		威霆	886	1134	128	820	1201	146	1852	2129	115
	不良质量成本率/%		0.5	0.32	156	0.5	0.34	147	0.45	0.37	121
学习与成长	员工满意度/%		70	70	100	80	83	104	85	86	101
	人均培训课时/小时		40	48	120	40	56.7	142	30	46	153
	员工主动离职率/%		10	9.5	105	7	6.3	111	14	14.1	99
	薪酬增长率/%		9	9	100	10	15	150	6	6	100

续表

战略维度	关键绩效指标	2017年			2018年			2019年		
		目标	实际	完成率/%	目标	实际	完成率/%	目标	实际	完成率/%
社会责任	万元产值综合能耗/吨标煤	0.010	0.0102	102	0.010	0.0105	105	0.010	0.0106	106
	公益支持投入（教育）/万元	无	无	无	30	38.08	127	50	70	140

——资料来源：校企合作课题《福建省第七届政府质量奖自评报告》，2021-12-29

问题与思考

1. 结合案例分析福建奔驰是如何构建“三化一性”精益生产体系的。
2. 结合案例分析福建奔驰是如何全面实施精益生产的。
3. 你如何评价“十三五”以来福建奔驰实施精益生产的成效？

模块七

智能仓储管理

学习目标

知识目标		● 智能仓储、零库存管理、自动化立体仓库、装卸搬运、装卸搬运活性指数的概念； ● 电子商务环境下实现零库存的方法； ● 电子商务环境下的零库存管理和自动化仓库； ● 智能仓储管理概况。
能力目标	**专业能力**	● 能够结合实际情况分析电子商务环境下仓储、智能仓储的基本操作流程及其主要管控节点和管控方法。
	方法能力	● 具有基本的电子商务环境下仓储、智能装卸搬运操作流程的现实感知； ● 具有一定的分析电子商务环境下仓储布局、运营管控的逻辑思路。
	社会能力	● 拥有良好的职业道德和较强的团队合作精神； ● 具备一定的电子商务环境下仓储管理的分析与应用能力； ● 关注电子商务环境下智能仓储管理的发展态势。

素养元素

视频映射点	**视频标题**	● 十大国家智能化仓储物流示范基地
	背景	● 国家发展改革委关于印发《“互联网+”高效物流实施意见》的通知（发改经贸〔2016〕1647号）； ● 国家发展改革委2022年1月24日印发《“十四五”现代流通体系建设规划》。
	映射	● 京东“亚洲一号”为亚洲规模最大的智能物流中心； ● 苏宁云仓物流基地全流程智能化作业，日处理包裹可达181万件。

导入案例

京东“亚洲一号”等国家智能化仓储物流示范基地

根据《“互联网+”高效物流实施意见》的有关工作部署，国家发展改革委、商务部联合委托第三方机构组织开展了国家智能化仓储物流示范基地评选工作，经过初审、复审、现场评审和答辩及公示等环节，最终确定京东上海亚洲一号物流基地、南京苏宁云仓物流基地、顺丰华北航空枢纽（北京）中心、九州通武汉东西湖现代医药物流中心、长春一汽国际物流有限公司物流园区、日日顺物流青岛仓、菜鸟网络广州增城物流园区、招商物流北京分发中心、怡亚通供应链深圳物流基地、荣庆上海嘉定冷链物流园区 10 家单位为国家智能化仓储物流示范基地。下一步，国家发展改革委、商务部将会同有关单位加强对示范基地的跟踪监测和评估，建立并完善有进有退的动态管理机制，同时适时在全国范围内对示范基地和有关省（市）的先进经验进行宣传推广，积极推动我国智能化仓储物流的发展。

京东“亚洲一号”上海智慧物流中心服务于集团电商领域巨大的市场交易量，在存储、拣选、包装、输送、分拣等环节大规模应用自动化设备、机器人、智能管理系统，是京东立志将自动化运营中心打造成亚洲范围内 B2C 行业内建筑规模最大、自动化程度最高的现代化运营中心的一个项目。90%以上的操作已实现自动化，存储效率是普通存储的 5 倍，分拣效率是人工效率的 10 倍多，单台分拣机的分拣效率达 20 000 多件/时，年处理订单能力超过 4000 万单。截至 2021 年，京东物流运营了 28 个大型智慧物流中心——“亚洲一号”，为超过 19 万家企业提供服务，全国智慧物流中心的数量达 800 个，包括云仓在内的物流基础设施面积超过 2000 万平方米。物流组织活动与技术创新应用深度融合的智能化仓储物流基地，为企业主营业务连续翻番提供了坚实的保障；体量巨大并不断快速增长的物流需求，也成为推动仓储物流加速升级的强劲动力。

增城园区作为菜鸟网络中国智能骨干网的华南枢纽项目，定位于服务华南区域的电商仓储物流中心，对存储、分拣、打包、配送等电子商务物流服务进行了一体化功能设计。它通过整合供应链，设计仓储配送流程，联合物流合作伙伴为天猫超市及其商家提供物流服务。它在广东全境已实现当日达、次日达，发货及时率年均为 99.5%，库存准确率达 99%。依托大数据预测、云计算、自动化流水线等手段，增城园区平均 3 分钟即可完成一个订单的分拣和打包。园区日均处理单量超过 30 万单，相当于十几个线下大型超市的销货量。2021 年“双 11”当天发货超 100 万单，再次刷新日单量峰值纪录。

南京苏宁云仓物流基地将物流标准化理念融入规划设计中，构建以供应链物流管理平台“乐高”、物流决策和全程监控平台“天眼”、智能仓库控制系统“指南针”为核心的信息系统，选择高效物流装备，实现了提档升级。约 2000 万件产品实现从入库、补货、拣选、分拨到出库的全流程智能化作业，日处理包裹最高可达 181 万件，拣选效率为每人每小时 1200 件。采用传统工艺需人工 3000 人以上的仓库，在采用新工艺后用工人数减少到 500 人。苏宁云仓高效率运转，直接缩短了客户的收货时间，线下门店自提使用“急速达”服务，可实现 2 小时收货。苏宁物流“当日达”“次日达”一系列标准类服务产品不断升级，南京全域 159 个街道和村镇全部实现了“半日达”。在此基础上，苏宁物流提出了“智慧物流”“高效物流”“开放物流”的发展愿景。苏宁物流通过全链路的数据驱动，做到“有感知，会思考，掌握主动权”；通过高质量的信息技术无缝对接，实现产品的高质量、高效率、低成本交付；战略性布局全国仓储设施网络，打造国内最具效率的供应链基础服务设施，使 99%的客户能够享受到“今天买，明天到”的配送服务；坚守“有责任的开放、有增值的服务、有温度的体验”，未来的苏宁物流将持续坚持“极客精神、极物标准、极速状态”，并融入更加开放、融合的现代化物流服务生态。

——资料来源：国家发展改革委网站，2021-12-18

案例分析

党的二十大报告指出："构建优质高效的服务业新体系，推动现代服务业同先进制造业、现代农业深度融合。加快发展物联网，建设高效顺畅的流通体系，降低物流成本。加快发展数字经济，促进数字经济和实体经济深度融合，打造具有国际竞争力的数字产业集群。优化基础设施布局、结构、功能和系统集成，构建现代化基础设施体系。"智能化仓储物流只有来源于、依托于、服务于仓储物流业务，才有可能开辟物流细分领域高质量发展的新路径。从首批 10 家国家智能化仓储物流示范基地的功能定位来看，它们都是基于自身物流业务的智能化，进而提升物流效率和客户体验的。例如，京东、苏宁和菜鸟网络的电子商务物流等主营业务，都是国家智能化仓储物流示范基地的需求基础和服务对象；国家智能化仓储物流示范基地的成功运营反过来成为推动物流业务超常规发展的新动能。智能化仓储物流基地是连接供应链上下游的核心枢纽，是物流运作的中心环节，而且投资规模大、回收周期长，涉及方方面面的利益关系，其系统规划和顶层设计至关重要。首批 10 家国家智能化仓储物流示范基地都在前期规划设计方面集中各方智慧，投入很大精力，为其成功运营创造了前提条件。智能化仓储物流的初始目标是在合适的时间，采取合适的方法，按照客户的需求，将合适的产品送达合适的地点。只有不忘初心，脚踏实地，才能走出一条有中国特色的物流业发展道路。

问题思考

智能化仓储物流有何现实意义？对企业而言，电子商务环境下的仓储管理、装卸搬运物流与传统物流有何不同？什么是仓储管理、智能仓储、零库存管理、自动化立体仓库？电子商务环境下的智能仓储管理、装卸搬运物流是如何运作与管控的？其发展趋势如何？

任务一　智能仓储管理概述

一、库存管理概述

库存管理是企业的一项非常重要的内部管理活动，它的主要工作是研究企业的库存水平，保证恰当的库存，以便维持生产和销售的正常进行。

1. 库存的定义

库存是指处于存储状态的物资。广义的库存还包括处于制造加工状态和运输状态的物资。

2. 库存的作用

库存对企业有双重影响：一是影响企业的成本，也就是影响物流的效率；二是影响企业的生产和销售的服务水平。库存也可能掩盖一些问题，如图 7-1 所示。

库存是物流总成本的重要方面，库存越多，成本越高。同时，库存水平越高，保障供应的水平也越高，生产和销售的连续性越强。随着供应链管理思想和库存管理技术的提高，这个问题将被更合理地解决，零库存管理思想成为更多企业追求的物流管理目标。

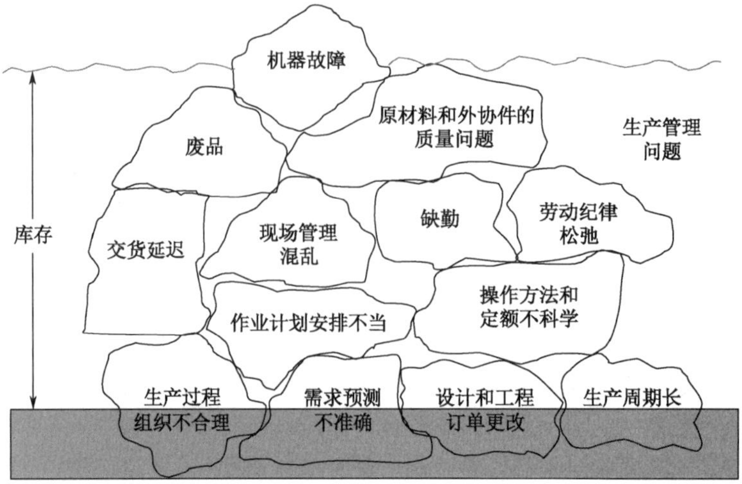

图 7-1　库存可能掩盖的问题

我们可以从以下几个方面来了解库存的作用。

（1）平衡供求关系，弥补时间差，实现物流的时间效用。由于物资数量、价格和市场政策的变化等原因，供求在时间和空间上出现不平衡。企业为了稳定生产和销售，必须准备一定数量的库存，以避免市场震荡。客户在订货后要求收到物资的时间比企业从采购物资、生产加工到运送物资至客户处的时间短，为了弥补时间差，企业必须预先存储一定数量的物资。

（2）降低运输的复杂性。由于供应商的所在地不同，企业拥有的生产工厂或车间也可能在不同的地点，企业的客户更是遍布各地，因此企业如果不设立中转仓库，就会出现非常复杂的运输系统，而通过中转仓库，再加上配送这一物流功能，企业可以大大降低运输的复杂性。

（3）降低运输成本。企业有时会面临原材料和产成品的零担运输问题，长距离零担运输的费用比整车运输要高得多。通过先将零担物资运到附近的仓库再从仓库运出，仓储活动就能够使企业将少量运输结合成大量运输，有效降低运输成本。

（4）提高服务水平，实现企业工厂（车间）或客户所需物资的组合。企业工厂（车间）发出的用料需求和客户发出的订单需求通常都是各种物资的组合。如果这些原材料或产品被存放在不同的地点，企业就必须从各个地点分别运货来实现供应和服务的功能，可能会出现运达时间不同、物资弄混等问题。因此，企业可以建立混合仓库，用小型交通工具进行集货和交付，并在最佳时间安排这些活动，以便避免交通阻塞，提高服务水平。

（5）预防意外事件的发生。仓储管理可以有效地预防运输延误、零售商缺货、自然灾害等意外事件的发生。

3．库存的种类

我们可以从物资的用途、存放地点、来源、所处状态等几个方面对库存进行分类。了解库存的分类有利于我们更好地理解库存的内涵。最常见的分类方法是从企业经营过程的角度将库存分为以下 7 种类型。

（1）经常库存。经常库存是指在正常的经营环境下，企业为满足日常需要而建立的库存。这种库存随着每日的需要不断减少，当库存降低到某一水平时（如订货点），企业就要按一定的规则反复进行订货来补充库存。

（2）安全库存。安全库存是指为了防止不确定因素（如大量突发性订货、交货期突然延期等）而准备的缓冲库存。

（3）季节性库存。季节性库存是指为了满足特定季节出现的特定需要（如夏天对空调机的需要）而建立的库存，或指对季节性出产的原材料（如大米、棉花、水果等农产品）在出产的季节大量收购所建立的库存。

（4）促销库存。促销库存是指为了应对企业促销活动引起的预期销售增加而建立的库存。

（5）投机库存。投机库存是指为了避免因物资价格上涨造成损失，或者为了从物资价格上涨中获利而建立的库存。

（6）积压库存。积压库存是指因物资品质变坏不再有效用的库存，或因没有市场销路而卖不出去的物资库存。

（7）生产加工和运输过程中的库存。生产加工过程中的库存是指处于加工状态，以及为了生产的需要暂时处于存储状态的零部件、半成品或成品。运输过程中的库存是指处于运输状态或为了实现运输的目的而暂时处于存储状态的物资。

二、库存管理的目标和效率

库存管理是根据企业各方面对库存的要求，进行预测、订购、计划和补充库存的一种行为，以及对这种行为的控制，重点在于确定如何订货、订购多少、何时订货等。简单来说，库存管理就是在物流过程中对物资数量的管理。

库存管理的目标是在保障供应的前提下，通过控制企业的库存水平，力求使库存物资的数量最少，提高物流系统的效率，以便增强企业的竞争力。

1. 合理化的库存管理目标

我们对库存管理的目标用合理化的要求进行如下总结。

（1）合理的库存量。合理的库存量是指在新的物资到来之前，能保证在此期间物资正常供应的数量。合理的库存量必须以保证物资流通正常进行为前提，其影响因素有以下两个。

① 市场需求量。库存量与市场需求有直接关系。为了满足客户的需求，企业就要有相应数量的物资可随时投放市场。在其他条件不变的情况下，库存量与市场需求量成正比。库存量必须与物资再生产时间相适应。在其他条件不变的情况下，库存量的大小与再生产周期的长短成正比。

② 交通运输条件。物资从供应商到企业，从企业到客户，需要运输工具和运输时间，运输条件的好坏也影响库存量、管理水平和设备条件。库存量的大小也受企业本身条件的限制，如仓库设备、进货渠道、中间环节、进货时间等。

（2）合理的库存结构。合理的库存结构是指物资的不同品种、规格之间库存量的比例关系。企业对不同物资的需求不同，且不断变化。因此，企业在确定合理库存量的同时，还必须根据市场变化情况，考虑不同物资及其品种、规格在库存中的合理比例关系，确定合理的库存结构。

（3）合理的库存时间。物资的库存时间要合理，以便保证物资的可用性。库存时间的影响因素有以下两个。

① 物资消耗和销售时间。物资消耗得快，库存时间就短；物资消耗得慢，库存时间就长，甚至积压在库。因此，物流部门要随时了解生产、销售情况，促进生产，扩大销售，加速周转。

② 物资的物理、化学、生物性能。超过物资本身自然属性所允许的库存时限，物资的使用价值就会逐渐降低。因此，库存时间必须以保证物资安全、减少损耗为前提。

（4）合理的库存网络、仓库网点的合理布局，也是合理库存的一个重要条件。对企业而言，物资主要分散存储在各工厂的仓库里，库存应适量，不宜过多，以免原材料大量积压。

2. 库存管理效率的衡量

库存管理效率的高低可以通过下面一些指标来衡量。

（1）库存资金周转率。库存资金周转率是衡量单位库存资金用于供应的效率。为了提高库存资金周转率，企业要正确地掌握供求规律，确定合理的储备金额，处理积压库存。库存资金周转率的计算公式为

库存资金周转率（次）=全部供应金额/平均库存金额

（2）服务水平。服务水平一般用供应量占需求量的百分比大小来衡量。对一个库存系统来说，为了保证供应、提高服务水平，必须设置一定的安全库存量，以防止由于某些突发事故而造成生产或供应系统的中断，以及由于缺货而造成的损失。服务水平的计算公式为

服务水平=（供应量/需求量）×100%

（3）缺货率。缺货率用于衡量服务水平的高低。缺货率的计算公式为

缺货率=（缺货客户数/供货客户总数）×100%

（4）平均供应费用。平均供应费用反映为供应每单位库存物资所消耗的成本。平均供应费用的计算公式为

平均供应费用=（库存系统年总费用/年全部供应额）×100%

小贴士

慧仓一号

2022 年 1 月 12 日，国家科技重大专项、世界先进三代核电型号“国和一号”智慧仓储项目“慧仓一号”正式投用。这是国核示范电站有限责任公司（以下简称国核示范）落实《中华人民共和国国民经济和社会发展第十四个五年规划和 2035 年远景目标纲要》（以下简称国家“十四五”规划纲要）关于“加快数字化发展 建设数字中国”发展目标的重要举措。

“慧仓一号”主要用于存储核电站建设及生产运行期间所需要的各类工件。配合 5G、大数据等技术，工作人员只需要操作线边屏，就可以通过智慧仓储系统向料箱式抓取机器人、三向叉车、输送线下达作业指令，完成库区内上架、下单、抓取、运输、盘点等各类无人化作业，最大限度地减少人员作业区域，提高核电工程仓储管理的准确率和稳定性。国核示范的党委书记、董事长介绍：“该项目实现了仓储管理数字化、业务流程可视化、仓库作业无人化、智慧仓储最优化，可以节省 40%的仓储空间，节省一半的人力，也成为国内核电站首家应用 5G 智慧仓储的标杆项目，下一步将积极推动智慧核电建设，并且要做好与国家电投集团系统的有效集成。”

国家“十四五”规划纲要提出了“加快数字化发展 建设数字中国”的发展目标，国核示范积极推动示范工程智慧核电的建设和数字化转型。目前，智慧工地建设成果显著，智慧仓储项目的圆满实施是智慧工地取得的又一项重大进展，该项目的完成，对国核示范的数字化赋能发展具有里程碑意义。

三、库存控制方法

1. ABC 分类控制法

ABC 分类控制法是先把物资按照品种和占用资金多少进行分类，再按各类物资重要程度的不同分别进行控制，抓住重点和主要矛盾，进行重点控制的方法。ABC 分类控制法的基本原理是从错综复杂、品种繁多的物资中，抓住重点、照顾一般。其具体做法如下：首先把物资分类，再针对重要程度不同的各类物资分别进行控制。按物资的品种及占用资金的比例进行分类，我们可将物资分为 A（特别重要的物资）、B（一般重要的物资）、C（不重要的物资）三大类。

A 类物资的品种占 15%左右，占用的资金为 75%左右；B 类物资的品种占 30%左右，占用的资金为 20%左右；C 类物资的品种占 55%左右，占用的资金为 5%左右。这 3 类物资的重要程度不同，A 类物资最重要，B 类物资次之，C 类物资最不重要。这就为物资库存控制工作即“抓住重点、照顾一般”提供了数量上的依据。针对各类物资分别进行控制，对 A 类物资要重点、严格控制。A 类物资的采购订货，必须尽量缩短供应间隔时间，选择最优的订购批量，在库存控制中采取重点措施加强控制。对于 B 类物资也应重视，适当控制，在采购中，其订货数量可适当考虑供应企业确定的合理的生产批量及合理的运输方式。对 C 类物资要放宽控制或一般控制。C 类物资的品种繁多复杂，占用的资金又少，如果订货次数过于频繁，那么不仅工作量大，从经济效果上说也没有必要。一般来说，企业可根据供应条件，规定该物资的最大储备量和最小储备量，以后订购量照此办理，不必重新计算，这样就有利于采购部门和仓库部门集中精力抓好 A 类和 B 类物资的采购和控制。但这并不是绝对的，若对 C 类物资绝对不管，则有时也会造成严重损失。

实行 ABC 分类控制的好处是，对物资控制做到重点与一般相结合，有利于建立正常的物资秩序；有利于减少库存，节约仓库管理费用，节约资金；有利于加速资金周转，提高经济效益；方法简便，易于推广；有利于简化控制工作。

2. 经济订购批量方法

最优的库存控制应该是使库存既能满足生产需要，保证生产的正常进行，又最经济。因此，研究库存最优控制模式的中心问题是，通过计算确定在各种条件下的最优订购批量，即经济订购批量（Economic Order Quantity，EOQ，见图 7-2）。这个经济订购批量是指订购费用与保管费用总和最低的一次订购批量。在允许缺货的条件下，经济订购批量的总费用（TRC）包括订购费用（C_TD/Q）、保管费用（$C_IQ/2$）和缺货损失费用。

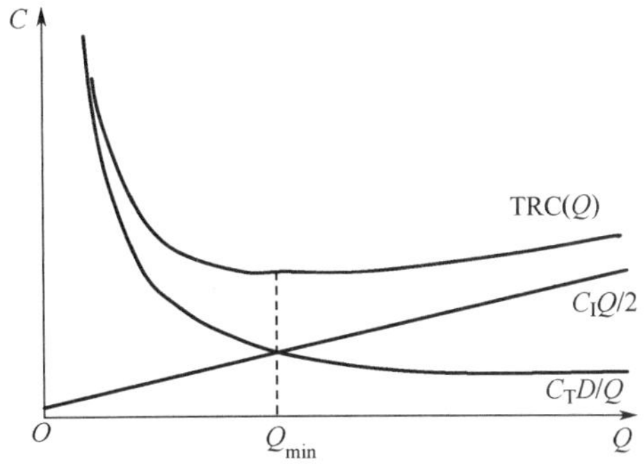

图 7-2　EOQ 成本随订货量的变化

库存的最优控制模式可以分为简单条件下的最优控制模式和复杂条件下的最优控制模式。此处只讨论简单条件下的最优控制模式。

所谓简单条件，是指假定在控制过程中所涉及的物资品种单一，不允许出现缺货现象，采购条件中不规定间隔折扣条款，每批订货均能一次到货，在这种条件下的经济订购批量控制模式为基本模式。此时的存储总费用只包括订购费用和保管费用两项，这两项费用与物资的订购次数和订购数量有密切的关系。在物资总需要量一定的条件下，订购次数越多，每次订购批量就越小，订购费用就越高，而保管费用则越低；反之，每次订购数量越多，订购费用就越低，而保管费用就越高。因此，订购费用和保管费用二者是相互矛盾的，确定简单条件下的经济订购批量，就是要选择一个最适当的订购批量，使有关的订购费用和保管费用的总和最低。

经济订购批量的基本模式可以表示为

$$Q=\sqrt{\frac{2RS}{CK}}$$

式中，Q——经济订购批量；

R——年物资需求量；

S——一次订购费用；

C——物资的单价；

K——保管费用率。

企业在实际应用经济订购批量的基本模式时往往会碰到各种各样的问题，必须对基本模式进行调整。最常见的情况有 3 种，即价格折扣、允许缺货、分批连续进货，企业必须针对这 3 种情况分别对基本模式进行调整。

3．定量订货法

定量订货法是指当库存量下降到预定的最低的库存数量（订货点）时，按规定数量（一般以经济订货批量为标准）进行订货补充的一种库存管理方式，又称订购点法，如图 7-3 所示。

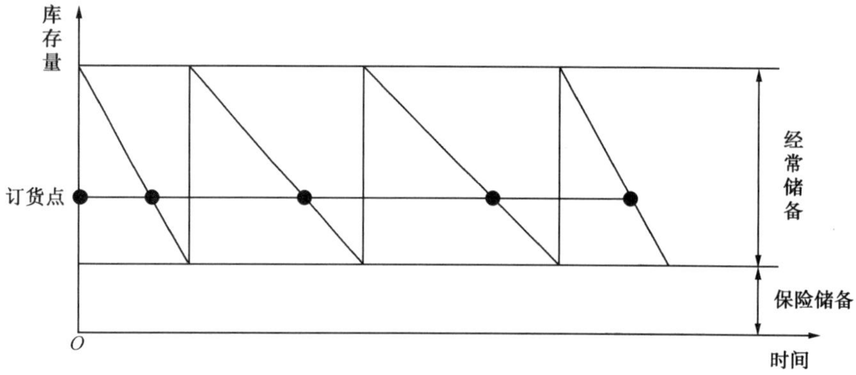

图 7-3　定量订货法

每当实际库存量降至订购点时即提出订购。经常储备是指前后两批物资入库的供应间隔期内为保证生产正常进行所必需的储备数量。这种储备是不断变化的，当物资入库时，达到最大储备量，随着生产的消耗，储备逐渐减少，直到下一批物资入库前为最小储备量。保险储备是防止生产或供应可能误期而设置的储备量。保险储备是一种缓解生产和供应或各生产阶段之间供需发生脱节而建立的应急储备，故应常年保持，一旦动用，就应尽快补充，以防备另一次紧急情况的发生。订购批量按经济订货批量计算。

订货点按下式计算：

订货点=平均每日需求量×订货时间+保险储备

从订货开始到到达保险储备的时间即为订货时间。

4．定期订货法

定期订货法是指按预先确定的订货间隔期间进行订货补充的一种库存管理方式，又称订购间隔期法。这种方法从时间上来限定订货周期，从而达到库存量控制的目的。只要订货周期控制得当，就既可以不造成缺货，又可以控制最大库存量，达到降低库存成本的目的。

订购量的计算公式为

订购量=平均每日需求量×（订购天数+订购间隔）+保险储备-现有库存-订货余额

在这种方法下，订购时间固定不变，因此物资进入时间间隔相同，如图 7-4 所示。

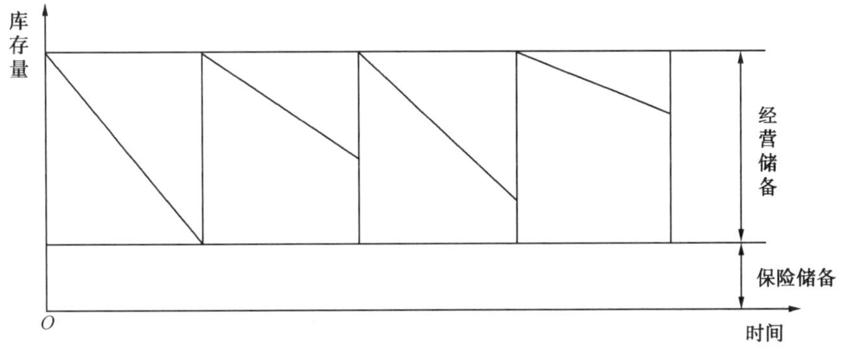

图 7-4　定期订货法

四、智能仓储系统

1．智能仓储系统的概念

智能仓储系统是运用软件技术、互联网技术、自动分拣技术、光导技术、RFID 技术、声控技术等先进的科技手段和设备，对物品的进出库、存储、分拣、包装、配送及其信息进行有效的计划、执行和控制的系统，主要包括识别系统、搬运系统、存储系统、分拣系统及管理系统。

2．智能仓储系统的产生与发展概况

物流仓储自动化、智能化的产生源于 20 世纪 50 年代的美国。1963 年，美国率先在高架仓库中采用计算机控制技术，建立了第一座计算机控制的高架仓库。此后，自动化高架仓库在美国和欧洲得到迅速发展，并形成了专门的学科。目前，全球较大的仓储装备系统供应商主要有大福公司（Daifuku）、范德兰德（Vanderlande）、TGW 物流集团、英特诺（Interroll）、伯曼（Beumer）等，这些企业的规模较大，每年营收较多，产品种类齐全。其中全球排名前 5 的装备厂商收入总额占全球前 20 收入总额的比例为 60%以上，所以从全球范围内看，智能仓储行业已呈现一定的寡头竞争特征，即少数系统集成能力强、装备制造能力强的企业规模较大，每年营收较多，占据相对较高的市场份额。从全球前十大仓储自动化企业所在地来看，行业龙头企业主要分布

在欧洲、美国、日本等工业发展地区，其中欧洲地区的数量最多，共有 6 家。如今，美国、日本依然牢牢掌握智能仓储系统的先进技术，引领智能仓储的发展。

近年来，随着全球移动互联网的快速发展，仓储物流连接呈现快速增长态势，传感器、RFID、定位系统等技术手段不断更新升级，大量仓储设施通过传感器接入互联网，以信息互联、设施互联带动仓储互联，使仓储信息互联互通成为可能，大大促进了智能仓储的发展。Logistics IQ 的报告显示，电子商务、新零售及第三方物流的驱动作用凸显，2018 年全球仓储自动化市场规模为 130 亿美元，2019 年达到 139 亿美元。全球物流规模的不断扩大带来仓储自动化市场规模的快速增长，2019—2025 年的复合年增长率将为 11.7%，根据以上数据测算，2025 年全球仓储自动化市场规模将达到 270 亿美元。

相关链接

纵腾集团：全球海外仓面积最大的跨境电子商务物流服务商

福建纵腾网络有限公司（以下简称纵腾集团）于 2009 年在中国福州成立，现总部位于深圳，是一家提供海外仓和专线物流服务的国际化物流集团，拥有谷仓海外仓、云途物流、纵腾冠通、沃德太客等知名的电子商务物流服务品牌，成为全国领先的跨境电子商务物流服务商、全球海外仓面积最大的物流服务商。纵腾集团以“全球跨境电子商务基础设施服务商”为企业定位，聚焦于电子商务海外仓储配送、小包专线物流、头程运输服务及供应链金融等增值服务，为跨境电子商务企业提供高效、便捷、高性价比的综合物流服务，服务的客户涵盖中国顶尖的跨境电子商务企业和品牌商。

纵腾集团于 2013 年获得 eBay 最佳 GMV（Gross Merchandise Volume，商业交易总额）奖，于 2014 年成为天猫国际母婴频道领先大卖家，并在 2015 年和 2017 年获得商务部颁发的国家电子商务示范企业奖。截至 2021 年，纵腾集团已完成两轮融资，累计融资额超过 10 亿元。历经 13 年的发展，纵腾集团已经建成覆盖美国、欧洲、日本、澳大利亚等国家与地区的跨境电子商务物流服务网络，拥有境外仓储及中转枢纽 30 座，总面积超过 100 万平方米，年处理订单量超过 3 亿单，拥有员工超 3500 人，其中海外员工有 1000 多人。

纵腾集团 B+轮融资成功之后在业务拓展方面动作频频，拓展多个国家的物流服务网络，优化中国卖家的境外采购和境外当地卖家的跨境物流体验。纵腾集团实施“升级、开放、跨越”三大战略部署。“升级”战略部署包括在扩充服务基础设施、完善延伸服务链条、提升强化运营效率三大方面加大投入力度，持续推进国内网点建设，提高包裹分拣能力，提高境外清关能力和干线的运能，大力开展包机业务。云途东莞智慧物流园于 2019 年 4 月 15 日正式启用，新增了全自动分拣流水线，日均综合处理量提升至 100 万票/天；在 5 月初推出了意大利平邮专线，在 5 月底发布了普货专线，含平邮和挂号两个渠道，进一步助力卖家降低物流成本，以便获得更好的收益；深耕欧美市场，增开国家专线、建设大件配送体系和推进仓库自动化建设等重大项目。谷仓在 2019 年 5 月初与速卖通达成合作协议，加入速卖通的认证仓计划，帮助客户与平台打通升级通道等多项服务。2019 年 5 月底，位于美国佐治亚州的美南仓正式启动，谷仓全球仓储面积超过 40 万平方米。而美国市场正式进入三仓（美东、美西、美南）时代，三仓比双仓（美东、美西）的运费减少 6%～8%，平均时效提高 1～1.4 天。

纵腾集团坚持“开放”战略，将自身运能向行业释放，进行业务价值链嫁接；通过合作，开展供应链金融等增值业务，丰富和完善纵腾集团的服务体系，提升客户体验，打造纵腾集团的服务平台。

未来3年，纵腾集团要努力实现“跨越”战略，提升行业影响力，着力实现纵腾集团物流体系从“China-Global”到“Global To Global”的跨越发展。纵腾集团提供国际电子商务物流解决方案，帮助客户将当地商品销往全球，也向全球采购，实现“全球买，全球卖”。为了降低成本，规避、分散政治风险，更多中国企业家走上了全球化运营G2G（Government to Government，行政机关到行政机关）的道路。在海外设立制造基地成为一种非常普遍的现象，也是中国供应链输出的新时代特征。同时，国内更多大卖家为了拓展更有竞争力的商品、规避关税风险，也在着手境外采购-发货的经营模式探索。另外，在海外，无论发展中国家还是发达国家，都存在大量的跨境电子商务卖家，他们经营的商品有其独特优势，随着未来线上销售比例的增大，海外跨境电子商务卖家群体的增长也是大概率趋势，中国卖家在亚马逊平台欧洲各国的占比也仅在40%左右，而境外跨境电子商务B2C物流企业（如中国的专线、海外仓企业）并不普遍，一般就是直邮用邮政或快递，仓配靠平台物流或自建。

2021年7月12日，纵腾集团的总裁受邀出席国务院经济形势专家和企业家座谈会，并在会上汇报了新形势下中国跨境电子商务行业发展面临的机遇和挑战。纵腾集团的总裁认为：“未来十几年，预计在世界消费市场稳定的情况下，跨境电子商务出口将是中国外贸出口的亮点，所以投资界最开始关注电子商务企业，后来慢慢延伸至物流、支付和其他行业的服务商。与此同时，随着卖家对服务业态需求的更加紧迫、更加集中，当前脆弱的跨境服务生态也非常需要资本的加入以进行长期建设。”

机遇与挑战并存，在接下来的发展过程中，纵腾集团又将面临一个又一个的挑战。如何在全球化运营G2G战略下，更加完善跨境电子商务基础设施服务商的功能与服务？在即将到来的5G背景下，供应链创新又将如何促进商业模式的创新？这些都是纵腾集团需要继续思考的。翻过山丘，才发现无人等候。唯有在不断探索中，因时而进。

——资料来源：闽江学院校企合作项目“跨境电商行业变局中的战略选择”，2022-01-22

任务二 电子商务环境下的零库存管理

一、零库存管理产生的背景

零库存管理作为产生于日本的先进管理方式，在日本企业中有着广泛的应用。截至1989年，零库存管理方式在日本制造业已经被广泛采用。谈到零库存管理在日本的成功应用，丰田汽车公司无可争议地成为零库存管理最大的受益者，也是最好的证明。随着零库存管理在丰田汽车公司的成功实施，越来越多的日本企业加入实行零库存管理的行列中。经过几十年的发展，零库存管理在日本已经拥有了供、产、销的集团化作业团队，形成了以零库存管理为核心的供应链体系。

而美国的企业从20世纪80年代开始逐步了解并认识零库存管理理论。如今，零库存管理已从最初的一种减少库存的方法发展成内涵丰富（包括特定知识、技术、方法）的管理哲学。例如，Dell计算机公司运用直销模式以实现产成品的零库存，通过VMI的方式，实现原材料的零库存管理。

在电子商务环境下，零库存管理方式不仅在日本、美国广泛应用，其应用足迹也遍布欧洲、大洋洲等世界各地。据统计，2021 年，我国批发和零售业增加值比 2020 年增长 11.3%，全国网络零售额超过 13 万亿元，我国连续 9 年保持全球最大网络零售市场地位，实物产品的网上零售额占社会消费品零售总额的比例连续两年接近 1/4。

二、零库存管理的概念

零库存管理是在生产与流通领域按照 JIT 组织物资供应，使整个过程库存最小化的技术总称。它并不是指某种或某些物资的存储数量真正为零，而是通过实施特定的库存控制策略，实现库存量的最小化。实现零库存的目的是减少社会劳动占用量（主要表现为减少资金占用量）和提高物流的经济效益（投入产出比）。

从物流合理化的角度来看，零库存的概念应当包括两层意义：第一，库存物资的数量趋于或等于零（接近无库存物资）；第二，库存设施、设备的数量及库存劳动耗费同时趋于或等于零（不存在仓储活动）。

值得注意的是，零库存不等于不要储备和没有储备。企业不单独设立仓库和不储备物资，并不等于取消其他形式的储备。实际上，企业为了应付各种意外情况，常常要储备一定数量的原材料、半成品和成品，只不过这种储备不是采取常规库存或自有库存的形式罢了。

在有些情况下，零库存反而是不合算的。企业存储一定数量的物资是一种理性的行为，它与实现零库存的目的并不矛盾。例如，对非个性化产品实现零库存是不合算的，因为生产和销售都是批量进行的，消费是连续和稳定的，并且随着生产技术的进步，这种产品的价值越来越低，单位库存产品占用的资金越来越少，而实现了零库存就要增加单位产品的生产、交换和消费费用，所以权衡的结果是，应该实行适量库存而不是零库存管理；对那些个性化产品、消耗多的物资实行 JIT 和零库存管理是比较合算的。

关于是否实行零库存管理，决策的方法是找到一个平衡点。在该点上，增加单位库存量所增加的库存费用等于因为增加这个库存量而减少的生产、交换和消费成本。

三、实现零库存管理的条件

1. 转变员工的观念，树立全员对减少库存的认识

企业在推行零库存管理前，应对全体员工进行广泛宣传教育，对不同专业的员工进行有针对性的宣传教育，做到人人了解推行零库存管理的意义，形成推行零库存管理的良好氛围。

2. 合理选择供应商，与供应商建立长期的合作伙伴关系

由于零库存要求供应商在企业需要的时间提供高质量的原材料，因此对于原材料库存，供应商的距离远近及运输方式的选择是关键影响因素。同时，企业应注重与供应商建立长期的合作伙伴关系，分享信息，共同协作解决问题，保证对订货的及时供应。丰田汽车公司的生产线能做到零库存不仅是因为它具有先进的管理手段，还在于它的零部件供应商设在它周围，或者其零部件仓库安排在其周围。也就是说，零库存需要建立在“零距离”的基础之上。

3. 构建以订单为导向的运营模式

销售部门要致力于拓展销售市场，并保证销售渠道的稳定。生产部门必须以订单为导向，要有灵活的应变能力并能以弹性的生产方式全力配合销售部门的工作，使企业能较均衡地进行生产，这对减少存货是有利的。

4. 严格奖惩制度

在零库存管理系统中，企业生产经营各环节、各生产工序的相互依存性空前增强。企业内部整条作业链中的任何一个环节出现差错，都会使整条作业链出现紊乱甚至瘫痪，因此企业应严格奖惩制度来保障生产经营活动按顺序顺利进行。要想实现零库存，就要认识到库存管理的战略意义，要从头做起，做好最基本的库存控制，并制订出适宜的库存战略管理计划，以便为将来的零库存战略积累丰富的经验和打下坚实的基础。

四、实现零库存的方法

1. 无库存储备

无库存储备事实上是仍然保有储备，但不采用库存形式，以此实现零库存。例如，有些国家将不易损失的铝这种战备物资作为隔音墙、路障等储备起来，而不再在仓库中保有库存。

2. 委托营业仓库存储和保管物资

营业仓库是一种专业化、社会化程度较高的仓库。委托营业仓库存储物资，从现象上看，就是把所有权属于用户的物资存放在专业化程度较高的仓库中，由其代用户保管和发送物资，用户则按照一定的标准向受托方支付服务费。采用这种方式存放和储备物资，在一般情况下，用户自己不必再过多地储备物资，甚至不必再单独设立仓库进行物资的维护、保管等，在一定范围内便可以实现零库存和进行无库存式生产。

3. 协作分包方式

协作分包方式主要是指制造企业的一种产业结构形式。这种形式可以通过若干企业的柔性生产准时供应，使主企业的供应库存为零，同时主企业的集中销售库存使若干分包劳务及销售企业的销售库存为零。

4. 采用 JIT 生产方式

JIT 生产方式即“在需要的时候，按需要的量生产所需的产品”。这是在丰田汽车公司生产方式的基础上发展起来的一种先进的管理模式，是一种旨在消除一切无效劳动，实现企业资源优化配置，全面提高企业经济效益的管理模式。看板管理是适时适量生产方式中的一种简单有效的方式，也称传票卡制度或卡片制度。看板管理要求在企业各工序之间、企业之间或生产企业与供应商之间以固定格式的卡片为凭证，由下一环节根据自己的节奏，逆生产流程方向，向上一环节指定供应，其主要目的是在同步化供应链计划的协调下，使制造计划、采购计划、供应计划能够同步进行。在具体操作过程中，企业可以通过增减看板数量的方式来控制库存量。

5. 按订单生产方式

在拉动生产方式下，企业只有在接到客户订单后才开始生产，企业都是按订单进行采购、制造、配送的，仓库不再是传统意义上的存储物资的仓库，而是物资流通过程中的一个枢纽，是物流作业中的一个站点。物资是按订单信息要求而流动的，因此从根本上消除了呆滞物资，从而也就消灭了“库存”。

6. 采用合理的配送方式

一般来说，在没有缓冲库存的情况下，生产和配送作业对送货时间不准更敏感。无论是生产资料还是成品，物流配送在一定程度上都会影响其库存量。因此，通过建立完善的物流体系，采用合理的配送方式，企业可以及时地将按照订单生产出来的产品配送到客户手中，在此过程中通过产品的在途运输和流通加工来减少库存。企业可以通过采用标准的零库存供应运作模式和合理的配送制度，使产品在运输中实现存储，从而实现零库存。

（1）采用“多批次、少批量”的方式向客户配送产品。配送企业集中各客户的需求，统筹安排，实施整车运输，增加送货的次数，降低每个客户、每个批次的送货量，提高运输效率。配送企业也可以直接将产品运送到车间和生产线，从而使生产企业呈现零库存状态。

（2）采用集中库存的方法向客户配送产品。通过集中库存的方法向客户配送产品，增加库存数量，形成规模优势，降低单位产品成本。同时，在这种有保障的配送服务体系的支持下，客户的库存也会自然日趋减少。

（3）采用即时配送和准时配送的方法向客户配送产品。为了满足客户的特殊要求，在配送方式上，企业采用即时配送和准时配送的方法向客户配送产品。即时配送和准时配送具有供货时间灵活、稳定、供货弹性系数大等特点。因此，作为生产者和经营者，采用这种方式，可以大幅降低库存压力，企业甚至会选择取消库存，实现零库存。

五、基于互联网的库存管理

随着互联网的快速发展，电子商务管理中的存货管理已经从原有的传统管理发展到网络管理，通过网上订单管理和供应商管理，基本实现了零库存。

许多企业常常根据经济社会中的销售与消费脱节的现象得出销售量就是消费量的结论，并据此制订出错误的生产、经销计划。例如，促销计划无论是数量上的优惠，还是价格或付款方式选择上的优惠，都会产生一定的先期购买，即在实际需求产生之前购买。这样会造成一段时间内产品的销售量远远超出该段时间市场对该产品的实际容纳量，这些超出需要的产品就会被客户存放起来供未来消费。当市场价格回升至正常水平时，由于他们仍有存货，就会在一段时间内消费但不购买，结果是，客户的购买时间安排与消费时间安排截然不同，购买量的变化比消费量的变化幅度要大得多。因此，处于供应链上的企业受到震荡也就在所难免。

要避免这种情况的发生，企业可以从以下几个方面入手。首先，企业要搭建局域网，引入计算机管理，实现企业内部信息共享。其次，企业要通过互联网或EDI系统与客户连接，使企业有效地加快订单传输速度，避免重复录入，提高备货、运送的效率，最终缩短订货周期。最后，企业要减少订货批量，一方面可以引入电子商务来降低交易成本，另一方面可以借助专业的第三方物流企业来降低小批量运输的高额运输成本。在运输领域，由于规模经济的影响，整车运费与零担运费差异很大，专业企业因为可以将多个货主的货物集中运输，因此可以争取到较为低廉的整车运费。同时，专业企业庞大的销售系统、富有经验的车辆调度也有助于合理地安排运量和运输路线，从而降低空驶成本。因此，虽然对货主来讲还是小规模运输，但平均运费水平可以大幅度降低。在这一方面，还有的企业尝试鼓励经销商订购一揽子产品，而不是只订购一种产品。虽然交货频率、运输效率没变，但是每种产品的交货次数增加了，相应的每次订货量就少了。

企业可以在供应链上加强合作，减少信息传递过程中的失真，在这方面，近年来所推崇的综合物流管理模式将大有用武之地。现代化的供应链管理将生产企业和销售企业之间瓜分利润的竞争关系变为共同拓展利润空间的合作关系，实现“双赢”。体现现代供应链管理观念的一个重要手段是供应链企业之间的信息共享，典型的做法是变原来独自收集需求信息为随时与合作伙伴共享需求信息。互联网或者 EDI 技术使得零售商的销售信息被随时传递给批发商、经销商、生产商，使他们得以利用即时信息了解产品消费状况并预测市场走向。由于即时信息比较准确，而且可避免多次需求预测，因此真实需求波动被放大或缩小的现象减少，在掌握真实需求信息的基础上所做出的生产安排将会更加合理。

企业要减少供应链中仓储的层次。解决这一问题的关键仍然在于供应链企业的合作。例如，通过上下游企业共享仓库而减少整个供应链内仓库的总数量；通过与第三方物流企业合作，准确、及时地运输货物，实现实时管理，最大限度地减少库存，并结合即时市场信息的共享，削弱需求波动带来的库存波动；直接面向客户，减少供应链的层次，加快市场反应速度，构筑新型的供应链模式，降低经营成本，提高企业的竞争力。

相关链接

百世云仓

1. 百世云仓的发展历程

百世云仓是百世集团百世供应链旗下的专业仓配一体化服务品牌，主要依托深度覆盖全国的仓配网络体系，整合、管理运输和快递资源，并应用自主研发的数字化供应链系统，为客户提供全渠道、全场景仓配一体化综合物流服务。2013 年，百世云仓开始在全国组建云仓加盟网络，百世云仓的第一个加盟仓在广州开始运营。2014 年 11 月 14 日，百世云仓 72 小时累计发出近 400 万个包裹，连同“双 11”当天产生的 300 万个订单，订单出库完成率超过 96%。百世云仓已深耕美妆、鞋服、快销等行业多年，为 3000 余家品牌企业提供智慧供应链服务，可满足企业商家、中小商家 B2B、B2C 业务的个性化需求。近期，百世供应链与快递、快运的系统已全部打通，三网协同更将产生品牌叠加效应，加速云仓云配业务的下沉与降本增效。截至 2020 年，百世供应链拥有云仓共 440 个，总管理面积为 350 万平方米，云仓履行订单量达到 4.33 亿单。

2. 百世云仓升级全供应链服务能力

2021 年 5 月 28 日，百世供应链在云南举办“2021 百世云仓全国网络大会”，宣布升级云仓“B2C+B2B”全供应链服务能力。会上，百世云仓的负责人提出：“在数字化供应链时代，云仓不仅仅是基础设施，更是全供应链服务链条中的中台，要满足 2B 和 2C 全场景和个性化的需求。”

“数字化供应链”是云仓行业在上一个 10 年发展的关键词。在百世云仓的负责人看来，上一个 10 年是云仓 B2C 市场的红利期。仓配一体化等模式进入准入门槛偏低的 B2C 市场，云仓这个赛道因此迎来了众多玩家。如今，随着存量市场日趋饱和，行业未来必将着眼于新的领域。百世云仓的负责人认为，B2B 市场是云仓必然要进入的领域，其首要目的就是要做大规模。根据国家统计局关于社会消费品零售总额的数据，2016—2020年，网上零售额虽逐年上升，但占比一直在30%以下，也就是说，B端属性的线下市场依然是零售主阵地。在这个领域，百世将引导、培育、赋能云仓合作伙伴从2C向2B领域拓展业务，帮助合作伙伴提升业务规模、升级商业模式，甚至建立品牌。这些是已放在云仓运营者眼前的“考卷”，而一张反应迅捷、配有数字化系统的仓配网络，可以说是一套“标准答案”。百世供应链拥有自主研发且持续迭代的订单管理系统、WMS、运输管理系统等供应链系统，覆盖业务运营的全链路，同时基于大数据还能为客户提供更多的智能决策。

数字化的系统不仅可以帮助云仓运营者升级其模式，也可以提升管理水平和效率。为帮助云仓合作伙伴更好地管控收支、管理库存、精细化生产，百世供应链今年计划为其提供更多赋能，包括从组织形态上进一步提升协作水平，并开放“精英计划”，给予财税管理、仓管经营、品牌营销等系统性培训。“我们不是管理型机构，而是服务型机构——工作的核心就是要帮合作伙伴解决问题。”百世云仓的负责人在会上说。

——资料来源：金融界网，**2021-05-28**

任务三　自动化立体仓库

一、自动化立体仓库概述

1．自动化立体仓库的产生背景

仓库的产生和发展是第二次世界大战之后生产和技术发展的结果。20世纪50年代初，美国出现了采用桥式堆垛起重机的立体仓库。20世纪50年代末60年代初，出现了司机操作的巷道式堆垛起重机立体仓库。1963年，美国率先在高架仓库中采用计算机控制技术，建立了第一座由计算机控制的立体仓库。此后，自动化立体仓库在美国和欧洲得到迅速发展，并形成了专门的学科。20世纪60年代中期，日本开始兴建立体仓库，并且发展速度越来越快，成为当今世界上拥有自动化立体仓库最多的国家之一。我国对立体仓库及其物料搬运设备的研制开始并不晚：1963年研制成第一台桥式堆垛起重机；1973年开始研制我国第一座由计算机控制的自动化立体仓库，该库于1980年投入运行。

2．自动化立体仓库的发展阶段

（1）第一阶段：人工仓储技术阶段。物资的输送、存储、管理和控制主要靠人工实现，其实时性和直观性是明显的优点。人工仓储技术在初期设备投资时期的运用较为广泛。

（2）第二阶段：机械化仓储技术阶段。物资可以通过各种各样的传输带、工业输送车、机械手、吊车、堆垛起重机和升降机来移动和搬运。用货架托盘和可移动货架存储物资，通过人工操作机械存取设备、限位开关、螺旋机械制动和机械监视器等控制设备的运行。机械化满足了人们在速度、精度、高度、重量、重复存取和搬运等方面的要求。

（3）第三阶段：自动化仓储技术阶段。自动化技术对仓储技术及其发展起了重要的促进作用。20世纪50年代末和60年代，自动导引车、自动货架、自动存取机器人、自动识别和自动分拣等系统被相继研制出和采用。20世纪70年代和80年代，旋转体式货架、移动式货架、巷道式堆垛起重机和其他搬运设备都加入自动化设备的行列，但这时只是各设备的局部自动化，被称为“自动化孤岛”。

（4）第四阶段：集成自动化仓储技术阶段。20 世纪 70 年代末和 80 年代，自动化技术被越来越多地应用到生产和分配领域，显然，“自动化孤岛”需要集成化，于是便形成了集成化系统的概念。在集成化系统中，整个系统的有机协作使总体效益和生产的应变能力大大超过各部分独立效益的总和。

（5）第五阶段：智能自动化仓储技术阶段。人工智能技术促进了自动化技术的发展，并推动其向更高级的阶段——智能自动化方向发展。目前，智能自动化仓储技术还处于初级发展阶段，具有广阔的应用前景。

在工业 4.0 时代，客户的要求高度个性化，产品创新周期缩短，生产节拍不断加速。一方面，随着信息技术向制造业的全面深入，生产要素高度灵活配置，大规模定制生产得以实现，传统的生产流程、生产模式及管理方式不断被打破。另一方面，新兴自动化和智能技术促进了现有硬件设备的扩容与升级，改善了仓储物流运作流程，提高了仓储技术装备的柔性化应用水平，降低了物流成本。信息技术、自动化技术与智能技术使得仓储装备的技术集成程度进一步提高。技术集成能力成为国外仓储装备研发与制造能力的优势所在，以及仓储装备行业的核心竞争力所在。

小贴士

顺丰云仓——自有仓储+运力

顺丰云仓的网络由信息网、仓储网、干线网、零担网、宅配网 5 张网络组成。顺丰云仓的布局基于客户销售大数据，为客户提供各大分仓的库存计划。在接收客户订单前，货物已经预先进入智能化分仓内。在订单进入仓库的订单管理系统后，货物会在 WMS 的运转下以最快的速度出仓，被送到客户手中。在退换货的逆向物流上，顺丰利用云仓+快递协同模式，当客户发出退换货申请时，配送人员从仓内取货至客户处，在验明旧货无问题后直接交付新货。

截至 2017 年 12 月 31 日，顺丰在全国拥有各类客户服务仓 136 个，面积约 140 万平方米，业务覆盖国内 100 多个地级市，形成辐射全国的仓储服务网络，可以满足各类电子商务仓储、生鲜食品冷仓、医药冷仓的发展需求，以及客户对于仓间调拨操作的需求。截至 2020 年 6 月末，顺丰拥有 9 个枢纽级中转场，36 个航空、铁路站点（不含与中转场共用场地的站点），130 个片区中转场（不含顺丰快运及顺心捷达中转场）。

3. 自动化立体仓库的概念

自动化立体仓库是由立体货架、有轨巷道式堆垛起重机、出入库托盘输送机系统、尺寸检测条码阅读系统、通信系统、自动控制系统、计算机监控系统、计算机管理系统及其他辅助设备（如电线电缆桥架配电柜、托盘、调节平台、钢结构平台等）组成的复杂的自动化系统。自动化立体仓库运用一流的集成化物流理念，采用先进的控制、总线、通信和信息技术，通过以上设备的协调动作进行出入库作业。

4．自动化立体仓库的类型

（1）按建筑形式划分，自动化立体仓库分为整体和分离式自动化立体仓库。

（2）按货物存取形式划分，自动化立体仓库分为单元货架式、移动货架式和拣选货架式自动化立体仓库。

（3）按货架构造形式划分，自动化立体仓库分为单元货架式、贯通式、水平循环式和垂直循环式自动化立体仓库。

（4）按所起的作用划分，自动化立体仓库分为生产性和流通性自动化立体仓库。

（5）按自动化立体仓库与生产连接的紧密程度划分，自动化立体仓库分为独立型、半紧密型和紧密型自动化立体仓库。

二、自动化立体仓库的主要组成

自动化立体仓库主要由货物存取机、存储机构、输送设备和控制装置 4 个部分组成。

1．货物存取机

在自动化立体仓库中，我们应视需要存放零件的数量建立若干高层货架。每两个货架之间的道路称为巷道，巷道内设有堆垛起重机。堆垛起重机可在轨道上沿水平方向移动，也可以在本身的立柱上沿垂直方向移动，以便完成货物的存取操作。为了适应立体存取，操作应安全、准确并可进行遥控；为了适应各种货物的装载特点和不同的存储量，货物存取机应具有各种相应的尺寸和构造。货物存取机有各种不同的速度，这取决于该系统单位时间内的货物吞吐量。

2．存储机构

存储机构一般又称货架系统。从结构上看，有两种不同的货架。一种货架与建筑物没有联系，独立地建在建筑物内部。这种货架可以拆除，灵活方便，适用于高度不高的自动化立体仓库。另一种货架与建筑物紧密相连，它除存储货物以外，还用作支撑建筑物的墙体或屋顶，成为建筑物的一部分，通常称为整体结构。这种货架的建筑周期短、费用低，适用于高型的自动化立体仓库。

3．输送设备

输送设备通常是指货物存取机作业范围以外的输送设备，用于将货物存取机与其他长距离的运输装置联系起来。输送设备的类型很多，自动化立体仓库主要根据作业量多少、货物类型和作业之间的配合情况来选择。常用的输送设备有铲车、引导车、地面有轨流动车、穿梭车和辊筒链条输送机等。

4．控制装置

控制装置把自动化立体仓库的一切设备有机地联系在一起，使其按照预定的程序和要求做出动作，形成一个自动控制系统。较先进的控制装置一般都由几台小型计算机构成，采取分级控制。这种计算机分级控制系统能快速地对信息进行实时处理。当一台计算机有故障时，操作仍不中断。整个系统便于测试、检查和维修。计算机还能对仓库的订货与发送、仓库物资储备、仓库作业定额管理提供信息，能对仓库作业人员、作业手段、作业组织进行指挥和监督。自动化立体仓库面临的主要问题是降低生产成本，提高机械自动化水平，节约能源，减少环境污染，提高经济效益。

三、自动化立体仓库的优点

1. 自动化立体仓库可以节省劳动力、节约占地面积

自动化立体仓库采用计算机等先进的控制手段，采用高效率的巷道式堆垛起重机，使仓库的生产效益得到了较大的提高，往往一个很大的自动化立体仓库只需要几个工作人员，可节省大量劳动力。同时，工作人员的劳动强度也大大降低，劳动条件得到改善。自动化立体仓库的高层货架能合理地使用空间，使单位土地面积存放货物的数量得到提高。在相同的土地面积上，自动化立体仓库比建设普通仓库的存储能力高几倍，甚至十几倍。在相同存储量的情况下，自动化立体仓库节约了大量占地面积。

2. 自动化立体仓库的出入库作业迅速、准确，可缩短作业时间

现代化的货物流通要求快速、准确。自动化立体仓库由于采用了先进的控制手段和作业机械，采用最快的速度、最短的距离取送货物，使货物出入库的时间大大缩短。同时，自动化立体仓库的作业准确率高，自动化立体仓库与供货单位、客户能够有机地协调，这有利于缩短货物流通时间。

3. 自动化立体仓库可提高仓库的管理水平

由计算机控制的自动化立体仓库结束了普通繁杂的台账手工管理办法，使仓库的账目管理及大量资料数据通过计算机进行存储，随时需要，随时调出，既准确无误，又便于情报分析。在库存量上，自动化立体仓库可以将库存量控制在最经济的水平上，在完成相同的货物周转量的情况下，自动化立体仓库的库存量可以实现最小化。

4. 自动化立体仓库有利于商品的保管

自动化立体仓库中存放的货物多、数量大、品种多样。由于采用货架-托盘系统，货物在托盘或货箱中，使搬运作业安全可靠，避免了货物包装破损、散包等现象。自动化立体仓库有很好的密封性能，为调节库内温度、做好货物的保管和养护提供了良好的条件。自动化立体仓库中配备了报警装置和排水系统，可以预防和及时消除火灾。

四、自动化立体仓库的设计

自动化立体仓库的设计包括几个主要的阶段，每个阶段都有其要达到的目标。

1. 设计前的准备工作

（1）第三方物流企业要了解建库的现场条件，包括气象、地形、地质条件、地面承载能力、风及雪载荷、地震情况及其他环境的影响。

（2）在自动化立体仓库的总体设计中，机械、结构、电气、土建等多专业相互交叉、相互制约，这就要求第三方物流企业在进行设计时必须考虑各专业的需要。例如，机械的运动精度要根据结构制作的精度和土建的沉降精度来选定。

（3）第三方物流企业要制订出自己对仓储系统的投资、人员配置等计划，以此来确定仓储系统的规模和机械化、自动化的程度。

（4）第三方物流企业要对与其仓储系统有关的其他方面的条件进行调查和了解。例如，

货物的来源、连接库场的交通情况、货物的包装、搬运货物的方法、货物的最终去向和运输工具等。

2. 库场的选择与规划

库场的选择和布置对于仓储系统的基建投资、物流费用、劳动条件等都有重要的意义。考虑到城市规划、第三方物流企业的整体运作，自动化立体仓库最好建在靠近港口、码头、货运站等处的交通枢纽，或靠近生产地或原材料产地，或靠近主要的销售市场，这样可以大幅降低第三方物流企业的费用。库场地址是否合理对于环境保护、城市规划等也有一定的影响。例如，选择在受到交通限制的商业区建立自动化立体仓库，一方面与繁华的商业环境不协调，另一方面要花高价购买地皮。最重要的是，由于受到交通限制，只能在特定时间段运送货物，这显然是极不合理的。

3. 确定仓库的形式、作业方式和机械设备的主要参数

仓库的形式需要在调查入库货物品种的基础上确定。一般采用单元货格式仓库，若存储的货物品种单一或很少，而且货物批量较大，则可以采用重力式货架或者其他形式的贯通式仓库。根据出入库的工艺要求（整单元或零散出入库）来决定是否需要进行拣选作业。若需要进行拣选作业，则需确定拣选作业的方式。

在自动化立体仓库中还有一种作业方式常被采用，那就是所谓的自由货位方式，即货物可以就近入库，特别是对于出入库频繁、超长和超重的货物，应当尽量在到货和发货的地点附近作业，这样做不仅可以缩短出入库时间，还可以节省搬运费用。

自动化立体仓库所使用的机械设备有很多种，一般包括巷道式堆垛起重机、连续输送机、高层货架，自动化程度高的自动化立体仓库还使用自动导引车。在进行自动化立体仓库的总体设计时，第三方物流企业要根据仓库的规模、货物的品种、出入库频率等选择最合适的机械设备，并确定这些设备的主要参数。

4. 确定货物单元的形式及规格

由于自动化立体仓库的前提是单元化的搬运，因此确定货物单元的形式及规格是一个非常重要的问题。它不仅会影响第三方物流企业对仓库的投资，还会影响整个仓储系统的配备、设施等。因此，为了合理确定货物单元的形式及规格，第三方物流企业应根据调查和统计的结果，列出所有可能的货物单元的形式及规格，并做出合理的选择。对于那些形状及规格比较特殊或者很重的货物，可以单独处理。

5. 确定库容量（包括缓存区）

库容量是指在同一时间仓库可容纳的货物单元数，这对自动化立体仓库来说是一个非常重要的参数。由于在库存周期会受到许多预料之外因素的影响，因此库存量的峰值有时会大大超出自动化立体仓库的实际库容量。除此之外，有的自动化立体仓库仅考虑了货架区的容量，而忽视了缓存区的面积，结果造成缓存区的面积不足，使得货架区的货物出不来、库房外的货物进不去。

6. 库房面积与其他面积的分配

由于总面积是一定的，而许多第三方物流企业在建造自动化立体仓库时只重视办公区、实

验区（包括研发区）的面积，却忽视了库房面积，为了满足库容量的需要，只好向空间发展。但是货架越高，机械设备的采购成本和运行成本就越高。除此之外，由于自动化立体仓库内最优的物流路线是直线形的，但自动化立体仓库的设计往往会受到平面面积的限制，造成本身物流路线的迂回（往往是S形，甚至是网状），这就会增加许多不必要的投入和麻烦。

7. 人员与设备的匹配

无论自动化立体仓库的自动化程度有多高，其具体运作都需要一定的人工劳动，因此人员的数量要合适。人员不足会降低自动化立体仓库的效率，太多又会造成浪费。自动化立体仓库采用大量先进的设备，因此对人员的素质要求比较高，人员素质跟不上，同样会降低自动化立体仓库的吞吐能力。第三方物流企业需要招聘专业的人员，并对其进行专门的培训。

8. 系统数据的传输

数据传输路径不通畅或数据冗余等会造成系统数据传输速度慢，甚至无法传输的现象，因此第三方物流企业要考虑自动化立体仓库内部及与自身的上下级管理系统间的信息传递问题。

9. 整体运作能力

自动化立体仓库的上游、下游及其内部各子系统的协调，存在一个木桶效应的问题，即最短的那一块木板决定了木桶的容量。有的自动化立体仓库采用很多的高科技产品，各种设施和设备也非常齐全，但是由于各子系统间的协调性、兼容性不好，造成整体运作能力比预期差很多。

五、自动化立体仓库的装卸搬运管理

1. 自动化立体仓库的装卸搬运的概念

自动化立体仓库的装卸搬运是介于物流各环节（如运输、存储等）之间起衔接作用的活动。它把货物运动的各个阶段连接成连续的“流”，使物流的概念名副其实。

装卸是指将货物在指定地点以人力或机械装入运输设备中或卸下。装卸是物流过程中对保管货物和运输货物的处理活动，具体来说，包括货物的装载、卸货、移动、堆码、上架、取货、备货、分拣等作业，以及附属于这些活动的作业。与装卸类似的词汇还有搬运。一般来说，搬运是指物体横向或斜向的移动，装卸是指物体在垂直方向上的移动。广义的装卸则包括搬运。此外，搬运与运输的区别主要是物体的活动范围不同。运输是在物流节点之间进行的，而搬运则是在物流节点内进行的，而且是短距离的移动。

装卸活动是物流各项活动中出现频率最高的一项作业活动，装卸活动效率的高低会直接影响物流整体的效率。虽然装卸活动本身并不产生效用和价值，但是由于装卸活动对劳动力的需求量大，需要使用装卸设备，因此装卸费用在物流成本中所占的比例较大。装卸活动的合理化对于物流整体的合理化至关重要。

2. 装卸搬运活性指数

装卸活性是装卸搬运专用术语，是指货物的存放状态对进行装卸搬运作业来说的方便（或难易）程度。若很容易转入下一步的装卸搬运而不需要过多地进行装卸搬运准备工作，则装卸活性高；若难于转入下一步的装卸搬运，则装卸活性低。

装卸活性一般用装卸搬运活性指数来衡量。一般来说，装卸搬运活性指数用数字 0、1、2、3、4 表示，具体含义如下。

0 级表示货物杂乱地堆在地面上的状态。

1 级表示货物装箱或经捆扎后的状态。

2 级表示装箱或被捆扎后的货物，在下面放有枕木或其他衬垫后，便于叉车或其他机械作业的状态。

3 级表示货物被放于台车上或用起重机吊钩钩住，可以即刻移动的状态。

4 级表示被装卸搬运的货物已经被启动、直接作业的状态。

在自动化立体仓库的货场进行装卸搬运作业的过程中，下一步工序比上一步工序的装卸搬运活性指数高，因而当下一步工序比上一步工序更便于作业时，称为"活化"。装卸搬运的工序、工步应设计得使货物的装卸搬运活性指数逐步提高，称为"步步活化"。第三方物流企业通过合理设计工序、工步，在做到"步步活化"的同时，还要采取相应的措施和方法尽量节省劳力、降低能耗。从理论上讲，装卸搬运活性指数越高越好，但也必须考虑到实施的可能性。例如，在货物存储阶段，装卸搬运活性指数为 4 的输送带和装卸搬运活性指数为 3 的车辆，在一般的仓库中很少被采用，这是因为大批量的货物不可能同时存放在输送带和车辆上。

相关链接

商务部：2021 年，我国海外仓数量已超 2000 个

2021 年 12 月 30 日，国务院新闻办公室举行做好跨周期调节、高质量实施 RCEP 促进外贸平稳发展国务院政策例行吹风会。会上，在谈及进一步发挥海外仓的带动作用时，商务部对外贸易司司长表示，海外仓是跨境电子商务重要的境外节点，是新型的外贸基础设施，也是带动外贸高质量发展的重要平台。近年来，商务部坚持政府引导、企业为主、市场运作，会同有关部门和地方，推动海外仓快速发展。目前，我国海外仓的数量已经超过 2000 个，总面积超过 1600 万平方米。商务部主要做了 4 个方面的工作。

第一，加强规划设计。今年商务部报请国务院出台了一个重要文件《关于加快发展外贸新业态新模式的意见》，明确提出培育一批优秀的海外仓企业，完善覆盖全球的海外仓网络。

第二，持续开展专项服务。着力培育外贸主体，遴选优秀的海外仓实践案例，总结推广一系列经验做法，引导行业的健康发展。

第三，上线了海外智慧物流平台。在第 130 届广交会期间，上线了全国首个海外智慧物流平台，提升供需对接效率。截至目前，该平台服务的外贸企业超过 7 万家。

第四，开展标准化建设。推动全国首个海外仓国家标准立项，提出了运营管理的具体要求，促进行业规范发展。

商务部对外贸易司司长表示，2022 年，商务部将认真落实国务院的要求，坚持问题导向，完善政策体系，从 5 项政策举措入手，促进海外仓的高质量发展。

第一，强化主体培育。鼓励传统外贸企业、跨境电子商务企业、物流企业共同参与海外仓的建设，力争培育一批特色鲜明、功能先进的海外仓。

第二，稳步推进标准建设。加快已经立项标准的制定工作，推动新一批国家、行业与团体标准的制定。

第三，推动数字化发展。丰富和完善海外智慧物流平台的建设，及时总结好的经验做法，适时复制推广。

第四，创新金融服务。鼓励具备条件的金融机构推出有针对性的融资、信保产品和服务，加大对海外仓建设的金融支持力度。

第五，引导优化布局。编制重点国别海外仓建设指南，为企业建设海外仓提供指引。

——资料来源：澎湃新闻，2021-12-30

综合训练

基础训练

一、名词解释

1. 自动化立体仓库
2. 零库存管理
3. EOQ
4. ABC 分类控制法
5. 装卸搬运活性指数

二、填空题

1. 从企业经营过程的角度可将库存分为________、________、________、________、________、________、________7 种类型。

2. 合理化的库存管理目标为________、________、________、________。

3. ________是指为了防止不确定因素（如大量突发性订货、交货期突然延期等）而准备的缓冲库存。

4. 自动化仓库的装卸活性一般是用________来进行衡量的。

5. 按自动化立体仓库与生产连接的紧密程度，可将自动化立体仓库分为________、________和________。

三、不定项选择题

1. 在电子商务环境下，库存控制方法主要包括（　　）。

A. ABC 分类控制法　　B. 经济订购批量方法

C. 定量订货法　　D. 定期订货法

2. 按货架构造形式，可将自动化仓库分为（　　）自动化仓库。

A. 单元货架式　　B. 垂直循环式

C. 水平循环式　　D. 贯通式

3. 自动化立体仓库主要由（　　）组成。

A. 货物存取机　　B. 存储机构　　C. 输送设备　　D. 控制装置

4. 在 ABC 分类控制法中，（　　）类物资的品种占 30%左右，占用的资金为 20%左右。

A. C　　B. D　　C. B　　D. A

5. 库存管理效率的高低可以通过（　　）指标来衡量。

A. 库存资金周转率　　B. 服务水平

C. 缺货率　　D. 平均供应费用

6. 在装卸活性中，（　　）级表示装箱或被捆扎后的货物，在下面放有枕木或其他衬垫后，便于叉车或其他机械作业的状态。

A. 0　　B. 1　　C. 2　　D. 3

四、简答题

1. 在电子商务环境下，智能仓储系统的现实意义是什么？
2. 试分析在电子商务环境下，零库存管理的基本方法。
3. 在电子商务环境下，实施零库存管理的条件有哪些？
4. 自动化立体仓库的主要结构包括哪些？
5. 自动化立体仓库规划设计的内容包括哪些？
6. 智能仓储系统有何特征？

技能训练

案例分析：万纬嘉兴平湖冷链产业园的自动化立体冷库建设

一、企业简介

成立于2015年的万纬物流，是万科旗下的独立物流品牌、全国知名第三方物流及冷链服务提供商，也是国内出色的多温区综合物流解决方案服务商，可为客户提供高标准的仓储设施及多元化冷链物流服务。万纬物流在2017年正式进军冷链物流，并引入国际领先的冷链专业运营科技系统。2018年，万科并购太古冷链物流资产包，使其在冷链物流领域的实力大幅提升。如今，万纬物流已进驻46个城市，仓储规模超过1100万平方米，正在运营的仓储项目达148个，其中冷链物流园有25个，为超过850家企业客户服务。2020年，万纬物流的管理项目营业收入为18.7亿元，同比增长37%，其中高标准立体冷库的收入为12.9亿元，同比增长29%；冷库的收入为5.8亿元，同比增长60%。万纬嘉兴平湖冷链产业园于2021年7月全面开仓运营，这也是万纬物流在长三角地区的第5个冷链园。截至目前，万纬物流在长三角运营管理的冷库面积超过20万平方米。

二、项目概况

万纬嘉兴平湖冷链产业园位于浙江省嘉兴市平湖经济技术开发区，距离沪杭高速公路、杭浦高速公路仅5千米，距离乍浦港14千米，周边100千米内覆盖上海洋山港、虹桥国际机场、浦东国际机场、杭州萧山国际机场等，地理位置优越，交通便捷。

万纬嘉兴平湖冷链产业园的总长为125.3米，宽为53.7米，总面积为13 764平方米；由嘉兴万纬负责运营；可为食品生产、零售等企业客户提供多温区仓储、加工、运输等一体化配套服务；定位于打造环沪垂直电子商务运营中心及华东区域的仓配中心。万纬嘉兴平湖冷链产业园主要对果蔬、肉类、乳制品等冷冻、冷藏食品进行多温区仓储管理，并可承担向江浙沪等地的配送工作。

园区的主体建筑包括单层钢结构自动化立体冷库及混凝土结构多层楼库，总仓储量超4万吨，约17 290托。其中，单层钢结构自动化立体冷库的长为95.35米，宽为36.5米，高为24米（净空高为21.6米），面积为3480.2平方米。地面采用结构地坪做法，荷载约为8.5吨/平方米，可容纳 11 层立体自动货架，在-18℃恒温环境中存储 14 000 个托盘位。混凝土多层楼库为长 125.3 米、最大宽 53.7 米的 L 形建筑，面积为 10 284 平方米。

值得一提的是，此次万纬嘉兴平湖冷链产业园中建成的自动化立体冷库也是万纬物流在全国的首个自动化高标准立体冷库。与普通仓库相比，高标准立体冷库具有面积大、净空高、设备自动化、物流流程智能化及地面平整度高等优点。该自动化立体冷库通过先进的物流软硬件系统，可实现货物出入库传输、上下架操作的全流程自动化，有效提升运营准确率与操作效率，为客户提供全方位、高品质、一站式的多温区仓储、操作及运输解决方案。

三、立体冷库方案

万纬嘉兴平湖冷链产业园服务客户的订单以整进整出为主，同时伴有少量的拆托拣选。之所以选择建设单层立库，是因为希望在恒温冷冻的环境下，提高仓库的存储密度和运营效率，降低人工和能源成本；并且从员工工作环境与健康方面考虑，可减少让人员在-18℃环境下进行空间作业的需求。

自动化立体冷库主要用于肉类、冰激凌等冷冻、冷藏食品的仓储。万纬嘉兴的运营方在选择方案时，主要关注对存储量与出入库效率的提升效果、整个自动化系统的稳定性，以及供应商自身规模与实施经验，最终选用了瑞仕格集成的堆垛起重机立体冷库方案。

物流设备的运行离不开软件系统的支持。该自动化立体冷库使用的软件系统主要分为 3 个部分：一是万纬物流园的管理系统（包括万纬物流自研的 WMS），作为上位系统；二是由瑞仕格开发的自动化仓库控制系统 SynQ-WCS，这两个软件系统相互关联、相互协调，共同完成仓内的自动化作业、信息化管理；三是车辆调度系统，负责管理车辆出入月台。

四、库内布局与作业流程

万纬嘉兴平湖冷链产业园的自动化立体冷库整体分为两层，包括单层 24 米高的 AS/RS 立体库，作为存储区；环绕单层存储区的是两层 L 形区域，分别包括入库区、拣选区、出库区，用于收发货、订单拣选与尾盘回库。

1. 入库区

入库区位于一层 L 形区域，温度控制在 1℃～7℃，拥有 17 个卡车停靠月台、6 组输送机出入库站台，每个站台均具备收、出货两个方向。成品纸箱经过卸车后，人工会先对其进行验货、PDA 收货，并就地在托盘上进行码垛、预积放。然后，叉车将其输送至缠膜机处进行缠膜，进行外形整理与读码。检测不合格的，退回人工协助处理后重新检测。检测合格后，由输送线进行运输，送至系统分配到 AS/RS 立体库中的巷道式堆垛起重机工位，巷道式堆垛起重机叉取托盘并放置在指定货位。

在进入 AS/RS 立体库进行上架存储之前，每托货物均需经过一个缓冲隔间。每个房间前后端都各有两层保温门，两端保温门联动，两端保温门交替开放，防止冷气对冲。

2. 存储区（盘点与出库）

AS/RS 立体库保持-18℃恒温，内部采用横梁式货架，提供 14 000 个托盘位；总共设有 5 条巷道，使用 5 台双深托盘堆垛起重机；在 AS/RS 立体库系统内，系统对存储区内的托盘进行自动盘点。在系统下发出库任务后，堆垛起重机进行抓取作业，将托盘送至出库输送线上。出库输送线搬运货物至出库口，同时 LED 屏幕显示出库货物信息，人员利用叉车将托盘叉取至指定位置。

3. 拣选区

二层 L 形区域为拣选区，与存储区的 AS/RS 立体库由 3 个输送线站台相连，这 3 个输送线站台具备出库及尾盘回库功能。该区域还通过提升机与一层出库区相连。

在需完成拆零订单托盘任务时，堆垛起重机收到系统指令，启动抓取任务，将托盘送至出库输送线上。托盘通过出库输送线被搬运至二楼出库口，同时LED屏幕显示出库货物信息。工作人员利用叉车叉取托盘至指定位置。工作人员使用PDA核查拣选任务，并进行拣选作业。随后，工作人员使用叉车将已拣选的订单托盘运至提升机处，由提升机送至一层出库复核区。

拆零剩余的托盘或者其他需要入库的作业托盘被送至托盘外形检测工位处进行检测。经检测合格后，托盘由输送线按照系统分配的指令，输送至指定巷道式堆垛起重机工位（若检测不合格，则需要退回人工处理后重新检测），巷道式堆垛起重机叉取托盘将其放置在指定货位。

4. 出库区

拆零拣选完成后的订单托盘由提升机自二层输送至一层，由工作人员接收，进行出库复核和发货缓存。不同承运商将相对应的订单货物装车出库。

五、实施效果

万纬嘉兴平湖冷链产业园落成后，可完善平湖食品产业园的供应链，同时配合交通地理优势，也将提高周边的物流运输能力。自动化高标准立体冷库的规划建设，对于万纬嘉兴平湖冷链产业园的成功运营起到关键作用。

首先，在相同存储量的条件下，自动化高标准立体冷库相对传统人工库，由于高度增加、存储密度增大，因此可大幅节省空间；并且，高密度有利于保障温控，从而显著节约能耗和制冷成本。

其次，在−18℃低温环境下，利用自动化系统可减少人工劳动，节省人力成本，并大大减少工作人员在寒冷的恶劣环境中的暴露，在提升物流效率的同时，保障工作人员的健康。

另外，高速托盘堆垛起重机系统和输送系统的使用，使冷冻货物在不同温区的转运时间缩短；利用智能物流管理软件，实现各环节货物作业流程清晰可追溯，确保所有货物的温度符合规范，进而保证品质安全。

——资料来源：搜狐网，2022-01-21

问题思考

1. 结合案例分析万纬嘉兴平湖冷链产业园的自动化立体冷库的特征。
2. 万纬嘉兴平湖冷链产业园的自动化立体冷库的建设方案包括哪些？
3. 万纬嘉兴平湖冷链产业园的自动化立体冷库的内部作业包括哪些？
4. 你如何评价万纬嘉兴平湖冷链产业园的自动化立体冷库的实施效果？

模块八

智能运输与配送管理

学习目标

知识目标

- 运输、运输合理化、智能运输系统、配送、配送中心的概念；
- 电子商务环境下的主要运输方式；
- 电子商务环境下的智能配送管理的主要内容；
- 电子商务环境下配送中心的运作程序。

能力目标

专业能力	● 能够结合实际情况分析电子商务环境下智能运输、配送的基本操作流程及其主要管控节点、管控方法。
方法能力	● 具有基本的电子商务环境下智能运输、配送操作流程的现实感知； ● 具有一定的分析电子商务环境下智能运输、配送运营管控的逻辑思路。
社会能力	● 拥有良好的职业道德和较强的团队合作精神； ● 具备一定的电子商务环境下智能运输、配送的分析与应用能力； ● 关注电子商务环境下智能运输、配送管理的发展态势。

素养元素

视频映射点

视频标题	● 高质量共建“一带一路”成绩斐然
背景	● 2022 年 1 月，国务院印发《“十四五”现代综合交通运输体系发展规划》； ● 2022 年 1 月，国家发展改革委印发《“十四五”现代流通体系建设规划》。
映射	● 2021 年，我国与“一带一路”沿线国家的货物贸易额创 8 年来新高； ● 2021 年，中欧班列开行 1.5 万列，同比增长 22%。

导入案例

商务部：2021 年，我国与“一带一路”沿线国家的货物贸易额创 8 年来新高

在 2022 年 1 月 25 日国新办举行的新闻发布会上，商务部有关负责人介绍：2021 年，“一带一路”经贸合作不断深化，为共建“一带一路”高质量发展做出了新贡献。

贸易畅通迈上新台阶。2021 年，我国与“一带一路”沿线国家的货物贸易额为 11.6 万亿

元，创 8 年来新高，同比增长 23.6%，占我国外贸总额的比例达到 29.7%。跨境电子商务等外贸新业态快速发展，一批海外仓建成并投入运营。首个海外仓供需对接的海外智慧物流平台——“海外仓服务在线”正式上线。中欧班列全年开行 1.5 万列，同比增长 22%。截至 2021 年 12 月底，中欧班列历年累计开行 48 814 列，运送货物 443.2 万标箱，我国海外仓的数量已经超过 2000 个，总面积超过 1600 万平方米。截至目前，我国已与 147 个国家、32 个国际组织签署 200 余份共建“一带一路”合作文件，共建“一带一路”朋友圈继续扩大。

投资合作取得新进展。我国全年对“一带一路”沿线国家直接投资 1384.5 亿元，同比增长 7.9%，占对外投资总额的比例达 14.8%。“一带一路”沿线国家企业对我国直接投资首次超百亿美元，达到 112.5 亿美元，折合人民币 742.8 亿元。“一带一路”项目建设稳步推进，我国企业在“一带一路”沿线国家承包的工程完成营业额 5785.7 亿元，占对外承包工程总额的 57.9%。

机制平台得到新提升。我国与相关国家新建了 8 个贸易畅通工作组和双边投资合作工作组，与塞内加尔签署了电子商务合作备忘录，与匈牙利、俄罗斯等签署了绿色发展、数字经济领域投资合作备忘录，合作机制日益完善，沟通渠道更加丰富。

2021 年，中国援建的非洲疾控中心总部主楼顺利封顶，同 31 个合作伙伴共同发起“一带一路”疫苗合作伙伴关系倡议，截至 2020 年年底已累计向 120 多个国家和国际组织提供 20 亿剂新型冠状病毒疫苗，建立了 30 个中医药海外中心，“健康丝绸之路”建设方兴未艾。中国与 31 个合作伙伴发起“一带一路”绿色发展伙伴关系倡议，承诺不再新建境外煤电项目，并率先宣布出资 15 亿元设立昆明生物多样性基金，“绿色丝绸之路”建设亮点频现。

2021 年，我国申请加入《数字经济伙伴关系协定》，参与制定高标准数字经贸规则，援非“万村通”乌干达项目实现了 900 个村落卫星数字电视信号接入，截至 2021 年年底已与 22 个国家建立“丝路电商”合作机制，“数字丝绸之路”建设快速发展。2021 年，我国已和 84 个共建国家建立科技合作关系，支持联合研究项目 1118 项，累计投入 29.9 亿元，在农业、新能源、卫生健康等领域启动建设 53 家联合实验室，“创新丝绸之路”建设朝气蓬勃。

2021 年，面对百年变局和世纪疫情交织叠加，在以习近平同志为核心的党中央的坚强领导下，我们把基础设施“硬联通”作为重要方向，把规则标准“软联通”作为重要支撑，把共建国家人民“心联通”作为重要基础，高质量共建“一带一路”继续朝着高标准、可持续、惠民生的目标坚定前行，为中国开放发展开辟了新天地，为共建国家经济社会发展提供了新机遇，为全球经济复苏做出了新贡献。

——资料来源：央广网，2022-01-25

案例分析

党的二十大报告指出：“我们要拓展世界眼光，深刻洞察人类发展进步潮流，积极回应各国人民普遍关切，为解决人类面临的共同问题作出贡献，以海纳百川的宽阔胸襟借鉴吸收人类一切优秀文明成果，推动建设更加美好的世界。”当前，世界百年未有之大变局正加速演变，新一轮科技革命和产业变革带来的激烈竞争前所未有，气候变化、疫情防控等全球性问题对人类社会带来的影响前所未有，共建“一带一路”国际环境日趋复杂，但仍面临重要机遇。我们相信，未来，高质量共建“一带一路”将更好地服务于构建新发展格局，也将为推动构建开放型世界经济、构建人类命运共同体做出新的更大贡献。

问题思考

首个“海外仓服务在线”正式上线有何现实意义？对企业而言，电子商务环境下的运输、配送管理面临怎样的现实挑战与威胁？什么是智能运输管理、运输合理化、智能运输系统、配送、配送中心？在电子商务环境下的智能运输、配送是如何运作与管控的，其发展趋势如何？

任务一　运输概述

在现代物流的基本功能中，智能运输是核心功能之一，是物流过程中主要的增值活动之一。任何物品由其生产地向消费地的空间位移，都是依靠运输来完成的，离开了运输，就不可能实现物品的流通。因此，运输创造了空间价值和时间价值，在物流过程中始终起着重要的作用。

一、运输概述

1. 运输的概念

运输（Transportation）是指利用设备和工具，将物品从一个地点向另一个地点运送的物流活动，包括集货、分配、搬运、中转、装入、卸下、分散等一系列操作。

2. 运输的基本原理

运输的基本原理有规模经济和距离经济两种，具体描述如下。

（1）规模经济。规模经济的特点是随装运规模的增长，单位重量的运输成本降低。例如，整车运输的每单位成本低于零担运输。运输规模经济的存在是因为与转移一批货物有关的固定费用可以按整批货物的重量分摊，所以一批同样的货物越重，就越能分摊费用。

（2）距离经济。距离经济本质上也是规模经济，是相对于距离的规模经济。距离经济是指每单位距离的运输成本随距离的增加而降低，如 800 千米的一次装运成本要低于 400 千米的两次装运成本之和。运输的距离经济也指递减原理，因为费率或费用随距离的增加而减少。运输工具装卸所发生的固定费用必须被分摊到每单位距离的变动费用中，距离越长，每单位距离分摊的费用就越低。

3. 运输对企业物流的意义

运输工作是整个物流系统中一个十分重要的环节，搞好运输工作对企业物流的意义体现在以下几个方面。

（1）便利和可靠的运输服务是有效组织输入和输出物流的关键。企业的工厂、仓库与其供货厂商和客户之间的地理分布直接影响整个物流系统的运输费用。因此，运输条件是企业在选择工厂、仓库、配送中心等物流设施配置地点时需要考虑的主要因素之一。

（2）运输影响物流系统的其他构成要素。例如，运输方式决定装运货物的包装要求；运输工具决定与其配套使用的装卸搬运设备及接收和发送站台的设计；企业库存量的大小，直接受运输状况的影响，发达的运输系统能适量、快速和可靠地补充库存，以降低必要的储备水平。

（3）运输费用在物流费用中所占的比例很高。表 8-1 是美国、加拿大的企业 2009 年的物流费用构成情况。从表 8-1 中可以看出，运输费用在物流费用中所占的比例超过 1/3。组织合理运输，以最低的费用和较快的时间，及时、准确、安全地将货物从其生产商所在地运送到销售商所在地，是降低运输费用和提高经济效益的重要途径之一。企业的货物运输一般委托独立的运输企业完成，有的大型企业自己进行货物运输活动。

表 8-1　美国、加拿大的企业 2009 年的物流费用构成情况　　单位：%

费用内容	美国的企业	加拿大的企业
与客户服务/订单相关的费用	8.2	7.8
仓储费用	25.8	24.5
运输费用	37	38
管理费用	10	8.5
库存搬运费用	19	21.2

相关链接

国务院印发《“十四五”现代综合交通运输体系发展规划》

2022 年 1 月 18 日，国务院印发《“十四五”现代综合交通运输体系发展规划》。

1.“十三五”的成就

“十三五”时期，我国综合交通运输体系建设取得了历史性成就，基本能够适应经济社会发展要求，人民获得感和满意度明显提升，为取得脱贫攻坚全面胜利、实现第一个百年奋斗目标提供了基础保障，在应对新冠肺炎疫情、加强交通运输保障、促进复工复产等方面发挥了重要作用。5 年里，我国交通运输基础设施网络日趋完善，综合交通网络总里程突破 600 万公里，“十纵十横”综合运输大通道基本贯通，高速铁路运营里程翻一番、对百万人口以上城市覆盖率超过 95%，高速公路对 20 万人口以上城市覆盖率超过 98%，民用运输机场覆盖 92%左右的地级市，超大特大城市轨道交通加快成网，港珠澳大桥、北京大兴国际机场、上海洋山港自动化码头、京张高速铁路等超大型交通工程建成投运。战略支撑能力不断增强，中欧班列开行列数快速增长，京津冀一体化交通网、长江经济带综合立体交通走廊加快建设，交通扶贫百项骨干通道基本建成，新建、改建农村公路超过 147 万公里，新增通客车建制村超过 3.3 万个，具备条件的乡镇和建制村全部通硬化路、通客车，快递网点基本覆盖全部乡镇，建制村实现直接通邮。运输服务质量持续提升，旅客高品质出行比例不断提高，航班正常率大幅上升，集装箱铁水联运量年均增长超过 20%，快递业务量翻两番、稳居世界第一。新技术新业态蓬勃发展，具有完全自主知识产权的全系列复兴号动车组上线运行，C919 客机成功试飞，ARJ21 支线客机规模化运营，跨海桥隧、深水航道、自动化码头等成套技术水平跻身世界前列，船舶建造水平持续提升，网约车、共享单车、网络货运平台等新业态快速发展、治理能力不断增强。“放管服”改革持续深化，铁路、空域、油气管网等领域重点改革任务扎实推进，高速公路省界收费站全面取消，交通物流降本增效成效显著。绿色交通、平安交通建设稳步推进，新能源汽车占全球总量一半以上，营运货车、营运船舶二氧化碳排放强度分别下降 8.4%和 7.1%左右，民航、铁路安全水平保持世界领先，道路运输重大事故数量和死亡人数分别下降 75%和 69%左右。

2. “十四五”的发展目标

到 2025 年，综合交通运输基本实现一体化融合发展，智能化、绿色化取得实质性突破，综合能力、服务品质、运行效率和整体效益显著提升，交通运输发展向世界一流水平迈进。

（1）设施网络更加完善。国家综合立体交通网主骨架能力利用率显著提高。以“八纵八横”高速铁路主通道为主骨架，以高速铁路区域连接线衔接，以部分兼顾干线功能的城际铁路为补充，主要采用 250 公里及以上时速标准的高速铁路网对 50 万人口以上城市覆盖率达到 95%以上，普速铁路瓶颈路段基本消除。7 条首都放射线、11 条北南纵线、18 条东西横线，以及地区环线、并行线、联络线等组成的国家高速公路网的主线基本贯通，普通公路质量进一步提高。布局完善、功能完备的现代化机场体系基本形成。港口码头专业化、现代化水平显著提升，内河高等级航道网络建设取得重要进展。综合交通枢纽换乘换装效率进一步提高。重点城市群一体化交通网络、都市圈 1 小时通勤网加快形成，沿边国道基本贯通。

（2）运输服务更加高效。运输服务质量稳步提升，客运“一站式”、货运“一单制”服务更加普及，定制化、个性化、专业化运输服务产品更加丰富，城市交通拥堵和“停车难”问题持续缓解，农村和边境地区运输服务更有保障，具备条件的建制村实现快递服务全覆盖。面向全球的国际运输服务网络更加完善，中欧班列发展质量稳步提高。

（3）技术装备更加先进。第五代移动通信（5G）、物联网、大数据、云计算、人工智能等技术与交通运输深度融合，交通运输领域新型基础设施建设取得重要进展，交通基础设施数字化率显著提高，数据开放共享和平台整合优化取得实质性突破。自主化先进技术装备加快推广应用，实现北斗系统对交通运输重点领域全面覆盖，运输装备标准化率大幅提升。

（4）安全保障更加可靠。交通设施耐久可靠、运行安全可控、防范措施到位，安全设施完好率持续提高。跨部门、跨领域的安全风险防控体系和应急救援体系进一步健全，重特大事故发生率进一步降低。主要通道运输安全和粮食、能源、矿石等物资运输安全更有保障，国际物流供应链安全保障能力持续提升。

（5）发展模式更可持续。交通运输领域绿色生产生活方式逐步形成，铁路、水运承担大宗货物和中长距离货物运输比例稳步上升，绿色出行比例明显提高，清洁低碳运输工具广泛应用，单位周转量能源消耗明显降低，交通基础设施绿色化建设比例显著提升，资源要素利用效率持续提高，碳排放强度稳步下降。

（6）治理能力更加完备。各种运输方式一体融合发展、交通基础设施投融资和管理运营养护等领域法律法规和标准规范更加完善，综合交通运输一体化融合发展程度不断提高，市场化改革持续深化，多元化投融资体制更加健全，以信用为基础的新型监管机制加快形成。

3. 愿景展望

展望 2035 年，便捷顺畅、经济高效、安全可靠、绿色集约、智能先进的现代化高质量国家综合立体交通网基本建成，“全国 123 出行交通圈”（都市区 1 小时通勤、城市群 2 小时通达、全国主要城市 3 小时覆盖）和“全球 123 快货物流圈”（快货国内 1 天送达、周边国家 2 天送达、全球主要城市 3 天送达）基本形成，基本建成交通强国。

——资料来源：中国新闻网，2022-01-18

二、运输的功能

一般来说，运输有两个功能：产品空间转移和产品短时间存放。

1. 产品空间转移

通过运输，使产品从一个地方转移到另一个地方，可以延伸出以下功能。

（1）产品运输可以创造出产品的空间效用和时间效用。产品运输通过改变产品的地点或者位置所创造出的价值，称为产品的空间效用；产品运输使得产品能够在适当的时间到达消费者手中，就产生了产品的时间效用。这两种效用可以满足消费者消费产品的需要。如果运输系统瘫痪，产品不能在指定的时间被送到指定的地点，消费者消费产品的需要就得不到满足，整个交易过程就不能实现。

（2）产品运输可以扩大产品的市场范围。在古老的市场交易过程中，产品只在本地进行销售，每家企业所面对的市场都是有限的。随着各种产品运输工具的发明，企业通过产品运输可以到很远的地方销售产品，企业的市场范围可以大大扩展，企业的发展机会也大大增加。随着电子商务这种先进交易形式的发展，企业的市场范围产生了无限扩大的可能，任何有可能加入互联网的地方，都有可能成为企业的市场。为了真正地将这种可能变成现实，企业必须将自己的产品顺利地送达这个市场中，这就必须借助于产品运输。因此，产品运输可以帮助企业扩大它的市场范围，并给企业带来无限发展的机会。

（3）产品运输可以保证产品价格的稳定性。不同地区因为地理条件不同，拥有的资源也各不相同。如果没有一个顺畅的产品运输体系，外地企业的产品就不能到达本地市场，本地市场所需要的产品就只能由本地企业来供应。这种资源的地域不平衡性，造成了产品供给的不平衡性。因此，在一年中，产品的价格可能会出现很大的波动。但是，如果拥有了一个顺畅的产品运输体系，那么当本地企业的产品供给不足时，外地企业的产品就能通过这个产品运输体系进入本地市场，本地企业的过剩产品也能够通过这个产品运输体系被运送到外地市场，从而保持供求的动态平衡和产品价格的稳定。

（4）产品运输能够促进社会分工的发展。随着社会的发展，为了实现真正意义上的社会的高效率，就需要推动社会分工的发展，而产品的生产和销售也有必要进行分工，以达到最高的效率。但是，当产品的生产和销售两大功能分开之后，如果没有一个高效的产品运输体系，那么这两大功能都不能实现。产品运输是产品生产和产品销售之间不可缺少的联系纽带，只有通过它，才能真正地实现生产和销售的分离，从而促进社会分工的发展。

2. 产品短时间存放

对产品进行短时间存放是一个特殊的运输功能，这个功能在以往并没有被人们关注。将运输车辆临时作为相当昂贵的存储设施，是因为转移中的产品需要存储，但在短时间内（1～3 天）又将重新转移，那么产品在仓库中卸下来和再装上车的成本可能高于存放在运输工具中需支付的费用。

当仓库有限时，利用运输车辆存放产品也许是一种可行的选择。可以采取的一种方法是先将产品装到运输车辆上，然后采用迂回或间接路线将其运往目的地。对迂回路线来说，转移时间将大于直接路线。当起始地或目的地仓库的存储能力受到限制时，这样做是合情合理的。

三、运输方式

运输方式包括铁路运输、公路运输、水路运输、航空运输、管道运输、联合运输、集装箱运输。

1. 铁路运输

铁路运输是指使用铁路列车运送货物的一种运输方式。铁路运输主要承担长距离、大批量的货运任务，是在干线运输中起主力运输作用的运输方式。

铁路运输的优点：速度快，火车的运输速度远远超过汽车和轮船的运输速度；运货量大，一列货车一般可拉 52 节车皮，货运量可达 3000 吨左右，如采用重载列车，货运量可达 10 000～20 000 吨；安全性高；运输不受自然条件限制；长距离运输成本低，铁路货运成本，每吨公里仅为汽车运输平均成本的 1/5～1/20。铁路运输的主要缺点：只能在固定的路线上行驶，灵活性差；需要与其他运输方式配合，且近距离运输成本较高，不适合紧急运输。

2. 公路运输

公路运输是指使用机动车辆（主要指汽车）在公路上进行货物运输的一种运输方式。公路运输主要承担近距离、小批量的货运任务，是其他运输方式不可缺少的衔接手段，并在铁路、水路难以到达的地区进行长途和大批量的运输。

公路运输的优点：适于近距离运输，灵活性强；可以进行“门到门”的连续运输，不需要转运和反复搬运装卸。公路运输的主要缺点：运输单位小，不适合大批量运输；长距离运输运费较高。

3. 水路运输

水路运输是指使用船舶在内河或海洋运送货物的一种运输方式。水路运输主要承担大批量、长距离的货运任务，是在干线运输中起主力作用的运输方式。在内河与沿海，船舶也常作为小型运输工具使用，承担补充及衔接大批量干线运输的任务。

水路运输的优点：成本低，适用于大批量、远距离的货运，一般万吨轮的载运量相当于 5～60 列火车，海上运输已有 50 万～60 万吨级的轮船。水路运输的主要缺点：运输的速度较慢；港口的装卸费用较高；航行受港口、水位、季节、气候的影响较大；运输的正确性和安全性较差。

小贴士

BDI

波罗的海干散货指数（Baltic Dry Index，BDI）是国际航运业的经济指标，包含航运业的干散货交易，是由几条主要航线的即期运费（Spot Rate）加权计算而成的，反映的是即期市场的行情。BDI 一向是散装原物料的运费指数，散装船运以运输钢材、纸浆、谷物、煤、矿砂、磷矿石、铝矾土等民生物资及工业原材料为主。由于运费价格的高低会影响 BDI 的涨跌，因此散装航运业的营运状况与全球经济、原材料的行情息息相关。

4. 航空运输

航空运输是指使用飞机或其他航空器进行货物运输的一种运输方式。由于其运输单位成本很高，因此主要承担价值高或紧急需要的物资的货运任务，如贵重设备的零部件、高档商品、救灾抢险物资等。

航空运输的优点：速度快，不受地形限制，适用于运费负担能力大的少量货物的长距离运输。航空运输的主要缺点：单位运输成本太高；受自然条件影响大；重量受限制，不适合低价值货物和大批量运输。

5. 管道运输

图 8-1 管道运输

管道运输是指利用管道输送气体、液体和粉状固体货物的一种运输方式（见图 8-1）。其运输是靠物体在管道内顺压力方向循环移动实现的，和其他运输方式的重要区别是，管道是静止不动的。

管道运输的优点：由于采用密封设备，因此在运输过程中可避免货损、货差，也不存在其他运输设备在运输过程中消耗动力所形成的无效运输问题；运输量大，适合运输大量且连续不断运送的货物。管道运输的主要缺点：管道固定，运输对象受限制，灵活性较差。

6. 联合运输

联合运输是指一次委托，由两家及以上运输企业或用两种及以上运输方式共同将某一批货物运送到目的地的运输方式。

（1）联合运输实行一票到底、单一费率的方式。联合运输是不同运输方式的综合组织，其全程运输均由联合运输经营人完成。联合运输经营人对全程负责。

（2）货物联合运输是由多个联合运输经营人与各种运输方式、各区段的承运人订立分运或分包合同来完成的，各区段的承运人对自己承运区段的货物负责。

（3）在起运地接管货物，在最终目的地交付货物及全程运输中各区段的衔接工作，由联合运输经营人的分支机构或委托的代理人完成。这些分支机构或代理人及承担各项业务的第三方对自己承担的业务负责。

采用联合运输的方式，不仅可以提供单一运输方式无法比拟的服务价格比，还可以给托运人和承运人带来方便。联合运输有利于发挥综合运输的优势，加速货位周转，提高运输效率，还可以建设以城市为中心、以港口为枢纽的综合运输网络。

7. 集装箱运输

集装箱运输是指利用集装箱运输货物的方式。集装箱运输作为一种先进的运输方式，目前已成为国际货物运输中一种重要的运输方式。

与传统的货物运输相比，集装箱运输具有以下特点。

（1）以集装箱为单位进行货物的全程运输，可将集装箱从一种运输方式直接换装至另一种运输方式，而无须重新掏箱、装箱，极大地方便了运输、装船和卸港。在全程运输中，运输企业可以以集装箱为媒介，使用机械进行装卸搬运，在无须接触或移动箱内货物的前提下实现货物的运输。

（2）货物可在发货人的工厂或仓库装箱，通过陆、海、空等多种运输方式，可以一直被运送到收货人的工厂或仓库，实现“门到门”运输，并且效率高，货运质量在一定程度上得到了保证。

(3)集装箱运输容易实现联合运输。集装箱运输能以最快的速度实现将货物从一种运输工具转移到另一种运输工具上，从而提高运输效率、降低运输成本。同时，集装箱的封号唯一，足以保证货物所有人的货物不会丢失。

(4)集装箱运输具有抵抗风雨、避光等特点，可以最大限度地减少运输过程中的货损。

任务二　电子商务环境下的智能运输管理

一、运输方式的合理化选择

在货物运输中，发运地与到达地之间往往有多条运输路线，存在多种运输方式，有多种运输工具可供选择。因此，运输方式的评价与选择是物流合理化的重要内容，这种选择不仅限于单一的运输方式，还包括通过复合运输方式的合理组合实现物流合理化。

1. 选择运输方式主要考虑的因素

选择运输方式主要考虑的因素包括货物的性质、运输时间、交货时间的适应性、运输成本、批量的适应性、运输的机动性和便利性、运输的安全性和准确性等。对货主来说，运输的安全性和准确性、运输费用的低廉性，以及缩短运输总时间等因素是其关注的重点。批发商和零售商要重视运输的安全性和准确性，以及运输总时间等运输服务方面的质量。

2. 选择运输方式具体考虑的因素

选择运输方式具体考虑的因素有以下几个。

(1)货物的性质。货物的形状、体积、危险性、变质性等都是选择运输方式的制约因素。

(2)运输量。一次运输的批量不同，所选择的运输方式也会不同。例如，原材料等大批量的货物运输适合采用铁路运输或水路运输方式。

(3)运输距离。货物运输距离的长短直接影响运输方式的选择。例如，中短距离运输比较适合采用汽车运输方式。

(4)运输时间。货物运输时间的长短与交货期有关，所以货主应该根据交货期来选择合适的运输方式。

(5)运输费用。货物价格的高低关系到承担运费的能力，也是选择运输方式的重要考虑因素。值得注意的是，虽然货物运输费用的高低是选择运输方式时需要重点考虑的因素之一，但在考虑运输费用时，不能仅从运输费用本身出发，而必须从物流总成本的角度联系物流的其他费用综合考虑。在物流总成本中，除了运输费用，还有包装费、存储费、装卸费及保险费等。运输费用与物流的其他费用之间存在相互作用的效益背反关系，因此货主在选择最为适宜的运输方式时，应该保证物流总成本最低，而不是运输费用最低。

运输方式的选择往往受到当时运输环境的制约，而且没有一个固定的标准，因此货主必须根据运输货物的各种条件，通过综合判断来加以确定。

3. 运输合理化

合理运输是指选择运距短、运力省、速度快、运费低的最佳运输方式组织的货物运输。由于运输是物流中重要的功能要素之一，因此物流合理化在很大程度上依赖于运输合理化。

运输合理化就是按照货物流通的规律来组织货物运输，用最少的劳动消耗，获得最大的经济效益。运输企业评估表如表 8-2 所示。

表 8-2　运输企业评估表

评估因素	重要程度	承运绩效	等级判定
运输成本	1	1	1
中转时间长度	3	2	6
可靠性	1	2	2
运输能力	2	2	4
可达性	2	2	4
安全性	2	3	6

注：①等级判定＝重要程度×承运绩效。

②重要程度：1 为高度重视；2 为适中；3 为较低。

③承运绩效：1 为好；2 为一般；3 为较差。

合理运输只是个相对的概念，在运输工作中往往存在着一些不合理运输的表现。不合理运输是指在组织货物运输过程中，违反货物流通规律，不按经济区域和货物自然流向组织货物运输，忽视运输工具的充分利用和合理分工，装载量小，流转环节多，从而浪费运力和加大提高费用的现象。

货物运输不合理，势必导致货物运输出现迂回、倒流、过远、重复等不合理现象，造成货物在途中的时间长、环节多、流转慢、损耗大、费用高，浪费运力和社会劳动力，从而影响生产和市场供应。不合理运输主要有以下几种情况。

（1）单程空驶。单程空驶又称起程或返程空驶，是不合理运输最严重的形式。单程空驶是指由于组织货源计划不周、车辆调度不当，造成起程或返程空车无载货行驶的运输现象，这会导致运力浪费。还有一些企业不能利用社会化的专业运输体系而采用自备车辆，但因自身的货运量有限，只好单程空驶。

（2）对流运输。对流运输也称相向运输或交错运输，是指同一种货物或彼此间可以相互取代的货物，在同一路线上或平行的两条路线上进行相对方向运输的现象。对流运输包括两种类型：一种是明显的对流运输，即在同一路线上的对流运输（见图 8-2）；另一种是隐蔽的对流运输，即对流运输不明显，如不同时间的相向运输，从发生运输的那个时间看，并无出现对流运输，可能导致人们做出错误的判断。

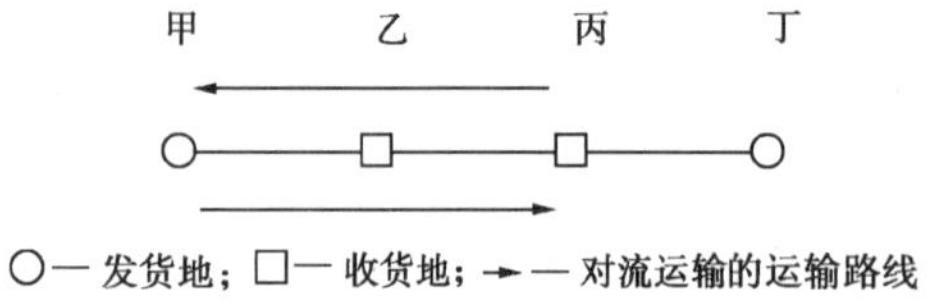

图 8-2　对流运输

（3）迂回运输。迂回运输是舍近求远的一种运输，即在可以选择路程较短的路线进行运输的前提下，却选择路程较长的路线进行运输的一种不合理形式（见图 8-3）。迂回运输有一定的复杂性，不能一概而论，只有当计划不周、地理不熟、组织不当而发生的迂回才属于不合理运输。因最短距离有交通阻塞、道路情况不好或其他特殊情况而导致的迂回，不能称作不合理运输。

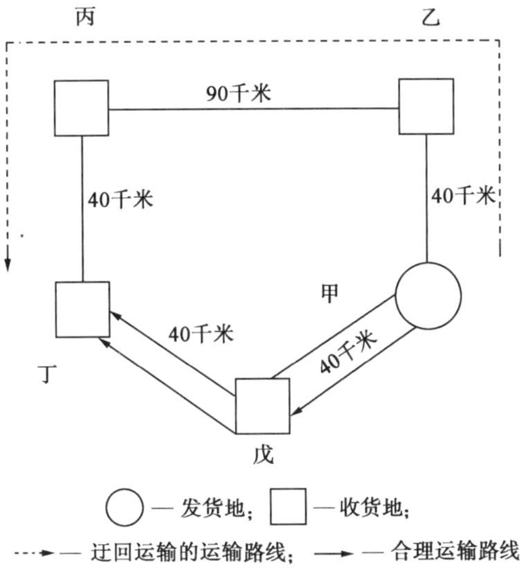

图 8-3 迂回运输

（4）重复运输。重复运输是指一种货物本可直达目的地，但由于批发机构或商业仓库设置不当，或计划不周而在中途停卸、重复装运的不合理运输现象（见图 8-4）。重复运输一般虽未延长里程，但增加了中间装卸环节，延长了货物在途时间，增加了装卸搬运费用，而且降低了车船使用效率，影响其他货物运输。

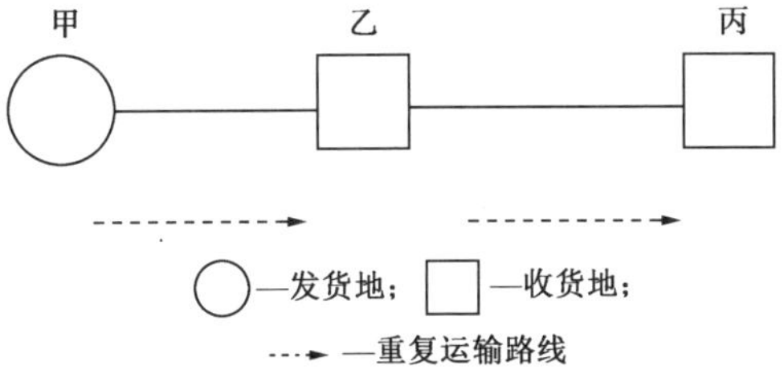

图 8-4 重复运输

（5）倒流运输。倒流运输是指货物从销售地或中转地（收货地）向生产地或起运地（发货地）回流的一种运输现象（见图 8-5），其不合理程度低于对流运输。往返两程的运输都是不必要的，会形成双程浪费。倒流运输也可以被看作隐蔽对流运输的一种特殊形式。

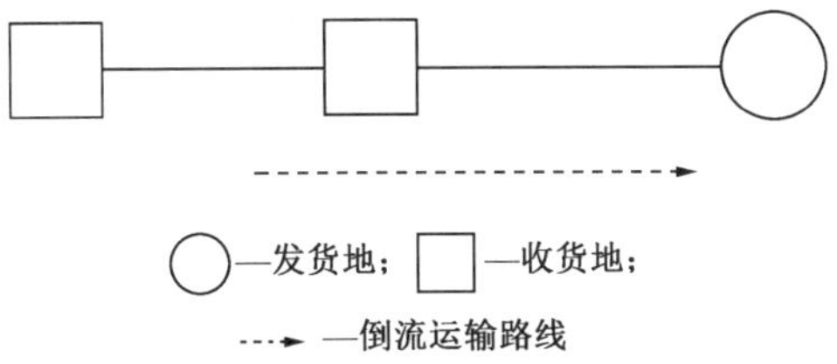

图 8-5 倒流运输

（6）过远运输。过远运输是指舍近求远的货物运输现象，即销售地完全有可能由距离较近的地区购进所需要的相同质量的物美价廉的货物，却超出货物合理流向的范围，从远距离的地区购进货物；或生产同一种货物的两个生产地，没有就近供应邻近的销售地，却供应较远的销售地（见图 8-6）。

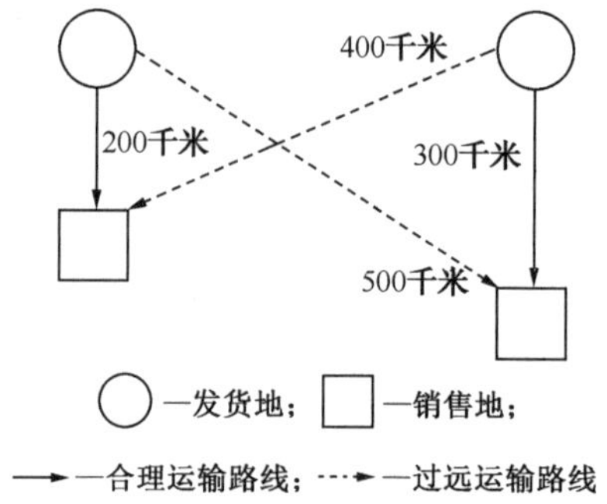

图 8-6　货物过远运输

（7）运力选择不当。运力选择不当是指未利用各种运输工具的优势而不正确地利用运输工具造成的不合理运输现象。

二、实现运输合理化的途径

实现运输合理化的途径有以下几个。

1．提高运输工具的实载率

实载率有两个含义：一是单车（船）实际载重与运距的乘积和标定载重与行驶里程的乘积的比率，它在安排单车（船）运输时，作为判断装载合理与否的重要指标；二是车船的统计指标，即一定时期内车船实际完成的货物周转量占车船载重吨位与行驶距离的乘积的百分比。在计算时，车船行驶的千米数不仅包括载货行驶千米数，也包括空驶千米数。

提高实载率的意义在于充分利用运输工具的额定能力，减少车船空驶和不满载行驶的时间，减少浪费，从而实现运输合理化。

当前，国内外开展的“配送”形式，其优势之一就是将多家企业需要的货物和一家企业需要的多种货物实行配装，以达到容积和载重的充分合理运用，比起以往自家提货或一家送货车辆大都空驶的状况，这是运输合理化的一个进展。在铁路运输中，整车运输、装整车、整车分卸及整车零卸等具体措施，都是提高实载率的有效措施。

2．采取减少动力投入、提高运输能力的有效措施

在设施建设已定型和完成的情况下，尽量减少能源投入是少投入的核心。做到这一点就能大幅降低运费和单位货物的运输成本，达到运输合理化的目的。

3．发展社会化的运输体系

运输社会化的含义是发挥运输的大生产优势，实行专业分工，打破一家一户自成体系的状况。

一家一户的运输小生产，车辆自有，自我服务，不能形成规模，且一家一户的运量需求有限，难以自我调剂，因而经常容易出现空驶、运力选择不当（因为运输工具有限，选择范围太窄）、不能满载等浪费现象，且配套的接、发货设施和装卸搬运设施也很难有效地运行，所以浪费颇大。实行运输社会化，可以统一安排运输工具，避免对流、倒流、空驶、运力不当等多种

不合理运输现象发生，不仅可以追求组织效益，还可以追求规模效益，所以发展社会化的运输体系是实现运输合理化非常重要的措施。

当前，铁路运输的社会化运输体系已经比较完善，而在公路运输中，小生产方式非常普遍，因此，公路运输是建立社会化运输体系的重点。

在社会化运输体系中，联合运输是水平较高的运输方式。联合运输充分利用面向社会的各种运输体系，通过协议进行一票到底的运输，有效地打破了一家一户的小生产，受到了欢迎。

我国在利用联合运输这种运输方式时，创造了“一条龙”货运方式。对产、销量都较稳定的产品，通过与铁路、交通等社会运输部门签订协议，规定专门收、到站，专门航线及运输路线，专门船舶和泊位等，有效保证了许多工业产品的稳定运输，取得了很大的成绩。

4. 发展“以公代铁”的运输方式

这一途径的要点是在公路运输的经济里程范围内，或者经过论证，超出通常平均经济里程范围，也尽量利用公路运输。这种运输合理化的表现主要有两点：一是比较紧张的铁路运输，在用公路运输分流后，可以得到一定程度的缓解，从而提高这一区段的运输通过能力；二是充分利用公路运输在“门到门”和在中途运输中速度快且灵活机动的优势，实现铁路运输服务难以达到的水平。

目前，我国的“以公代铁”运输在杂货、日用百货运输及煤炭运输中较为普遍，一般在200千米以内，有时可达700～1000千米。

5. 尽量发展直达运输方式

直达运输是追求运输合理化的重要形式，其对合理化的追求要点是通过减少中转换载，从而提高运输速度、省去装卸费用、减少中转货损。直达的优势，尤其是在一次运输批量和客户一次需求量达到一整车时表现最为突出。此外，将生产资料、生活资料进行直达运输，建立稳定的产销关系和运输系统，也有利于提高运输的计划水平，从而大大提高运输效率。

6. 配载运输

配载运输是充分利用运输工具的载重量和容积，合理安排装载的货物及载运方法以求合理化的一种运输方式。配载运输也是提高运输工具实载率的一种有效方法。

配载运输往往是轻重货物的混合配载，在以重质货物运输为主的情况下，同时搭载一些轻泡货物。例如，运输海运矿石、黄沙等重质货物，在舱面捎运木材、毛竹等；运输矿石、钢材等重物，上面搭运轻泡产品等。在基本不增加运力投入、不减少重质货物运量的情况下，解决了轻泡货物的运输问题，因而效果显著。

7. “四就”直拨运输

“四就”直拨运输是减少中转运输环节，力求以最少的中转次数完成运输任务的一种运输方式。一般批量到站或到港的货物，首先要进分配部门或批发部门的仓库，再按程序分拨或销售给客户。这样一来，往往会出现不合理运输。“四就”直拨，首先是由管理机构预先筹划，然后就厂、就站（码头）、就库或就车（船）将货物分送给客户，而无须再入库。

8. 发展特殊运输技术和运输工具

依靠科技进步是实现运输合理化的重要途径。例如，专用散装及罐车解决了粉状、液状货物运输损耗大、安全性差等问题；袋鼠式车皮、大型半挂车解决了大型设备整体运输问题；“滚装船”解决了车载货的运输问题，集装箱船比一般的船能容纳更多的箱体，集装箱高速直达车船加快了运输速度等，都是通过采用先进的科学技术实现运输合理化的。

9．通过流通加工，使运输合理化

有不少产品，由于其本身形态特殊，很难实现运输合理化，如果进行适当加工，就能实现运输合理化。例如，将造纸材料在生产地预先加工成干纸浆，然后压缩体积运输，就能解决造纸材料运输不满载的问题；将轻泡产品预先捆紧包装成规定尺寸，就容易提高装载量；将水产品及肉类预先冷冻，就可提高车辆装载率并减少运输损耗。

10．利用综合运输体系与多式联运

综合运输体系是由各种运输方式组建起来的，相互协作、有机结合的，联系贯通的交通运输体系。其基本内容大致包括各种运输方式的分工、综合运输网络的布局、综合运输枢纽的配置、集疏运系统和换装设施的作业、联合运输的组织及综合运输管理系统的建立等。

其中，综合运输网络是在一定空间范围内，由铁路、公路、水路、航空和管道路线及各种运输方式的枢纽节点等所组成的综合体。综合运输网络的合理布局必须充分利用运输节点的作用。

运输节点是指在物流系统网络中，连接物流路线的节点。在现代物流网络中，节点对优化整个物流网络起着重要作用，并且更多地承担指挥调度和信息管理等中枢职能。例如，运输转运型节点是处于运输路线上的节点，是货物的集散地，是各种运输工具的衔接点，是办理运输业务和运输工具作业的场所，也是运输工具保养和维修的基地。

充分利用运输节点的职能，合理布局综合运输网络，实现综合运输体系与多式联运，应是合理运输的最高层次。

三、智能运输系统

1．智能运输系统概述

智能运输系统（Intelligent Transportation System，ITS）是对通信、控制和信息处理技术在运输系统中集成应用的统称，这种集成应用产生的综合效益主要体现在挽救生命、节省时间和金钱、降低能耗及改善环境方面。ITS 是在较完善的交通基础设施之上，将先进的信息技术、通信技术、控制技术、传感器技术和系统综合技术有效地集成，并应用于地面交通系统，从而建立起来的在大范围内发挥作用的，实时、准确、高效的交通运输系统。因此，从广义上说，ITS 也是一种人工智能系统，它利用交通类的传感器、带有交通知识的 CPU（Central Processing Unit，中央处理器）和能执行交通功能的执行机构模拟人的五官、大脑和四肢，达到交通智能化的目的。

我国 ITS 的研发工作可以追溯到 20 世纪 90 年代，经过 20 多年的发展，我国在 ITS 的开发和应用方面取得了巨大的进步，我们可以通过数据一览我国 ITS 的概貌。根据中国智能交通协会公布的数据，结合交通各细分行业的智能化情况，2011—2020 年，我国智能交通市场总规模由 420 亿元增长至 1658 亿元，呈明显上升趋势，年化增长率接近 20%，预计到 2026 年，我国智能交通行业市场规模将突破 4000 亿元，年均复合增长率在 16%左右。截至 2021 年，我国已建成覆盖 16 万千米的高速公路、用户超过 2 亿多个的电子不停车收费系统，以及覆盖 40 万

千米国道干线的路网运行监测体系。绝大多数大中城市及部分县级城市已基本建成交通信号控制系统。在城市公交便捷支付方面，IC 卡用户超过 4 亿个。共享汽车服务已经覆盖 400 多个城市，拥有近 4 亿个用户，每日峰值订单约为 2700 万单。在小汽车出行方面，手机导航已经非常普及，目前已拥有接近 7 亿个用户。

2．ITS 的服务领域

ITS 的体系框架开发主要包括 3 个部分：用户服务、逻辑框架、物理框架。ITS 的主要目标是为用户提供良好且高效的服务，所以体系结构中一个重要的组成部分就是服务领域——确定能为用户提供哪几大类服务。在体系结构中，服务领域是通过分析用户需求来确定的，用户主要有两类：公众和系统管理者，这两类用户分别对应着系统层次的需求和普通用户需求。

我国的 ITS 体系结构共包括 8 个服务领域，其中包含 34 项服务功能，这 34 项服务功能又被细分为 137 项子服务功能。其中，8 个服务领域包括：①交通管理与规划；②电子收费；③出行者信息；④车辆安全与辅助驾驶；⑤紧急事件和安全；⑥运营管理；⑦综合运输；⑧自动公路。

3．ITS 标准

目前，关于 ITS 的专用标准正在研究过程中，由于 ITS 设计的技术和专业领域繁多，因此相关的专业技术应遵循相应的技术标准。ISO 成立了一个专门技术委员会，以促进交通系统标准化的进程。该技术委员会有 16 个工作组，很早就开始致力于交通信息和控制系统标准化的工作。

我国也正在开展 ITS 有关标准的研究工作。我国的 ITS 体系结构主要考虑了 4 个部分的内容：①ITS 综合性标准，包括 ITS 术语、结构、数据单元词典；②标准明细表，包括标准名称、标准简要描述、宜定级别、采用标准程度或相应的国际发展情况等；③标准要求，包括给出每个接口间传输的信息流、完成某项功能所必须交换的数据，以及接口适用的通信技术类别；④关键标准明细表。

4．ITS 的关键技术

ITS 的研究对象是交通问题，但 ITS 研究开发所利用的工具不仅仅是传统的交通工程理论，还包括所有相关的高新技术，这些技术成为 ITS 中应用的关键技术。各相关专业共同构成了 ITS 的专业技术基础，因此 ITS 具有多学科交叉的特点，ITS 的研究开发需要各相关专业人士的加盟，涉及的相关专业技术包括信息技术、计算机技术、通信技术、多媒体技术、自形控制技术等。

相关链接

2021 年智能交通世界大会：自动驾驶热度不减，智慧物流迎来爆发

智能交通世界大会是世界上最大、范围最广、影响力最强的智能交通行业的综合性国际会议，自 1994 起，每年分别在欧洲、美洲和亚太地区轮流举办。2021 年 10 月 11 日，2021 智能交通世界大会（第 28 届）在德国汉堡开幕，为期 5 天。本次智能交通世界大会一致认为：ITS 的部署可以减少拥堵、排放和能源消耗，同时提高人员和货运的安全性与机动性。ITS 为移动服务提供了弹性和替代解决方案，在抗击新冠肺炎疫情中发挥着至关重要的作用。可持续交通和智能交通模式的转变必须从政策抓起，以避免成本和性能风险。在制定政策之前，城市、管理

机构、供应商合作有助于提高公众对政策的接受度。

本次智能交通世界大会吸引了来自世界各地超过10 000名参观者、400家参展商（包括50多家初创企业）。为此，汉堡在当地170多个ITS项目中遴选了42个对汉堡ITS战略起着决定性作用的主要项目，在大会举行期间进行展示和现场体验。本次智能交通世界大会的主题为自动驾驶和车联网、出行即服务、数字港口和物流方案、智能基础设施、来自新技术的新服务、可持续城市交通。

1. 自动救护车概念车

大众商用车展示了基于其ID.Buzz型号研发的自动救护车概念车。该车采用L5级自动驾驶系统，设计了专业的医疗设备，能够提供最大化的救治空间，拥有纯平的地板、躺卧式的担架、正常乘坐的包裹座椅及其他救治设备，可以根据实际场景和病人情况的不同，提供不同的救护模式。

2. 运输机器人劳拉

由汉堡技术大学技术物流研究所开发的运输机器人劳拉是本次智能交通世界大会的42个展示内容之一。该研究项目是汉堡ITS战略的一部分，在劳恩堡测试自动穿梭机中的人员和货物运输。劳拉的机身上安装了大量传感器来感知周围的环境，其顶部安装了一台与高精度地图相连的激光扫描仪，以及用于近距离识别障碍或停放汽车的3D立体摄像头。劳拉穿梭车扩大了运输机器人的应用范围，并减少了新冠肺炎疫情期间的交通量，能够更好地完成“最后一英里”运输交付。

3. 货运无人机 Volodrone

无人机先驱Volocopter公司首次在公共场合飞行了一架专门开发的货运无人机Volodrone。据Volocopter称，在商业运营中，重型无人机最多可以运输200千克的货物，飞行距离可达40千米。这架专为运输欧洲托盘而设计的飞机将在未来自主运行，即实现超视距飞行。

4. 数字港口和物流方案

数字港口和物流方案通常是往年智能交通世界大会上较小的话题，然而随着新冠肺炎疫情席卷全球，这个话题成为本次智能交通世界大会的焦点。防疫物资、疫苗、食品等通过自动驾驶、无人机等技术实现低风险、高效率的运输。为此，智能交通世界大会举办了有史以来第一个相关的论坛，讨论该行业如何稳步实现数字化。

5. 自动驾驶卡车

曼恩与德国汉堡港务仓储有限公司在本次智能交通世界大会上公布了Hamburg TruckPilot自动驾驶卡车测试项目的最新成果，项目经理表示：“原型车的成功运行表明自动驾驶技术能够顺利完成传感器技术、环境监测和自动化系统的交互，满足实际运输情况中的高精度要求，与手动控制的卡车完成一样的使命。”

6. 智能基础设施

智能基础设施是一个相对较新的概念，反映了所有ITS技术的重大进步，人们对人工智能、机器学习、新型传感器和算法产生了很大的兴趣，车联网和智能网联应用不仅可以连接公路车辆，还可以连接水上交通、铁路、无人机系统。在本次智能交通世界大会上，弱势道路使用者也是一个备受关注的话题，尤其是C-ITS用例对行人和骑自行车者的影响。

——资料来源：智能交通技术前沿，2021-11-22

任务三 电子商务智能配送与配送中心

一、电子商务物流配送概述

1. 电子商务物流配送的含义

根据《物流术语》，配送是指根据客户要求，对物品进行分类、拣选、集货、包装、组配等作业，并按时送达指定地点的物流活动。而电子商务物流配送是利用现代通信技术和计算机技术所进行的配送活动，具体来讲，就是指配送企业采用网络化的计算机技术和现代化的硬件设备、软件系统及先进的管理手段，针对社会需求，严格地、守信用地按客户的订货要求，进行一系列分类、编配、整理、分工、配货等理货工作，定时、定点、定量地交给没有范围限度的各类客户，满足其对产品的需求（见图 8-7）。

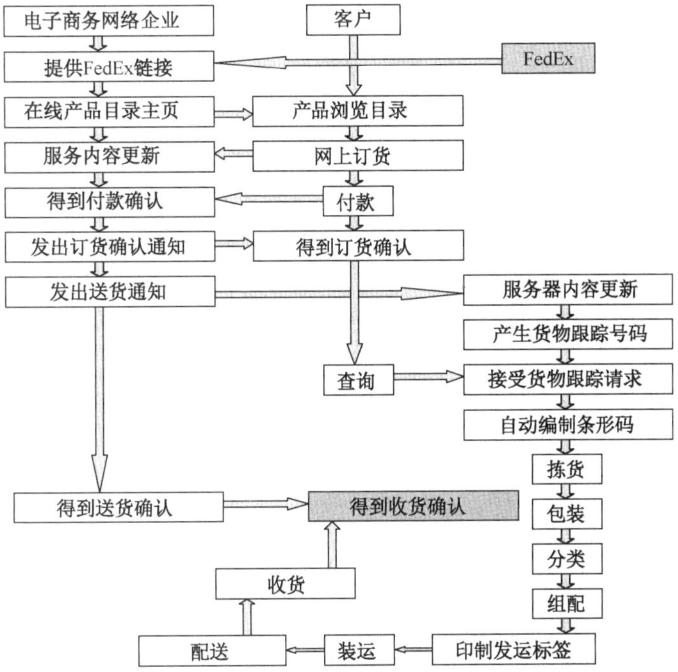

图 8-7　FedEx 的电子商务物流配送

2. 智能配送的含义

智能配送（Intelligent Distribution）是 2016 年公布的管理科学技术名词，是指在制订配送规划时，运用计算机技术、图论、运筹学、统计学等方面的技术，由计算机根据配送的要求，选择最佳的配送方案。

3. 电子商务物流配送的特点

与传统的配送相比，电子商务物流配送具有以下几个特点。

（1）虚拟性。在信息网络构筑的虚拟空间中进行的配送活动（配送的虚拟性源于网络所具有的虚拟性），通过对配送活动的现实虚拟，生成各种虚拟的环境，作用于人的视觉、听觉等，人们不仅可以看到配送活动的图像，还可以进行配送的操作演示，产生身临其境的感觉。虚拟现实（Virtual Reality，VR）系统的应用有4个作用：一是企业可建立配送中心的订货虚拟系统，以便科学合理地确定订购品种和规模；二是企业可建立库存信息系统，虚拟地反映和确定库存品种和规模，规划库存的利用效率；三是企业可建立虚拟配货装配系统，以便科学合理地进行配货，以及货物与人力和设备的分配，选择合理的运输工具；四是企业可建立虚拟的送货系统，以便科学合理地确定运输路线、时间等。

此外，电子商务物流配送的虚拟性可使企业有效地对配送活动进行实时监控，保证配送环节的合理衔接，从而提高配送效率。

（2）高效性。利用虚拟性的特点，企业可根据现实状况建立一套完整有效的自动信息系统，将一些程序化的活动通过自动信息传递系统来实现。企业可根据客户的需求情况，通过自动信息传递系统，调整库存数量和结构，调节订货数量和结构，进而调整配送作业活动，而对于一些非程序化的活动，可通过自动信息传递系统进行提示或预报，以及调节配送，以便提高信息的传输效率。

虚拟性的特点也可使企业建立一套有效的计算机辅助决策系统，将一些程序化的活动通过计算机辅助决策系统来完成，以便提高决策效率。

此外，电子商务也可迅速有效地完成信息的交流、单证的传输，以及配送过程中的支付事项。

（3）低成本性。电子商务不仅使配送双方节约了成本，还降低了整个社会的配送成本。

（4）个性化。电子商务物流配送能根据客户的不同需求，提供一对一的配送服务，更好地满足不同客户的配送需求。个性化服务在配送中的应用、推广和发展开创了配送服务的新时代，它不仅使普通的大宗配送业务得到发展，还能适应用户需求多样化的发展趋势。

个性化服务的实现主要是通过共同筛选技术和神经网络匹配技术来进行的。共同筛选技术可以把客户的配送习惯、喜好的配送方式等与其他客户的配送习惯、喜好的配送方式等加以比较，以确立客户下一次对配送的具体要求。神经网络匹配技术通过模仿人的大脑程序，识别复杂数据中的隐含模式，使提供配送服务者能够迅速地与其每位客户通信和交流，从而满足客户提出的特殊配送要求。

4．电子商务物流配送的作用

与传统的配送相比，电子商务物流配送具有以下几个方面的作用。

（1）对配送企业的作用。对配送企业来说，电子商务物流配送的作用主要表现在以下几个方面。

① 电子商务物流配送将大幅提高配送企业的配送效率。首先，配送企业通过电子商务技术等在配送中的应用，可以提高单证的传递效率，如EDI系统的建立和完善。其次，计算机辅助决策系统的建立和完善，可以提高配送决策的效率和准确性。最后，计算机网络与其他自动化装置操作控制系统的建立可提高各作业环节的效率，如无人搬运与自动分拣系统等。通信与计算机系统的建立和完善，可以使配送企业有效地对配送活动进行实时监控，促进配送作业环节的合理衔接，减少失误，更好地完成配送职能。

② 电子商务物流配送将大幅提高货物供应的保证程度，降低客户因缺货而产生的风险，提高配送企业的客户满意度。

③ 电子商务物流配送将大幅提高配送企业的经济效益。一方面，货物供应保证程度和客户满意度的提高，将会提高配送企业的信誉和形象，吸引更多的客户；另一方面，电子商务物流配

送将会使企业更科学合理地选择配送的方式及配送路线，保持较低的库存水平，从而降低成本。

④ 电子商务配送有利于提高配送企业的管理水平。

（2）对客户的作用。对客户来说，电子商务物流配送的作用主要表现在以下几个方面。

① 对需求方客户来说，电子商务物流配送可帮助其减少库存（甚至可实现零库存）、减少库存资金、改善财务状况，最终实现经营成本的降低。

② 对供应方客户来说，如果供应方采用自身配送模式，那么电子商务物流配送可提高其配送效率，降低配送成本；如果供应方采用委托配送模式，那么电子商务物流配送可帮其节约在配送系统方面的投资和人力资源，提高资金的使用效率，降低成本。

（3）对物流系统的作用。对物流系统来说，电子商务物配送的作用主要表现在以下几个方面。

① 完善了整体物流系统。

② 强化了整体物流的功能。

③ 提高了整体物流的效率。

二、电子商务物流配送管理的目标

电子商务物流配送管理的总体目标可以简单地概括为7个“恰当”（Right），即在恰当的时间、恰当的地点和恰当的条件下，将恰当的产品以恰当的成本和恰当的方式提供给恰当的消费者。要实现7个“恰当”（7R），提高配送的服务质量和客户满意度，降低配送成本，在实际的配送作业过程中，就要树立以下几个方面的配送目标。

1. 快捷响应

能否正确地交付客户所需要的产品是提高配送服务质量和客户满意度的一个重要因素。如果能够快速地将客户所需要的产品送达客户指定的目的地，客户就没有必要保持较多的存货，而使其存货成本降低。因此，产生的费用就会得到降低，配送的服务质量和客户满意度就会得到较大的提高。而要实现这个目标，企业就需要建立适合自身和客户的快速响应系统，进行配送的柔性化作业，提高自身的快速响应能力，这不仅取决于企业自身所拥有的配送设施，还取决于企业自身所拥有的管理组织等因素。目前，信息技术的发展有效地提高了企业在短时间内完成配送作业和尽快交付客户所需产品的能力，解决了在传统配送作业过程中为实现这一目标而过度存货的问题。企业要提高其快速响应能力，就应以强化管理组织能力和应用先进的信息技术为核心。

2. 最少库存

在配送作业过程中，保持最少的库存数量，是降低配送成本、节约配送费用的一个重要方面。电子商务技术的发展和应用使企业能够有效地根据客户需求，科学合理地订货，并通过数码仓库的建立，实现对库存的实时控制。值得注意的是，实现最少库存的目标，是要把存货降低到与客户服务目标相一致的水平上，寻找出使二者达到均衡的一个最优点。

3. 整合运输

运输成本是最重要的配送成本之一。运输成本与产品的种类、装运的规模及距离的远近直接相关。许多有增值特征的配送服务大都依赖高速度、小批量装运的运输，是典型的高成本运输。要降低配送的成本，就必须降低运输成本，这就需要对运输进行整合。在电子商务环境下，企业可充分利用计算机技术、规划技术等，对运输进行虚拟的整合，选出最佳的运输方式，保证运输作业的低成本。同时，电子商务在配送中的应用还可以有效地降低设计成本、提高设计效率。

三、配送中心的概念

根据《物流术语》，配送中心（Distribution Center）是指具有完善的配送基础设施和信息网络，可便捷地连接对外交通运输网络，并向末端客户提供短距离、小批量、多批次配送服务的专业化配送场所。配送中心示意图如图 8-8 所示。配送中心应基本符合下列要求。

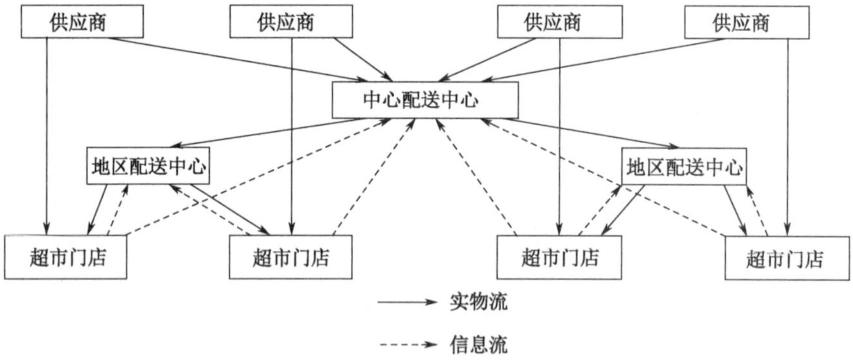

图 8-8　配送中心示意图

（1）主要为特定的客户或末端客户提供服务。

（2）配送功能健全。

（3）辐射范围小。

（4）多品种、小批量、多批次、短周期。

四、配送中心的类型

对配送中心进行适当划分，是深化及细化认识配送中心的必然，从理论上和配送中心的作用上说，配送中心可以有许多理想的分类，这里仅对已在实际运转中的配送中心的常见类别进行介绍。

1. 按配送中心的配送对象分类

（1）专业配送中心。专业配送中心大体上有两个含义。一是配送对象、配送技术属于某一专业范畴，在某一专业范畴有一定的综合性，综合这一专业的多种物资进行配送，如多数制造业的销售配送中心，我国目前在石家庄、上海等地建的配送中心大多采用这一形式。二是以配送为专业职能，基本不从事经营的服务型配送中心，如《国外物资管理》杂志介绍的蒙克斯帕配送中心。

（2）柔性配送中心。柔性配送中心是在某种程度上和专业配送中心对立的配送中心，这种配送中心不向固定化、专业化方向发展，而向能随时变化，对客户要求有很强的适应性，不固定供需关系，发展配送用户和改变配送用户的方向发展。

2. 按配送中心的辐射范围分类

（1）城市配送中心。城市配送中心是以城市范围为配送范围的配送中心。由于城市范围一般处于汽车运输的经济里程中，城市配送中心可直接配送到客户，且采用汽车进行，因此城市配送中心往往和零售经营相结合。由于运距短、反应能力强，因此城市配送中心进行多品种、少批量、多客户的配送较有优势。《物流手册》中介绍的仙台批发商共同配送中心便属于这种类型，我国已建的北京食品配送中心也属于这种类型。

（2）区域配送中心。区域配送中心是指以较强的辐射能力和较好的库存准备，向省（州）际、全国乃至国际范围的客户配送的配送中心。这种配送中心的配送规模较大，一般而言，客户较多，配送批量也较大，而且往往既配送给下一级的城市配送中心，又配送给商店、批发商和企业客户，虽然也进行零星的配送，但零星配送不是其主体形式。区域配送中心在国外十分普遍，《国外物资管理》杂志曾介绍过的阪神配送中心、美国马特公司的配送中心、蒙克斯帕配送中心等就属于这种类型。

（3）乡村配送中心。乡村配送中心是以县城、乡镇、行政村范围为配送范围的配送中心。近年来，在党中央各项强农惠农政策的支持下，农民的收入有了较大的提高，农村消费也保持了较快的增长。到 2021 年，全国乡村消费品的零售额突破 4 万亿元，同比增长超过 17%；累计建设县级的电子商务服务中心和物流配送中心目前是 2120 个，村级的电子商务服务站点是 14.6 万个，乡镇的快递覆盖率已达到了 100%；在农村，70%的网购产品可以在 3 天内到达村级服务站；我国开展了城乡的高效配送行动，在 40 个试点城市改造了 2.4 万个配送中心和末端的配送网点，这些配送中心和配送网点有很多也服务于农村居民。

但我国目前农村市场的发育仍然不足，农村商业的服务能力还不强，与满足农村人口的消费需求还有不小的差距。“十四五”期间，我国将大力发展农村电子商务，促进形成农产品进城和工业品下乡畅通、线上线下融合、涉农产品和服务消费双升级的农产品流通体系及现代农村市场体系，着力建立和完善县域统筹，建成以县城为中心、以乡镇为重点、以村为基础的农村商业体系，力争到 2025 年在具备条件的地区基本实现县县有连锁超市和配送中心、乡镇有商贸中心、村村通快递，重点要推动企业供应链物流配送和产品服务的下沉，促进农民收入和农村消费的双提升。

相关链接

国务院办公厅印发《“十四五”城乡社区服务体系建设规划》

2021 年 12 月 27 日，国务院办公厅印发了《“十四五”城乡社区服务体系建设规划》（以下简称《规划》）。《规划》指出：城乡社区服务体系，是指党委统一领导、政府依法履责、社会多方参与，以村（社区）为基本单元，以村（社区）居民、驻区单位为对象，以各类社区服务设施为依托，以满足村（社区）居民生活需求、提高生活品质为目标，以公共服务、便民利民服务、志愿服务为主要内容的服务网络和运行机制。

一、《规划》的背景

“十三五”时期是全面建成小康社会决胜阶段。以习近平同志为核心的党中央坚持以人民为中心，着力加强基层基础工作，推动社会治理重心向基层下移，城乡社区服务体系建设取得积极进展。党领导社区服务能力不断加强，村（社区）党组织书记和主任“一肩挑”比例逐步提高，党建引领社区服务体系建设的体制机制逐步完善。服务设施不断完善，以党群服务中心为基本阵地的城乡社区综合服务设施建设加快推进，城市社区综合服务设施实现全覆盖，农村社区综合服务设施覆盖率达到 65.7%。服务供给不断扩大，城乡社区普遍能够提供基本公共服务办理、代办等服务，便民利民服务办理更加便捷，志愿服务蓬勃发展。服务人才队伍不断壮大，截至 2020 年年底，全国社区工作者为 433.8 万人，村（居）民委员会班子成员为 277.6 万人，社会工作专业人才为 157.3 万人。服务信息化建设不断加强，“互联网+社区政务服务”“互联网+社区商业服务”加速推进，全国 50.9 万个村民委员会、11.3 万个居民委员会初步实现信息集中汇聚、统一管理、动态更新。这些成就，标志着我国城乡社区服务体系建设向新发展阶段迈进，服务品质不断提高，人民群众获得感、幸福感、安全感不断增强，为“十四五”城乡社区服务体系建设高质量发展奠定了坚实基础。

二、《规划》的目标

到 2025 年年末，党建引领社区服务体系建设更加完善，服务主体和服务业态更加丰富，线上线下服务机制更加融合，精准化、精细化、智能化水平持续提升，社区吸纳就业能力不断增强，基本公共服务均等化水平明显提升，人民群众操心事、烦心事、揪心事更好解决，获得感、幸福感、安全感不断增强。

三、优化服务设施布局

将综合服务设施建设纳入国土空间规划，推进新建社区综合服务设施标准化规范化建设，确保新建社区商业和综合服务设施面积达标。实施城乡社区综合服务设施补短板工程，鼓励通过换购、划拨、租借等方式，统筹利用社区各类存量房屋资源增设服务设施。有条件的地方可通过租赁住宅楼底层商业用房等其他符合条件的房屋开展社区服务。鼓励有条件的地方开展城市社区综合服务体建设，促进便民利民服务集聚集群发展、项目化系统化供给。建设智能快件箱（信包箱）和邮政快递末端综合服务站等配套设施。实施村级综合服务设施提升工程，完善村级综合服务设施网络，推进标准化建设。统筹利用益农信息社等村级服务站点，增强村级综合服务功能。加快建设易地扶贫搬迁集中安置社区综合服务设施，确保 2025 年实现综合服务设施全覆盖。按照老年人、未成年人、残疾人优先的原则，优化社区综合服务设施空间布局，促进各类服务设施功能差异互补、内容衔接配套。推动社区卫生服务中心与社区养老服务机构毗邻建设，推进社区设施适老化、适儿化改造和无障碍建设。精简整合办公空间推行开放式办公，增加居民活动区域面积。农村要合理规划群众举办红白喜事等活动的公共场所，统筹考虑布局公益性安葬服务设施。

四、创新服务机制

完善服务统筹机制，以县（市、区、旗）为单位统筹用好各项支持社区的政策，以及面向社区的服务资金、资源、项目等，以村（社区）党组织为主渠道落实。发挥基层群众性自治组织作用，增强综合服务能力。全面推行“一窗”受理和“一站”办理，实现政务代办服务村（社区）全覆盖。完善即时响应机制，推广接诉即办等基层经验，社区服务设施开放和服务时间一般不少于每天 8 小时，群众关切项目应开展 24 小时线上服务，保留必要线下办事服务渠道，及时响应居民需求。完善政府购买服务机制，明确购买服务项目立项、经费预算、信息发布、项目管理、绩效评估等长效配套措施，鼓励基层群众性自治组织、社会组织承接政府购买服务事项，广泛参与社区服务。完善服务评价机制，健全群众满意度调查评估制度，实现组织开展社区服务群众满意度调查覆盖所有村（社区）。推广社区服务“好差评”评价激励制度，普遍建立精准匹配村（社区）居民需求的评价机制。完善村（居）民自我服务机制，加强基层群众性自治组织规范化建设，引导村（居）民广泛参与社区服务，增强自治能力，提高自我服务水平。

五、加快社区服务数字化建设

1. 提高数字化政务服务效能

充分发挥全国一体化政务服务平台作用，推动“互联网+政务服务”向乡镇（街道）、村（社区）延伸覆盖。加快部署政务通用自助服务一体机，完善村（社区）政务自助便民服务网络布局。实施“互联网+基层治理”行动，完善乡镇（街道）、村（社区）地理信息等基础数据，根据服务群众需要，依法依规向村（社区）开放数据资源，发挥村（社区）信息为民服务实效。充分依托已有设施，鼓励多方参与建设开发智慧社区信息系统和简便应用软件，增加政务服务事项网上受理、办理数量和种类。充分考虑老年人、残疾人习惯和特点，推动互联网应用适老化及无障碍改造。推动政务服务平台、社区感知设施、家庭终端和城乡安全风险监测预警系统建设及互联互通，发展实时监测、智能预警、应急救援救护和智慧养老等社区惠民服务应用。深化全国基层政权建设和社区治理信息系统、中国智慧社区服务网推广应用，拓展社区服务功能，组织开展在线服务评价工作。

2. 构筑美好数字服务新场景

开发社区协商议事、政务服务办理、养老、家政、卫生、托育等网上服务项目应用，推动社区物业设备设施、安防等智能化改造升级。集约建设智慧社区信息系统，开发智慧社区移动应用服务，加速线上线下融合。推进数字社区服务圈、智慧家庭建设，促进社区家庭联动智慧服务生活圈发展。大力发展社区电子商务，探索推动无人物流配送进社区。推动“互联网+”与社区服务的深度融合，逐步构建服务便捷、管理精细、设施智能、环境宜居、私密安全的智慧社区。以县（市、区、旗）为单位，支持利用互联网、物联网、区块链等现代信息技术，深入组织开展智慧社区、现代社区服务体系试点建设，高效匹配社区全生活链供需，扩大多层次便利化社会服务供给。鼓励社会资本投资建设智慧社区，运用第五代移动通信（5G）、物联网等现代信息技术推进智慧社区信息基础设施建设。

——资料来源：中国产业经济信息网，2021-12-31

五、配送中心的运作程序

配送中心的特性或规模不同，其营运涵盖的作业项目和运作程序也不完全相同，但其基本运作程序大致如图 8-9 所示。

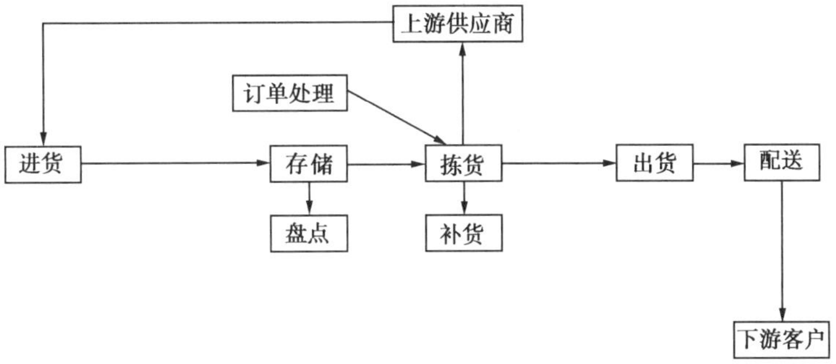

图 8-9　配送中心的运作程序

从供应货车到达码头开始，配送中心经进货作业确认产品后，便依次将产品入库。为确保库存产品受到良好的保护管理，配送中心需进行定期或不定期的盘点检查。在接到客户订单后，配送中心首先将客户订单依其性质进行处理，之后即可进行按处理后的订单信息将客户订购的产品从仓库中取出的拣货作业。在完成拣货作业后，配送中心一旦发觉拣货区所剩余的存量过少，就必须由存储区来补货，当然，若整个存储区的存量也低于标准，则应向上游供应商采购进货。而从仓库中拣出的产品经整理后即可准备出货，等出货作业完成后，司机便可将产品装上配送车，将其配送到各客户点并交货。

1．进货

进货作业包括把产品做实体上的接收，从货车上将产品卸下，并核对产品的数量及状态（数量检查、品质检查、开箱等），同时记录必要信息。

2．搬运

搬运是将不同形态的散装、整装的原材料、半成品或成品，在水平或垂直方向上加以提起、放下或移动，可能是要运送，也可能是要重新摆放，而使产品能适时、适量地被移至适当的场所或位置存放。配送中心的每个作业环节都包含搬运作业。

3．存储

存储作业的主要任务是保存将来要使用或者要出货的物料，且经常要做库存产品的检核控制。配送中心在进行存储作业时，要注意充分利用空间，还要注意存货的管理。

4．盘点

由于产品不断地进出库，库存资料容易与实际不符，或者有些产品因存放过久或存放方式不当，而导致品质或功能受到影响，难以满足客户的需求，因此为了有效地控制库存数量，就需要对各存储场所进行盘点作业。

5．订单处理

由接到客户订货开始至准备着手拣货之间的作业阶段，称为订单处理，包括有关客户和订单的资料确认、存货查询、单据处理及出货配发等。

6．拣货

每张客户的订单中都至少包含一项产品，配送中心将这些不同种类和数量的产品由配送中心集中在一起，即所谓的拣货作业。拣货作业的目的在于正确且迅速地集合客户所订购的产品。

7．补货

补货作业包括将产品从保管区域移到拣货区域，并进行相应的信息处理。

8．出货

将拣取分类完成的产品做好出货检查，装入合适的容器中，做好标志，根据车辆趟次或厂商类别等将产品运至出货准备区，最后装车配送。

六、智能配送模式

1. 基本原理

基于虚拟企业的电子商务物流配送模式是指利用计算机技术、网络技术、通信技术，以外界物流资源为依托开展物流代理业务的企业，通过互联网从供应商那里获得配送业务信息后，通过互联网寻找最佳配送代理，并与之签订协议，建立物流配送动态联盟，把配送业务委托给代理方，代理方根据协议负责完成配送业务，而形成的以“虚拟物流企业+电子商务+外界物流”为核心的物流配送模式，如图 8-10 所示。

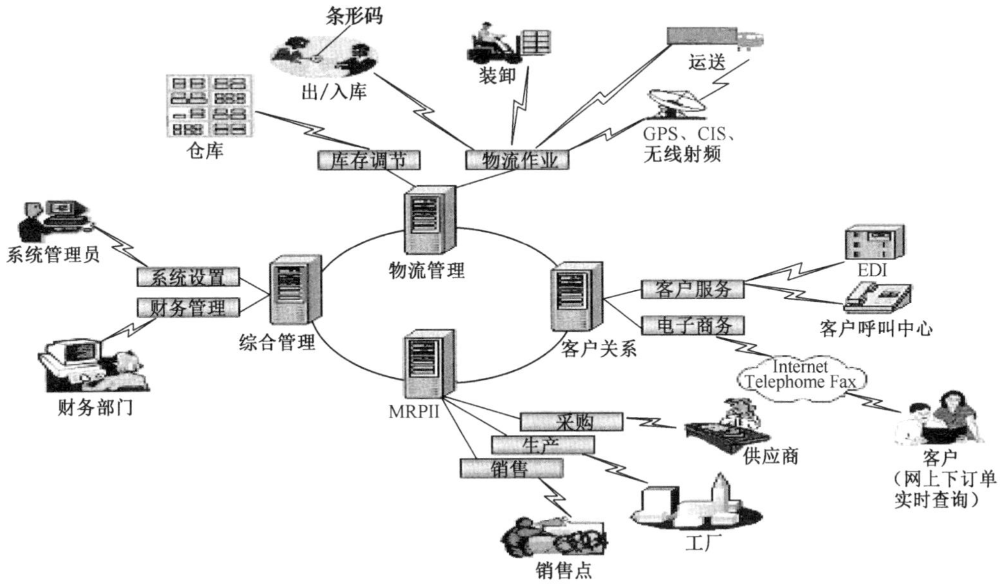

图 8-10　基于虚拟企业的电子商务物流配送模式

在基于虚拟企业的电子商务物流配送模式中，开展物流代理业务的企业是物流配送动态联盟的核心企业，其本身没有仓储、运输、包装等物流配送过程各环节所需要的硬件设施，它们根据完整的信息支撑体系和高效的信息管理系统来进行信息收集、加工、处理和监控，实行基于供应链的集成化信息管理，实现信息和运作一体化。它们不仅可以利用第三方物流企业完成配送业务，还可以利用自己高效的信息网络与各地区的批发商、连锁店建立委托-代理关系，形成物流网络，由后者负责其所在地区的配送业务。

基于虚拟企业的电子商务物流配送模式要求功能上合理分配，使联盟企业实现双赢。由于物流配送动态联盟是核心企业与供应商、第三方物流企业建立的集成化供应链动态联盟，因此只有在功能互补基础上的利益共同体，才能实现有效的资源分配。另外，由于参与物流配送动态联盟的企业必须是利益共同体，共同承担经营风险，因此也共同享受利益分配。

2. 基本特征

基于虚拟企业的电子商务物流配送模式主要具有核心性、虚拟性、动态性、约束性、双重委托-代理关系等特征。

（1）核心性。物流配送动态联盟的成员可以有两个或多个，但必须有一个核心企业。核心企业是基于虚拟企业的电子商务物流配送模式的中心，可根据发达的信息收集、加工、处理、监控网络系统来委托和监控第三方物流企业完成配送业务，在配送过程中发挥绝对的核心作用。

（2）虚拟性。在基于虚拟企业的电子商务物流配送模式中，核心企业本身没有仓储、运输、包装等物流配送过程各环节所需要的各种硬件设施，只有发达的信息收集、加工、处理、监控网络系统，它利用自己高效的信息网络与供应商、第三方物流企业、各地区的批发商、连锁店建立委托-代理关系，形成虚拟的物流配送网络。

（3）动态性。在基于虚拟企业的电子商务物流配送模式中，由于共同的目标而形成的联盟不再是固定不变的，可根据目标和环境的变化进行组合，动态地调整组织结构，紧跟市场节奏，充分体现动态性。一旦目标完成或消失，物流配送动态联盟即告结束。

（4）约束性。基于虚拟企业的电子商务物流配送模式中形成的联盟是一种结构不固定的联盟，必须有一种内部约束机制，各联盟企业之间必须签订许多严格的合同协议，这些协议从法律上界定了成员之间的协作和利益关系。

（5）双重委托-代理关系。在基于虚拟企业的电子商务物流配送模式中，核心企业本身不开展物流配送业务。它在接受供应商的物流业务委托后，通过互联网将物流配送业务委托给第三方物流企业。这是基于虚拟企业的电子商务物流配送模式不同于其他物流配送模式的主要方面，它具有明显的双重委托-代理关系。

3. 业务流程

基于虚拟企业的电子商务物流配送模式的业务流程分为以下几个阶段。

（1）选择阶段。供应商通过互联网访问核心企业的物流信息平台，查看核心企业的基本信息、配送网络覆盖地区的信息、核心企业的信誉度等相关信息，并发布配送信息。

（2）认证阶段。供应商和核心企业分别在第三方认证机构进行身份认证和信誉度认证。

（3）协商并签订委托协议阶段。在认证被核实后，供应商和核心企业进行协商并签订委托协议。委托协议包括配送方式、配送路线、配送时间、支付时间和支付手段等内容。

（4）确认支付阶段。根据委托协议中的支付时间和支付手段，核心企业在收款并认可后向供应商发出确认信息。

（5）寻找物流配送代理阶段。核心企业将配送信息在互联网上发布，寻找第三方物流企业，由其进行物流配送。

（6）物流代理企业了解信息阶段。第三方物流企业通过互联网了解配送信息和委托企业的相关信息，并反馈接受委托的意向。

（7）再次认证阶段。核心企业和第三方物流企业进行身份认证和信誉度认证。

（8）再次协商并签订委托协议阶段。在认证被核实后，第三方物流企业和核心企业再次进行协商并签订委托协议。

（9）再次确认支付阶段。根据委托协议中的支付时间和支付手段，第三方物流企业在收款并认可后再次向核心企业发出确认信息。

（10）配送阶段。第三方物流企业接受核心企业的委托进行配送调度，根据委托协议制订配送计划，并将订单分配至相应的配送中心，由其负责完成配送，同时反馈配送信息和配送完成信息。

4. 需要解决的主要关键技术问题

要实现基于虚拟企业的电子商务物流配送模式，需要解决的关键技术问题主要包括以下几个。

（1）高度现代化的核心企业。

（2）高效的信息支撑体系和管理信息系统。

（3）协作的战略合作伙伴关系。

（4）发达的物流配送网络。

综合训练

基础训练

一、名词解释

1. 运输
2. 智能运输系统
3. 电子商务物流配送
4. 配送中心
5. 配送

二、填空题

1. 运输的基本原理有________、________两种。

2. 按运输工具不同划分，包装可分为________、________、________、________。

3. 与传统的配送相比较，电子商务物流配送具有以下几个方面的特点：________、________、________、________。

4. 电子商务物流配送管理的目标有________、________、________、________。

5. ITS 体系框架开发主要包括 3 个部分：________、________、________。

三、不定项选择题

1. 一般来说，运输的两个基本功能是（　　）。

A. 产品空间转移　　B. 产品短时间存放

C. 节约成本　　D. 增加收益

2.“防潮湿”属于（　　）包装标志类型。

A. 运输标志　　B. 指示性标志

C. 警告性标志　　D. 商品标志

3. 按配送中心的配送对象分类，配送中心可分为（　　）。

A. 专业配送中心　　B. 柔性配送中心

C. 供应型配送中心　　D. 销售型配送中心

4. 不合理配送的表现形式有（　　）。

A. 资源筹措不合理　　B. 库存决策不合理

C．价格不合理　　D．配送与直达的决策不合理

5. 要实现基于虚拟企业的电子商务物流配送模式，需要解决的关键技术问题主要包括（　　）。

A．高度现代化的核心企业

B．高效的信息支撑体系和管理信息系统

C．协作的战略合作伙伴关系

D．发达的物流配送网络

四、简答题

1．集装箱运输有什么特点？

2．实现运输合理化的途径有哪些？

3．电子商务环境下运输合理化的途径有哪些？

4．请阐述电子商务物流配送管理的目标。

5．智能配送模式的基本特征是怎样的？

技能训练

案例分析：盛辉物流——5A 级智慧化绿色生产力供应者

盛辉物流集团有限公司（以下简称盛辉物流）诞生于邓小平视察南方的改革大潮中，自 1992 年成立以来，历经多年发展，已成为融供应链管理、物流解决方案提供、甩挂运输、仓储配送、物流信息系统建设、金融质押、汽车服务为一体的 5A 级第三方物流企业，为中国物流百强企业、中国民营物流十强企业、全国先进物流企业、全国甩挂运输试点企业、交通运输部重点联系物流企业、全国两化融合管理体系贯标示范企业。截至 2021 年，盛辉物流在国内已设立 500 多个子公司（营业部），自有运输车 1600 多辆、员工 8000 多人，主营收入超 30 亿元。

盛辉物流以“建设现代物流，成就百年基业”为发展愿景，积极探索精益物流发展之路，在同行中率先通过 ISO 9001 认证、率先对运输车辆安装行车记录仪、率先开发和使用 ERP 资源管理系统、率先引入北斗导航系统、率先使用智能调度管理系统，为对接物联网、实现智能化物流奠定了坚实的技术基础。盛辉物流坚持“安全便捷、快速准点、热情礼貌、诚实守信”的服务理念，打造一流服务品牌，和客户建立了互利共赢的合作关系，并于 2009 年获得“中国驰名商标”称号，成为国内领先、值得信赖的综合物流服务供应商。2016 年，总建筑面积达 7.9 万平方米、高 32 层的地标建筑——盛辉国际大厦正式投入运营，向入驻商户提供智能化综合解决方案及配套服务。盛辉物流已成为 5A 级智慧化绿色生产力供应者，迎来了转型升级的新时代。

盛辉物流全面实施企业文化发展战略，以党工团建设促进物质文明、精神文明和政治文明协调发展。盛辉物流荣膺“全国抗震救灾工人先锋号”“全国五一劳动奖状”“全国创先争优先进基层党组织”“全国模范劳动关系和谐企业”“全国民营企业文化建设先进单位”等多项全国性荣誉，其工会也获得“全国五一劳动奖状”“全国企业工会工作红旗单位”“全国模范职工之家”等褒奖，实现了以文化建设推动企业可持续发展。

2018 年 4 月，盛辉物流当选全国首批参与模块化中置轴汽车列车示范运行企业。2018 年 11 月，盛辉物流荣获“改革开放 40 年物流行业代表企业”，刘用辉荣获“改革开放 40 年物流行业企业家代表人物”荣誉。2019 年 12 月，盛辉物流荣获中国公路货运行业“年度领军品牌奖”，被授予“中国公路货运行业五星级车队”荣誉。2020 年 11 月，盛辉物流被授予“第六届

全国文明单位”称号。2020 年 12 月，盛辉物流被中华全国工商业联合会列入“抗击新冠肺炎疫情先进民营企业表扬名单”。2021 年 2 月，盛辉物流荣获第五届福州市政府质量奖。2022 年 1 月，盛辉物流荣获第七届福建省政府质量奖。

未来，盛辉物流将继续以强大的实力、良好的信誉、优质的服务为保障，继续弘扬“飞马”企业文化精神，充分发挥互联网+技术优势，与合作伙伴携手共进，继续为客户创造价值，实现新常态下的跨越式发展，为经济发展做出更大的贡献。

——资料来源：闽江学院校企合作项目《第七届福建省政府质量奖自评报告》，2022-01-28

问题与思考

1. 你是如何理解盛辉物流被定位为“5A 级智慧化绿色生产力供应者”的？
2. 盛辉物流的智慧化服务有何特征？
3. 盛辉物流实施企业文化发展战略，探索精益物流发展之路，给我们带来怎样的启示？

模块九

电子商务物流服务创新

学习目标

知识目标	● 物流服务、物流质量、物流标准化的概念； ● 电子商务环境下物流服务的主要内容； ● 电子商务环境下的物流服务创新的主要内容； ● 电子商务环境下物流标准的特性与种类。

能力目标	专业能力	● 能够结合实际情况分析电子商务环境下物流服务、物流质量的基本操作流程及其主要管控节点、管控方法。
	方法能力	● 具有基本的电子商务环境下物流服务、物流质量管理操作流程的现实感知； ● 具有一定的分析电子商务环境下物流服务、物流质量运营管控的逻辑思路。
	社会能力	● 拥有良好的职业道德和较强的团队合作精神； ● 具备一定的电子商务环境下物流服务、物流质量、物流标准的分析与应用能力； ● 关注电子商务环境下物流服务创新的发展态势。

素养元素

视频映射点	视频标题	● 促进红茶产业发展 服务乡村振兴战略
	背景	● 国家《乡村振兴战略规划（2018—2022 年）》； ● 2021 年全国职教会议精神、“职教 20 条”及高职高专“三教”改革要求。
	映射	● 习近平同志在福建任职期间四进党建联系点坦洋村指导当地发展红茶特色产业； ● 校企合作，福建新坦洋集团传承创新百年民族品牌，服务乡村振兴国家战略。

导入案例

新坦洋：用心制茶，用新卖茶，服务乡村振兴国家战略

福建新坦洋集团股份有限公司（以下简称新坦洋）成立于 2000 年，是一家集茶叶种植、生

产研发、观光农业、标准化建设于一身的农业产业化省级重点龙头企业，是福建省首批茶叶质量可追溯制度建设试点单位，是全国茶叶标准化技术委员会红茶工作组和全国电子业务标准化技术委员会茶叶电商工作组秘书长单位、中国茶叶流通协会副会长单位。2014 年，新坦洋总投资 5800 多万元的“茶全产业链物联网技术的开发与应用示范”已作为国家物联网重大应用示范工程项目。2015 年，新坦洋商标被认定为中国驰名商标。2021 年，新坦洋的品牌价值为 13.01 亿元，名列全国茶叶企业第三位，并连续 10 年荣获中国茶叶行业综合实力百强企业称号。新坦洋先后荣获“中国红茶标志性品牌”“中国红茶十大品牌”“国茶振兴优秀会员”“福建省科技小巨人领军企业”“宁德市政府质量奖”等荣誉。

新坦洋践行“用心制茶，用新卖茶”的核心价值观，创新培植 2206 亩世界上最大的桂茶园，利用物联网技术，对茶树实施智能化灌溉，对茶叶栽培、生产加工过程实施二维码可追溯系统控制，并通过“公司+基地+农户”的创新模式改造建设 1.3 万多亩生态无公害茶园。新坦洋依托“科技小院”“博士后科研工作站”等科研平台，与高校、科研院所等进行战略合作，以国际先进技术为目标，坚持引进和自主开发相结合的技术开发思路，组建团队潜心研发新产品，已研发出“坦洋老枞”“坦洋新枞”等多款创新产品，得到业界及消费者的喜爱。作为全国茶叶标准化技术委员会红茶工作组单位，新坦洋主持制定 11 项红茶行业技术国家标准、2 项地方红茶行业技术标准及 305 项企业技术标准。

新坦洋拥有行业领先的中日合资全自动流水线茶叶生产设备，其可视化的操作及不落地的生产环节，保证了茶叶生产过程中的清洁及茶叶的质量安全。其中，“精、大、稀”的设备台套主要包括坦洋工夫质量安全可追溯公共服务设备及天湖智能节水灌溉设备等，其设备为茶行业的先进设备。新坦洋是宁德地区首家引进该设备的企业，为宁德地区茶产业的茶产品质量安全可追溯体系的建立起到示范作用，同时解决了目前灌溉系统的简单化、水资源浪费程度高的问题，提高了茶产量。节水灌溉设备通过无线传感器，对与茶叶种植环境相关的温度、湿度、光照、土壤的温度和湿度、土壤的含水量、土壤的盐分、辐射总量等环境参数进行实时采集，根据设定值自动开启和关闭部署在山间茶园中的电子阀，达到智能灌溉的效果。同时，在茶山和茶场布置摄像头等监控设备，实时采集视频信号。用户可通过计算机或智能手机，随时随地观察现场情况、查看现场的温度和湿度等数据并远程控制智能设备。

2013 年 8 月，新坦洋强力打造的红茶电子商务公共服务平台——中国红茶网正式上线，为全国范围内不同规模的 200 多家红茶生产企业提供信息服务和交流平台。2018 年 10 月，新坦洋组建福建标样茶城股份有限公司（以下简称标样茶城），它是中国茶类实物标准样专卖平台，根据中国茶五大标准体系，以统一文字标准和实物标准为基础，建立了茶产品管控机制。标样茶城由标样线下门店、线上商城、标样茶学院 3 个模块组成，落实茶叶从种植、采摘、生产、加工、销售、冲泡、品茗全流程标准化，旨在宣贯中国茶叶标准，促进国家强化中国茶标准化工作的法制管理，力争做强做大茶产业，普及茶标准，解决消费者选购茶时“不信任”的顾忌，深入开发中国茶市场，使茶产业成为惠及消费者、投资者和广大茶农的民族产业、民生产业。新坦洋的主导产品为红茶系列（包括极品系列、桂香茶系列、黄金茶系列、金闽红系列、伴手茶系列等）产品。新坦洋产品的交付主要通过 O2O（以线下实体店为主、线上虚拟店为辅）、标样茶城等方式被交付给各种客户，其中，在线下通过区域代理、专卖店及专柜等交付产品，在线上通过淘宝、阿里巴巴、中国红茶网等交付产品。

——资料来源：闽江学院校企合作项目《第二届宁德市政府质量奖自评报告》，2022-01-18

案例分析

党的二十大报告指出："发展乡村特色产业，拓宽农民增收致富渠道。巩固拓展脱贫攻坚成果，增强脱贫地区和脱贫群众内生发展动力。统筹乡村基础设施和公共服务布局，建设宜居宜业和美乡村。巩固和完善农村基本经营制度，发展新型农村集体经济，发展新型农业经营主体和社会化服务，发展农业适度规模经营。"福建福安市的坦洋工夫历史悠久，产品远销海外，曾先后获得巴拿马万国博览会金奖，是国家级非物质文化遗产。近年来，新坦洋通过与福建农林大学、闽江学院等合作，实施校企战略合作模式，主导制定了多项红茶国家及行业标准，在传承基础上开展创新创业活动，使民族品牌坦洋工夫在业界的知名度得到进一步提升。在红茶产业高质量发展的征途上，新坦洋继续依托坦洋工夫的文化与资源优势，持续以创新、实干的态度，为消费者打造"生态茶、健康茶"，继续以茶兴业、以茶富农，更好地服务乡村振兴国家战略，推动红茶特色产业的发展和壮大。

问题思考

新坦洋"用心制茶，用新卖茶"，更好地服务乡村振兴国家战略有何现实意义？对企业而言，电子商务环境下的物流服务创新、物流质量管理面临怎样的现实挑战与威胁？什么是物流服务、物流质量、物流标准化？在电子商务环境下，物流服务创新、物流质量如何运作与管控，其发展趋势如何？

任务一　物流服务及创新

一、物流服务创新概述

1. 物流服务的概念

物流服务（Logistics Service）是为了满足客户的物流需求而开展的一系列物流活动的结果。物流服务是衡量物流系统为某种产品创造时间和空间效用的好坏的尺度，这包括从接收客户订单开始到将产品送到客户手中为止而发生的所有服务活动。物流服务应包括以下 3 个要点。

（1）拥有客户期望的产品（备货保证）。

（2）可以在客户期望的时间内送达产品（输送保证）。

（3）达到客户期望的质量（质量保证）。

由以上 3 个要点不难看出，物流服务的本质是满足客户的需求。物流服务对市场需求有重要的影响，它决定着企业能否留住客户。从企业整体的角度来看，物流服务可被视为市场战略的一个基本组成部分。在日益激烈的电子商务市场竞争环境下，如何确定和提升企业的物流服务水平，保证企业的长期竞争优势，已成为企业需要关注的重大课题。

客户满意度是物流服务的评价指标。客户满意度是指客户在将一个产品可感知的效果（或结果）与他的期望值相比较之后，所形成的愉悦或失望的感觉状态。客户满意度反映了客户对企业提供的产品的综合评价。

2．物流服务创新对企业的重要性

（1）物流服务创新是企业实施差别化经营的重要方式之一。长期以来，物流服务创新并没有受到应有的重视。进入 20 世纪 90 年代以来，随着科学技术的进步和经济的不断发展，消费呈现个性化、多样化的特征，而且发展变化十分迅速。企业面临着缩短交货期、提高产品质量和降低成本的压力。在产品进入成熟期以后，客户对于产品的比较不仅在质量方面，还更侧重于伴随产品购买所得到的服务，服务创新在客户决策中已占据重要地位。面对电子商务环境下激烈的市场竞争，越来越多的企业开始关注客户服务，主动靠近客户，并以客户的需求和利益为中心，最大限度地满足客户的需求，客户服务成为企业竞争力的重要表现。作为客户服务主要构成部分的物流服务创新，则成为企业提升竞争力的关键。特别是随着网络技术的发展，企业间的竞争已突破了地域的限制，竞争的中心逐步转移为物流服务的竞争。目前，许多大型制造业、零售业的跨国企业为争夺全球市场，把物流服务创新作为自己的竞争优势。同时，这些企业也从高效率、优质的客户服务中获得巨额利润。差异化的物流服务已成为企业实施差别化战略的重要内容。

（2）物流服务水平对物流成本和企业经营绩效具有重大影响。物流服务水平不同，物流的形式必将随之发生变化，企业为此的投入也要变化，因此物流服务方式的选择对物流成本高低具有重要影响。但是，降低物流成本必须在一定物流服务水平的前提下考虑，绝不能单纯为了降低物流成本而牺牲良好的物流服务，从这个意义上说，物流服务水平是降低物流成本的依据，是构筑物流系统的前提。物流服务水平直接影响着客户满意度和企业形象，也极大地影响着物流成本和企业的经营效益。

（3）物流服务创新是获得客户忠诚的重要手段。物流服务是企业物流系统的产出，换句话说，客户看到的是企业提供的物流服务而不是抽象的物流管理。良好的物流服务有助于发展和保持客户的忠诚与持久的满意。据统计，企业 65%的销售额来自老客户，而发展一个新客户的费用是保持一个老客户所需费用的 6 倍。

（4）物流服务创新是有效连接供应链各节点企业之间的纽带。随着经济全球化、网络化的发展，现代企业的竞争不再是单个企业之间的竞争，而是供应链之间的竞争；企业的竞争优势不是单一企业的优势，而是供应链整体的优势。物流服务打破了制造商、分销商及客户之间的间隔，有效地推动产品从生产到消费全过程的顺利流动。

二、衡量物流服务创新的因素

在电子商务环境下，衡量物流服务创新的因素主要有以下几个。

1．订货信息

订货信息是指企业向客户快速、准确地提供的客户所购产品的库存信息、预计的运送日期等相关信息。企业应该确定那些需要立即处理的订单，并建立相应的订单处理程序。按照成本-效益的要求，企业应对不同的客户、不同的产品制定合适的具体指标。而对客户的某些购买需求，企业有时难以一次完全满足，这种订单需通过延期订货、分批运送来完成。延期订货发生的次数及相应的订货周期是评估物流系统运作优劣的重要指标。延期订货处理不当则容易造成脱销，对此，企业要给予高度重视。

2. 订货周期的稳定性

订货周期是指从客户下订单到收货为止所跨越的时间。订货周期内发生的业务包括下订单、订单汇总与处理、货物拣选、包装与配送。客户往往更加关心订货周期的稳定性而非绝对的天数。当然，随着对时间竞争的日益关注，企业也越发重视缩短整个订货周期。虽然客户主要关心的是订货周期的总体时间，但是控制和管理好组成订货周期的订单传递、输入、处理、分拣、包装和交付等每个组成部分，以及订货周期变动的原因，对客户服务来说是同样重要的。

3. 服务作业的灵活性

服务作业的灵活性是指企业处理异常的客户服务需求的能力。例如，客户需要改变装运交付的时间或地点；有的货物需快速运送或需要特殊的运送条件；企业为避免脱销，有时需要从多个生产点或配送中心向客户运送货物。一般来说，企业的整体物流能力取决于在适当满足关键客户的需求时所拥有的随机应变能力。因此，企业应制定一些有关预防或调整特殊情况的方案。作业的灵活性可能需要较高的物流成本，但是仍然比失去客户的成本要低得多。

4. 订货的便利性

订货的便利性是指客户下订单的便利程度。客户总是喜欢同便利和友好的供应方打交道。如果订货手续烦琐、单据格式不规范、用语含糊不清、在信息联络中等待过久，客户就可能产生不满，从而影响客户与企业的关系。对于这方面可能存在的问题，企业可以通过与客户的直接沟通来获悉，并要予以分析和改进。

5. 替代产品

当客户所订购的某种产品暂时缺货时，不同规格的同种产品或者其他品牌的类似产品可能也能够满足客户的需求，这种情况在现实中时有发生。如果一种产品的当前可供率为70%，该企业还生产一种替代产品，其当前可供率也为70%，该产品的供应率就可提升至91%。类似地，如果存在两种可被客户广泛接受的替代产品，其可供率可达97%。由此可见，为客户提供可接受的替代产品可以大大提升企业的服务水平。企业在制定产品替代策略时要广泛征求客户的意见，并及时将有关的信息通知客户。企业在有必要向客户提供替代产品时，应征询客户的意见并取得其认可。

三、物流服务创新的内容

1. 增值物流服务

增值物流服务（Value-added Logistics Service）是指在基本物流服务的基础上为特定客户提供的各种延伸扩展业务活动，其本质特征是个性化、创新、满足客户的特殊需求。能否提供增值服务已成为衡量物流企业是否真正具有竞争力的标准。

增值物流服务的内容包括以下几个方面。

（1）便利性服务。一切能够简化手续、简化操作的服务都是增值服务。在提供物流服务时，推行一条龙、门到门服务，提供完备的操作或作业提示，免费培训，维护，代办业务，24 小时营业，自动订货，物流全过程跟踪等都是非常实用的增值物流服务。

（2）快速反应服务。快速反应已经成为物流发展的动力之一。传统观点和做法将加快反应速度变成单纯对快速运输的一种要求，但在需求方对速度的要求越来越高的情况下，它也变成一种约束。因此，增值物流服务方案应该是优化物流系统的配送中心、物流中心网络，重新设计适合电子商务的流通渠道，以此来减少物流环节、简化物流过程，从而提高物流系统的快速反应性能。

（3）降低物流成本服务。在传统的物流管理方式中，物流成本常常居高不下，因此物流企业要寻找能够降低物流成本的物流方案。物流企业可以考虑的方案包括采取物流共同化计划；采用比较适用但投资较少的物流技术和设施、设备；推行先进的物流管理理念和手段，如运用运筹学及先进的网络信息技术等；提高物流的效率和效益；降低物流成本。

（4）市场调查与预测。物流企业利用直接面向终端市场的优势，协助客户收集市场资料，并进行数据统计和研究分析，为客户提供决策参考资料。

（5）物流咨询。物流企业可以向客户提供物流方案的选择与规划，参与设计原材料采购渠道和经销渠道、工厂和仓库的选址，对客户物流作业流程进行再造，对中小物流资源进行整合优化等。

（6）以时间为核心的服务。JIT 供应是在需要的时间，准确地将产品送交客户。这是一种以时间为核心的增值物流服务。

（7）金融担保服务。货物抵押融资是指在货物运输或仓储过程中，将货权转移给银行，银行根据市场情况按一定比例提供融资。在生产商、贸易商或运输商向银行偿还融资金额后，银行向负责运输或仓储的机构发出放货指示，将货权还给原货主。

（8）其他增值物流服务。其他增值物流服务包括：代理采购及订单处理；货物验收；货款结算；提供库存分析报告、库存控制决策建议；代理货物保险；货物回收、更换；在线帮助；利用自身网络优势，建立分销中心等。

2. 物流服务创新质量指标

（1）运作指标，即衡量物流配送实际操作水平的指标，具体包括配送准时率、错误投递率、破损率、特殊情况服务水平、代收货款准时率、录单准确率。

（2）仓储服务指标，即在仓储管理中对库存管理、理货操作等方面的监控指标，具体包括订单处理时间、库存准确率、装卸效率、安全指标、作业正确率、库存量。

（3）信息指标，即对物流服务中客户预约、信息跟踪反馈、签收单反馈等信息服务的监控指标，具体包括电话预约指标、信息反馈率、签收单反馈率、意外情况反馈及时率。

（4）客户满意度监控指标，即关系到客户直观感受，由客户反馈的指标，具体包括客户满意率、客户投诉率（客户投诉订单数占全部订单数的比例）。在具体考核过程中，企业应根据物流运作的侧重点，依据客户承诺水平制定每个指标的考核标准，并选取相应的指标，通过对每个指标分配不同的权重形成指标组合体系，作为考核的依据。

四、基于 CRM 的物流服务创新

1. CRM 简介

CRM（Customer Relationship Management，客户关系管理）是一种新型的管理方法，它源于“以客户为中心”的市场营销理论，是一种旨在改善企业与客户之间关系的管理机制。它采用各种信息技术，可以通过 Web、呼叫中心、移动设备等多种渠道，跟踪和管理与客户交往的一切活动，是包含多种功能的一套组合软件。

（1）CRM 的基本观念。CRM 是企业从“以产品为中心”模式向“以客户为中心”模式转变的产物，目前已经受到企业的广泛关注。

① 重视客户价值。企业应分析哪些新客户对产品有兴趣，他们容易接受哪种销售方式；哪些客户对报价有反应；哪些客户是企业的长期客户；哪些客户容易转向竞争对手。这些信息是客户对产品、服务和无形资产的满意程度的反映，这种反映是很有价值的。

② 应用一对一的理论。企业应同每个客户建立关系；同每个客户进行交流，了解客户的特殊需要，在客户关系的整个周期中跟踪客户，通过收集工作汇总客户信息，建立客户档案，做到了解每个客户、关怀每个客户、满足每个客户，以及为不同客户提供不同的服务。

③ 推行拉式的市场模式。在物资短缺的时代，实行推式的市场模式，由企业引导市场的需求，企业通过库存来调整市场的需求，企业为主动的一方，客户为被动的一方，企业从中可以得到部分最佳的效益。在物资丰富的时代，实行拉式的市场模式，由客户引导市场的需求，客户为主动的一方，企业为被动的一方。企业将向客户让利，不断创造新的资源和新的需求。

（2）CRM 的内容。CRM 是融合了多种功能的组合软件，主要包括销售自动化（Sales Automation，SA）、客户服务与支持（Customer Service and Support，CS&S）、营销自动化（Marketing Automation，MA）、呼叫中心（Call Center，CC）等。

2. 物流服务企业实施 CRM 的步骤

（1）实施必要性分析。企业应当根据自己的实际情况，进行实施 CRM 的必要性分析。对产品单位价值较低、客户终身价值低、规模小、业务流程简单、供应商不多、下游客户明确的企业来说，实施 CRM 可能成本较高，收效可能暂时并不显著。而对产品种类多、拥有众多贵宾客户、业务流程中需要处理大量信息、产品持续升级、拥有雄厚资产的企业来说，实施 CRM 则是至关重要的。

（2）审查实施基础。CRM 是一种工具，它要发挥作用，必须有平台作为支撑。在实施 CRM 之前，企业应当对自己的管理水平、运作流程、员工的素质、客户数据库的管理、信息系统结构、客户信息的处理能力等基础条件进行全面的审查。

（3）制定实施目标。实施 CRM 是一项长期而复杂的系统工程，企业应当在认真研究和反复论证的基础上，制定长期、中期和短期的阶段性目标。

（4）梳理业务流程。梳理业务流程是每个准备实施 CRM 的企业都必须做的。企业应当着重从现有的营销、销售和客户服务体系进行业务流程的分析，找出存在的问题，以便更有针对性地选择需要的技术。

（5）进行结构设计。CRM 体系的结构包括客户支持平台、客户交互平台、企业生产平台及信息技术支持系统。在进行结构设计时，企业应当充分重视与企业原有的采购、库存、财务等管理系统相契合，实现各系统之间的无缝衔接。

（6）全面实施。对许多企业来说，实施 CRM 最困难的不是技术，而是来自企业内部方方面面的阻力。企业可以通过宣传沟通、技术培训等手段，统一全体员工的认识，激励他们投入到管理变革中。

（7）绩效评价。在实施 CRM 的过程中，企业还应当适时地对实施进程和实施效果做出准确的评价，并利用评价结果进行纠偏。因此，完善的绩效评价系统就显得尤为重要。

五、物流金融服务创新

1. 物流金融的概念

物流金融是指在面向物流业的运营过程中，通过应用和开发各种金融产品，有效地组织和调剂物流领域中货币资金的运动。这些货币资金的运动包括发生在物流过程中的各种存款、贷款、投资、信托、租赁、抵押、贴现、保险、有价证券发行与交易，以及金融机构所办理的各类涉及物流业的中间业务等。物流金融是一种创新型的第三方物流服务产品，为金融机构、供应链企业及第三方物流企业之间的紧密合作提供了良好的平台，使得合作能达到共赢的效果。

2. 物流金融行业的市场规模及增速

我国的物流金融业起步较晚，各主体参与状况呈现两极分化。在物流企业方面，国有大型控股物流企业较早地参与了物流金融，而民营中小型物流企业的参与度低；在银行方面，股份制商业银行布局更早、创新形式更多，而国有银行才逐步开展。对金融业务来说，物流金融的功能是帮助金融机构扩大贷款规模、降低信贷风险；在业务扩展服务上能协助金融机构处置部分不良资产、有效管理客户、优化质押物评估和企业理财等顾问服务项目。从企业行为研究出发，可以看到物流金融起源于“以物融资”业务活动。物流金融服务是伴随着现代第三方物流企业而生的，在金融物流服务中，现代第三方物流企业的业务更加复杂，除了要提供现代物流服务，还要与金融机构一起提供部分金融服务。《中国物流金融市场监测》显示，2020 年，我国物流金融行业的市场规模约为 80 000 亿元，为相关物流企业提供了超过 600 亿元的综合收益，经济效益与社会效益逐步显现（见图 9-1）。

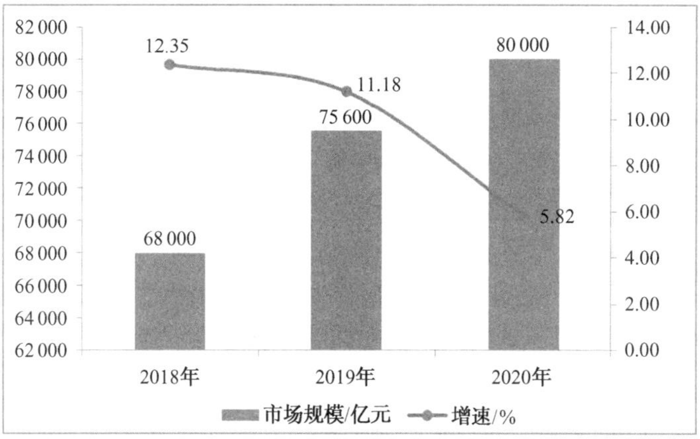

图 9-1 2018—2020 年我国物流金融行业的市场规模

“十四五”期间，我国物流金融行业的市场规模将进一步快速增长，预计到 2025 年，市场规模将达到 136 000 万亿元（见图 9-2）。

3. 物流成本是影响物流金融行业市场规模的主要因素

一直以来，我国的物流成本同欧美发达国家相比总体偏高，这是影响物流金融行业市场规模的主要因素。近年来，我国物流行业降成本颇具成效，主要是从电子商务发展缩短供应链及物流企业规模效应两个方面降低成本。据统计，我国社会物流总费用占 GDP 的比例从 2008 年的 20.6%下降到 2021 年的 14.6%左右，但远高于欧美发达国家 6%～7%的水平。我国物流效率和成本仍有较大提升空间，尤其在产业结构、基础设施、管理能力等方面。

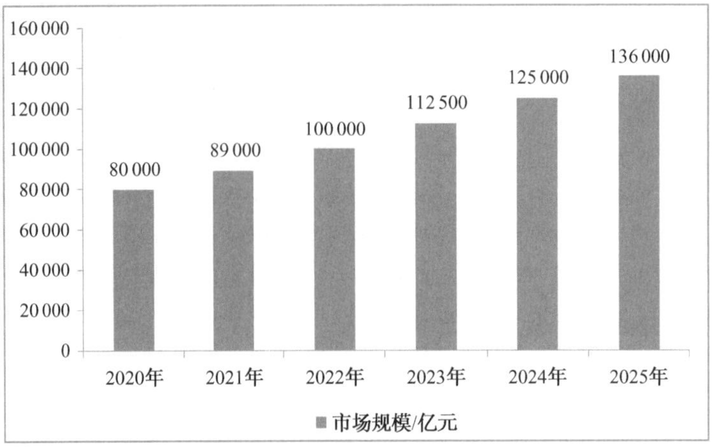

图 9-2　2020—2025 年我国物流金融行业的市场规模（含预测值）

相关链接

2021 年度智慧物流领域最具影响力创新企业 Top 10

2021 年 12 月 8 日，以“激荡年代、创新求变”为主题的猎云网 2021 年度创投奖项评选正式落下帷幕，各项榜单评选结果正式发布。其中，2021 年度智慧物流领域最具影响力创新企业 Top 10 榜单得以揭晓。

1. G7

G7 是行业领先的物联网科技公司、公路物流产业的数字化基础设施和产业连接平台。自 2010 年成立以来，G7 从面向车队的车队管理 SaaS 平台逐步发展为面向货主、物流公司、车队和司机提供商业服务的综合型平台公司。目前，G7 连接了高速公路、能源网络、后市场服务、银行、保险公司、资产管理机构、装备制造商、监管机构等各种物流生产要素提供方，向超过 500 家中国最大的货主与物流公司、超过 7 万家成长型车队及近 100 万名司机提供服务。

2. 海柔创新

海柔创新成立于 2016 年，旗下的库宝 HAIPICK 箱式仓储机器人系统的研发则可追溯至 2015 年。该系统是全球首款进行研发并投入商业使用的箱式仓储机器人系统，包括库宝 HAIPICK 机器人、HAIQ 智慧管理平台、多功能工作站（如 HAIPORT 自动装卸机）及智能充电桩四大模块，可实现仓库货物的智能拣选、搬运与分拣，使工人的工作效率提高 3～4 倍，提高 80%～130%的立体存储密度。截至目前，海柔创新已在全球落地 200 多个项目，累计机器人出货量超 2000 台，箱式仓储机器人的市场占有率超 90%，远超同类厂商。

3. 健安供应链

健安供应链成立于 2018 年，致力于打造符合我国畜牧业现代化发展需求的专业流通服务体系。目前，健安供应链以专业畜牧物流为核心，积极布局数字化畜牧流通综合服务，重点推进“洗消防疫”与“产业 SaaS”的启动实施，并深入有序开展畜牧流通行业赋能、物资交易平台等增值服务，引领畜牧流通全面体系化升级。目前，健安供应链已初步建成专业畜牧运输、数字化洗消监管、实时链接行业监管部门与养殖企业的产业 SaaS，三位一体相互联动的畜牧流通综合服务体系。

4. 迦智科技

迦智科技是全球智能移动机器人领域的先行公司之一，在我国工业物流自然导航 AMR 中的市场占有率位居第一位（睿工业市场研究数据）。迦智科技成立于 2016 年，总部位于杭州，在天津、深圳设立分公司。迦智科技面向制造业提供物流自动化、数字化与智能化产品，帮助客户提高生产、流通资源的配置效率，提升综合运行效率。目前，迦智科技已服务客户超 200 个，业务场景覆盖半导体、平板显示器、电子、锂电池、光伏、汽车、航空、家电、医药、能源、食品等行业。

5. 快狗打车

快狗打车作为同城物流行业的独角兽企业，成立于 2014 年，是致力于为用户随时随地提供拉货、搬家、运东西的同城物流平台。快狗打车凭借互联网+大数据运营系统，为货物出行市场提供智能化的物流解决方案，通过智能运力调配，整合货运供需信息，快速匹配车辆，推动短途货物运送及交易服务的标准化升级。截至 2021 年 4 月 30 日，快狗打车已在亚洲 5 个国家及地区的 340 多个城市开展业务，平台已有约 450 万名注册司机，服务用户约 2480 万个，服务企业 33 000 多家。

6. 梅卡曼德

梅卡曼德是以人工智能+3D 视觉为核心的机器人智能基础设施平台，总部位于北京和上海，在深圳、长沙、青岛、慕尼黑、东京等地均有布局，当前团队已超 500 人。梅卡曼德在 3D 感知、视觉和机器人算法、机器人软件、行业应用方案方面均有深厚积累，获得了来自 IDG 资本、美团、红杉中国、源码资本、英特尔资本等企业的多轮支持，发展迅速。梅卡曼德的人工智能+3D+工业机器人解决方案已在汽车、家电、钢铁、食品、物流仓、医院、银行等领域落地 1000 多个应用案例。梅卡曼德的业务覆盖中国、日本、德国、意大利、瑞士、新加坡、美国、土耳其、韩国、泰国等多个国家。梅卡曼德提供的解决方案的应用范围涵盖视觉引导拆码垛、工件上料、货品播种、高精度定位/装配、自动生成轨迹涂胶/开坡口、质量检测等。

7. 普渡科技

普渡科技是 2016 年成立于深圳的一家研发、设计、生产及销售商用服务机器人的国家级高新技术企业，在深圳和成都均设有研发中心，在全球拥有数百个服务网点。普渡机器人的核心技术包括定位导航、运动控制、多机调度、感知避障等，已累计申请数百项专利，其中发明专利占比超 60%。普渡科技的主要产品为送餐机器人、配送机器人、消毒机器人、配送迎宾机器人和清洁机器人等，产品畅销全球 60 多个国家和地区。

8. 未来机器人

全球工业无人车辆领军企业——未来机器人致力于用科技赋能工业车辆无人驾驶，推动物流节点内柔性无人化的进程。通过将 5G 通信、人工智能、环境感知、深度学习、伺服控制等核心技术应用于工业无人驾驶领域，未来机器人为产线物流、仓储物流提供工业无人车辆产品及柔性物流无人化解决方案。目前，未来机器人已研发和生产八大系列无人叉车、无人牵引车产品，突破 9.4 米高位存取、2.0 米窄通道存取、无人装卸车、多层移动式料框堆叠等刚需场景需求。

9. 优艾智合机器人

作为行业领先的移动机器人及解决方案提供商，优艾智合机器人应用高精度 SLAM 导航移动机器人和软件系统核心技术，基于工业物流、智能巡检运维两大业务，为全球泛工业场景提供自主移动机器人产品及一体化解决方案，打造稳定连续、高效的智慧生产场域，通过持续不断的技术创新、场景革新，助力产业智能化升级。

10. 鱼快创领

鱼快创领成立于2020年，由一汽解放、四维图新-中寰卫星、一汽创新基金、罗思韦尔联合组建。作为一汽解放的合资公司，鱼快创领在智能硬件领域具有领先的技术优势和独有的大批量前装渠道。鱼快创领基于海量多维度、高精度商用车物流数据沉淀，引领商用车网联时代大潮。鱼快创领以智能硬件为基石切入庞大智能运力运营服务市场，致力于为行业各方打造优质运力。在核心技术领域，鱼快创领拥有 AIoT、5G-V2X、大数据及人工智能算法技术平台等多维度的全面技术储备，沉淀 300 多种核心算法及持续扩容的专利技术布局，输出高度赋能物流行业的闭环解决方案。自成立至今，鱼快创领已发展成为 400 人的成熟运营团队，获得专利/软著 43 项，截至 2021 年 10 月，毛利率增长至 48%，营业收入较 2020 年同期增长 80 701%。

——资料来源：新浪科技网，2021-12-08

任务二　创新物流质量管理

随着我国经济的强劲发展，企业的经济活动出现了全球化和竞争白热化趋势，物流对企业在市场上能否取胜的决定作用越来越明显。从竞争的角度而言，企业在市场上赢得竞争优势的3个主要因素——产品的质量、价格及供给，都将直接受到企业物流运作效果的影响，因而物流质量成为获取客户满意和竞争优势的重要内容。

一、现代企业物流质量管理概述

质量是指“一组固有特性满足要求的程度”（ISO 9000：2000）。质量的特性包括性能、寿命、可靠性、安全性、经济性、美学性等。质量除了要满足客户的要求，还要满足社会、投资者、供应商和企业员工等的相关要求。质量不仅是指产品质量，还可以是某项活动或过程的工作质量、质量管理体系运行的质量。

ISO 9000 标准把质量管理定义为在质量方面指挥和控制组织的协调一致的活动。由其定义可知，质量管理是企业围绕着使产品质量能满足不断更新的质量要求，而开展的策划、组织、计划、实施、检查和监督、审核等所有管理活动的总和。

质量体系是指“为了实施质量管理的组织机构、职责、程序、过程和资源”（ISO 8402：1994）。质量体系的建立必须满足如下目标要求：规定具体的质量方针和目标；强烈的客户导向；为实现这些质量方针和目标所必需的所有活动；所有活动在组织范围内成为一体；把质量任务明确分配给全体人员；特定的供应商控制活动；全面质量设备鉴定；规定质量信息的有效流动、处理及控制；强烈的质量意识和组织范围内积极的质量激励和培训；规定质量成本及质量绩效的标准及其衡量单位；纠正措施的有效性；对体系连续不断地进行控制，其中包括信息的前馈和反馈、成果分析及与现有标准的比较；系统活动的定期审核。

物流质量是指物流活动满足企业生产需求和客户消费需求的各特征的总和。美国物流管理协会在对物流过程的质量和生产率进行研究后提出，物流质量就是满足客户需求和期望的程度，包括问询、订单下达及订单传递的方便性；及时可靠的交货及沟通；准确、完整、无货损的交货及无差错单证；及时有效的售后支持；业务职能部门之间准确、及时地传送信息，且与外界组织共同计划、管理、执行上述活动。

企业物流质量管理就是依据物流系统运动的客观规律，为了满足客户的服务需求，通过制定科学合理的基本标准，运用经济办法实施计划、组织、协调控制的活动过程。企业物流质量管理必须满足两个方面的要求：一方面是满足生产者的要求，即必须保证生产者的产品能保质保量地被转移给客户；另一方面是满足客户的要求，即按客户的要求将其所需的产品交给客户。

建立现代企业物流质量管理体系，除了要有管理职责、人员与物质资源、质量体系结构等要素，还必须有符合现代企业经营特点的物流运作要素，包括物流需要的调研与评定、物流服务设计、物流服务提供过程和物流管理业绩的分析与改进。现代企业物流质量管理的特点如下。

（1）全员参与。物流质量的保证涉及企业物流活动的相关环节、相关部门、相关人员，需要各环节、各部门的广大员工共同努力，保证物流质量是每个员工的责任。全员性是由物流综合性、物流质量的重要性和复杂性所决定的，它反映了质量管理的客观要求，因此企业必须调动全体员工参加质量管理的积极性，加强物流质量意识的教育。

（2）全程控制。物流质量管理要对流通对象的运输、存储、包装、装卸等物流活动进行全过程的质量管理，同时又是对产品在社会再生产全过程中进行全面质量管理的重要一环。在这一全过程中，只有一环不漏地进行全过程控制才能保证最终的物流质量。

（3）全面管理，整体发展。物流系统是个大跨度系统，因而影响物流质量的因素是综合的、复杂的、多变的。物流质量管理的内容是广泛的，涉及物流的所有方面，除了物流对象本身，还包括相关的工作质量、工程质量和服务质量。因此，企业必须有相应的物流质量体系作为保证，全面分析各种相关因素，把握内在规律，建立健全物流质量体系，实现全面质量管理。因此，企业必须从系统的各环节、各种资源及整个物流活动的相互配合和相互协调做起，只有质量管理得全面、整体发展，才能最终实现物流管理目标。

小贴士

5A 级物流企业认证标准

全国 A 级物流企业认证是我国物流领域最具权威性的认定，认证结果抄送国家发展改革委、商务部、财政部等，公开下发至各省、自治区、直辖市。中国物流与采购联合会是国务院批准设立、受国务院业务指导、由民政部登记管理的全国性行业组织，同时是亚太物流联盟主席，是全国 A 级物流企业唯一等级认证机构。A 级物流企业等级认证依据是我国国家标准 GB/T 19680—2013《物流企业分类与评估指标》，对企业经营状况、资产、设备设施、管理及服务、人员素质和信息化水平 6 个方面、7 个环节、16～18 个指标进行综合评估。全国 A 级物流企业认证工作从 2005 年启动，到 2021 年共评出 31 批 382 家 5A 级物流企业，占全部 A 级企业的比例约为 5.2%。

5A 分别指一致性（Aligned）、灵活性（Agile）、适应性（Adaptive）、安全性（Alert）、环保性（Anti-Pollution）。

二、创新企业物流质量管理的主要内容

1. 产品的质量保证及改善

物流的对象是具有一定质量的物质实体，具有符合客户要求的性能、尺寸、规格、外观等，这些质量是在生产过程中经过工艺加工形成的。在物流过程中，相应的质量不能被破坏，而应得到适当的保护，以实现对客户的质量保证。因此，对客户的质量保证不仅取决于生产活动，还取决于物流活动。

此外，现代物流绝不只是简单的、被动的保护物流对象，而是还可以通过流通加工，参与监督产品生产、设计等手段有效改善和提高物流对象的质量，实现物流活动的增值效应、提高客户满意度。例如，美国某物流企业在产品设计阶段协助设计部门进行可靠性设计和故障预测，在产品制造阶段则监督制造商按照设计部门的设计进行施工，从而大大消除了质量隐患、减少了事故损失。

2. 物流服务质量

物流活动具有服务的本质特性，既要为现代企业的生产经营过程服务，又要为现代企业的产品和服务的客户提供全面的物流服务。服务质量因不同客户而要求各异，因此企业要了解和掌握客户现实的和潜在的需求，包括产品狭义质量的保持程度，流通加工对产品质量的提高程度，批量及数量的满足程度，配送量、间隔期及交货期的保证程度，配送、运输方式的满足程度，成本水平及物流费用的满足程度，相关服务（如信息提供、索赔及纠纷处理）的满足程度等。

此外，物流服务质量是变化发展的，随着物流领域绿色物流、柔性物流等新服务概念的提出，物流服务也会形成相应的新服务质量要求。物流服务质量是满足客户要求的能力与水平，是物流企业质量管理的重要内容。

3. 物流工作质量

物流工作质量是指物流各环节、各工种、各岗位的具体工作质量。物流工作质量和物流服务质量密切相关，物流工作质量决定着物流服务质量，是物流服务质量的基础和保证。建立科学合理的质量管理制度，充分调动广大员工的积极性，不断提高工作质量，是物流企业需要解决的重要课题。

6S 活动是提高物流工作质量的一种方法。6S 活动是指对物流中心、仓储现场管理和流通加工等现场各要素所处状态不断进行整理（Seiri）、整顿（Seiton）、清扫（Seiso）、清洁（Seikeetsu）、提高素养（Shitsuke）和安全（Safety）的活动。具体内容和要求如下。

（1）整理：区分现场需要和不需要的物品，将不需要的物品坚决清理出现场。

（2）整顿：对整理后现场所需物品进行合理摆放，实行定置管理。

（3）清扫：把工作场所打扫干净，在设备有异常时马上修理，使其恢复正常。

（4）清洁：认真维护工作现场，保持完美和最佳状态。

（5）素养：即教养，努力提高员工素质，使其养成遵守规章制度的习惯和作风。

（6）安全：重视员工安全教育，让员工每时每刻都有安全第一的观念，防患于未然，目的是建立及维护安全生产的环境，所有的工作都应在安全的前提下进行。

4．物流工程质量

物流质量不仅取决物流工作质量，还取决于物流工程质量。在物流过程中，将对物品质量产生影响的各因素（人力因素、体制因素、设备因素、工艺方法因素等）统称为工程。物流工程质量对物流活动有着决定性影响。它属于物流系统设计的范畴，如物流网点的规划设计等。对物流工程质量进行管理，需要利用系统论的观点和方法，对物流系统中的相关因素进行分析、计划和控制。很明显，提高物流工程质量是进行物流质量管理的基础工作，提高物流工程质量，就能做到“预防为主”的质量管理。

三、物流质量创新指标体系

衡量物流质量创新的主要指标是根据物流服务的最终目标确定的，它是“目标质量”的具体构成内容。围绕这些指标，在工作环节中，各项工程又可以制定出实现“分目标”的一系列质量指标，这就形成了一个物流质量创新指标体系。

1．物流目标质量指标

（1）服务水平指标：

$$\text{满足服务比率}=\frac{\text{满足客户要求次数}}{\text{客户要求次数}}\times 100\%$$

$$\text{缺货率}=\frac{\text{缺货次数}}{\text{客户要求次数}}\times 100\%$$

（2）交货水平指标：

$$\text{交货率}=\frac{\text{按期交货次数}}{\text{总交货次数}}\times 100\%$$

$$\text{货物满足率}=\frac{\text{满足客户要求数量}}{\text{客户要求数量}}\times 100\%$$

（3）交货期质量指标[①]：

交货期误差=规定交货期-实际交货期

交货期误差为正值，说明是提前交货；交货期误差为负值，说明是延迟交货。

（4）产品完好率和缺损率：

$$\text{产品完好率}=\frac{\text{交货时完好的产品量}}{\text{物流产品总量}}\times 100\%$$

$$\text{缺损率}=\frac{\text{缺损产品量}}{\text{物流产品总量}}\times 100\%$$

（5）物流吨费用指标：

$$\text{物流费用率}=\frac{\text{物流费用}}{\text{物流产品总量}}$$

① 此项指标为绝对数指标，其他指标大部分为相对数指标。

2. 仓库质量指标

仓库质量指标如下：

$$仓库吞吐能力实现率=\frac{期内实际吞吐量}{仓库设计吞吐量}\times100\%$$

$$产品收发正确率=\frac{某批吞吐量-出现差错总量}{同批吞吐量}\times100\%$$

$$产品完好率=\frac{某批产品的库存量-出现缺损的产品量}{某批产品的库存量}\times100\%$$

$$库存产品缺损率=\frac{某批产品的缺损量}{该批产品的总量}\times100\%$$

$$仓库面积利用率=\frac{库房、货棚、货场占地面积总和}{仓库总面积}\times100\%$$

$$仓容利用率=\frac{仓储产品的实际数量或容积}{设计库存数量或容积}\times100\%$$

$$设备完好率=\frac{期内设备完好台数}{同期设备总台数}\times100\%$$

$$设备利用率=\frac{全部设备实际工作时数}{设备工作总能力（时数）}\times100\%$$

$$仓储吨成本=\frac{仓储费用}{库存量}$$

3. 物流运输环节质量指标

物流运输环节质量指标如下：

$$正点运输率=\frac{正点运输次数}{运输总次数}\times100\%$$

$$满载率=\frac{车辆实际装载量}{车辆装载能力}\times100\%$$

$$运力利用率=\frac{实际吨\cdot千米}{运力往返运输总能力（吨\cdot千米）}\times100\%$$

物流质量创新指标体系的具体内容应不止这些，企业要根据物流对象的不同进行有针对性的设计。

相关链接

谷仓海外仓：跳级直上 5A

谷仓海外仓（以下简称谷仓）即深圳易可达科技有限公司，为全球电子商务企业提供标准化仓配、头程、尾程及定制化服务的正逆向一体化供应链解决方案，隶属于福建纵腾集团，业务覆盖全球 30 余个国家，在美国、英国、德国、捷克、法国、意大利、西班牙、澳大利亚、日本、加拿大等贸易发达国家建成了 50 余个订单处理中心，目前海外仓面积超 100 万平方米。目前，谷仓已设立华南、华东、东南、华中、华北 5 个业务大区和 15 个城市业务分部，建有东莞、广州、宁波三大国内中转仓。完善的海外仓储物流网络布局、强大的仓储管理能力、极具竞争优势的本土派送共同组成了谷仓的核心竞争力。谷仓自成立以来，以持续提升运转效率和客户体验为宗旨，专注于跨境电子商务海外仓储解决方案，持续完善海外仓布局，提高运营能力。谷仓注重软硬件科技应用，坚持产品和服务创新，推动仓内自动化和配送体系建设，助力跨境卖家远帆出海。2019 年，谷仓荣获“广东省电子商务企业 100 强”殊荣；2020 年，谷仓正式加入深圳跨境电子商务协会，被授予“副会长单位”“全国 5A 级（综合）物流企业”等称号；2021 年，谷仓入选商务部“2020 海外仓优秀案例”。

2020 年 10 月 10 日，中国物流与采购联合会发布第 30 批 A 级物流企业名单，谷仓入选全国 5A 级（综合）物流企业，谷仓正式进入国家最高层级物流企业榜单之列。此次评选是谷仓首次、直接参与 5A 申报评估，谷仓斩获“5A 级物流企业”称号，这代表了业界对谷仓信誉和实力的肯定，更代表了中国物流领域对跨境电子商务物流的重视和认可。对跨境电子商务行业来说，5A 级评定不只是谷仓的称号，更是跨境电子商务行业的荣耀。跨境电子商务物流跻身 5A，意味着它在传统物流企业的天下拿下一席之地，跨境电子商务开始从幕后走向台前，争取到更多话语权。

2020 年的新冠肺炎疫情给跨境电子商务行业按下了加速键，各国各地区线上零售的市场渗透率飞跃提升，跨境电子商务迎来前所未有的发展机遇，跨境电子商务物流行业面临空前的挑战。疫情下行业的主要矛盾是跨境电子商务急剧发展与配套物流资源不足的矛盾，即蛋糕大了，盘子太小。物流企业未来发展的方向，不仅表现在业务体量上，还表现在服务质量上。而 5A 级物流企业的评估，由权威机构对物流企业的经营状况、资产、设施、设备、管理及服务、人员素质和信息化水平等进行全方位、软硬件的综合考评，考核的严格标准就是物流服务质量标准。

物流企业与卖家互利共赢，为行业创造价值，更好地解决行业问题，变谷仓的能力为跨境卖家发展的能力、为整个行业进步的动力，中国跨境电子商务行业会走得更远、更快。

——资料来源：搜狐网，2020-10-10

任务三 物流标准化

一、物流标准化概述

1. 物流标准及物流标准化的概念

物流标准化是物流现代化的基础。标准是指为在一定的范围内获得最佳秩序，对活动或其结果规定共同的和重复使用的规则、导则或特性的文件。标准应以科学、技术和经验的综合成果为基础，以促进最佳社会效益为目的。

由于物流本身是一个复杂的系统，因此物流所涉及的要素必然是纷繁复杂的。无论从物流的空间范围，还是从物流的功能，也无论从物流的实现手段，还是从物流的管理和技术来说，物流标准都必然包罗万象。

物流标准和物流标准化二者的内涵并不相同。物流标准化是指以物流系统为对象，围绕运输、包装、装卸、存储及物流信息处理等各种物流活动或其结果制定、发布和实施有关技术和工作方面的标准，并按照技术标准和工作标准的配合性要求，统一整个物流系统各种活动的过程。

2. 物流标准的特性

作为标准，物流标准应具有标准的一般特性，即具有具体细化的数值或条款；具有可衡量性和可操作性；具有一定的强制性和约束性；具有与其他相关标准的配合性等。同时，它又具有自身的特性。

（1）物流标准的种类繁多，涉及面更为广泛。物流标准的对象不像一般标准化系统那样单一，而是包括了机电、建筑、工具、工作方法等诸多种类，因此也给物流标准的统一性及配合性带来很大困难。

（2）物流标准属于二次系统。这是由于物流及物流管理思想诞生较晚，组成物流大系统的各分系统在归入物流系统之前，早已分别实现了本系统的标准化，并经多年的应用、发展和巩固已很难改变，因此在实施物流标准化时，必须以此为依据。总的来说，物流标准化系统通常建立在各分系统标准化的基础上，因此物流标准化系统的建立必然要从适应及协调角度进行并广泛考虑各种现实条件。

（3）物流标准的内容复杂，具有非常强的国际性。随着对外贸易和交流的大幅上升，特别是在我国加入世界贸易组织以后，国际交往、对外贸易越来越重要，而国际贸易需要靠国际物流来完成。这就要求各国之间的物流系统相衔接，力求使本国物流标准与国际物流标准体系相一致，否则会加大国际交往的难度。更重要的是，在很高的国际物流费用的基础上又增加了物流标准不统一造成的损失，提高了国际贸易的成本。

小贴士

ISO 标准

ISO 标准是指由国际标准化组织（International Organization for Standardization，ISO）制定的标准。ISO 是一个由国家标准化机构组成的世界范围的联合会。根据 ISO 的章程，每个国家只能有一个最有代表性的标准化团体作为其成员，中国原国家质量技术监督局（现已并入国家质量监督检验检疫总局）以 CSBTS 名义国参加 ISO 活动。

ISO 的前身是国际标准化协会（International Standards Association，ISA）。第二次世界大战的爆发，迫使 ISA 停止工作。在战争结束后，大环境为工业恢复提供了条件，于是 1946 年 10 月，来自 25 个国家标准化机构的领导人在伦敦聚会，讨论成立国际标准化组织的问题，并把这个新组织称为 ISO，会议一致通过了 ISO 的章程和议事规则。1947 年 2 月 23 日，ISO 开始正式运行，ISO 的中央办事机构设在瑞士的日内瓦。中国既是发起国又是首批成员国。

二、物流标准的种类

物流标准的制定是物流标准化活动最基本的工作，也是实施物流标准化的前提。按照物流标准的性质和应用性质，我们可以把物流标准分为以下 3 类。

1．物流技术标准

物流技术标准是指对物流标准化领域中需要协调统一的技术事项所制定的标准。按其标准化对象的特征和作用，可将物流技术标准分为以下几种。

（1）物流基础标准。物流基础标准是在一定范围内作为其他物流标准的基础并普遍使用，具有广泛指导意义的标准。物流基础标准是制定其他物流标准应遵循的、全国统一的标准，是制订物流标准必须遵循的技术基础与方法指南，主要包括以下几种标准。

① 物流计量标准。物流计量标准是针对物流系统中的专业计量单位所制定的标准。需要指出的是，它是在国家计量标准的基础上制定出来的，同时还要参考国际计量标准。物流计量标准是对国家计量标准的补充，属于专业计量标准的范畴，也是制定其他物流标准的基础。

② 物流基础模数尺寸标准。所谓模数，是指某系统的设计、计算和布局中普遍重复应用的一种基准尺寸。物流基础模数尺寸是指标准化的共同单位尺寸或物流系统各标准尺寸的最小公约尺寸。也就是说，在基础模数尺寸确定之后，各具体的尺寸标准都要以基础模数尺寸为依据，选取其整数倍数为规定的尺寸标准。物流基础模数尺寸标准是物流系统中各种物流设施、设备和器具尺寸的建设、制造依据，可以用于确定整个物流系统的尺寸模数体系。

③ 集装基础模数尺寸标准。集装基础模数尺寸标准是在物流基础模数尺寸的基础上，按倍数关系推导出来的各种集装设备的基础尺寸。通过对国内外物流现状的调查和物流发展趋势的预测，我们可以认为，集装形式是未来物流的主导形式。因此，集装系统使物流全过程贯通而形成体系，是保持物流各环节上的设施、设备及器具之间整体性及配合性的核心。因此，集装系统是为使物流过程连贯而建立标准化体系的基点，集装基础模数尺寸决定和影响着其他物流环节的标准化。

④ 物流建筑模数尺寸标准。物流建筑模数尺寸标准是指在物流系统中各种建筑物所使用的基础模数尺寸。该尺寸是设计建筑物的长、宽、高等尺寸，门窗尺寸，建筑物柱间距、跨度、深度，以及货台高度等尺寸的依据。

⑤ 物流标志、图示与识别标准。物流标志、图示与识别标准是为了便于识别和区分物流中的物品、器具及作业方式而制定的统一规定，如识别标志、储运指示标志、危险品标志等。

⑥ 物流编码标准。物流编码标准是指对物流对象进行编码，并按物流过程的要求，将其转化成条码，实现物流系统的有效衔接、配合的基本标准。它是采用信息技术对物流进行组织、控制的基础标准，主要是物流实体的编码技术标准，以及这些编码的数据库结构标准，如物品分类编码标准、储运单元条码标准、托盘编码技术标准、集装箱编码技术标准、数据库结构标准等。

⑦ 物流单据、票据标准。物流单据、票据标准是对物流活动中所有单据、票据所做的统一性规定。它是应用计算机技术和互联网进行数据交换和传递的基础标准，是物流管理实现现代化、信息化的保证。

⑧ 物流专业名词术语标准。物流专业名词术语标准是对物流专业名词的统一化、定义的统一解释，以及专业名词的统一编码等所做的规定。它是实现信息快速、准确传递，避免物流工作混乱的基础条件。

（2）物流分系统技术标准。物流分系统技术标准是针对物流分系统的各环节所制定的技术标准，对物流分系统的规范发展具有很大的指导意义。

① 运输车船标准。运输车船标准主要是指对火车、卡车、货船、拖挂车等运输设备的车厢尺寸、船舱尺寸、载重能力、运输环境条件等制定的技术标准。

② 仓库技术标准。仓库技术标准主要是指对仓库的形式、规格、尺寸、性能、建筑面积、设计通用规则、建设设计要求、防震及防火等事项所制定的技术标准。

③ 包装标准。包装标准主要是指针对包装的尺寸、材料、质量要求、标志及技术要求所制

定的技术标准。

④ 装卸搬运标准。装卸搬运标准主要是指针对装卸搬运设备、装卸搬运车辆、传输机具、装卸搬运质量要求、装卸搬运的技术要求所制定的标准。

⑤ 站台技术标准。站台技术标准主要是指针对站台的高度、设计要求等所制定的标准。

⑥ 集装箱、托盘标准。集装箱、托盘标准主要是指针对托盘系列尺寸，集装箱系列尺寸，托盘技术要求和标记，集装箱技术要求和标记、荷重，以及集装箱的材料等所制定的标准。

⑦ 货架、储罐标准。货架、储罐标准主要是指针对货架与储罐的技术要求、货架的结构形式与净空间、货架的载重能力、储罐的技术要求、储罐的结构形式、储罐的容积和尺寸等所制定的标准。

⑧ 物流信息标准。物流信息标准主要是指自动识别与分拣跟踪技术标准和电子数据交换标准。自动识别与分拣跟踪技术主要有条码技术、扫描技术和射频技术等。其中，条码技术标准主要包括码制标准和条码标志标准。电子数据交换标准主要包括电子数据交换语法标准和电子数据交换报文标准。

⑨ 其他技术标准。其他技术标准主要是指为保护物流环境、有利于生态平衡、保证人和货物的健康与安全，对物流系统及物流活动涉及的能源、环保、安全和卫生等要求所制定的标准。

2. 物流管理标准

物流管理标准是指针对物流管理标准化领域中需要协调统一的物流管理事项所制定的标准。制定物流管理标准的目的是合理组织物流工作，科学地行使计划、监督、指挥、调整、控制等物流管理职能。

物流管理标准的一般内容有物流管理工作应达到的质量要求；物流管理程序与方法；物流统计和核算方法；物流管理有关资料、报表和原始记录的要求；物流工作任务完成情况的凭证编制要求等。

随着物流管理逐步向科学化、现代化发展，物流管理标准将越来越多地在物流管理中发挥有效的作用。为了便于制定、贯彻、实施物流管理标准，我们常按管理对象把物流管理标准分为物流技术管理标准、物流组织管理标准、物流经济管理标准、物流质量管理标准、物流设备管理标准、物流劳动组织管理标准、物流行政管理标准七大类。

3. 物流工作标准及作业规范

物流工作标准及作业规范是对物流各项工作制定的统一要求及规范化规定。其内容主要包括各岗位的职责和任务；每项任务的数量、质量要求及完成期限；完成各项任务的程序和方法；与相关岗位的协调、信息传递方式；工作人员的考核与奖励方法等。物流工作标准及作业规范是实现物流工作规范化、效率化及保证物流作业质量的重要基础。

相关链接

崔忠付解读《新冠病毒疫苗货物道路运输技术指南》

伴随着新冠病毒疫苗的逐步推广和普及，为能够保障运输过程的顺畅，同时确保新冠病毒疫苗的安全，2021 年 1 月，由交通运输部公路科学研究院及中国物流与采购联合会等单位共同编写的《新冠病毒疫苗货物道路运输技术指南》(以下简称《指南》)，由交通运输部、国家卫生健康委员会、海关总署、国家药品监督管理局联合印发，为新冠病毒疫苗的运输提供了技术指导，保障新冠病毒疫苗的安全、高效运输。

1.《指南》出台背景

截至 2021 年 1 月，全球新冠肺炎确诊病例已突破 1 亿人，全球抗击新冠肺炎疫情的形势严峻。而我国在进入秋冬季节以来，部分地区确诊病例数量也出现反弹现象，疫情防控压力依然较大。在此特殊背景下，及时且广泛开展新冠病毒疫苗接种工作，将是我们最终战胜疫情的关键一环。而如何将新冠病毒疫苗安全、高效地运送到各需求点位，是摆在供给侧面前的重要议题。

因此，《指南》在技术层面对相关主体给予了全链条、全要素的指导，对于确保新冠病毒疫苗货物道路运输安全可靠、保障新冠病毒疫苗的有效供应，具有重要意义。

2.《指南》出台意义

（1）多标助力：综合参考多项专业规范文件及行业意见。《指南》的编制依托于多项法律法规、部门规章，同时结合多项标准，确保各项工作规划的合理性和专业性。

（2）全程监管：涵盖终端供给道路运输全过程。《指南》对于新冠病毒疫苗终端供给运输全过程进行了细分拆解，并对过程中各项操作及主体提出了专业技术指导和明确要求，确保道路运输各环节能够达到温控及安全要求，对新冠病毒疫苗的运输提供全程保障。

（3）责任明确：构建上下游联动运行体系。《指南》对各环节的操作及运行主体进行了说明，整体责任划分明确；同时也规划出多项交接查验工作要求，进一步构建出上下游联动运行体系，规避了单一主体查验不利的风险，增强了运输环节安全性的保障。

（4）指标清晰：操作技术要求指标明确。《指南》的具体操作要求对各类细节技术指引进行了明确规定，如提前进行车厢（箱）预冷操作、提前 1 小时与收货人员进行联系等具体细节要求。此类细节指引，给操作人员提供了更加明确的操作引导，也进一步保证了新冠病毒疫苗运输的安全性。

（5）科学管控：宏观及微观指导相结合。《指南》在进行技术要求设计时，对于宏观指导框架和微观操作细节均进行了说明；从框架角度建立整体操作及查验体系，实现了总体方向的把控；同时通过微观细节性技术说明，让相关操作方可以明确知晓具体操作及要求。

（6）标准定义：标准化技术要求指引实际操作。《指南》对于各类操作进行了标准化的定义，明确给出了操作方式及内容，如所需提前准备的各类材料名录、所需记录的各类数据、各类环节的记录表单等。通过前期规划，避免在数据采集或材料存档等环节出现遗漏或操作不规范等问题。

（7）全面指引：常规及应急场景全覆盖。《指南》不仅对正常运输各环节的技术要求进行了明确的说明和整理，还对应急操作给出相应的操作指引，指导操作者如何在异常情况下进行应急处置，进一步增强了新冠病毒疫苗运输环节的安全保障，也尽可能避免了问题货物的继续流通。

（8）信息采集：全过程综合信息记录。《指南》在对全过程操作进行规范的同时，明确提出应当建立或接入能够满足药品追溯要求的信息系统，提出对各环节信息记录及存档的要求，确保各环节处于可控条件之下，对各环节数据要实现可反查和可追溯，便于实现问题的准确定位。

（9）检查先行：操作前的预检查工作不遗漏。除正常操作外，《指南》还对每个环节前所需进行的预检查工作进行了明确，包括对环境、设备、单据材料等的检查要求，确保各项操作能够在正确的环境前提下规范进行，也为新冠病毒疫苗运输的安全性提供了更加有力的前提保障。

（10）优先通行：保障新冠病毒疫苗高效运输。《指南》的正文说明中明确指出交通运输管理部门应对新冠病毒疫苗的运输优先予以通行，海关部门对持有新冠病毒疫苗货物出口运输调运单的予以优先查验并给予通关便利，对新冠疫苗的运输和通关效率提供了保障。

——资料来源：中国采购与物流联合会，2021-01-29

三、物流质量体系认证

1. 质量体系认证

质量体系认证是市场竞争的产物，近年来得到世界各国的普遍重视并迅猛发展。

质量体系认证是指第三方（社会上的认证机构）对供方的质量体系进行的审核、评定和注册活动，其目的在于通过审核、评定和事后监督来证明供方的质量体系符合某种质量保证标准，对供方的质量保证能力给予独立的证实。

质量体系认证起源于产品质量认证中的企业质量保证能力评定。这种评定着重对保证质量条件进行检查，以确认该企业能否保证其申请产品能长期稳定地符合特定的产品标准。因此，不能把产品质量认证中的质量保证能力评定与单独的质量体系认证等同起来，质量保证能力评定只是质量体系认证中的一部分。

质量体系认证有以下特点。

（1）认证的对象是供方的质量体系。质量体系认证的对象不是企业的某一产品或服务，而是质量体系本身。当然，质量体系认证必然会涉及该体系覆盖的产品或服务，有的企业申请包括企业各类产品或服务在内的总的质量体系的认证，有的企业申请只包括某个或部分产品或服务的质量体系认证。尽管涉及产品或服务的范围有大有小，但认证的对象都是供方的质量体系。

（2）认证的依据是质量保证标准。进行质量体系认证，往往是供方为了满足其对外提供质量保证的需要，故认证依据是有关质量保证模式标准。

2015 年版的 ISO 9000 系列标准的主要核心标准如下。

ISO 9000：2015《质量管理体系——基础和术语》：阐述了质量管理体系的基本原理，并定义了质量管理体系的术语。ISO 9000 是一个说明性的标准，为标准的制定和应用提供统一的语言和思想基础。

ISO 9001：2015《质量管理体系——要求》：规定了质量管理体系的要求，用于证实组织具有提供满足客户要求和使用法规要求的产品的能力，目的在于提高客户满意度。它用于质量管理体系认证。

ISO 9004：2015《质量管理体系——业绩改进指南》：为组织建立兼具效果和效率的质量管理体系提供了指南，目的在于促进组织的绩效改进，实现客户及其他相关方的满意。它不用于质量管理体系认证。

（3）认证的机构是第三方质量体系评价机构，具有权威性和公正性。

（4）认证获准的标志是注册和发给证书。按规定程序申请认证的质量体系，在评定结果被判为合格后，由认证机构对认证企业给予注册和发给证书，列入质量体系认证企业名录，并公开发布。

（5）认证是企业自主行为。产品质量认证可分为安全认证和质量合格认证两大类，其中安全认证往往是强制性的认证。进行质量体系认证的主要目的是提高企业的质量信誉和增加销售量，一般由企业自愿、主动提出申请，属于企业自主行为。但是不申请质量体系认证的企业，往往会受到市场自然形成的不信任压力或贸易壁垒的压力，而不得不争取进入认证企业的行列，但这不是认证制度或政府法令的强制作用。

2．物流企业进行 ISO 质量体系认证的意义

（1）进行 ISO 质量体系认证，可提升物流企业的管理水平，降低物流企业的成本，提高物流企业的竞争力。

近年来，物流业在我国取得了快速发展，一些物流企业在快速扩张和发展的过程中，内部管理的各种问题开始显现，如操作不规范、职责不明确、效率低下、客户抱怨和投诉增加、管理决策较随意等，而物流企业进行 ISO 质量体系认证，不仅可以节约大量的社会检验费用，还可以规范物流企业的内部操作，深化质量管理，提高服务质量，提升管理水平，降低管理成本，增强物流企业的竞争力。

（2）进行 ISO 质量体系认证，可使物流企业尽早融入国际市场，提高物流企业在国内和国际范围内的知名度。

随着全球经济一体化和国内市场国际化，贯彻 ISO 9000 标准并进行 ISO 质量体系认证，成为国内企业界、经济界的一个热门话题。甚至有人称，质量体系认证是国内企业和产品进入国际市场的通行证。在企业通过质量体系认证后，一方面认证机构要印发认证企业名录，扩大了企业的影响；另一方面企业可以通过各种宣传渠道，广泛进行宣传，提高企业的知名度，取得客户的信任。因此，进行 ISO 质量体系认证不仅可以使物流企业获得权威性的社会承认和国内外市场的认同，还可以提高物流企业在国内和国际范围内的知名度。

（3）进行 ISO 质量体系认证，可以增强物流企业在国内和国际市场上的竞争力。随着我国加入世界贸易组织，物流业的竞争将更加激烈。同时，是否根据 ISO 9000 系列标准建立质量管理体系，以及是否已通过质量体系认证，将成为物流企业服务质量保证能力和水平的标志。在国内和国际市场上，外资企业均以是否获得 ISO 9000 认证证书作为参与竞争和合作的前提条件。因此，物流企业进行 ISO 质量体系认证，可以增强其在国内和国外物流市场上的竞争力。

3．物流企业进行质量体系认证的过程

（1）以 ISO 9000 系列标准为指南，建立物流质量管理体系。建立物流质量管理体系要经历 4 个阶段：物流质量管理体系的策划与设计；物流质量管理体系文件的编制；物流质量管理体系的试运行；物流质量管理体系的审核、评审。其中，物流质量管理体系文件包括：①物流质量管理手册；②物流质量管理规范和质量计划；③物流服务规范；④质量记录。

（2）在建立健全物流质量管理体系的基础上，向质量体系认证机构提出认证要求。一般要经历的步骤包括物流企业提出认证申请；认证机构初访；物流企业提供物流质量管理体系文件；认证机构对物流质量管理体系进行评定；物流质量管理体系现场审核、评价；物流企业完善物流质量管理体系；认证管理机构批准注册和认证。

根据质量体系认证机构认证程序的规定，对通过认证的企业，每年需进行 1 或 2 次的跟踪检查。因此，物流企业要不断完善其物流质量管理体系，随时准备应对跟踪检查。

四、物流标准化的方法及贯彻和实施

1. 物流标准化的方法

（1）确定物流基础模数尺寸。物流标准化的基础是物流基础模数尺寸，物流基础模数尺寸一旦确定，物流系统中设施的建设、设备的制造、物流系统中各环节的配合协调、物流系统与其他系统的配合就有了依据。目前，ISO 已基本认定 600 毫米×400 毫米为物流系统的基础模数尺寸。由于物流标准化系统较之其他标准系统晚些，因此物流基础模数尺寸的确定主要考虑对物流系统影响最大而最难改变的输送设备，采用逆推法，由输送设备的尺寸来推算最佳的基础模数，同时也考虑现在已通行的包装模数、已使用的集装设备，以及人体可能操作的最大尺寸等因素。

（2）确定物流模数。由于物流标准化的基点是建立在集装基础之上的，因此应确定物流模数，即确定集装基础模数尺寸。集装基础模数尺寸可以用 600 毫米×400 毫米按倍数推导出来，也可以在满足 600 毫米×400 毫米的基础模数的前提下，从卡车或大型集装箱的分割系列推导而来。物流模数尺寸以 1200 毫米×1000 毫米为主，也允许 1200 毫米×800 毫米及 1100 毫米×1100 毫米等规格。

（3）以分割与组合的方法确定物流系列尺寸。物流模数是物流系统各环节标准化的核心，是形成系列化的基础。物流系统某一环节标准系列的确定过程：首先依据物流模数确定有关系列的大小尺寸，再从中选择全部或部分作为定型的生产制造尺寸，这样就完成了该环节标准系列的确定。

2. 物流标准化的贯彻和实施

物流标准化的贯彻和实施是物流标准化活动中最基本的工作，它贯穿于物流管理的始终。物流标准只有被贯彻和实施，才能发挥应有的作用。

（1）计划准备。在贯彻和实施物流标准之前，有关部门和企业要拟订物流标准实施方案，对实施物流标准的各项工作做出科学安排。

为保证物流标准的顺利贯彻和实施，物流企业必须认真、细致地做好准备工作。准备工作主要有思想准备、组织人员准备、技术准备和物资准备。

（2）贯彻和实施。贯彻和实施物流标准就是把物流标准规定的内容应用于物流活动的具体实践中。贯彻和实施物流标准的方式主要有以下几种。

① 完全贯彻和实施：对物流标准的条文不做任何压缩和补充，原原本本地执行。

② 压缩贯彻和实施：对物流标准的内容进行压缩和部分选用。

③ 补充贯彻和实施：当物流标准的内容不够全面、物流标准中的指标不能满足需要时，在不违背物流标准的基本原则下，对物流标准的内容做一些必要的补充后贯彻和实施。

④ 配套贯彻和实施：在贯彻和实施一些物流标准时，要制定这些物流标准的配套标准，以及这些物流标准的使用方法等指导性技术文件，这样有利于更全面、更有效地贯彻和实施物流标准。

（3）检查。通过检查验收，找出物流标准贯彻和实施中存在的各种问题，进行分析研究，在采取相应措施后，继续贯彻和实施。如此反复，就可促进物流标准的全面贯彻和提高。

（4）总结。总结包括技术上、方法上的总结，以及文件、资料的归纳、整理、立卷、归档，还包括在贯彻和实施物流标准过程中发现的问题和意见的整理、分析、归类工作。通过总结提出下一次工作意见和建议，可为物流标准的进一步修订、补充、实施做好准备。

（5）加强学习和培训。物流企业除了让有关人员掌握和熟悉物流标准的内容，还要不断强化有关人员的物流标准化意识，提高其对物流标准贯彻和实施的自觉性，充分发挥有关人员的积极性和主动性。物流企业应重视物流标准的配套标准的贯彻，充分发挥物流标准的综合功能。

（6）组织制订和实施企业标准，完善物流标准体系。物流企业在贯彻上级标准，以及采用国际标准、国外先进标准的同时，还可根据需要，制定和贯彻企业标准，以促进企业物流能力的提高。企业标准在企业中具有强制力，物流企业应建立有效的标准化监督检查体系，加大监督和检查力度，制定经济责任制，使物流标准的贯彻和实施与员工的经济利益挂钩，以保证物流标准的顺利实施。

综合训练

基础训练

一、名词解释

1．物流服务
2．增值物流服务
3．物流金融
4．物流质量管理
5．物流标准化

二、填空题

1．物流服务的本质是________。
2．客户满意度反映了客户对企业提供的产品或服务的________。
3．物流服务可以被划分为两类，一是基本物流服务内容，二是________。
4．CRM 是源于________的市场营销理论。
5．物流质量是物流活动满足企业生产需要和客户消费需要的________的总和。
6．现代企业物流质量管理的特点是全员参与、全员控制和________。
7．一般认为物流标准可以分为 3 类，分别是物流技术标准、物流管理标准和________。

三、不定项选择题

1．物流服务应包括（　　）个要点。
A．1　　B．2　　C．3　　D．4
2．（　　）是企业产品可供性的衡量尺度。
A．客户满意度　　B．缺货水平　　C．订货水平　　D．订货周期
3．作业正确率属于物流服务质量指标体系中的（　　）指标。
A．运作　　B．信息
C．客户满意度监控　　D．仓储服务

4. 6S 的内容是整理、整顿和（　　）。

A. 清扫　　B. 安全　　C. 清洁　　D. 素养

5. 物流基础模数尺寸标准属于（　　）标准。

A. 物流技术　　B. 物流计量　　C. 物流管理　　D. 物流信息

6. ISO 已基本认定（　　）为物流系统的基础模数尺寸。

A. 500 毫米×500 毫米　　B. 800 毫米×600 毫米

C. 600 毫米×400 毫米　　D. 1000 毫米×400 毫米

四、简答题

1. 物流服务的评价指标有哪些？
2. 企业如何根据自身情况确定物流服务水平？
3. 衡量物流质量的指标有哪些？
4. 物流质量与物流成本之间存在怎样的关系？物流质量是否越高越好？为什么？
5. 物流标准化的意义何在？存在哪些困难？

技能训练

案例分析：京东物流名列 2022 年中国顾客推荐指数快递服务推荐度排行榜第一

在最新公布的 2022 年中国顾客推荐指数快递服务推荐度排行榜中，京东物流以 52.5 分的成绩稳拿口碑第一的桂冠。从整体表现来看，京东物流在电子商务方面为顾客提供了优质的服务，以此获得了不少忠实顾客；在企业社会责任方面，在近两年的疫情期间，我们会经常看见活跃在一线的京东快递小哥，为人们带来日常所需的物品，这也增加了人们对京东物流的好感。

一、京东物流简介

京东从 2007 年开始自建物流，在 2017 年 4 月正式建立京东物流。2021 年 5 月，京东物流于我国香港联合交易所主板上市。京东物流是我国领先的由技术驱动的供应链解决方案及物流服务商，以“技术驱动，引领全球高效流通和可持续发展”为使命，致力于成为全球最值得信赖的供应链基础设施服务商。

一体化供应链物流服务是京东物流的核心赛道。目前，京东物流主要聚焦于快消、服装、家电家具、3C、汽车、生鲜六大行业，为顾客提供一体化供应链解决方案和物流服务，帮助顾客优化存货管理、降低运营成本、高效分配内部资源，从而实现新的增长。同时，京东物流将长期积累的解决方案、产品和能力模块化，以更加灵活、可调用与组合的方式，满足不同行业的顾客需求。

京东物流建立了包含仓储网络、综合运输网络、“最后一公里”配送网络、大件网络、冷链物流网络和跨境物流网络在内的高度协同的六大网络，具备数字化、广泛和灵活的特点，服务范围覆盖了我国几乎所有地区，不仅建立了我国电子商务企业与顾客之间的信赖关系，还通过 211 限时达等时效产品和上门服务，重新定义了物流服务标准。在 2020 年，京东物流助力约 90% 的京东线上零售订单实现当日和次日达，顾客体验持续领先行业。截至 2021 年 9 月 30 日，京东物流运营着约 1300 个仓库，包含京东物流管理的云仓的面积在内，京东物流的仓储总面积约为 2300 万平方米。

京东物流始终重视技术创新在企业发展中的重要作用。基于 5G、人工智能、大数据、云计算及物联网等底层技术，京东物流正在持续提升自身在自动化、数字化及智能决策方面的能力，不仅通过自动搬运机器人、分拣机器人、智能快递车、无人机等，在仓储、运输、分拣及配送等环节大大提升效率，还自主研发了仓储、运输及订单管理系统等，支持顾客供应链的全面数字化，通过专有算法，在销售预测、产品配送规划及供应链网络优化等领域实现决策。凭借这些专有技术，京东物流已经构建了一套全面的智能物流系统，实现服务自动化、运营数字化及决策智能化。截至 2021 年 9 月 30 日，京东物流在全国共运营 41 座“亚洲一号”大型智能仓库。到 2020 年，京东物流已经拥有及正在申请的技术专利和计算机软件版权超过 4400 项，其中与自动化和无人技术相关的超过 2500 项。

二、京东物流的改革与创新

当然，这背后是京东物流十年如一日在优质服务上的坚持，以及对物流行业的创新与升级。例如，在 2010 年，京东物流开创了 211 限时达服务，重新定义电子商务快递配送及履约行业标准，并且迅速在全国各大重点城市推广，成为整个电子商务行业物流配送服务的标杆。此后，各快递企业也陆续推出相应的业务，整体提升了物流配送的水平。在推出 211 限时达服务之后，京东物流又推出了次日达、极速达、京准达、夜间配等业务，这些无疑都是对物流行业的升级与创新，促进了物流行业的快速发展。

毫不夸张地说，京东物流是物流行业的另类存在，或者说是一个“新物种”。为什么这么说？我们可以通过以下 3 点来解释。

1. 在仓储上持续创新

截至目前，京东物流已经运营约 1300 个仓库、超 7800 个配送站、41 座“亚洲一号”大型智能仓库，仓储网络总管理面积约为 2300 万平方米，拥有近 20 万名配送人员。遍布全国的仓库及近 20 万名配送人员，不但保证了京东自身及第三方商家的配送需求，同时在个人顾客快递寄送方面，京东物流也已经实现了快递上门取送货，而且 93%的区县、84%的乡镇可以实现当日达和次日达。

此外，相比于其他快递企业，京东物流在乡镇及偏远地区的配送上更胜一筹。在更加广袤的乡村地区，我们可以看到京东快递小哥穿梭于大街小巷的身影。而其他快递企业基本上都是将货物放在乡镇或县城的快递点，顾客需要骑车或者开车几公里甚至十几公里去快递点取货，这就严重降低了顾客的购物体验。

2. 在下沉市场上持续创新

除了上述遍布覆盖城镇和乡村的配送范围，京东还采取诸多措施吸引下沉顾客。一方面，借助于乡村振兴的大趋势，京东在为下沉顾客提供优质产品与服务的同时，进一步深入到农村地区。借助于京东物流遍布全国的供应链网络，四川春茶、烟台樱桃、岭南荔枝、赣南脐橙、内蒙古牛羊肉等全国 1000 余个产地产业带的农特产品正在源源不断地被输往全国。乡村振兴京东“奔富计划”自 2020 年 10 月启动以来，至 2021 年年底已带动农村实现 3200 亿元产值；2022 年京东年货节截至目前，已售出 3900 万件农产品，带动 300 万个农户户均增收近 1700 元。

另一方面，近几年，通过研究京东的新增顾客可以发现，有超 75%的新增顾客来自下沉市场。从上而下，京东的下沉策略初见成效，于是，京东加大了投入力度。在 2022 年 1 月初，京东成为中央广播电视总台 2022 年春晚独家互动合作伙伴。在除夕晚上，京东会用各种互动玩法，在春晚上和全民共享 15 亿元的红包和好物。

与此同时，京东物流继续推行“春节也送货”的策略。作为业内首家提供“春节也送货”服务的物流企业，京东物流自 2013 年开始已经连续 10 年在春节送货。在 2022 年春节期间，京东物流继续全力满足亿万商家与消费者在春节期间的物流服务需求。与以往一样，无论是在西藏那曲、新疆塔城，还是在黑龙江漠河、海南澄迈地区，在春节期间，京东快递小哥都会准时把包裹送到消费者手中。

3. 在一体化供应链上，京东一直走在前列

作为中国最大的一体化供应链服务商，京东物流明确了自身的发展方向——深耕一体化供应链这一核心主航道，满足企业需求，成为企业高质发展的增长官、数字化转型的着力点、端到端效率的新引擎，为客户、行业、社会创造真正的可持续价值。

目前，京东物流服务的企业数量约为 20 万家。京东物流有效地帮助企业实现现货率提升、库存周转变快、履约效率提高、运营成本下降等目标，这也让京东物流在 2021 年第三季度的外部顾客收入占比超过 50%。从企业物流到物流企业，京东物流的转变及 2021 年在我国香港上市，让京东物流有了更加自由独立的发展空间，为顾客、合作伙伴及行业带来更多优质服务与创新升级。无论是在 C 端还是在 B 端，京东物流获得的良好口碑，都是其在十几年的发展摸索中应该获得的正向反馈。

回到 2007 年，京东物流在成立之初一直被内外部质疑。如今，京东物流不仅成为行业的头部企业，还在降本增效、技术创新上不断引领着行业的发展。例如，在物流配送上，从很早之前的十天半个月，到现在的次日达甚至小时、分钟达，“快”体现着整个行业的发展趋势。而京东物流的“快”不是依赖运输工具实现单纯搬运速度的快，而是通过自身对产品销售和供应链的理解，合理规划仓网，分布库存，把产品提前放在离顾客最近的仓库，减少履约环节，缩减搬运距离和搬运次数，从而实现高效履约的。

再如，在技术创新上，京东物流拥有 41 座“亚洲一号”大型智能仓库，里面的六轴协作机械臂拣选系统是京东物流针对仓储物流产品拣选出库环节的自研系统，目的是解决搬运产品损耗、人员拣选效率低、拣选错误率高等“痛点”。这一系统能够替代传统人工拣选，利用机器人 3D 视觉技术，大幅提高拣选效率和准确率。除了六轴协作机械臂，还有 L4 级别自动驾驶智能快递车、机房巡检人工智能机器人、商用服务人工智能机器人、室内配送机器人、可穿戴人工智能仿生手、轨道巡检人工智能机器人，它们同样为降本增效、为客户提供优质服务带来了更多的空间。

正所谓“聚沙成塔”，十几年的点滴积累，让京东物流有了坚实的基础。遍布全国的仓库、穿梭于大街小巷的近 20 万名快递小哥、深入到乡村的快递网络，这些不仅让京东物流可以为顾客带来更优质的服务，还让京东物流对下沉市场有着更深的理解，带动了乡村地区的进一步发展。再加上技术创新、对行业的不断探索，京东物流也在不断促进整个行业的升级与发展。

基于此，京东物流拿下口碑第一的桂冠也就不足为奇了，所有的成绩都不是偶然所得，其背后必然有着更多的付出。京东物流十几年的基础建设与完善，正在为京东、为客户与合作伙伴带来长久的价值输出，而这也成就了京东物流自己。

——资料来源：搜狐网，2022-02-01

问题与思考

1. 为什么说京东物流是物流行业的另类存在，或者说是一个“新物种”？
2. 你如何评价京东物流名列 2022 年中国顾客推荐指数快递服务推荐度排行榜第一？
3. 京东物流是如何通过持续创新提升其服务质量与服务水平的？

参考文献

[1] 雷颖晖．电子商务物流[M]．2 版．重庆：重庆大学出版社，2022.
[2] 欧伟强．电子商务物流管理[M]．2 版．北京：电子工业出版社，2021.
[3] 陈修齐．电子商务物流管理[M]．4 版．北京：电子工业出版社，2018.
[4] 蔡昭君．现代物流管理基础[M]．北京：中国人民大学出版社，2017.
[5] 张军玲．电子商务物流管理[M]．北京：电子工业出版社，2017.
[6] 魏修建．电子商务物流管理[M]．重庆：重庆大学出版社，2015.
[7] 汪永华．电子商务物流管理[M]．北京：机械工业出版社，2013.
[8] 马宁．电子商务物流管理[M]．北京：人民邮电出版社，2013.
[9] 屈冠银．电子商务物流管理[M]．北京：机械工业出版社，2012.
[10] 靳林．电子商务与物流配送[M]．北京：机械工业出版社，2012.
[11] 梁云．供应链模式下物流与电子商务综合实训教程[M]．成都：西南财经大学出版社，2012.
[12] 方磊．电子商务物流管理[M]．北京：清华大学出版社，2011.
[13] 刘敏，等．电子商务物流管理[M]．北京：中国铁道出版社，2011.
[14] 张铎．电子商务物流管理[M]．北京：高等教育出版社，2011.
[15] 陈益梅．电子商务物流[M]．北京：中国水利水电出版社，2011.
[16] 刘磊．电子商务物流[M]．北京：电子工业出版社，2011.
[17] 邵贵平．电子商务物流管理[M]．北京：人民邮电出版社，2010.
[18] 燕春蓉．电子商务与物流[M]．上海：上海财经大学出版社，2010.
[19] 朱美虹．电子商务与现代物流[M]．北京：中国人民大学出版社，2010.
[20] 马士华．供应链物流管理[M]．北京：机械工业出版社，2010.
[21] 吴军．电子商务物流管理[M]．杭州：浙江大学出版社，2009.
[22] 吴健．电子商务物流管理[M]．北京：清华大学出版社，2009.
[23] 李卉群，等．电子商务物流管理与实训[M]．北京：经济科学出版社，2008.
[24] 刘联辉．配送实务[M]．北京：中国物资出版社，2004.
[25] 傅桂林．物流成本管理[M]．北京：中国物资出版社，2004.
[26] 丁立言，等．物流配送[M]．北京：清华大学出版社，2003.
[27] 施建年．物流配送[M]．北京：人民交通出版社，2003.
[28] 夏文汇．现代物流运作管理[M]．成都：西南财经大学出版社，2003.
[29] 赵林度．供应链与物流管理：理论与实务[M]．北京：机械工业出版社，2003.
[30] 孙秋菊．现代物流概论[M]．北京：高等教育出版社，2003.
[31] 王之泰．现代物流学[M]．北京：中国物资出版社，2002.
[32] 马健平，等．现代物流配送管理[M]．广州：中山大学出版社，2001.
[33] 宋华，等．现代物流与供应链管理[M]．北京：经济管理出版社，2000.